JAPANISCH INTENSIV I

Detlef Foljanty

JAPANISCH INTENSIV

Ein Lernbuch
mit Lösungen

TEIL I

HELMUT BUSKE VERLAG HAMBURG

CIP-Kurztitelaufnahme der Deutschen Bibliothek

Foljanty, Detlef:
Japanisch intensiv: e. Lernbuch; mit Lösungen /
Detlef Foljanty. - Hamburg: Buske.

Teil 1. - 1979.
ISBN 3-87118-369-5

ISBN 3-87118-369-5

Gesamtherstellung: J. J. Augustin, Glückstadt

INHALTSVERZEICHNIS

3. ABKÜRZUNGSVERZEICHNIS

A	Adjektiv
ADV	Adverb
DEM	Demonstrativpronomen
EN	Eigenname
FP	Fragepronomen
INT	Interjektion
KOP	Kopula
KS	satzeinleitende Konjunktion
N	Nomen
NA	Nominaladjektiv
NV	Nominalverb
P	Partikel
PRÄF/N	Nominalpräfix
Ps	sekundäre Partikel
SUF/N	Nominalsuffix
V	Verb
V_i	unregelmäßiges Verb
V_k	konsonantisches Verb
V_v	vokalisches Verb
ZEW	Zähleinheitswort

VORWORT

Das große Angebot an Lehrbüchern der japanischen Sprache macht es notwendig, die Veröffentlichung eines weiteren zu rechtfertigen. Die Gründe, die mich bewogen haben, dieses Lernbuch vorzulegen, liegen einerseits in der Vernachlässigung der Sprachformen des modernen japanischen Schrifttums im bestehenden Angebot und zum anderen im Mangel an deutschsprachigem Lernmaterial, das über fragmentarische Anfangskenntnisse hinausführt.

Japans - durchaus umstrittene - weltwirtschaftliche Rolle ebenso wie die in diesem hochindustrialisierten Staat in besonderem Maß zugespitzten sozialen Probleme und Konflikte haben das Land in den letzten Jahren zunehmend in den Blickpunkt oft kritischer weltweiter Aufmerksamkeit gerückt.Daneben findet Japan im Bereich naturwissenschaftlich-technischer Forschung und Entwicklung schon lange internationale Beachtung. Dieser weit über seine Grenzen hinausreichenden Bedeutung Japans steht seine vergleichsweise geringe Berücksichtigung etwa in der wissenschaftlichen und publizistischen Diskussion wirtschaftlicher, sozialer und z.T. auch technologischer Fragen gerade auch im deutschsprachigen Raum gegenüber. Geht man den Gründen für dieses Mißverhältnis nach, so stößt man immer wieder auf einen erheblichen Informationsmangel und daraus sich herleitend einen Mangel an Bewußtsein der Relevanz Japans, was nicht zuletzt mit der "Unzugänglichkeit" der japanischen Sprache und insbesondere Schrift erklärt wird.Diese Sprachbarrieren abbauen zu helfen und damit einen indirekten Beitrag zur stärkeren Verankerung Japans im allgemeinen Bewußtsein zu leisten, ist Absicht dieses Buchs.

Dem Bedarf an authentischer und umfassender Information über Japan stehen in der Mehrzahl Lehr- und Lernmittel zum Erwerb sprachlicher Fertigkeiten gegenüber, die dieser Nachfrage nur auf sehr indirekte Weise gerecht werden. Nach dem Prinzip "vom Einfachen zum Komplexen" setzen sie bei umgangssprachlichen Formen und Inhalten an und beziehen die Ausdrucks- und Darstellungsmittel geschriebener Sprache - wenn überhaupt - erst in einer relativ späten Phase ein. Bei hohem Zeitaufwand bleibt der Nutzen für das oben beschriebene Informationsbedürfnis somit gering, zumal dann, wenn die Lernmotivation von dem Interesse oder der Notwendigkeit geleitet ist, in beschränkter Zeit Zugang zu Primärinformationen über Japan anhand japanischsprachigen Materials zu finden. Wer fünf oder mehr Jahre Zeit zum Erwerb qualifizierter Sprachkenntnisse hat, kann anders vorgehen als jemand, der dies in zwei Jahren erreichen will.

Das hier vorgelegte Lernmaterial verzichtet darauf, basierend auf dem vorbereitenden Boden der Umgangssprache in die Sprache des Schrifttums als einer "verdichteten" Umgangssprache einzuführen, sondern steuert diese direkt an.

Für diesen Weg lassen sich weiterhin die folgenden Überlegungen anführen:
- Umgangssprachliches Japanisch mit seinen vielfältigen soziativen ("Höflichkeitssprache") und situativen Bezügen in einer nicht-japanischen Umwelt zu erlernen, hat sich als außerordentlich schwierig erwiesen.
- Die grammatischen, lexikalischen und stilistischen Unterschiede zwischen Umgangs- und Schriftsprache zwingen beim herkömmlichen Weg zu einer beträchtlichen quantitativen wie qualitativen Erweiterung des Stoffs beim Eintritt in die Beschäftigung mit geschriebener Sprache. So wird eine rein umgangssprachlich geschulte Sprachkompetenz bei der Lektüre von Tageszeitungen zumindest erhebliche Schwierigkeiten haben, die z.T. struktureller Art sind. Umgekehrt aber lassen sich an der komplexeren Schriftsprache Sprachkenntnisse relativ leicht auf Konversationsniveau reduzieren, wobei spezifische Formen der Umgangssprache auf ein bereits entwickeltes grammatisches Raster beziehbar und damit ohne wesentlichen Mehraufwand lernbar sind.
- Der hier gewählte Weg zwingt zur Verwendung der Originalschrift, die in den meisten Lehrbüchern gar nicht oder nur in reduzierter Form angeboten wird, und bezieht damit ein wesentliches Ausdrucksmittel der japanischen Sprache von Anbeginn ein.

Unter den sprachlichen Grundfertigkeiten (Hören - Sprechen - Lesen - Schreiben) wird hier das Schwergewicht auf das Lesen bzw. Leseverstehen gelegt, ohne jedoch die anderen auszuschließen. Im Gegenteil: zur optimalen Entwicklung des Leseverstehens ist das Einbeziehen gerade auch der aktiven Bereiche, also des Schreibens und Sprechens ebenso wie des mit dem Sprechen unlösbar verbundenen Hörens Voraussetzung. So wird hier von Anbeginn in beträchlichem Umfang das gesprochene Wort eingesetzt, um den Prozeß der Aneignung des Lernstoffs zu beschleunigen und das Gelernte zu sichern. Ein solcher Ansatz macht zwar in begrenztem Umfang die Verwendung umgangssprachlicher Formen notwendig (wie den Gebrauch allgemeiner Höflichkeitsausdrücke, ohne die ein gesprochener Satz unnatürlich wirken würde), vermittelt aber weder vom Inhalt noch vom Stil her Umgangs- oder Konversationssprache im eigentlichen Sinn.

Der Gesamtlehrgang ist auf drei Teile angelegt, von denen der erste hier vorgestellt wird, der zweite in Kürze erscheinen wird und der dritte projektiert ist.

Diese drei Teile führen zum sprachlichen Niveau von Zeitungs- und Fachtexten hin, wobei auf jeder Stufe ein ausführlicher Übungsapparat nicht nur die Beherrschung des jeweiligen grammatischen, lexikalischen und graphischen Stoffs sichern soll, sondern - insbesondere in den folgenden Bänden - zugleich schrittweise in die Benutzung japanischsprachiger Hilfsmittel einführen bzw. darauf vorbereiten will (z.B. durch japanischsprachige Worterklärungen in den Wortlisten u.a.)

Der hier vorliegende erste Teil behandelt die grundlegenden Erscheinungen der japanischen Grammatik. Im Mittelpunkt steht die Syntax des Hauptsatzes, d.h. die Beschreibung des Aufbaus verschiedenartiger Hauptsatztypen und der in ihnen bestehenden Beziehungen der Wörter und Satzteile untereinander. Nur ansatzweise wird auf Nebensatzkonstruktionen eingegangen, diese bilden den Schwerpunkt der Grammatik in Teil II und III.

Das in Teil I enthaltene Material gliedert sich in einen Einführungsteil und einen Kursteil (deren Verhältnis zueinander nicht notwendig chronologisch ist). Der Einführungsteil umfaßt neben einer Beschreibung der Einzellaute und ihrer Verbindung zu Silben eine Darstellung der drei Schriftformen des Japanischen, die chinesischen Schriftzeichen kanji sowie die beiden Silbenschriften hiragana und katakana. Der Kursteil besteht aus fünfzehn Lektionen, von denen die ersten neun insofern vorbereitenden Charakter für die folgenden haben, als sie grundlegende grammatische Formen üben, ohne in dieser Phase bereits einen Text als zentralen Bezugspunkt aufzuweisen, wie dies sowohl bei den Lektionen 10-15 als auch in den weiteren Bänden der Fall ist.

Die Lektionen 1-9 gliedern sich in drei Abschnitte: Vokabular, Grammatik und Übungsteil, zu denen in den anschließenden Lektionen der Text hinzukommt. Zu den einzelnen Lektionsabschnitten nun einige technische und didaktische Erläuterungen:

TEXT: Der Text in den Lektionen 10-15 wird sowohl in handschriftlicher als auch gesetzter Form gegeben, um durch Vergleich der graphischen Charakteristika beider Schriftformen (etwa: Symmetrie bei den Drucktypen, Asymmetrie bei der Handschrift) zu erkennen und sich allmählich an die Graphik der Drucklettern zu gewöhnen. Die Texte sind (ebenso wie die Übungen) aus praktischen Gründen horizontal geschrieben, lediglich in Lektion 10 ist zur Illustration der gesetzte Text zusätzlich auch in vertikaler Zeichenfolge wiedergegeben.Die Texte ab Lektion 12 sind in der für Sachtexte gebräuchlichen höflichkeitsneutralen Form gehalten.

VOKABULAR: Die neuen Wörter jeder Lektion sind in der Reihenfolge ihres Auftretens in den Übungen bzw. im Text angeführt, ihre Lesung in der mittleren Spalte ist aus didaktischen Gründen nicht romanisiert, sondern in hiragana bzw. katakana umgeschrieben (letztere ab Lektion 10 für alle sino-japanischen Lesungen, davor als Originalschrift von Fremdwörtern, die bis Lektion 9 in hiragana notiert und zur Kennzeichnung unterstrichen sind). In der rechten Spalte ist zunächst als Abkürzung die Wortklassenzugehörigkeit vermerkt (s. Abkürzungsverzeichnis), gefolgt von einer deutschen Übersetzung, wobei nur die jeweils vorkommende Bedeutung oder Bedeutungsvariante des japanischen Worts berücksichtigt ist. Grammatische Hinweise oder Bemerkungen zur Bedeutung sind kursiv gehalten.

GRAMMATIK: Die Reihenfolge der behandelten grammatischen Probleme entspricht nicht unbedingt der ihres Vorkommens im Text oder in den Übungen, sondern folgt z.T. systematischen Gesichtspunkten. Zur besseren Überschaubarkeit wichtiger Teile des erörterten Stoffs oder sich daraus ergebender Einordnungen sind den meisten Lektionen "Kurzreferenz" genannte tabellarische Übersichten nachgestellt.

ÜBUNGSTEIL: Der Übungsteil ist in Hinblick auf die Verwendung des Materials im Sprachlabor konzipiert, doch kann er ohne weiteres auch laborunabhängig erarbeitet werden, sowohl im lehrergesteuerten Unterricht als auch im Selbststudium. Die folgenden Hinweise auf einzelne Übungsformen beziehen sich auf den Einsatz der Übungen im Sprachlabor, mit geringen Einschränkungen auch auf ihren Gebrauch mit einfachen Tonträgern.

EINFÜHRUNGSÜBUNG: Der Grammatikstoff der jeweiligen Lektion wird in dieser Übung vorgestellt, soweit möglich unter Verwendung bereits bekannten Wortmaterials. Die Übung ist als Diktat vorgesehen, bei dem der Lernende durch mehrfaches Abspielen des Bands neue Formen erkennen und deren Funktion oder Bedeutung beim Tutoren erfragen soll, um schließlich eine Niederschrift und Übersetzung vornehmen zu können. Bei der Lösungskontrolle in der Gruppe soll anhand der Sätze der Einführungsübung der Grammatikstoff induktiv entwickelt werden. Steht dem individuell Lernenden kein Tonträger zur Verfügung, kann er sich auf die Übersetzung der Sätze unter Einbeziehung der Grammatikerläuterungen beschränken.

GRAMMATIKÜBUNGEN: Diese Übungen dienen der Aneignung grammatischer Formen. Zugrunde liegt ihnen das pattern-drill-Prinzip, ausgeführt in Form von Vier-Phasen-Drills, d.h. der Übungsprozeß läuft in den folgenden vier Phasen ab:

(1) der Tutor (T) gibt einen Anfangsimpuls,als Aussage oder Frage formuliert
(2) der Schüler (S) reagiert darauf entsprechend der Aufgabenstellung durch Beantworten der Frage oder Ausführen einer bestimmten, in der Aufgabenstellung beschriebenen Operation
(3) der Tutor gibt die korrekte Lösung
(4) der Schüler vergleicht seine Lösung mit der korrekten Lösung, er berichtigt seine Lösung bzw. wiederholt sie, falls sie korrekt war, zur Festigung.

Den einzelnen Übungen vorangestellt sind:
- ein Hinweis auf die entsprechenden Grammatikerläuterungen (bei solchen einer vorangegangenen Lektion ist die Verweisung in Klammern gesetzt)
- eine Beschreibung der Aufgabenstellung
- ein (auf die ersten beiden Phasen verkürztes) Muster des Übungsablaufs, bestehend aus Anfangsimpuls und der korrekten Lösung

Die darauf folgenden Übungsaufgaben enthalten nur den Anfangsimpuls, die Lösung findet sich im Lösungsteil des Anhangs.

ABSCHLUSSÜBUNGEN: Die Abschlußübungen dienen der Kontrolle des gesamten Lernstoffs der Lektion, sie beziehen sich auf Vokabular, Grammatik wie auch auf den Schriftteil. Die Aufgaben sollen im Sprachlabor mündlich und schriftlich gelöst werden. Die Lösungen finden sich im Anhang, bei lehrergesteuertem Unterricht empfiehlt sich eine Lösungskontrolle in der Gruppe.

TEXTÜBUNGEN (Lektion 10-15): Durch drei Typen textbezogener Übungen soll der jeweilige Übungstext hinsichtlich des syntaktischen Aufbaus seiner Sätze zunächst passiv (Textübung I), dann aktiv (Textübungen II und III) nachvollzogen werden. Während Textübung I die originalen Sätze des Übungstexts aus ihrem prädikativen Kern heraus schrittweise durch Erweiterung um die dem Prädikat zugeordneten Ergänzungen entwickelt, wobei der Lernende die einzelnen Entfaltungsstufen beim Nachsprechen zugleich auch in ihrem grammatischen Entstehungsprozeß bewußt mitvollziehen soll (auch eine gesonderte Analyse bzw. zur Verständniskontrolle eine Übersetzung der einzelnen Entwicklungsstufen ist denkbar), soll er bei Textübung II die Verbindung zwischen Prädikat und Ergänzungsbestimmung durch Einsetzen der entsprechenden Fügungsmittel bzw. Herstellen von Formveränderungen selbständig vornehmen und die einzelnen Satzglieder dabei in eine korrekte bzw. sinnvolle Reihenfolge bringen. Textübung III schließlich sieht die Übersetzung stufenweise erweiterter Sätze aus dem Deutschen ins Japanische vor.

KANJI-ARBEITSBÖGEN: Das Erlernen der chinesischen Schriftzeichen ist eine der Hauptschwierigkeiten beim Studium der japanischen Sprache, besonders im Anfangsstadium. Die kanji-Arbeitsbögen sollen helfen, die Probleme, die sich bei der Auseinandersetzung mit einer Schrift ohne direkte oder indirekte graphische Berührung mit der Lateinschrift ergeben, durch ihren analytischen Ansatz zumindest teilweise zu überwinden, ohne allerdings von der Mühe des Lernens selbst entbinden zu können. So soll durch die Graphemanalyse ein Verständnis der kanji als strukturierter Einheit entwickelt und zugleich eine Memorierungshilfe angeboten werden, während die Bildung von kanji-Komposita eine erste Anschauung von der Bedeutungsbreite der einzelnen kanji sowie einen spontanen, noch nicht systematisierten Eindruck von den in der Sprache wirksamen Wortbildungsmechanismen vermitteln will. Keineswegs ist durch die Komposita in erster Linie eine Erweiterung des Lernstoffs angestrebt, entscheidende Bedeutung kommt vielmehr dem Vorgang des Erschließens von Lesung und Bedeutung selbst als einem Akt der praktischen Anwendung und damit Festigung erworbener Grundkenntnisse zu.Die für die einzelnen Schriftzeichen zusammengestellten Informationen hinsichtlich Bedeutung und Lesung streben keine Vollständigkeit an, sie orientieren sich vielmehr am Stoff von Teil I. Die Komposita verwenden ausschließlich kanji die bereits bekannt sind. Bei der Graphemanalyse wird die heute in Japan gebräuchliche Zeichengestalt zugrundegelegt, was in Einzelfällen Abweichungen von der traditionellen Radikalzuordnung zur Folge hat, dann nämlich, wenn das Radikalmorphem selbst in seiner Gestalt durch die Schriftreform nach dem Zweiten Weltkrieg verändert worden ist. Die Wahl der Radikalnamen verzichtet ebenfalls in einigen Fällen (etwa bei der Benennung nach einzelnen katakana) auf historische Stimmigkeit zugunsten der heute in Japan verbreiteten Praxis, was umso eher vertretbar erscheint, als diesen Namen ohnehin nur praktische, d.h. lernunterstützende Bedeutung zukommt.

Die Anlage der einzelnen Übungsarten weist zwar auf ein bestimmtes zugrundeliegendes Unterrichtskonzept hin (s. Foljanty,D.: Japanisch in Intensivkursen, in: Mitteilungen der Koordinierungsstelle für gegenwartsbezogene Ost- und Südostasienforschung Nr.25 (Sept.1977),S.167-184), ohne daß jedoch dieses Lernmaterial daran gebunden wäre. Darüberhinaus ist beim lehrergesteuerten Unterricht eine Erweiterung des angebotenen Materials durch Übungen wie etwa zur spontan-produktiven Anwendung des Gelernten (ansatzweise Gespräche über den Inhalt der Texte auf Japanisch u.a.) nicht nur wünschenswert, sondern auch erforderlich sowohl im Interesse des Lernenden, durch aktives Beherrschen der vermittelten sprachlichen Formen das Leseverstehen zu optimieren, als auch im Interesse des Lehrenden, der nicht zum Vollzugsbeamten eines einmal fixierten Übungsablaufs verkümmern will.

Hinsichtlich der Verwendung der japanischen Originalschrift muß eine geringfügige und vorläufige Einschränkung gemacht werden: um den Anfangsteil nicht mit Lernstoff zu überlasten, habe ich auf die Benutzung der katakana-Silbenschrift zur Wiedergabe von Fremdwörtern bis Lektion 9 einschließlich verzichtet, stattdessen hiragana für diesen Zweck gewählt und diese zur Kennzeichnung unterstrichen. Für den Einbezug der verschiedenen Schriften in den Lernprozeß möchte ich folgendes Vorgehen empfehlen: hiragana werden zuerst,zusammen mit der Erarbeitung des Laut- und Silbeninventars angeeignet, noch vor Beginn der Arbeit an den Kurslektionen. Die Behandlung des Abschnitts im Einführungsteil über kanji verläuft dann parallel zu den ersten Laktionen; katakana und die Probleme der Fremdworttranskription schließlich werden erst dann angegangen, wenn die Anfangsschwierigkeiten mit den anderen Schriften einigermaßen überwunden sind, doch so, daß sie spätestens ab Lektion 10 voll einbezogen werden können.

Der Festschreibung dieses Lernmaterials ging ein langwieriger und komplizierter Erfahrungsprozeß voraus. In ihm verbanden sich Vorstellungen zum Spracherwerb, wie sie am Ostasiatischen Seminar der Freien Universität Berlin diskutiert und erprobt wurden, mit den konzeptionellen Anforderungen von Sprachintensivkursen, wie sie von der (damaligen) Deutschen Gesellschaft für Ostasienkunde, Hamburg, veranstaltet wurden. Ich bin beiden Institutionen für die Möglichkeit, meine Vorstellungen erproben zu können, ganz besonders aber den Studierenden und Teilnehmern der Intensivkurse dankbar, die dies mit Geduld, Nachsicht und Kritikbereitschaft angenommen haben. Meine Mitarbeiterinnen bei der Durchführung der Hamburger Intensivkurse, Frau Yasuko Taniguchi und Frau Yōko Teichler, wirkten auch bei der Erstellung der Urfassung mit, von der einige Teile in den vorliegenden Kurs eingingen. Herrn Dr. Siegfried Lörcher verdanke ich die Anregung für den katakana-Abschnitt im Einführungsteil, er gestattete mir freundlicherweise die Verwendung einiger seiner anläßlich eines katakana-Kompaktseminars in Tübingen entwickelten Ideen. Wertvolle Hinweise bei der Arbeit an der Endfassung erhielt ich von Frau Aya Ōtsuka, die sich der Mühe unterzog, das umfangreiche Manuskript durchzusehen. Herr Hiro'omi Fukuzawa war immer bereit, strittige und unklare Sachverhalte mit mir zu diskutieren. Ihnen allen gilt mein Dank, die Verantwortung für alle noch verbliebenen Fehler liegt selbstverständlich allein bei mir. Für die Schreibarbeiten der japanischen Texte konnte ich Herrn Hiroshi Kitamura (Schreibmaschine) und Frau Noriko Nakai (handschriftliche Teile) gewinnen. Vor allem Frau Nakai ist es zu danken, wenn aus einem gesichtslosen Manuskript ein Buch entstanden sein sollte, das den Lernenden durch die Schönheit der Schrift stimuliert, sich durch alle Schwierigkeiten des Japanischen hindurchzukämpfen. Widmen möchte ich dieses Buch meiner Frau Gesine, ohne deren kritische Unterstützung ich wohl kaum eine positive Einstellung zu dieser Arbeit bis zu ihrem Abschluß bewahrt hätte.

Berlin, Dezember 1978

EINFÜHRUNGSTEIL

MODERNE SCHRIFTSPRACHE

Die allgemeine Sprachform des Schrifttums im heutigen Japan entstand zu Beginn dieses Jahrhunderts in der Folge von Bemühungen um eine Angleichung geschriebener an die gesprochene Sprache.
Bis dahin hatten erhebliche grammatische, lexikalische und stilistische Unterschiede zwischen diesen beiden bestanden. Während in der traditionellen Schriftsprache (*bungo*) im wesentlichen der grammatische Formenbestand des 11./12. Jahrhunderts festgeschrieben war, verbunden mit einer Tendenz zur Vereinfachung und Standardisierung, vollzogen sich in der Umgangssprache (*kōgo,* früher:*zokugo:*"Gemeinsprache") zwischen dem 13. und 19.Jahrhundert entscheidende Veränderungen. Die Schriftsprache blieb davon nahezu unberührt. Eine solche, in archaischen Formen erstarrte Sprache mit elitärem Bildungsanspruch und ohne Zugang zur lebendigen Umgangssprache war indes kaum geeignet, die Aufgabe eines Kommunikationsmediums in der sich mit der Industrialisierung Japans nach 1868 zögernd, aber notwendig entwickelnden informierten Öffentlichkeit wahrzunehmen.

Der Ablösungsprozeß währte jedoch lange. Während in der Literatur sich bereits um die Jahrhundertwende eine Annäherung an die Umgangssprache vollzogen hatte,und die Presse ab 1922 umgangssprachliche Elemente zu integrieren begann, hielt der Staatsapparat in seinen Verlautbarungen, insbesondere in der Zeit militaristisch-faschistischer Herrschaft, bis zum Ende des Zweiten Weltkriegs an der traditionellen, wenngleich teilweise modernisierten Schriftsprache fest.
Erst die Demokratisierungsmaßnahmen nach Kriegsende führten zu einer weitgehenden Durchsetzung einer standardisierten Umgangssprache als Medium des Schrifttums, eben der Modernen Schriftsprache,in nahezu allen Bereichen schriftlicher Kommunikation.

Trotz der grundsätzlichen Ausrichtung der Modernen Schriftsprache an der Umgangssprache weist letztere eine Reihe von Merkmalen auf, die sich in der geschriebenen Sprache nicht bzw. nur zitatweise finden. Dazu gehören neben Verschleifungsformen und einer geschlechtsspezifischen Ausdrucksweise auch eine große Zahl von Interjektionen. Darüberhinaus berücksichtigt die gesprochene Sprache durch die Wahl abgestufter Höflichkeitsausdrücke die Sprecher-Hörer-Beziehung, was für die geschriebene Sprache irrelevant ist, sofern sie sich an ein anonymes Publikum wendet und dieses nicht individuell ansprechen will im Gegensatz zu z.B. Werbung oder Briefstil. Stilistisch zeichnet sich die Moderne Schriftsprache in den meisten Textarten durch die Neigung zu komplexem Satzbau, stark fachsprachlichem Wortschatz und teilweise durch den Rückgriff auf sprachhistorisch ältere Formen aus.

LAUT- UND SCHRIFTSYSTEM

GRUNDZÜGE DES SCHRIFTSYSTEMS

Menschen können sich mithilfe gesprochener oder geschriebener Sprache verständigen, wenn die Folgen von Lauten bzw. graphischen Symbolen, derer sie sich bedienen , von allen Beteiligten mit übereinstimmenden Bedeutungen verbunden werden. Diese Voraussetzung sprachlicher Kommunikation ist Ausgangspunkt der Lehre von der Sprache als einem System von Zeichen, die dem sprachlichen Zeichen als substantiellem Element der Kommunikation folgende Eigenschaften zuschreibt:

(a) Es besitzt eine Ausdrucksseite ,die aus einer bestimmten Folge von Lauten besteht, und eine Bedeutungsseite,die auf einen bestimmten Gegenstand oder Sachverhalt der außersprachlichen Wirklichkeit hinweist.

(b) Ausdrucks- und Bedeutungsseite sind fest miteinander verbunden.Nur so kann ausgeschlossen werden,daß verschiedene Personen derselben Lautfolge unterschiedliche Bedeutungen zuordnen und so zu keiner Verständigung gelangen.

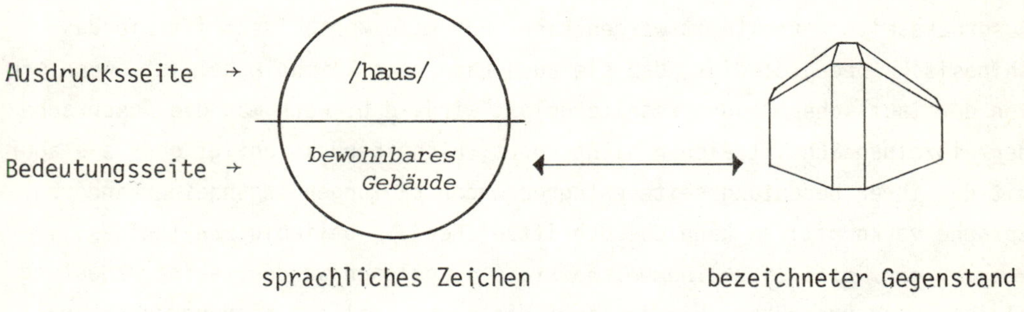

Schema eines sprachlichen Zeichens

Für den schriftlichen Verkehr haben sich in einer Reihe von Sprachen Schriftsysteme entwickelt,die sich in unterschiedlicher Weise auf das sprachliche Zeichen und seine Komponenten beziehen: ihre Konzepte reichen von der Wiedergabe der Einzellaute auf der Ausdrucksseite (Buchstabenschrift) bis zur graphischen Darstellung der Bedeutungsseite wie in der ursprünglichen Hieroglyphenschrift. Auch die chinesische Schrift,die Grundlage des japanischen Schriftsystems,entstand nach letzterem Prinzip als Begriffs- oder Wortbildschrift (entwickelte sich dann allerdings in etwas anderer Weise ,s.u. Die

Begriffsschrift:*kanji*).

Die unterschiedlichen Beziehungen zwischen Bedeutungsseite sowie lautlicher und graphischer Ausdrucksseite dieser Schriftsysteme lassen sich anhand eines erweiterten Modells des sprachlichen Zeichens darstellen:

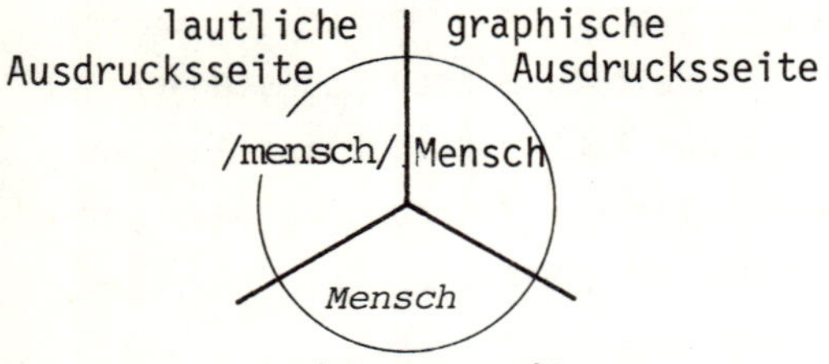

Buchstabenschrift

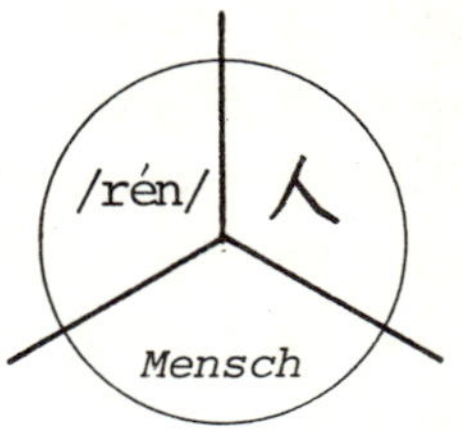

Wortbildschrift(Chinesisch)

Auch in der Wortbildschrift besteht z.B. innerhalb des Chinesischen eine konventionalisierte Bindung von lautlicher und graphischer Ausdrucksseite, doch ist diese nicht primär wie bei der Buchstabenschrift, sondern über die Bedeutungsseite vermittelt. Dagegen sind graphische Ausdrucksseite und Bedeutungsseite der Wortbildschrift unmittelbar aufeinander bezogen, während im Falle der Buchstabenschrift eine solche Verbindung nur über die lautliche Ausdrucksseite hergestellt werden kann. Für eine Wortbildschrift wie das Chinesische bedeutet dies, daß sie auch dann noch kommunikabel ist, wenn sie von der lautlichen Ausdrucksseite gelöst wird, d.h. wenn man die Aussprache der einzelnen Schriftzeichen nicht kennt, nicht berücksichtigt oder sie aber mit den ihrer Bedeutungsseite entsprechenden Lautungen irgendeiner anderen Sprache verknüpft: so kann das Schriftzeichen 人 beliebig *rén* (chines.), *Mensch, man, hito* (jap.),*homme, hombre u.a.* gelesen werden, seine Bedeutung bleibt davon unberührt. Hierin liegt die grundsätzliche Eignung der chinesischen Schrift für ein universelles, auf alle Sprachen beziehbares Schriftsystem.

Diese Eignung wird allerdings durch bestimmte Eigenschaften der chinesischen Sprache selbst eingeschränkt:

- das Chinesische stellt die syntaktischen Beziehungen zwischen den semantischen Einheiten des Satzes wesentlich durch deren Position dar,was zur Folge hat,daß entsprechende grammatische Morpheme und damit graphische Symbole nicht ausgebildet sind
- das Chinesische kennt keine Flexion

Eine Verwendung des chinesischen Schriftsystems für Sprachen mit davon ab-

weichenden strukturalen Merkmalen ist gleichwohl nicht ausgeschlossen,wenn es gelingt,Lösungen für die graphische Darstellung grammatischer Morpheme zu entwickeln,etwa in folgender Weise:
wird das deutsche Wort *Mensch* mit dem Schriftzeichen 人 wiedergegeben,so ließe sich die Pluralform *Menschen* notieren durch

- diakritische Zeichen: 人°
- Verdoppelung des Schriftzeichens: 人人
- Symbole einer Zusatzschrift: 人en
- Verwendung eines chinesischen Schriftzeichens mit der Bedeutung *Plural* o.ä.: 人達

In allen Fälle soll das Notat *Menschen* gelesen werden.

Probleme dieser Art stellten sich für Japan,als etwa zu Beginn des 5.Jahrhunderts n.Chr. das bis dahin schriftlose Land mit dem chinesischen Schriftsystem in Berührung kam.Es entwickelten sich zunächst drei Lösungsansätze:

(a)Verwendungs des Original-Chinesischen (in Japan als Dokumenten- und Wissenschaftssprache ähnlich dem Latein in Europa sehr lange gebraucht)

(b)Den chinesischen Schriftzeichen wurde die Lautfolge zugeordnet,die im Japanischen Ausdrucksseite ("Lesung") des betreffenden Begriffs ist:

Zeichen	Bedeutung	Lesung	
人	*Mensch*	*rén*	chines.
		hito	jap.

Dieses Konzept entspricht der oben aufgezeigten laut- und damit sprachunabhängigen Verwendung der chinesischen Schriftzeichen und läßt sich anhand des erweiterten Modells sprachlicher Zeichen als selektive Übernahme der schraffierten Bereiche darstellen:

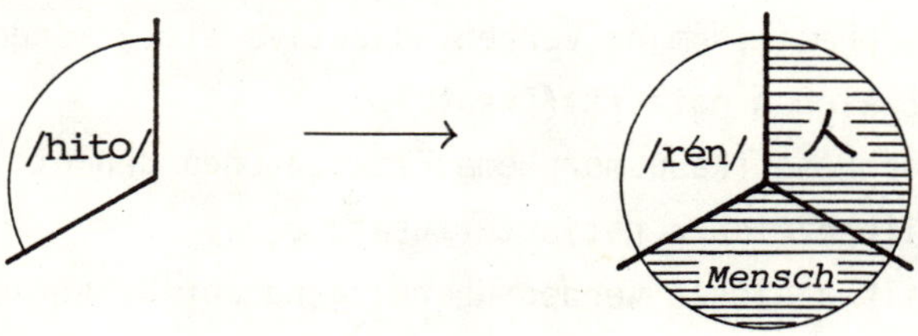

(c)Verwendung der chinesischen Schriftzeichen als Symbole für die ihnen im Chinesischen zugeordneten Lesungen ohne Berücksichtigung der Bedeutung:

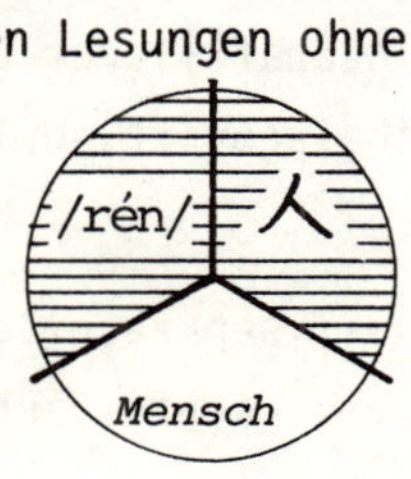

Dabei wurden die originalen Lesungen der Silbenstruktur und Phonetik des Japanischen angepaßt:

Zeichen	Bedeutung	Lesung	
毛	*Haar*	*mao*	chines.
	-	*mo (mō)*	jap.

Da alle im Japanischen vorkommenden Silben durch Schriftzeichen des Chinesischen repräsentiert werden konnten, die so auf ihren, zusätzlich dem Japanischen angeglichenen Lautwert reduziert waren, war es möglich, das Japanische durchgängig mithilfe chinesischer Schriftzeichen zu notieren, ohne dabei deren Bedeutungsgehalt zu berücksichtigen. Tatsächlich wurde von dieser Technik anfangs ausgiebig Gebrauch gemacht. Dabei war zugleich aber der Ansatz für die Entwicklung einer bedeutungsunabhängigen Silbenschrift gegeben. Diese besteht aus zwei eigenständigen Schriftformen, *hiragana* und *katakana*, deren graphische Symbole als Kurzformen der ursprünglichen Wortbildzeichen entstanden, und die heute funktionaler Bestandteil des japanischen Schriftsystems sind. Die Silbenschrift entspricht im wesentlichen dem Konzept der Buchstabenschrift, nur ist die Einheit der lautlichen Ausdrucksseite, auf die sich die Silbenzeichen beziehen, nicht der Einzellaut sondern die Silbe.

Aus den Ansätzen (b) und (c) entwickelte sich als Mischform das noch heute gebräuchliche Schriftsystem des Japanischen,das sich vereinfacht folgendermaßen beschreiben läßt:

- lexikalische Morpheme (Nomina,Verben,Adjektive etc.) werden mittels chinesischer Schriftzeichen notiert (Ansatz b)
- grammatische Morpheme (Kasusmorpheme,Flexionsendungen etc.)werden mittels der *hiragana*-Silbenzeichen notiert (Ansatz c)
- die *katakana*-Silbenzeichen werden überwiegend zur Umschrift von Fremdwörtern nicht-chinesischen Ursprungs benutzt
- daneben werden in beträchtlichem Umfang arabische Ziffern verwendet,gelegentlich auch (vor allem in wissenschaftlicher Literatur) fremdsprachige Begriffe oder Zitate in der Originalschrift,sowie andere,meist naturwissenschaftliche Symbole.

Die Textanordnung ist traditionell senkrecht,d.h. es wird von oben nach unten geschrieben,wobei die Zeilen von rechts nach links verlaufen.Seit 1945 setzt sich zunehmend die waagerechte Textanordnung mit links-rechts-Schreibfolge innerhalb der einzelnen Zeilen durch.

作、資金工作担当者だったというのが日刊ゲンダイニューヨーク編集部の見解の要旨である。
　この文鮮明はKCIAの本拠青瓦台の対米工作極秘会議につらなったメンバーの一人。その他のメンバーは朴東宣（注・一九七八年三月の米裁判所での証言が確定）、統一協会付属機関の韓国文化自由財団理事長の朴普熙（元軍情報将校）、KCIA部長（当時）金東祚らで、この会議は一九六九年一二月二〇日頃とされている。いうまでもなくこの会議は朴大統領の主催。議題はニクソン・ドクトリンによる駐韓米軍削減・撤退阻止のための米議会、ホワイト・ハウス、米国務、国防両省の首脳買収工作で、文はこのとき米国内での拠点づくりと宗教特殊工作、資金づくりの任務を与えられ、KCIA資金五〇〇万ドルをもちこんで膨大な不動産を次々と取得して統一教会の拠点とした。
　この工事の連絡は青瓦台直通を原則としたため、文鮮明や朴普熙には朴大統領、KCIA部長、総理に直結する特別回線ルートの使用が認められている、と李在鉉は証言している。 24

電球，電熱器などは，電気エネルギーを光や熱に変えるものである。このような電気器具には，それらが消費する電力が表示してある。たとえば，100V-500W の電熱器とは，それを 100V の電源につなぐと 500W の電力を消費する電熱器のことである。

100V-500W の電熱器を，100V の電源につないだときの抵抗を計算してみよう。

電力を P[W]，電流を I[A]，電圧を E[V] とすると，

$$P = IE$$

であるから，

$$I = \frac{P}{E} = \frac{500\,[\mathrm{W}]}{100\,[\mathrm{V}]} = 5\,[\mathrm{A}]$$

となり，電流は 5A であることがわかる。また，この電熱器の抵抗を R[Ω] とすると，オームの法則によって，

$$R = \frac{E}{I} = \frac{100\,[\mathrm{V}]}{5\,[\mathrm{A}]} = 20\,[\Omega]$$

となり，この電熱器の抵抗は，20Ω であることがわかる。

ÜBUNG 1

GEGENSTAND: Textanordnung/Schriftsprache

AUFGABE:
- Beschreibung der Textanordnung in den drei Beispielen
- Kennzeichnung bekannter Schriftsymbole
- Klassifizierung unbekannter Schriftsymbole nach formalen Kriterien
- Beschreibung der Formcharakteristika der dabei gefundenen Klassen von Schriftsymbolen

「スペルを間違えた。」などと使うスペル（spell）は、英語では「（語を）つづる」という動詞であり（名詞の spelling から来たスペリングも使われる。）、「ヘビーをかける。」などと使うヘビー（heavy）は、英語では「重い・はげしい」などの意の形容詞である。また、アベック（フランス語、avec）は、原語では「……とともに」の意の前置詞であるが、日本語では名詞として用いている。
　このように、外来語は名詞として用いられるのが普通であるが、時には名詞以外の品詞に転用されることがある。動詞には、リードする（lead）・カットする（cut）などのように、サ変動詞「する」とともに複合動詞として用いることが多く、この種の外来語はかなり見られる。これらのほかに、動詞としてはサボる・アジる・デモるなどの例がある。それぞれ、サボタージュ（フランス語sabotage）・ア

バる（ゲバルト、ドイツ語 Gewalt）などが用いられるぐらいである。「する」と複合させてサ変動詞とするものと並んで、比較的多く用いられるものに、形容動詞語尾「だ」を付けて形容動詞とするものがある。デリケートだ（delicate）・スマートだ（smart）・ウェットだ（wet）などがこれである。原語で形容詞のものが多いが、ハイカラだ（high callar）のように、形容詞以外のもののこともある。
　外来語は、他の単語と同様に、外来語同士または他の単語と和語・漢語とを合わせて、新しい語（複合語）を作ることがある。外来語同士が合わさって新しい語を作る場合に、原語の外国語にないような言い方が出来ることがある。これが先に挙げたような和製英語・和製洋語といわれるものである。また、バタくさい・ペン先・黒パンなどのように、外来語と和語とで出来た複合語や、シャベル車・

(31)

LAUTSYSTEM UND *HIRAGANA*-SILBENSCHRIFT

Die kleinste phonetische Einheit ist der Einzellaut,Vokal oder Konsonant. Dies gilt auch für das Japanische,dennoch berücksichtigt die Lautschrift,die sich in Japan neben der Verwendung chinesischer Schriftzeichen herausgebildet hat,diesen Sachverhalt nicht,sondern bezieht sich auf Gruppen von Einzellauten,auf Silben.Die Gründe dafür liegen in der Entstehungsgeschichte der japanischen Silbenschrift,wie sie oben dargestellt worden ist.

Zwei Silbenschriftsysteme bestehen heute nebeneinander,*hiragana* und *katakana*, die für verschiedene Zwecke verwendet werden (s.o.Grundzüge des Schriftsystems).Sie stimmen überein hinsichtlich ihres lautlichen Inhalts,d.h. der Silben,die sie repräsentieren,unterscheiden sich aber in ihrer äußeren Gestalt.Im folgenden wird das japanische Laut- und Silbeninventar in Verbindung mit der Notierung der Silben durch *hiragana* als der grundlegenderen Silbenschriftform dargestellt,doch gilt das hier Gesagte entsprechend auch für die *katakana*-Schrift,deren spätere Behandlung sich dann auf die speziellen Probleme bei der Transkription von Fremdwörtern konzentrieren kann.

1. DIE GRUNDLAUTE

1.1 VOKALE

Das moderne Japanisch unterscheidet fünf Grundvokale:

Laut+	Umschrift++	Artikulationsvorgang+++
[i]	i	Lippen spaltförmig auseinandergezogen bei mittelgrosser Öffnung;die Vorderzunge ist gegen das vordere Palatum(harter Gaumen) gehoben,ohne es zu berühren.Mittelwert zwischen *Mitte* und *Miete*.
[e]	e	zurückgezogene,zugleich seitlich auseinandergezogene Lippenstellung.Vorderzunge ist nur leicht gegen das vordere Palatum gehoben,etwa:*Bett*.
[ɑ]	a	Lippen weit geöffnet,leicht seitlich auseinandergezogen.Zunge in tiefster Position.Die Hinterzunge ist schwach in Richtung des hinteren Velums(weicher Gaumen) gehoben,etwa: *Mann*.
[o]	o	gerundete Lippenöffnung,die Lippen sind dabei weder vorgestreckt noch zurückgezogen sondern in Normalstellung.Die Hinterzunge ist leicht in Richtung des hinteren Velums gehoben,etwa: *Motte*.
[ɯ]	u	ungerundete Lippen mit sehr geringer Öffnung,leicht seitlich auseinandergezogene Lippen.Der hintere Teil der insgesamt sehr zurückgezogenen Zunge ist gegen das mittlere Velum gehoben,ohne es zu berühren.Kein entsprechender deutscher Laut.

+ Die phonetische Umschrift folgt der von der Japanischen Phonetischen Gesellschaft (*Nihon onsei gakkai*) vorgeschlagenen Notation.

++ Es wird die Hepburn-Umschrift zugrundegelegt.

+++ Die Beschreibung folgt Wenck,G.:Japanische Phonetik.Bd.I.Wiesbaden: 1954.S.15 ff

Diese Vokale werden kurz gesprochen,besitzen aber lange Varianten (s.u.).Die genaue Beachtung der Vokallänge ist wichtig,da sie bedeutungsunterscheidend ist;so bedeutet *ko* u.a. *Kind*,*kō* (der Strich über dem Vokal dient der Kennzeichnung von Langvokalen in der Lateinumschrift) aber z.B. *Öffentlichkeit*.

1.2 HALBVOKALE

[w]	w	Gleitlaut;gleitendes /u/,das in den nachfolgenden Vokal (nur /a/) übergeht,etwa: (engl.) *wonder*
[j]	y	Gleitlaut;gleitendes /i/,das in einen nachfolgenden Vokal (/a,u,o/) übergeht,etwa: *Jugend*,aber ohne die Reibung des deutschen j-Lauts.

1.3 KONSONANTEN

1.31 Verschlußlaute

[p]	p	Lippenverschluß.Lippenstellung neutral,Zunge in Ruhestellung.Stimmlos,etwa: *Papier*
[b]	b	stimmhaftes Äquivalent zu /p/,etwa: *Butter*
[t]	t	Lippen in Ruhestellung.Der Verschluß wird durch die Zungespitze hinter den Zähnen gebildet.Stimmlos,etwa: *Tasse*
[d]	d	stimmhaftes Äquivalent zu /t/,etwa: *Dieb*
[k]	k	Lippen in Ruhestellung.Der Verschluß wird mittels der Hinterzunge am weichen Gaumen gebildet.Stimmlos,etwa: *Kind*
[g]	g	stimmhaftes Äquivalent zu /k/,etwa:*gut*

1.32 Reibelaute

[s]	s	Lippen in mittlerer Öffnung,zugleich leicht seitlich auseinandergezogen.Der Saum der Vorderzunge ist gegen den Raum hinter den Zähnen gehoben und bildet eine lange und schmale Enge,durch die der Luftstrom entweicht.Stimmlos,etwa: *Masse*
[z]	z	stimmhaftes Äquivalent zu /s/,etwa: *Sache*
[ʃ]	sh	enge und spaltförmige Lippenöffnung,vergleichbar der

/i/-Artikulation.Die Enge ist relativ kurz und breit, sie wird von der gegen den vorderen Teil des Gaumens gehobenen Vorderzunge gebildet.Stimmlos,etwa: *Schimmel*,aber mit weiter nach vorn geschobener Zunge

[ʒ] j — stimmhaftes Äquivalent zu /sh/,etwa: *Gelee*,aber mit weiter nach vorn geschobener Zunge

1.33 Hauchlaute

[h] h — die Lautqualität wird von dem nachfolgenden Vokal beeinflußt,da die vorderen Artikulationsorgane bereits die Artikulationsstellung des Vokals einnehmen.Stimmlos,etwa: *Haus*,aber mit stärkerer Hauch-Reibung

[ç] h — (vor /i/) Lippen in mittlerer Öffnung,zurück- und zugleich seitlich auseinandergezogen.Die Mittelzunge bildet im palatal-prävelaren Raum eine leichte Enge, die etwas größer als beim deutschen /ch/ in *ich* ist mit entsprechend geringerer Reibung.Stimmlos,etwa:*ich*

[F] f — Lippen leicht geöffnet,dabei zurück- und zugleich seitlich auseinandergezogen.Die Hinterzunge ist - wie bei der /u/-Artikulation - leicht gegen das vordere Velum gehoben.Stimmlos,kein entsprechender Laut im Deutschen,etwa in der Mitte zwischen *Hund* und *Fund*, d.h. *Fund* mit gelockerten Lippen gesprochen

1.34 Nasale

Durch einen Verschluß des Mundraums wird bei diesen Lauten der Luftstrom durch die Nasenhöhle geleitet.Je nach Artikulationsstelle bzw. Vollständigkeit des Verschlusses sind folgende Laute zu unterscheiden:

[m] m — der Verschluß wird bei normaler Lippenstellung durch beide Lippen (bilabial) gebildet.Stimmhaft,etwa:*Maus*

[n] n — der Verschluß wird durch die gegen den hinter den Zähnen liegenden (postdental-alveolaren) Bereich gehobene Zungenspitze gebildet.Stimmhaft,etwa: *nein*

[ŋ] g — (/g/ im Inlaut) der Verschluß wird mittels der gegen das Velum gehobenen Hinterzunge gebildet,etwa:*hängen*

[ŋ] n — (Silbenschlußnasal vor /k,g/, wie oben

[ɲ] n — (Silbenschlußnasal vor Vokalen, Halbvokalen,Zischlauten) wie [ŋ], doch wird der Hinterzungenverschluß etwas nach vorn geschoben und gelockert.

1.35 Liquida

[ɫ] r — phonetisch ein Zwischenwert zwischen /r/ und /l/.Der Laut wird erzeugt durch ein einmaliges vibrationsloses Schlagen der Zungenspitze gegen den Vordergaumen. Die genaue Artikulationsstelle richtet sich nach dem nachfolgenden Vokal,am weitesten vorn liegt sie bei /i/,am weitesten zurück bei /o/.Keine Entsprechung im Deutschen, etwa wie ein Zungenspitzen-l mit etwas zurückgezogener und nach unten gedrückter Zungenspitze gesprochen

1.36 Affrikaten

komplexe Konsonanten, bestehend aus Verschlußlaut und nachfolgendem Reibelaut, z.B. im Deutschen /pf/. Das Japanische kennt folgende Affrikaten:

[ts]	ts	etwa: *Zug*	[dz]	z	stimmhafte Variante von [ts] (am Wortanfang und nach *-n*, sonst [z])
[tʃ]	ch	etwa: *Tschibo*	[dʒ]	j	stimmhafte Variante von [tʃ] (am Wortanfang und nach *-n*, sonst [j])

2. DIE KOMBINATION VON GRUNDLAUTEN ZU EINFACHEN SILBEN

Das Japanische ist eine Sprache mit sehr regelmäßiger Silbenstruktur. Die Silben sind grundsätzlich offen, d.h. sie enden auf einen Vokal (V). Der Silbenanlaut kann entweder durch einen Konsonanten (K) gebildet werden, oder er bleibt unausgefüllt, so daß die Silbe nur aus einem Vokal besteht. Daraus ergibt sich folgende Strukturformel:

	(K)	V	
Formel:	(K)	V	
Beispiele:		a	
		i	
	k	a	
	m	u	
	sh	i	etc.

Bei der Kombination von Konsonanten und Vokalen zu Silben gelten bestimmte einschränkende Regeln. So werden einige Lautverbindungen gar nicht (mehr) hergestellt, in anderen Fällen können Konsonanten nur mit bestimmten Vokalen vorkommen, etwa /f/ nur in Verbindung mit /u/. Die möglichen Kombinationen des Grundlautbestands lassen sich in einem Koordinatensystem so zusammenstellen, daß die waagerechten Zeilen denselben Konsonanten, die senkrechten Spalten denselben Vokal (in jeweils festgelegter Reihenfolge) aufweisen. In den einzelnen Feldern wird das Kombinationsprodukt der Strukturformel (K)V der sich schneidenden Zeilen und Spalten eingetragen (s. Umseite). Die eigens umrandeten Felder weisen auf Silben hin, deren Anlautkonsonant von dem zu erwartenden Laut abweicht:

statt: si → shi
zi → ji
ti → chi
tu → tsu
hu → fu
hi → [çi] (die Umschrift *hi* berücksichtigt nicht den Lautwert)

	a	i	u	e	o
-	a	i	u	e	o
k	ka	ki	ku	ke	ko
g	ga	gi	gu	ge	go
s	sa	shi	su	se	so
z	za	ji	zu	ze	zo
t	ta	chi	tsu	te	to
d	da			de	do
n	na	ni	nu	ne	no
h	ha	hi	fu	he	ho
b	ba	bi	bu	be	bo
p	pa	pi	pu	pe	po
m	ma	mi	mu	me	mo
y	ya		yu		yo
r	ra	ri	ru	re	ro
w	wa				

Daneben besteht eine Reihe komplexer Silben (s.u.S.28f.)

3. *HIRAGANA*-SILBENSCHRIFT

3.1 ENTSTEHUNG UND ENTWICKLUNG DER SILBENSCHRIFT

Ausgangspunkt für das Entstehen einer Silbenschrift (*hiragana* wie auch *katakana*) war einmal die bedeutungsfreie Verwendung der chinesischen Schriftzeichen und zum anderen die Tatsache,daß im Chinesischen eine 1:1-Entsprechung von Schriftzeichen und Silbe besteht,d.h. jeweils einem Schriftzeichen ist eine Silbe als dessen "Lesung" zugeordnet. So wurde zu Beginn der Entwicklung eines eigenen japanischen Schriftsystems ein chinesisches Schriftzeichen (im folgenden *kanji* genannt,*kan*= China, *ji* =Schriftzeichen)allein aufgrund seines gleichen oder ähnlichen silbischen Lautwerts für die graphische Wiedergabe einer japanischen Silbe verwendet:

jap.Wort	*yama*		*tori*	
Silben	ya	ma	to	ri
kanji	也	麻	止	利
Bedeutung der *kanji*	*sein*	*Hanf*	*anhalten*	*Nutzen*
Bedeutung d.jap.Worts	*Berg*		*Vogel*	

Der häufige Gebrauch einzelner *kanji* führte schon früh (um das 9./10. Jahrhundert) zur Herausbildung kursivierter Formen,deren graphische Gestalt schließlich kaum oder gar nicht mehr auf die des zugrundeliegenden *kanji* beziehbar war.

Silbe	*kanji*	*hiragana* (z.T. mit Zwischenformen)
ta	太	た
na	奈	な
ni	仁	に
ma	末	ま
me	女	め
yu	由	ゆ
ri	利	り
re	礼	れ
ro	呂	ろ
mu	武	む
chi	知	ち
so	曽	そ

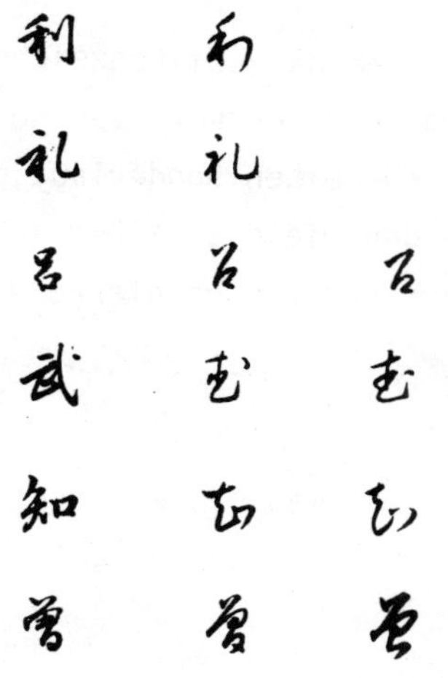

Der Name für diesen Schrifttyp, *hiragana* ("geglättete *kana*", *kana* = "entliehene Namen"),kam erst spät in Gebrauch.Seine ursprüngliche Bezeichnung als "Frauenschrift" (*onnade* oder *onna moji*) weist auf die Umwelt hin,in der er sich entwickelt hatte und überwiegend Verwendung fand: die lange Zeit von Frauen beherrschte höfische Literatur.

Ursprünglich existierten für die meisten Silben teilweise fünf und mehr *hiragana* - Varianten,die auf jeweils verschiedene *kanji* zurückgehen.

Im Zuge der Entwicklung eines den Bedürfnissen der Industrialisierung Japans adäquaten Schulwesens ab 1872 und in Zusammenhang mit der Rationalisierung und Normierung des Wissensstoffs wurde auch das *hiragana* - Schriftsystem standardisiert.Jeweils ein *hiragana* - Silbenzeichen wurde als Standardform ausgewiesen,die übrigen galten als Varianten (*hentaigana*).Im Bereich der handschriftlichen Notierung sind noch heute gelegentlich einzelne *hentaigana* anzutreffen.

Im Zuge der Schriftreform nach dem Zweiten Weltkrieg wurde der Silbenzeichenbestand um zwei Zeichen reduziert.Gleichzeitig wurden auch die Regeln für die *kana* - Orthographie neugefaßt.

3.2 UMFANG UND ORDNUNG DER *HIRAGANA*

3.21 DER GRUNDBESTAND

Der Bestand an *hiragana* - Silbenzeichen,die auf die beschriebene Weise entstanden sind und nach den Reformen noch Gültigkeit haben,umfaßt 45 Zeichen zuzüglich eines für einen Sonderlaut,den Silbenschlußnasal n (s.u.).Die 45 Grundzeichen werden wie die Silben in einem Koordinatensystem,bestehend aus einer Vokal- und einer Konsonantenachse,dargestellt,genannt "Fünfzig-Laute-Tafel" (*gojūonzu*)[+].

[+] Vorformen finden sich bereits im 11.Jahrhundert,das endgültige Schema wurde - läßt man die späteren Reformen des Silben- und Zeichenbestands außer Betracht - von Wissenschaftlern der Edo-Zeit (1603 - 1868) geschaffen.Tatsächlich hat diese Tabelle nie 50 Laute oder *hiragana* (von deren Übereinstimmung sie ausgeht) umfaßt. - Die Reihenfolge der Silben und ihrer Schriftzeichen nach der "Fünfzig-Laute-Tafel" liegt dem Aufbau der meisten japanischen Wörterbücher und Lexika zugrunde.- Neben dieser systematischen Anordnung der *hiragana* existieren verschiedene Merkverse,die alle vorkommenden Silben enthalten und mnemotechnische Funktion haben.Vgl. Lewin,B.: Abriß der japanischen Grammatik.Wiesbaden 1959.S.27

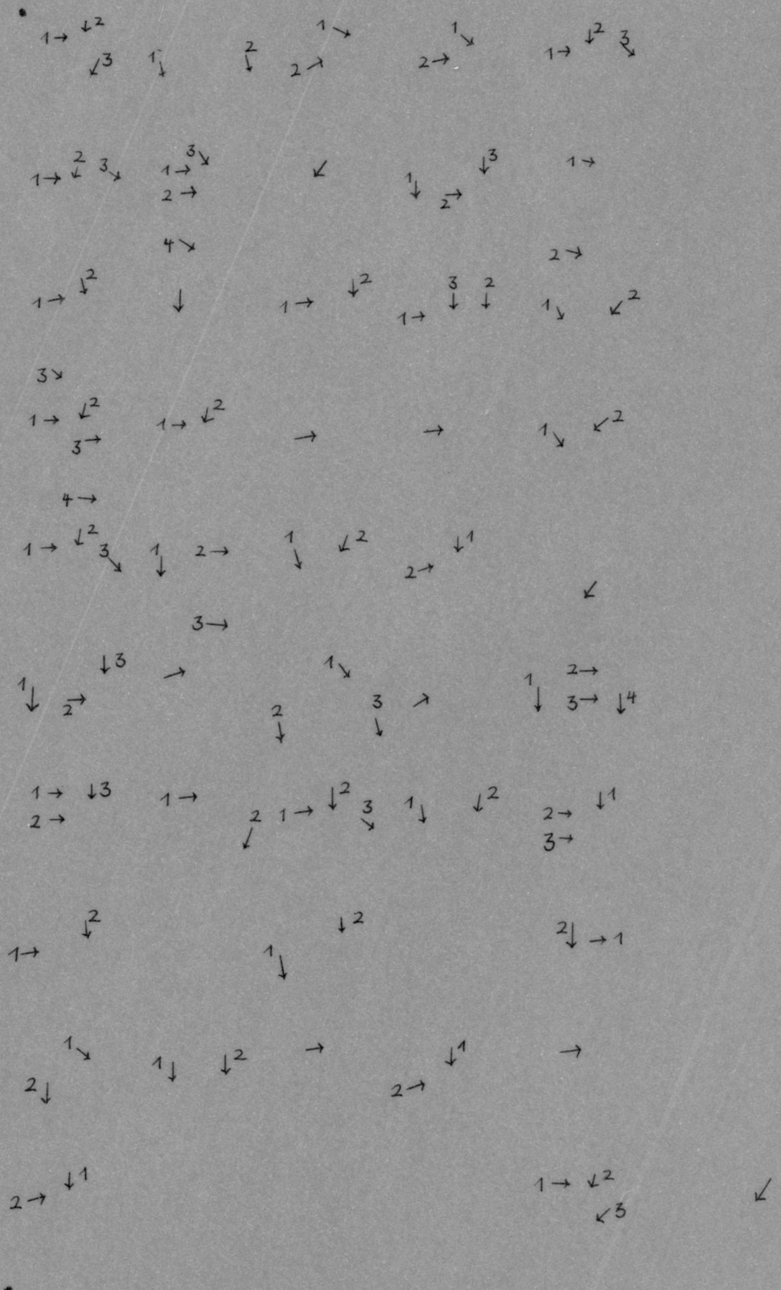

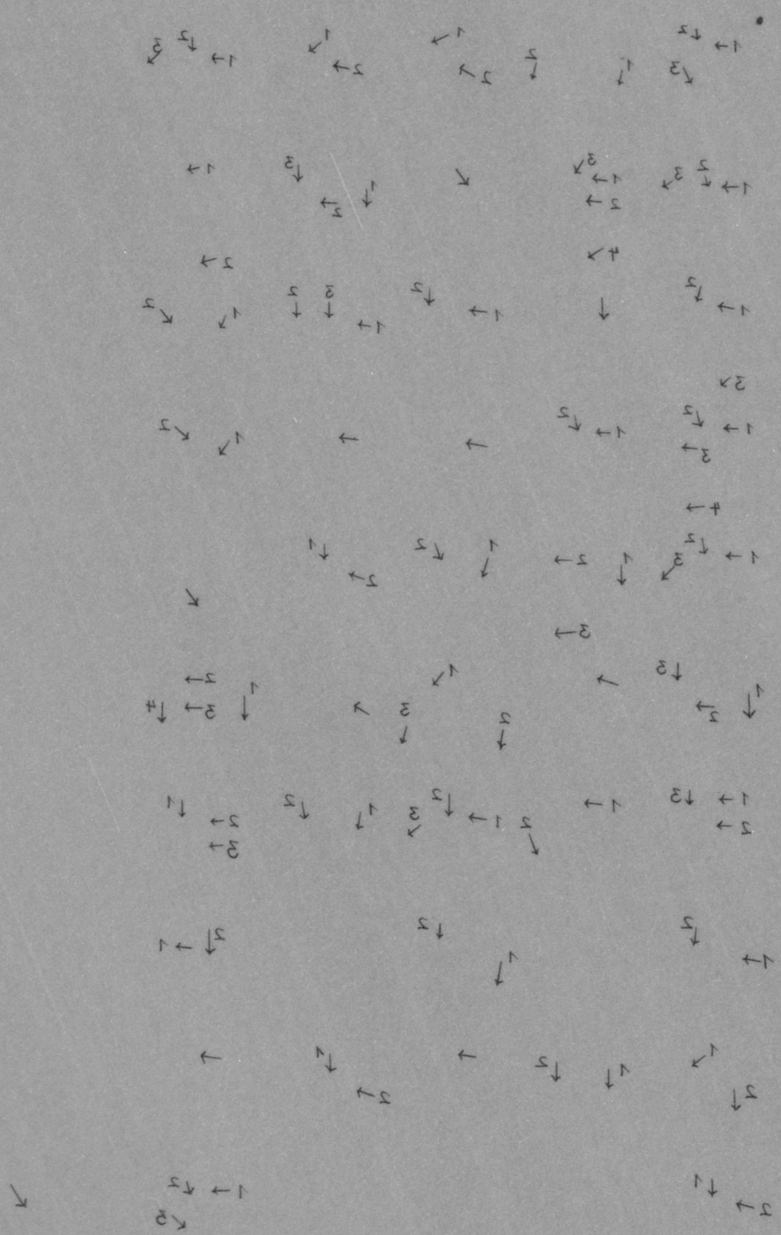

HIRAGANA - Tabelle

	a	i	u	e	o	n
	あ	い	う	え	お	
k	か	き	く	け	こ	
s	さ	し	す	せ	そ	
t	た	ち	つ	て	と	
n	な	に	ぬ	ね	の	
h	は	ひ	ふ	へ	ほ	
m	ま	み	む	め	も	
y	や		ゆ		よ	
r	ら	り	る	れ	ろ	
w	わ				を	ん

ÜBUNG 2

GEGENSTAND: *hiragana*/Zeichengestalt

AUFGABE: Auffinden des linksstehenden *hiragana* in der Menge der Zeichen derselben Zeile

		a	b	c	d	e	f	g	h	i	j
1.	あ	め	さ	す	あ	む	ぬ	た	お	な	ら
2.	い	こ	し	く	り	に	ふ	け	と	い	か
3.	う	ろ	ゆ	ら	わ	う	め	つ	よ	ふ	ち
4.	え	ん	う	て	へ	ら	そ	ふ	せ	ろ	え
5.	お	あ	す	ち	お	ゆ	む	さ	た	を	な
6.	か	う	ろ	ら	り	お	む	つ	か	ひ	る
7.	き	と	た	き	せ	に	ほ	も	そ	ま	さ
8.	く	へ	り	こ	し	の	ち	と	く	て	い
9.	け	は	ゆ	い	け	た	さ	わ	こ	り	ほ
10.	こ	い	と	こ	て	た	り	つ	に	ろ	そ
11.	さ	と	あ	き	せ	た	さ	な	ち	ら	そ
12.	し	よ	く	へ	ひ	つ	こ	し	り	て	と
13.	す	た	さ	ぬ	お	ね	む	る	ま	す	な
14.	せ	さ	れ	や	け	せ	そ	は	え	み	ね
15.	そ	て	と	え	を	や	さ	ふ	こ	そ	み

		a	b	c	d	e	f	g	h	i	j
16.	た	さ	ゆ	も	な	に	ほ	す	た	は	ま
17.	ち	る	ら	わ	そ	ち	る	の	め	つ	う
18.	つ	て	へ	く	り	こ	し	つ	と	ひ	の
19.	て	し	つ	て	ひ	こ	く	そ	の	と	へ
20.	と	そ	て	こ	ゆ	い	と	り	を	ろ	ひ
21.	な	す	に	む	た	お	ほ	な	あ	さ	き
22.	に	ほ	た	れ	に	え	こ	そ	も	は	り
23.	ぬ	ゆ	あ	の	め	わ	ぬ	す	ね	む	な
24.	ね	の	お	れ	お	わ	ほ	む	め	は	ね
25.	の	ら	う	め	の	わ	ゆ	け	つ	あ	ぬ
26.	は	け	に	ま	ほ	た	は	よ	ゆ	ね	な
27.	ひ	む	し	つ	て	へ	く	は	え	ひ	と
28.	ふ	い	ふ	む	え	な	ら	や	ち	お	そ
29.	へ	し	こ	へ	て	ひ	り	つ	ん	く	え
30.	ほ	ほ	も	け	は	お	た	ま	よ	あ	ね
31.	ま	り	き	せ	は	よ	も	わ	ほ	ま	た
32.	み	や	え	ゆ	そ	み	せ	さ	き	ち	ろ

		a	b	c	d	e	f	g	h	i	j
33.	む	あ	ね	す	る	お	む	ふ	ぬ	な	は
34.	め	ら	ぬ	め	ゆ	の	れ	ね	な	あ	わ
35.	も	ま	よ	き	ほ	さ	ゆ	せ	も	た	こ
36.	や	せ	ゆ	え	や	わ	ら	み	れ	ち	う
37.	ゆ	め	け	や	れ	ち	す	わ	ひ	ゆ	み
38.	よ	な	す	ふ	は	ぬ	ま	ね	ほ	る	よ
39.	ら	ち	つ	よ	は	う	ろ	ら	て	ゆ	ひ
40.	り	つ	い	こ	け	り	の	て	に	し	た
41.	る	も	ろ	ち	す	ら	る	ぬ	あ	む	ぬ
42.	れ	て	れ	は	わ	ろ	そ	し	ね	ほ	け
43.	ろ	つ	ち	ひ	る	ら	の	ろ	う	よ	し
44.	わ	み	ち	け	ね	ゆ	わ	ろ	も	ね	ら
45.	を	さ	そ	を	て	ち	ひ	ほ	と	わ	き
46.	ん	て	へ	え	く	つ	し	ん	り	ら	れ

ÜBUNG 3

GEGENSTAND: *hiragana*/ Zeichengestalt

AUFGABE: Beschreibung der graphischen Übereinstimmungen und Unterschiede zwischen dem links- und den rechtsstehenden *hiragana*

1.	あ	おめたむな	26.	は	けほよゆ
2.	い	こりにけ	27.	ひ	てと
3.	う	らろつち	28.	ふ	い
4.	え	んそう	29.	へ	つく
5.	お	あすむちを	30.	ほ	けはまもき
6.	か	うつ	31.	ま	きはも
7.	き	さまも	32.	み	やせ
8.	く	へしてと	33.	む	すおを
9.	け	はほりゆ	34.	め	ぬのあおわ
10.	こ	いにてと	35.	も	まよきほ
11.	さ	きせち	36.	や	せみ
12.	し	よくてつ	37.	ゆ	けわや
13.	す	むま	38.	よ	なま
14.	せ	やみ			
15.	そ	とてをえ			
16.	た	になす	39.	ら	ちうろ
17.	ち	らろう	40.	り	いけ
18.	つ	への	41.	る	ろちね
19.	て	としくそつ	42.	れ	てわね
20.	と	てそひ	43.	ろ	ちるら
21.	な	たさす	44.	わ	ちね
22.	に	こはた	45.	を	そむと
23.	ぬ	めねのわ			
24.	ね	わめ	46.	ん	えく
25.	の	めあわら			

ÜBUNG 4

GEGENSTAND: *hiragana*/ Lesung

AUFGABE: Zuordnung der *hiragana* zu den von ihnen repräsentierten Silben.
(in jeder Gruppe verbleibt ein Rest von einem *hiragana* und einer Silbe, die sich nicht entsprechen)

1. a- bis k-Reihe: a ki o e ku

く お え こ あ

2. a- bis t-Reihe: i sa chi ko se to ki so u

う き た い そ さ せ と ち

3. a- bis h-Reihe: hi to nu ki tsu ka ha ne ni shi

ね つ に あ か と し ぬ ひ き

4. a- bis y-Reihe: mu yo nu to e ho su se ke me

け よ と す め ま む ほ え ぬ

5. alle Reihen: re so (w)o fu no wa yu ni ro e ri

え れ り わ そ ろ み の に を ゆ

3.22 ERWEITERUNG DURCH ZUSATZSYMBOLE

Ein Vergleich der *hiragana* - Zeichen in der "Fünfzig-Laute-Tafel" mit der Tabelle der Silben des modernen Japanisch zeigt,daß die Silbenzeichen bei weitem nicht ausreichen, die dort enthaltenen Silben zu notieren.Das Japanische behilft sich hier durch die Verwendung von Zusatzsymbolen.

Da jener Teil des Silbenbestands,für den keine *hiragana* - Entsprechungen existieren,z.B. die Silben *ga,da,za,ba* oder *pa*,als aus dem Grundinventar abgeleitet betrachtet wird,lag es nahe,deren Notierung mithilfe von Zusatzsymbolen bei den *hiragana* für die zugrundeliegenden Silben vorzunehmen.Als Zusatzsymbole werden " bzw.° verwendet,jeweils in der rechten oberen Ecke des Silbenzeichens geschrieben.

Bei den Silben mit auf diese Weise abgeleiteten Silbenzeichen sind zwei Gruppen zu unterscheiden:

(a) Silben mit stimmhaftem Konsonantenanlaut wie *ga,da,za*, deren stimmhafte Entsprechungen (*ka,ta,sa*)eigene Silbenzeichen besitzen

(b) Silben mit Konsonantenanlaut p(stimmlos) bzw. b(stimmhaft),die als Verschlußlautvarianten des Hauchlauts h gesehen werden

Aus diesen Zuordnungen entwickelte sich folgende Notierungspraxis:

(a)

stimmlose Grundsilbe	*ka*	*ta*	*sa*
	か	た	さ
stimmhafte Silbe,notiert m.Zusatzsymbol	が	だ	ざ
	ga	*da*	*za*

(b)

ha	*ba*	*pa*
は	ば	ぱ

Die japanischen Bezeichnungen dieser Zusatzsymbole sind *dakuten* ("Trübungspunkt") für " bzw. *handakuten* ("Halbtrübungspunkt") für ° ,d.h. der ursprüngliche Laut wird als "rein" angesehen.In der deutschsprachigen Terminologie findet sich auch die Bezeichnung "Nigorierungspunkte" (*nigori* bedeutet ebenfalls "Trübung").

Der Grundbestand wird damit um folgende Silbenzeichen erweitert:

	a	i	u	e	o
g	が	ぎ	ぐ	げ	ご
z	ざ	じ	ず	ぜ	ぞ
d	だ	ぢ	づ	で	ど
b	ば	び	ぶ	べ	ぼ
p	ぱ	ぴ	ぷ	ぺ	ぽ

+Aussprache[ʒi],Umschrift *ji*

++Da der Lautwert dieser Silben in der modernen Hochsprache mit dem der Silben *ji* bzw.*zu* der z-Reihe übereinstimmt,wird in der Regel auf die entsprechenden *hiragana* der d-Reihe verzichtet.Lediglich in einigen,genau bestimmten Fällen werden diese Silbenzeichen noch verwendet.Ihre Umschrift ist ebenfalls *ji* bzw. *zu*.

ÜBUNG 5

GEGENSTAND: einfache Silben; *hiragana* :Zusatzsymbole

AUFGABE: Lese-und Ausspracheübung

1.a. さけ　　b. さげ

2.a. へき　　b. べき

3.a. みき　　b. みぎ

4.a. さける　　b. さげる

5.a. むき　　b. むぎ

6.a. きず　　b. きす

7.a. かく　　b. かぐ　　c. がく

8.a. ばす　　b. はず　　c. ぱす

9.a. かげ　　b. がけ　　c. かけ

10.a. かず　　b. がす　　c. かす

ÜBUNG 6

GEGENSTAND: einfache Silben; *hiragana*

AUFGABE: Lese- und Ausspracheübung

1. あい
2. あおい
3. いえ
4. うえ
5. おい
6. かう
7. かお
8. あかい
9. きく
10. えき
11. おく
12. いけ
13. こい
14. こえ
15. がいこく
16. いがい
17. ぎかい
18. かいぎ
19. ぐあい
20. かぐ
21. げき
22. かげ
23. うごく
24. さけ
25. さき
26. けさ
27. しお
28. あす
29. せかい
30. そこ
31. いそぐ
32. あざ
33. あじ
34. かず
35. かぜ
36. かぞく
37. たけ
38. あたたかい
39. ちず
40. かつじ
41. あいて
42. あと
43. あいだ
44. そで
45. どいつ
46. なぜ
47. かたかな
48. にし
49. いぬ
50. たね
51. ねあげ
52. のど
53. はな
54. しはい
55. ひどい
56. ひがし
57. ふね
58. へた
59. ほど
60. かくほ
61. ばか
62. ばあい
63. へび
64. ぶき
65. あそぶ
66. かべ
67. べつに
68. ぼく
69. ぱり
70. ぴあの
71. たいぷ
72. ぽち
73. まいにち
74. みち
75. くみあい
76. むかし
77. さむい
78. めがね
79. だめ
80. もみじ
81. しなもの
82. やま
83. へや
84. ゆめ
85. よそ
86. らいにち
87. からだ
88. りえき
89. ひだり
90. るす
91. まるい
92. れきだい
93. これ
94. ろく
95. よろこぶ
96. わたし
97. わるい
98. ゆびわ

4. VOKALSCHWUND

Die Vokale /i/ und /u/ werden in bestimmten Lautumgebungen stimmlos artikuliert, sie sind dadurch nur abgeschwächt oder gar nicht wahrnehmbar. Solche Umgebungen sind:

(a) zwei stimmlose Konsonanten, sofern diese nicht beide s-Laute sind:

$$K_1 + \{{}^{i}_{u}\} + K_2$$

wobei K_1 = { k;s,sh ;ts.ch;h,f }
K_2 = { k;s,sh;t,ts,ch;p }

Beispiele: *kita* → *k'ta* (' steht anstelle des ausgefallenen Vokals)
hito → *h'to*
shite → *sh'te*
futa → *f'ta*
sukunai → *s'kunai*
tsutaeru → *ts'taeru*

nicht aber:
shishi
sushi etc.

(b) nach s,sh oder ts am Wortende:

desu → *des'*
masu → *mas'*
hitotsu → *hitots'*
yoshi → *yosh'*

Der Grad der Abschwächung schwankt individuell,insbesondere bei (b) reicht er von leichter Rücknahme bis zur vollständigen Tonlosigkeit,in der Tendenz ist der Vokalschwund aber stets vorhanden.

ÜBUNG 7

GEGENSTAND: Vokalschwund

AUFGABE: In den nachfolgenden Wörtern ist an der mit /'/ gekennzeichneten Stelle der fehlende Vokal einzusetzen. Danach sollen die Wörter in *hiragana* umschrieben werden.

1. *f'tats'*	4. *zash'ki*	7. *sh'teki*
2. *h'to*	5. *s'teru*	8. *s'teki*
3. *s'kosh'*	6. *ch'kai*	9. *ts'kuru*

ÜBUNG 8

GEGENSTAND: Vokalschwund

AUFGABE: Die nachfolgenden Wörter sind darauf hin zu untersuchen,ob Vokalschwund vorliegt

1. くさい	6. ひらく	11. ふそく	16. です
2. そしき	7. つち	12. しかた	17. ふたば
3. かしわ	8. すくない	13. すべる	18. ひかる
4. しし	9. して	14. いくら	19. つかう
5. ひそか	10. みて	15. ひとつ	20. あつまる

ÜBUNG 9

GEGENSTAND: Vokalschwund

AUFGABE: Lese- und Ausspracheübung

1.a. やくざ	b. やくそく
2.a. れきだい	b. れきし
3.a. ふだ	b. ふたつ
4.a. すごす	b. すこし
5.a. ひどい	b. [illegible]
6.a. さじき	b. [illegible]き
7.a. すでる	b. す[illegible]る
8.a. じてき	b. してき
9.a. ちがい	b. ちかい
10.a. つぐ	b. つく

5. KOMPLEXE LAUTE UND SILBEN SOWIE IHRE NOTIERUNG

Schon zur Frühzeit der Beziehungen Japans zu China gelangte in erheblichem Umfang chinesisches Lehnvokabular nach Japan,damals weitgehend auf die Verwaltungs- und Bildungssprache beschränkt und nur in Einzelfällen und zeitlich verzögert in die Allgemeinsprache eingehend.Der abweichende Lautbestand des Chinesischen,vor allem aber seine unterschiedliche Silbenstruktur (es kennt im Gegensatz zum Japanischen auch geschlossene,d.h. auf einen Konsonanten endende Silben) wurden dabei soweit wie möglich der japanischen Norm angeglichen,d.h. dem Japanischen fremde Laute wurden durch existierende ähnliche wiedergegeben,geschlossene Silben durch Umwandlung des Auslautkonsonanten in eine Konsonant-Vokal-Kombination "geöffnet",Verfahren,die noch heute bei der Übertragung von Fremdwörtern etwa aus dem Englischen üblich sind. Das Ergebnis war ein verfremdetes Chinesisch,dessen Originalform nicht oder kaum mehr erkennbar war.Man nennt dieses chinesische Fremdwortvokabular,die Verschmelzung zweier Systeme kennzeichnend, s i n o - j a p a n i s c h (in Japan allerdings nur *kango* = "chinesische Wörter");es nimmt im Gegenwarts-Japanischen nicht nur in Fachsprachen sondern auch in der Allgemeinsprache einen breiten Raum ein (s.u. Fremdwörter im Japanischen).

Die Angleichung an die japanische Norm konnte jedoch nicht durchgängig vollzogen werden,es blieb ein Rest,der sich nicht anpassen ließ.Für diese Fälle entwickelten sich Lösungen,die zu einer Erweiterung des japanischen Laut- und Silbenbestands führten.Im folgenden sollen diese Erweiterungen unter dem Überbegriff "komplexe Silben" zum einen als lautliche Erscheinungen und zum anderen hinsichtlich der dafür entwickelten Notierungspraktiken beschrieben werden.Sofern es für das Verständnis nützlich erscheint,wird auch der Entstehungsprozeß solcher Silben kurz dargestellt.

5.1 LANGVOKALE

Legt man die Silbe mit Kurzvokal als metrische Einheit zugrunde, so entspricht die Silbe mit Langvokal etwa dem Doppelten dieser Einheit. Der Lautwert der Langvokale unterscheidet sich kaum von dem der entsprechenden einfachen Vokale. Zu beachten ist die bedeutungsunterscheidende Funktion der Vokallänge, s.o. :Die Grundlaute/ Vokale. Neben ihrem ursprünglichen (und hauptsächlichen)Vorkommen im sino-japanischen Vokabular finden sich Langvokale (besonders *ii* und *ā*) auch im japanischen Wortschatz.

Laut	*hiragana*-Notierung	Umschrift	Bemerkungen
[i:]	いい	ii	gespannter gesprochen als der entsprechende Kurzvokal.Hauptvorkommen im japanischen Vokabular,z.B. *atarashii*
[e:]	えい	ei	überwiegend im sino-japanischen Vokabular. Wird nicht als Diphthong gesprochen,z.B.: *keika, keiei*
[ɑ:]	ああ	ā	selten,fast nur in Interjektionen,z.B.:*sā, okāsan*
[o:]	*a*. おう *b*. おお	ō	der häufigste Langvokal,überwiegend im sino-japanischen Vokabular,dann wie (a) notiert,z. B.:*kōka*.Im japanischen Vokabular wie (b) notiert,z.B.:*Ōsaka*. Wird geschlossener gesprochen als das kurze /o/
[ɯ:]	うう	ū	überwiegend im sino-japanischen Vokabular

Bei Langvokal-Silben mit Konsonant-Anlaut wird dieser in der *hiragana* - Notierung durch das erste Silbenzeichen berücksichtigt:

keika: けいか

kōka: こうか

atarashii: あたらしい

(Zur Entstehung der sino-japanischen Langvokale s.u. Silbenschlußnasal)

ÜBUNG 10

GEGENSTAND: Silben mit Langvokal

AUFGABE: Lese- und Ausspracheübung

1.a.	いえ	b.	いいえ
2.a.	おい	b.	おおい
3.a.	おく	b.	おおく
4.a.	きこ	b.	きこう
5.a.	こい	b.	こうい
6.a.	さけ	b.	さけい
7.a.	しそ	b.	しそう

8.a. せじ b. せいじ
9.a. かぜ b. かぜい
10.a. そせい b. そうせい
11.a. こつ b. こうつう
12.a. へそ b. へいそく
13.a. ぼし b. ぼうし
14.a. しめ b. しめい
15.a. ゆめ b. ゆうめい
16.a. よそ b. よそう
17.a. ごけ b. ごけい c. ごうけい
18.a. とけ b. とけい c. とうけい
19.a. ほこ b. ほこう c. ほうこう
20.a. こそ b. こうそ c. こうそう

5.2 DIPHTHONGE

Verbindungen zweier Vokale zu einer einsilbigen Lauteinheit (Diphthong) finden sich in beiden Vokabularbereichen, im sino-japanischen als Wiedergabe chinesischer Diphthonge, im japanischen oft durch Lautwandel sprachgeschichtlich erst später entstanden. Ihr silbischer Charakter wird allerdings durch die Silbenschrift-Notation, die solche Verbindungen mit zwei Silbenzeichen wiedergibt, verschleiert. Folgende Verbindungen bestehen:

[i]	ai	z.B. *ai* あい, *kai* かい, *mai* まい
[oi]	oi	z.B. *oi* おい, *koi* こい
[ɯi]	ui	z.B. *sui* すい, *yui* ゆい
[ɑɯ]	au	z.B. *au* あう, *kau* かう

Die Verbindung /ei/ in zahlreichen sino-japanischen Silben wird nur in bewußter, langsamer Sprechweise als Diphthong [ei] artikuliert, bei normaler Sprechgeschwindigkeit erscheint sie als langes /ē/. Bei schnellem Sprechtempo sind auch die Vokalfolgen /ae/ und /oe/ diphthongiert und zwar lautgleich mit oder angenähert an /ai/ bzw. /oi/, z.B. *mae*, *koe*.

5.3 PALATALISIERTE KONSONANTEN

(a)

Der Begriff der Palatalisierung bezeichnet eine modifizierte Aussprache von Konsonanten, bei der der Zungenrücken gleichzeitig mit der Artikulation des Konsonanten gegen den harten vorderen Gaumen (Palatum) gehoben wird, so daß ein zusätzlicher j-Laut hörbar wird. Im Japanischen treten palatalisierte Konsonanten nur in silbischer Verbindung mit den Vokalen /a,i,u/ auf. Folgende Konsonanten bilden palatalisierte Varianten:

einfacher Konsonant	palatalisierter Konsonant (in Silbenverbindung)		
	Lautwert	*hiragana*-Notierung	Umschrift
k	[ki̯ɑ] [ki̯ɯ] [ki̯o]	きゃ きゅ きょ	kya kyu kyo

g	[gi̯ɑ]	ぎゃ	gya
	[gi̯ɯ]	ぎゅ	gyu
	[gi̯o]	ぎょ	gyo
n	[ni̯ɑ]	にゃ	nya
	[ni̯ɯ]	にゅ	nyu
	[ni̯o]	にょ	nyo
p	[pi̯ɑ]	ぴゃ	pya
	[pi̯ɯ]	ぴゅ	pyu
	[pi̯o]	ぴょ	pyo
b	[bi̯ɑ]	びゃ	bya
	[bi̯ɯ]	びゅ	byu
	[bi̯o]	びょ	byo
m	[mi̯ɑ]	みゃ	mya
	[mi̯ɯ]	みゅ	myu
	[mi̯o]	みょ	myo
r	[ri̯ɑ]	りゃ	rya
	[ri̯ɯ]	りゅ	ryu
	[ri̯o]	りょ	ryo

Die *hiragana* - Notierung erfolgt mittels Kombination zweier Silbenzeichen: der konsonantische Anlaut wird durch das Zeichen für die Silbenverbindung des betreffenden Konsonanten mit dem Vokal /i/ wiedergegeben,der eingeschobene j-Laut zusammen mit dem nachfolgenden Vokal durch die Silbenzeichen der y-Reihe in etwa halbem Schriftgrad und nach rechts (bei Senkrechtschreibung) bzw. unten (bei Waagerechtschreibung) ausgerückt:

waagerecht:

k	y a
き	ゃ

k	y u
き	ゅ

k	y o
き	ょ

senkrecht:

き
ゃ

き
ゅ

き
ょ

(b)

Bei einer weiteren Gruppe von Konsonanten ist ihre Entstehung selbst auf Palatalisierung zurückzuführen.Es sind Konsonanten,die nur in Verbindung mit dem Vokal /i/ vorkommen.Die Tendenz des Japanischen,bei Silben auf /i/ dessen Artikulation vorzuziehen,also parallel zur Konsonantenartikulation die Vorderzunge gegen das Palatum zu heben und die Lippen spaltförmig auseinanderzuziehen,führt in diesen Fällen zu einer Veränderung des Lautwerts des Konsonanten.Eine zusätzliche Palatalisierung bei der Verbindung dieser Konsonanten (sh[ʃ],j[ ],ch[tʃ] und h[ç]) mit den Vokalen /a,u,o/ wie unter (a) beschrieben,d.h.das Einschieben eines j-Lauts,wird hier nicht wirksam.Die *hiragana* - Schreibung folgt dennoch dem Muster der Silben mit j-Laut,die Umschrift nur im Falle von /h/.

einfacher Konsonant	Silbenverbindung mit /a,u,o/		
	Lautwert	*hiragana*-Notierung	Umschrift
sh	[ʃɑ]	しゃ	sha
	[ʃɯ]	しゅ	shu
	[ʃo]	しょ	sho
j	[ʒa]	じゃ	ja
	[ʒɯ]	じゅ	ju
	[ʒo]	じょ	jo
ch	[tʃɑ]	ちゃ	cha
	[tʃɯ]	ちゅ	chu
	[tʃo]	ちょ	cho
h	[çɑ]	ひゃ	hya
	[çɯ]	ひゅ	hyu
	[ço]	ひょ	hyo

Die unter (a) und (b) aufgeführten Silben können bis auf die mit /a/-Auslaut auch mit Langvokal auftreten.Für diesen Fall gilt das über Silben mit Langvokal Gesagte entsprechend.In *hiragana* - Schreibung wird das die Vokallänge anzeigende Silbenzeichen (hier nur う) in normaler Schriftgröße und auf einer Höhe mit dem ersten Zeichen notiert:

	waagerecht	senkrecht
kyō:	きょう	き ょ う
kyū:	きゅう	き ゅ う

ÜBUNG 11

GEGENSTAND: Silben mit palatalisierten Konsonanten

AUFGABE: Lese- und Ausspracheübung

1. きゃく
2. きょか
3. きょうか
4. ぎゅうにく
5. ぎょぎょう
6. しゃかい
7. しゅしょう
8. しゅうきょう
9. しょくぎょう
10. ほしょう
11. じゃま
12. じゅぎょう
13. じゅうよう
14. ちつじょ
15. じじょう
16. ちゃくりく
17. ちゅうごく
18. ちょくせつ
19. しちょう
20. ゆにゅう
21. にょうそ
22. ひゃくしょう
23. だいひょう
24. びょうどう
25. みゃくはく
26. びみょう
27. しょうりゃく
28. りゅうがく
29. りょこう
30. はっぴょう

5.4 SILBENSCHLUSSNASAL

Bei der Wiedergabe chinesischer Silben mit auslautendem Konsonanten ergaben sich bei der Fremdwortentlehnung für das Japanische aufgrund seiner offenen Silbenstruktur erhebliche Schwierigkeiten, wie sie auch heute bei der "Japonisierung" etwa englischer Fremwörter zu beobachten sind. So kann das einsilbige englische Wort *bus* nur wiedergegeben werden, indem der auslautende Konsonant /s/ in eine eigene Silbe mit /s/ als Anlaut und dem - abgeschwächt bis tonlos gesprochenen (s. Vokalschwund) - Vokal /u/ umgewandelt wird:

engl.: *bus*
jap.: *basu*

Dieses Prinzip fand bereits in der Frühzeit der Übernahme chinesischer Fremdwörter Anwendung wie in den folgenden Beispielen:

	1	2	3
chin.	*liang*	*hsin*	*san*
jap.	*r a gi*	*s ina*	*sabu*
	良	信	三

(nach Miller, R.A.: The Japanese Language. Chicago & London 1967. S.209 f)

Der /ng/-Auslaut des Chinesischen wurde in der weiteren Entwicklung gewöhnlich in einen Vokal umgewandelt, der mit dem vorausgehenden Vokal wiederum zu einem Langvokal verschmolz:

(1) *liang* : *ragi* → *ryau* → *ryō* (heutige Aussprache)

Für die Auslautkonsonanten /n/ bzw. /m/ (Bsp. 2 und 3) entwickelte sich dagegen im Japanischen ein eigener Laut, der Einzelkonsonant /n/, der im Gegensatz zu allen anderen japanischen Konsonanten nicht mit einem nachfolgenden Vokal zu einer Silbeneinheit verbunden wird, sondern ausschließlich in der Position eines Silbenschlußkonsonanten auftritt[+]:

(2) *hsin* : *sina* → *shin* (heutige Aussprache[++])
(3) *san* : *sabu* → *san* (heutige Aussprache[++])

[+] In Japan wird der Silbenschlußnasal aufgrund seines metrischen Eigenwerts und z.T. wohl auch wegen seiner Notierung durch ein eigenes *hiragana* auch als Silbe betrachtet.

[++] In Eigennamen finden sich z.T. noch die älteren Lesungen: *Shinano*, *Saburo*

Für den Silbenschlußnasal wurde schließlich ein eigenes *hiragana* - (und auch *katakana* -)Symbol geschaffen,das in der Liste der Silbenzeichen heute mit zu den Grundzeichen gezählt wird:

ん z.B. in *shin* しん

san さん

Die Aussprache des Silbenschlußnasals ist in hohem Grade abhängig von dem nachfolgenden Laut:

- vor /p,b,m/ wie /m/ : *san.po*+ [sɑmpo]
  san.bai [sɑmbɑi]
  san.mai [sɑm:ɑi]

- vor /t,ts,ch,d,n,r,z,j/ wie /n/: *shin.tai* [ʃintai]
- vor /k,g/ und am Wortende mit hintenliegendem Zungenverschluß [ŋ] : *ten.kai* [teŋkɑi]
  hon [hoŋ]
- vor /s,sh/ sowie Vokalen und Halbvokalen wie [ŋ], aber mit weiter nach vorn gezogenem und gelockertem Zungenverschluß:[ɲ]
  ken.sa [keɲsɑ]
  han.ei [hɑɲe:]
  den.wa [deɲwɑ]

Dabei geht dieser Laut vor Vokalen und Halbvokalen leicht in einen Nasalvokal über, der den vorangehenden Vokal in nasalierter Form fortführt:

han.ei [hɑɑ̃e:]

den.wa [deẽwɑ]

In der Gegenwartssprache findet sich der Silbenschlußnasal über das Sinojapanische hinaus sowohl in lautmalenden Wörtern wie auch in bestimmten Flexionsformen des japanischen Vokabulars.

+ In der Lateinumschrift wird /n/ mit dem Lautwert [m] in einigen Wörterbüchern mit *m*,in anderen mit *n* transkribiert.In einer Verordnung der japanischen Regierung von 1954 ist *n* als Standardtranskription festgelegt.

ÜBUNG 12
GEGENSTAND: Silbenschlußnasal
AUFGABE: Lese- und Ausspracheübung

1. こんど
2. はんど
3. はんたい
4. かんじ
5. てんじょう
6. こんにち
7. しんにゅう
8. さんざい
9. じんぞう
10. ろんり
11. かんり
12. しんちょう
13. けんちょう
14. かんつう
15. へんつう
16. けんぽう
17. えんぴつ
18. ろんぶん
19. じゅんび
20. ぶんめい
21. じんめい
22. てんかい
23. けんきゅう
24. ぶんがく
25. さんぎょう
26. けんさ
27. しんせつ
28. にんしき
29. はんしゃ
30. しんわ
31. でんわ
32. こんや
33. さんよ

34.a. しんあい　b. しない
35. だんあつ
36.a. しんい　b. しに
37.a. かんい　b. かに
38. あんうん
39. てんうん
40.a. きんえん　b. きねん
41.a. はんえい　b. はね

5.5 LANGKONSONANTEN

Langkonsonanten sind mit erhöhtem Exspirationsdruck gesprochene stimmlose Konsonanten, insbesondere die Verschlußlaute *t,k,p* und Affrikaten mit Verschlußanlaut *t, tʃ* sowie die Zischlaute *s,ʃ*. Dabei tritt zugleich eine metrische Längung ein. Der Spannungsstau bei der Artikulation ist ungleich größer als z.B. bei dem deutschen Wort *hatte*; er läßt sich etwa erzielen, wenn bei der Aussprache von *hatte* die Lösung des Verschlußes von *tt* bewußt hinausgezögert wird. Die Wiedergabe dieser Laute in der Latein-Umschrift erfolgt durch eine Verdoppelung der Konsonanten (*tt,kk,pp,ss*) bzw. bei *ts,ch,sh* durch *tts,tch,ssh*. Es handelt sich jedoch in keinem Fall um eine Doppelartikulation sondern um eine Längung des einmal artikulierten Lauts.

Langkonsonanten treten im Japanischen bei der Verbindung bestimmter Silben auf, sind aber nicht von vornherein Bestandteil einzelner Silben. Dennoch ist ihr Vorkommen "vorprogrammiert", es erklärt sich aus denselben Übertragungsproblemen bei der Wiedergabe eines konsonantischen Silbenauslauts des Chinesischen, wie sie auch dem Auftreten von Langvokalen oder des Silbenschlußnasals zugrundeliegen. Anders als bei diesen aber entwickelte sich weder ein eigener Laut, noch erfolgte eine Verschmelzung mit dem Silbenvokal, sondern das ursprüngliche Übertragungskonzept der Silbenöffnung - wie am Beispiel des englischen Worts *bus* illustriert - blieb erhalten. So entstanden für chinesische Einsilber zweisilbige Einheiten, genauer gesagt: offene "Doppelsilben", deren Zweitsilbe dem Auslautkonsonanten des Originals strukturell entspricht. Im modernen Japanisch bestehen vier solcher öffnenden Zweitsilben:

-tsu	in:	*ha<u>tsu</u>*
-chi	in:	*ni<u>chi</u>*
-ku	in:	*ga<u>ku</u>*
-ki	in:	*se<u>ki</u>*

Die Doppelsilben erweisen sich in zweifacher Hinsicht als strukturell labil: einmal wird der auslautende Vokal der Zweitsilbe, /i/ oder /u/, tonlich abgeschwächt in *tsu* und *chi*, den weitaus häufigsten Zweitsilben (vgl.Vokalschwund), so daß sich faktisch eine geschlossene Silbeneinheit ergibt:

hatsu → hats'

Zum anderen tendieren die Zweitsilben bei der Wortbildung durch Kombination sino-japanischer Begriffseinheiten dazu, sich mit bestimmten nachfolgenden

Konsonanten zu Langkonsonanten zu verbinden und damit ihre silbische Eigenständigkeit aufzugeben:

hatsu + *ten* → *hatten*
\ /
tt

Langkonsonanten entstehen beim Zusammentreffen der vier genannten Zweitsilben mit folgenden Konsonanten:

Zweitbestandteil in Doppelsilbe \ Anlaut der folgenden Silbe	+*k*...	+*s/sh*...	+*t/ts/ch*...	+*h*...
-*tsu* +	-*kk*...	-*ss*... -*ssh*..	-*tt*... -*tts*... -*tch*...	-*pp*...
-*chi* +	-*kk*...	-*ss*... -*ssh*..	-*tt*... -*tts*.. -*tch*..	-*pp*..[+]
-*ku* +	-*kk*..			(-*pp*..)[++]
-*ki* +	-*kk*...			

[+] nur bei: *ichi*, *kichi*, *nichi*, *hachi*

[++] nur bei: *roku* ("sechs")

-*tsu*:	*hatsu* + *kō* → *hakkō*	-*chi*:	*ichi* + *kai* → *ikkai*
	hatsu + *sō* → *hassō*		*ichi* + *sai* → *issai*
	ketsu + *shin* → *kesshin*		*nichi* + *shin* → *nisshin*
	hatsu + *ten* → *hatten*		*ichi* + *ten* → *itten*
	mitsu + *tsū* → *mittsū*		*ichi* + *tsū* → *ittsū*
	satsu + *chū* → *satchū*		*nichi* + *chū* → *nitchū*
	hatsu + *hyō* → *happyō*		*hachi* + *hyaku* → *happyaku*
-*ku*:	*gaku* + *kō* → *gakkō*	-*ki*:	*seki* + *ken* → *sekken*
	roku + *hyaku* → *roppyaku*		

hiragana - Notierung: Unabhängig von dem in der Konsonantenlängung aufgegangenen ursprünglichen Zweitglied der Doppelsilbe wird die Längung in jedem Fall durch dasselbe Schriftsymbol angezeigt, das *hiragana tsu*, in halber

Größe und rechts (bei senkrechter Textanordnung) bzw. nach unten (bei waagerechter Textanordnung) ausgerückt. Dieses Zeichen weist den Anlautkonsonanten der folgenden Silbe als Langkonsonant aus:

hatsu + kō → hakkō		はっこう
ichi + sai → issai		いっさい
gaku + kō → gakkō		がっこう
seki + ken → sekken		せっけん
hachi + hō → happō		はっぽう

Auch bei der kompositionellen Verbindung von Silben mit aus- und solchen mit anlautendem /n/ entsteht ein Langkonsonant, doch erübrigt das Vorhandensein eines eigenen Silbenzeichens für den Silbenschlußnasal besondere Notierungspraktiken, d.h. in diesem Fall dient nicht ein kleiner geschriebenes *tsu* als Signal der Längung, sondern das lange /n/ wird graphisch in seine beiden Komponenten zerlegt dargestellt:

an.nai あんない

Dies gilt entsprechend auch für die Verbindung /n+m/, deren phonetisches Resultat ein langes /m/ ist:

san.mai さんまい

ÜBUNG 13

GEGENSTAND: Langkonsonanten

AUFGABE: a. Die Lesung der folgenden Zusammensetzungen ist zu erschließen (nicht in allen Fällen werden Langkonsonanten gebildet!)

b. *hiragana* - Transkription der Kombinationsprodukte

1. *hatsu + ten*
2. *ichi + shin*
3. *teki + kaku*
4. *katsu + hatsu*
5. *getsu + matsu*
6. *mitsu + setsu*
7. *hachi + chō*
8. *koku + ka*
9. *geki + ka*
10. *teki + tō*
11. *kaku + shin*
12. *ritsu + chi*
13. *roku + fun*
14. *jitsu + shitsu*
15. *jitsu + jō*
16. *nichi + kei*
17. *getsu + kyū*
18. *aku + ka*
19. *hatsu + hyō*
20. *koku + sai*

ÜBUNG 14

GEGENSTAND: Langkonsonanten

AUFGABE: Lese- und Ausspracheübung

1.a.	せかい	b.	せっかい
2.a.	せく	b.	せっく
3.a.	ざし	b.	ざっし

4.a. きさい		b. きっさ
5.a. はたす		b. はったつ
6.a. はて		b. はってん
7.a. きふ		b. きっぷ
8.a. かば		b. かっぱ
9.a. こか	b. こうか	c. こっか
10.a. はこ	b. はこう	c. はっこう
11.a. けさ	b. けいさん	c. けっさく
12.a. けしん	b. けいしん	c. けっしん
13.a. きて	b. きてい	c. きって
14.a. せと	b. せいと	c. せっと
15.a. せち	b. せいち	c. せっち
16.a. しはい	b. しばい	c. しっぱい

LISTE DER *HIRAGANA* IM GEGENWARTSJAPANISCHEN

Grundbestand	あ	か	さ	た	な	は		ま	や	ら	わ	ん
	い	き	し	ち	に	ひ		み	ー	り	ー	
	う	く	す	つ	ぬ	ふ		む	ゆ	る	ー	
	え	け	せ	て	ね	へ		め	ー	れ	ー	
	お	こ	そ	と	の	ほ		も	よ	ろ	を	
mit Zusatzsymbol		が	ざ	だ		ば	ぱ					
		ぎ	じ	ぢ		び	ぴ					
		ぐ	ず	づ		ぶ	ぷ					
		げ	ぜ	で		べ	ぺ					
		ご	ぞ	ど		ぼ	ぽ					
für Silben mit palatalisiertem Konsonanten		きゃ	しゃ	ちゃ	にゃ	ひゃ		みゃ		りゃ		
		きゅ	しゅ	ちゅ	にゅ	ひゅ		みゅ		りゅ		
		きょ	しょ	ちょ	にょ	ひょ		みょ		りょ		
		ぎゃ	じゃ			びゃ	ぴゃ					
		ぎゅ	しゅ			びゅ	ぴゅ					
		ぎょ	しょ			びょ	ぴょ					
Sonderzeichen	っ											

\+ phonetisch identisch mit お. Die Existenz dieses Zeichens ist allein durch seine Verwendung zur Notierung eines bestimmten grammatischen Morphems begründet.

Diese Liste faßt das graphische Inventar zur Darstellung aller Silben der Standardsprache (außer Fremdwörter, s. *katakana*) zusammen, sie zeigt jedoch nicht den vollständigen Silbenbestand des Japanischen, zu dem auch Silben mit Langvokal, Diphthong oder Silbenschlußnasal sowie die Doppelsilben zählen.

DIE BEGRIFFSSCHRIFT: *KANJI*

1. ALLGEMEINE BESCHREIBUNG

Die chinesische Begriffs- oder Wortbildschrift basiert auf dem Prinzip der Wiedergabe eines Begriffs durch ein Bild, ein Schriftzeichen. Ihr ursprüngliches Konzept, die unmittelbare Abbildung eines realen Gegenstands durch ein Schriftzeichen, wäre jedoch wenig tauglich gewesen, ein derart umfassendes graphisches Kommunikationssystem wie die chinesische Schrift zu schaffen, hätte es doch für jede begrifflich faßbare, konkrete wie abstrakte Erscheinung ein eigenes, unmittelbares Abbild bereitstellen müssen. Dies hätte die Schrift nicht nur unhandlich gemacht, sondern zugleich wohl auch das menschliche Gedächnis überfordert. So entwickelten sich aus dem Grundkonzept neue Konzepte für die Ableitung von Schriftzeichen aus einem begrenzten Vorrat an Grundzeichen. Deren bedeutenstes, weil für den überwiegenden Teil der Schriftzeichen gültig, nimmt sowohl auf den Begriffsinhalt als auch auf die lautliche Realisierung des repräsentierten Begriffs Bezug,womit es seinen Ausgangspunkt nicht mehr in der außersprachlichen Wirklichkeit selbst, sondern in der bereits sprachlich verarbeiteten, d.h. in sprachliche Zeichen umgesetzten Realität hat. Die unten beschriebenen drei Klassen von Schriftzeichen stehen für die verschiedenen Konzepte der graphischen Darstellung von Realität durch *kanji* und repräsentieren zugleich in dieser Reihenfolge die einzelnen Entwicklungsstadien des chinesischen Schriftsystems.

2. HISTORISCHE ENTWICKLUNG DER ZEICHENGESTALT

Die heutige Form der chinesischen Schriftzeichen ist das (vorläufige) Endprodukt einer jahrtausendelangen Entwicklung, während der ihre ursprüngliche Gestalt stark verändert worden ist. Zudem haben Reformen nach dem Zweiten Weltkrieg in der Volksrepublik China und in Japan zu teilweise so abweichenden Ergebnissen geführt, daß ein unmittelbares wechselseitiges Erkennen der Zeichenform in zahlreichen Fällen nicht mehr möglich ist:

	jap.	chin.
Osten	東	东
Kopf	頭	头
Prinzip	義	义
sehen	見	见

Schriftzeichen wurden in China bereits mehr als zwei Jahrtausende vor ihrem Bekanntwerden in Japan (5.Jahrhundert n.Chr.) verwendet, anfangs für kultische Zwecke (Orakel), dann auch im säkularen Bereich. Mit dem Gebrauch verfeinerter Schreibmaterialien wurde die Voraussetzung für eine allmählich zunehmende Verbreitung der Schrift geschaffen. Parallel dazu vollzog sich die Entwicklung der Schriftzeichen von ursprünglich unmittelbar abbildenden Zeichen zu abstrakten graphischen Formen:

Pferd	*Auge*	Schriftform	Zeit	Material
		Orakelknochen-schrift	ca.13.Jh. v.Chr.	Schildkrötenpanzer, Tierknochen
		Große Siegel-schrift	ca.8.Jh. v.Chr.	Metall, Stein
		Kleine Siegel-schrift	ca.3.Jh. v.Chr.	Bambustafeln
		Offizialschrift	ca.100 v. Chr.	Holz und Pinsel
馬	目	Blockschrift	1./2.Jh. n.Chr.	Papier und Pinsel

(nach: *Kokugogaku jiten*. Tokyo 1967. Stichwort:*kanji*)

Die Blockschrift (jap.*kaisho*) entspricht dem Schrifttypus der heutigen Standardschrift. In den folgenden Jahrhunderten entwickelten sich kursivierte Schriftformen:

		Kursivschrift (jap.:*gyōsho*)
		Grasschrift (jap.:*sōsho*)

Die Kursivschrift spielt noch heute als gewissermaßen "ausgeschriebene" Handschrift eine wesentliche Rolle im Schrifttum, während die Grasschrift ausschließlich dem Bereich der künstlerischen Kalligraphie zugehört, sie ist auch dem darin ungeschulten Japaner oder Chinesen kaum verständlich. Aus dieser Schriftform hat sich die japanische *hiragana*-Silbenschrift entwickelt.

Verbunden mit diesem Prozeß der Herausbildung abstrakter Formen war eine Strukturierung der Zeichenkörper in standardisierte graphische Elemente mit je bestimmten Inhalt (Grapheme). Die Zahl dieser Grapheme ist begrenzt, theoretisch unbegrenzt dagegen ist die Zahl ihrer möglichen Kombinationen. Tatsächlich besteht nur ein geringer Teil des heutigen Zeicheninventars aus unmittelbaren Abbildern realer Gegenstände. Diese entstanden auf der frühsten Entwicklungsstufe des Schriftsystems und bilden im wesentlichen die graphischen Grundelemente, aus denen die abgeleiteten Zeichen zusammengesetzt sind.

3. TYPOLOGIE+

3.1 Piktogramme("Bildzeichen")

Entwicklungsgeschichtlich die älteste und zugleich kleinste Gruppe, entstanden aus Abbildungen realer Gegenstände. Sie bilden den Grundbestand an kleinsten sinntragenden graphischen Einheiten, den Graphemen, aus denen die abgeleiteten Zeichen überwiegend zusammengesetzt sind.

Bedeutung	ursprüngliche Form	heutige Form
Berg(e)		山
Mond		月
Wasser		水
Mensch		人
Mund		口

Eine Subklasse der piktographischen Zeichen bilden die Symbolzeichen, die abstrakte Begriffsinhalte wie *oben,unten* etc. durch entsprechend geformte Schriftzeichen darstellen:

oben	上	eins	一
unten	下	zwei	二
		drei	三

3.2 Ideogramme ("Sinnzeichen")

Kombination zweier oder mehrerer piktographischer Zeichen zu einem Schrift-

---

+ In China und Japan ist eine sechsklassige Einteilung gebräuchlich, deren letzte beide Klassen sich nicht auf die Zeichengestalt beziehen sondern auf den Gebrauch der Zeichen. Die hier den Piktogrammen zugerechneten Symbolzeichen bilden dort eine eigene Klasse.

zeichen. Dadurch werden abgeleitete, überwiegend abstrakte Begriffsinhalte dargestellt:

日 月 明
Sonne + Mond → hell

人 木 休
Mensch + Baum → Rast

女 子 好
Frau + Kind → lieben; gut

木 木 林 木 森
Baum + Baum → Hain + Baum Wald

木 日 東
Baum + Sonne → Osten (Sonne geht hinter Baum auf)

3.3 Phonogramme (" Lautzeichen")

Phonetisch-ideographische Zeichen mit dem weitaus größten Anteil am Zeicheninventar(ca. 90-95%). Der Aufbau dieses Zeichentyps ist zweiteilig, er besteht aus:

- einem Graphem, das die Zugehörigkeit des dargestellten Begriffs zu bestimmten Sachkategorien (z.B. Holz, Metall, Erde, Wasser, Feuer; Mensch, Tier; Wort etc.) bezeichnet: K l a s s e n z e i c h e n oder R a d i k a l
- und einem einfachen oder komplexen (d.h. aus mehreren Graphemen zusammengesetzten) Zeichen, das den phonetischen Wert des Gesamtzeichens repräsentiert.

Auch im heutigen Japanisch ist dieses Konzept noch in großem Umfang erkennbar, trotz der teilweise beträchtlichen lautlichen Veränderungen bei der Anpassung der chinesischen Lautungen an die japanische Phonetik. Seine Kenntnis bietet in vielen Fällen zumindest einen ersten Anhaltspunkt für die Erschließung der Lautung unbekannter Zeichen in Analogie zu bereits bekannten. In der folgenden Zusammenstellung finden sich Schriftzeichen unterschiedlicher Bedeutung, aber derselben sino-japanischen Lautung, *ki*. Die Bedeutungsdifferenzierung erfolgt mittels unterschiedlicher Radikale, der Lautwert wird durch das allen Zeichen gemeinsame graphische Element 奇 als phonetischem

Bestandteil mit der - irrelevanten - Eigenbedeutung *fremd, merkwürdig* ausgewiesen:

Klassenbegriff und Radikal	phonet. Zeichen für *ki*	*kanji*	Bedeutung
Mensch 人→亻+	奇	倚	sich anlehnen
Erde 土		埼	Kap
Berg 山		崎	Kap
Hand 手→扌+		掎	ziehen
Reisfeld 田		畸	(nach Landaufteilung übriggebliebenes Ak-kerland) Rest
Faden 糸		綺	Stoffmuster
Metall 金		錡	Sichel
Pferd 馬		騎	reiten
Fuß 足→𧾷+		踦	hinken
Schwert 刀→刂+		剞	schnitzen
Dach 宀		寄	sich versammeln

+einige Zeichen nehmen als Radikal eine abweichende Gestalt an.

Zusätzlich zu den chinesischen Schriftzeichen wurden in Japan etwa 250 Zeichen neu entwickelt, sogenannte *kokuji* ("Landes-Schriftzeichen"), überwiegend nach dem Muster der Ideogramme:

辻 *tsuji* *Kreuzung* zusammengesetzt aus:

Kreuz 十

voranschreiten 辶

畑 *Trockenfeld* zusammengesetzt aus: *Feuer* 火
Reisfeld 田

峠 *Bergpaß* zusammengesetzt aus: *Berg* 山
oben 上
unten 下

ÜBUNG 15

GEGENSTAND: Bildungsweise phonetisch-ideographischer Zeichen (Phonogramme).
Die Übung hat folgende Ziele:
- Schulung der Fähigkeit, die Zeichenkörper als strukturierte Einheiten zu erfassen
- Verständnis des Strukturprinzips phonetisch-ideographischer Zeichen als Vorstufe zur Fähigkeit, Lautungen in Analogie zu erschließen
- erstes Kennenlernen bestimmter graphischer Grundelemente im Radikalteil wie im phonetischen Teil

Die für diese Übung verwendeten *kanji* sollen auf keinen Fall memoriert werden, da sie überwiegend zu den heute nicht mehr gebräuchlichen zählen. Ihre Auswahl erfolgte einzig unter dem Gesichtspunkt der Demonstration des Strukturprinzips dieses Zeichentyps.
Die folgende Zusammenstellung ist dem Zeichenlexikon von A.N.Nelson, Japanese-English Character Dictionary. rev.ed. Rutland-Tokyo 1972.S.1066 entnommen, sie umfaßt alle dort enthaltenen *kanji* der sino-japanischen Lautung *ka*. (Die Nummern beziehen sich auf das Vorkommen der Zeichen im Lexikon).

AUFGABE: Ordnung der nachfolgenden Zeichen zu Gruppen, die jeweils eines der markierten Zeichen als phonetischen Bestandteil aufweisen.

下 9
1.| 可 24
哥 56
2.| 夏 58
3.| 果 107
夥 120
裹 328
4.| 化 350
仮 382
伽 398
何 409
価 422
佳 429
個 489
5.| 加 716
卦 801
厦 827
呵 911
嘩 964
囮 1031
堝 1105
嘉 1136
嫁 1249
6.| 家 1311
寡 1337
廈 1528
戈 1794
暇 2152
柯 2217
枷 2222
架 2237
榎 2332
樺 2337
歌 2422
河 2530
渦 2629
火 2743
珂 2927
珈 2930
瑕 2958
瓜 2973
痂 3038
碬 3204
禍 3254
和 3268
7.| 科 3272
稼 3301
窠 3330
窩 3333
笴 3376
箇 3414
罅 3631
舸 3868
花 3909
茄 3914
苛 3925
8.| 華 3955
荷 3956
菓 3980
葭 3994
蚜 4127
蝌 4166
蝸 4170
蝦 4172
訛 4323
訶 4328
課 4389
谺 4462
貨 4493
跨 4557
踝 4570
軻 4616
迦 4673
遐 4712
過 4723
鍋 4892
霞 5063
靴 5092
顆 5133
駕 5207
鰕 5308
9.| 咼 Z1
10.| 叚 Z2

4. UMFANG DES ZEICHENSCHATZES

Die Gesamtzahl von rund 40.000 Schriftzeichen[+] ist in Japan nie verwendet worden, die Zahl der tatsächlich gebrauchten Zeichen wird auf rund 4.000 geschätzt[++]. Der größte Teil davon wird jedoch relativ selten gebraucht. So deckt ein Viertel dieser Zeichen rund 90% der Gesamtzahl aller verwendeten *kanji*, bei 1.800 Zeichen erhöht sich dieser Prozentsatz auf 98-99%[+++].

Am 16.11.1946 veröffentlichte die japanische Regierung eine Liste von 1.850 "chinesischen Zeichen für den allgemeinen Gebrauch" (*tōyō kanji*) , in der die Schriftzeichen zum Gebrauch in "Gesetzen, amtlichen Dokumenten, Zeitungen, Zeitschriften und in der allgemeinen Gesellschaft" (aus dem Vorwort) festgelegt sind. Ziel dieser Maßnahme war die Beseitigung der sich aus der großen Zahl an *kanji* und ihrem komplizierten Gebrauch ergebenden Schwierigkeiten zur "Effektivierung des gesellschaftlichen Lebens und Verbesserung des Bildungsniveaus" (Kabinettsverordnung Nr.7 vom 16.11.1946). Gleichzeitig wurde an einer Vereinfachung und Standardisierung der Zeichenformen gearbeitet. Am 28.4.1949 veröffentlichte die Regierung eine entsprechende vom Kabinett verabschiedete Liste.

Am 21.1.1977 legte der Rat für Landessprache (*Kokugo shingikai*) unter dem Titel *Shin kanji hyō shian* einen Entwurf für die Neufestsetzung der *tōyō kanji* vor, in dem die Gesamtzahl auf 1.900 erweitert ist und in einigen Fällen Zeichen, die in der früheren Liste enthalten waren, durch andere, für den allgemeinen Gebrauch nach Auffassung des Rats wesentlichere ersetzt wurden. Gleichzeitig wird betont, daß diese Liste lediglich für die allgemeine Kommunikation im Amtsverkehr und in den Massenmedien Normen setzen will, nicht aber in die Bereiche von Wissenschaft, Kunst oder in den individuellen Schriftverkehr reglementierend einzugreifen gedenkt.

In der schulischen Erziehung ist für die ersten sechs Schuljahre das Erlernen von 881 *kanji* (*kyōiku kanji*) vorgesehen, der Gesamtbestand von (noch) 1.850 Zeichen soll mit dem Ende der Pflichtschulzeit nach dem neunten Schuljahr beherrscht werden. Analphabetentum ist heute bis auf einen unbedeuten-

---

[+] Bereits 122n.Chr. verzeichnete das chinesische Wörterbuch *Shuo-wen jie-zi* 9.353 Zeichen. Das 1716 erschienene *Kang-xi zi-dian* enthielt 40.543 Zeichen.

[++] *Kokugo shingikai: Shin kanji hyō shian*.Tokyo 1977.S.1

[+++] ebenda S.1

den Rest verschwunden, die Zahl der aktiv beherrschten Zeichen allerdings liegt im Durchschnitt bei nur etwa 400[+].

5. LESUNGEN DER *KANJI*

Der komplizierte historische Aneignungsprozeß der chinesischen Schrift in Japan hatte zur Folge, daß in den meisten Fällen einem *kanji* mit nur einer Bedeutung mehrere Lesungen gegenüberstehen. Dieser Sachverhalt ist darauf zurückzuführen, daß einmal die Schriftzeichen einschließlich ihrer Bedeutung übernommen, als Lesung aber das in Japan für den jeweiligen Begriff geläufige Wort gewählt wurde und nicht das chinesische Original, eben jenes Konzept, nach dem es denkbar wäre, das Zeichen 人 mit der ihm fest zugeordneten Bedeutung "Mensch" im Deutschen *Mensch*, im Englischen *man*, im Französischen *homme* etc. zu lesen. Zum anderen gelangte mit der Rezeption chinesischer Kultur eine Vielzahl von Begriffen, etwa für staatliche Institutionen, nach Japan, die als Fremdwörter in ihrer Originallesung übernommen wurden, wobei diese dem japanischen phonetischen und silbischen Standard zur sogenannten sino-japanischen Lesung angeglichen wurde. So ist dem Zeichen 人 ("Mensch") einmal die japanische Lesung *hito*, zum anderen aber die japanische Version der Originallesung *rén*, nämlich *jin* zugeordnet. Diese Lesungen werden in Japan *kundoku* (*kun*-Lesung oder japanische Lesung) bzw. *ondoku* (*on*-Lesung oder sino-japanische Lesung) bezeichnet.

Zur Unterscheidung wird in japanischen Zeichenlexika die *kun*-Lesung durch *hiragana*, die *on*-Lesung durch *katakana* angegeben, eine Praxis, der hier ab Lektion 10 (ab der die Beherrschung der *katakana* vorausgesetzt ist) gefolgt wird. In der Lateinumschrift ist die Differenzierung durch Großbuchstaben (*on*-Lesung) und Kleinbuchstaben (*kun*-Lesung) eingebürgert:

kanji	Umschrift	*kana*	
人	JIN	ジン	*on*-Lesung
	hito	ひと	*kun*-Lesung

Beide Lesungen, japanische und sino-japanische , sind nicht austauschbar, ihr Vorkommen ist festgelegt. Als Faustregel kann gelten: einzelstehende *kanji*, die einen Begriff wiedergeben, werden japanisch (*kun*) , *kanji*-Komposita dagegen sino-japanisch (*on*) gelesen. Steht 人 für "Mensch", liest es sich *hito*, als Kompositionsbestandteil etwa in Nationalitätenbezeichnungen wie

[+] nach: *Kokugogaku jiten*. Tokyo 1967. Stichwort *moji kyōiku*

wie 日本人 (Japan + Mensch Japaner) aber: *jin*, hier: *Nihonjin*.

In der Regel verfügt so jedes *kanji* über zwei Lesungen, Ausnahmen sind die in Japan entstandenen *kanji (kokuji)*, die naturgemäß keine *on*-Lesung kennen. Andererseits weisen nicht wenige *kanji* mehr als nur eine sino-japanische Lesung auf. Dies erklärt sich aus der Fremdwort-Entlehnung zu verschiedenen (sprach-)historischen Epochen mit veränderter chinesischer Originallesung desselben chinesischen Schriftzeichens oder der Herkunft der Fremdwörter aus verschiedenen Provinzen Chinas mit stark voneinander abweichenden Dialekten. Für das Zeichen 行 mit der Grundbedeutung "gehen" finden sich - in entsprechenden Zusammensetzungen - drei sino-japanische Lesungen: *kō* (die häufigste), *gyō* und *an* (selten).Für die meisten *kanji* aber existiert nur eine sino-japanische Lesung bzw. ist nur eine relevant für das heute gebräuchliche sino-japanische Vokabular.

Aber auch *kanji* mit mehreren japanischen (*kun*)Lesungen gibt es. Dabei handelt es sich entweder um die lautlichen Entsprechungen unterschiedlicher, aber demselben Zeichen zugeordneter Inhalte wie im Falle des erwähnten *kanji* 行 mit den Bedeutungen "gehen", japanisch gelesen *iku*, und "ausführen", japanisch gelesen *okonau*. Oder aber der dem Zeichen verbundene Inhalt findet im Japanischen unterschiedliche sprachliche Ausprägungen: 上 :"oben", gelesen *ue*, "aufsteigen", gelesen *agaru*, sowie "aufsteigen lassen", gelesen *ageru*.

Insgesamt ergeben sich so für einzelne Schriftzeichen bis zu fünf (in einigen Fällen auch mehr) verschiedene Lesungen, die jeweils nur in ihrem spezifischen Kontext Gültigkeit besitzen. Abgesehen von der erwähnten Faustregel für die Verwendung japanischer und sino-japanischer Lesungen läßt sich keine weitergehende Gesetzmäßigkeit aufstellen. Für die Praxis des Spracherwerbs ist daher zu empfehlen, die einzelnen Lesungen nicht isoliert, sondern nur im Zusammenhang lexikalischer Einheiten zu lernen.

6. DIE GRAPHISCHEN ELEMENTE DER *KANJI*

6.1 Stricharten

Kanji sind graphisch eine geordnete Menge von Strichen. Jedes Schriftzeichen läßt sich in Einzelstriche als seinen kleinsten, nicht weiter zerlegbaren

Grundeinheiten analysieren.

Striche sind ausschließlich graphische Elemente, ihnen ist keine Bedeutung zugeordnet (mit Ausnahme jener geringen Zahl von Fällen, in denen ein Schriftzeichen aus lediglich einem Strich besteht, z.B. 一 "eins").Die Zahl graphisch unterscheidbarer Striche ist relativ gering. Die verschiedenen Stricharten lassen sich in zwei Hauptklassen unterscheiden:

- Striche, die in einer Richtung verlaufen (unidirektionale Striche)
- Striche mit Richtungsänderung

Eine Untergruppe der unidirektionalen Strichtypen bilden die sechs Grundstriche, deren Beherrschung als Grundfertigkeit des (Pinsel-)Schreibens gilt. Im folgenden die wichtigsten Stricharten:

unidirektionale Striche/Grundstricharten

	Strichgestalt	Schreibrichtung	Beispiel	Bezeichnung
1.	丶	↘	安	Punkt
2.	一	→	本	waagerechte Linie
3.	丿	↙	人	Abstrich
4.	丨	↓	中	senkrechte Linie
5.	㇀	↗	持	Aufstrich
6.	㇏	↘	人	Druckstrich

unidirektionale Striche/Varianten

7.	㇒	↙	手
8.	丿	↓	月
9.	㇏	↘	史
10.	一	→	安

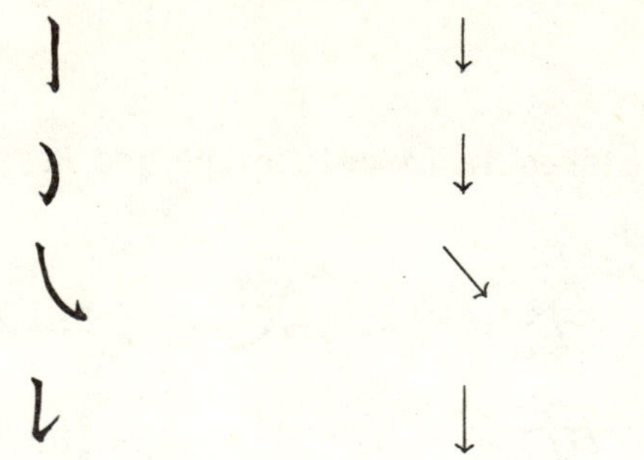

11. 小
12. 子
13. 代
14. 氏

Striche mit Richtungsänderung

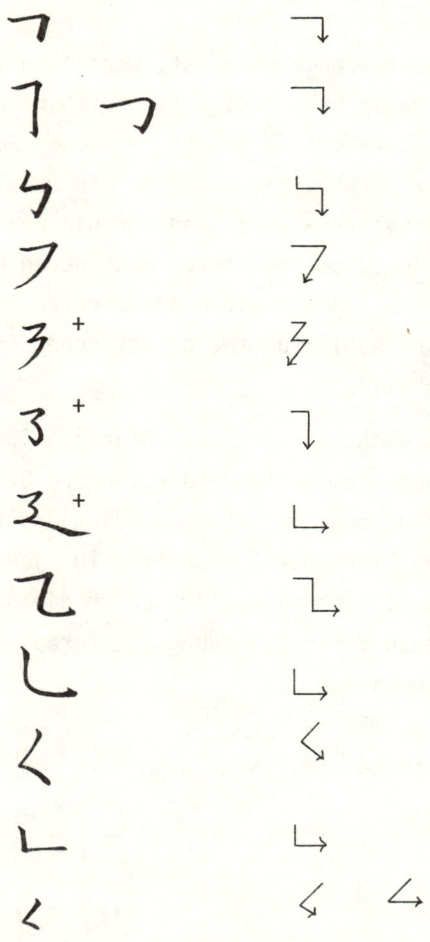

15. 口
16. 月 馬
17. 弓
18. 又
19. 及 延
20. 阪
21. 辻
22. 九
23. 也
24. 女
25. 山
26. 糸

[+] zählen (teilweise) als zwei Striche, wegen ihrer festen graphischen Verbindung wurden sie hier aufgenommen

ÜBUNG 16

GEGENSTAND: Stricharten

AUFGABE :Analyse der folgenden Zeichen in Einzelstriche und Bestimmung der Stricharten

1. 水 2. 米 3. 今 4. 思 5. 石

6. 出 7. 寺 8. 母 9. 島 10. 阪

6.2 Strichfolge

Die Striche, aus denen ein *kanji* zusammengesetzt ist, werden in einer traditionell für jedes Zeichen festgelegten Reihenfolge geschrieben. Diese Reihenfolge mag willkürlich erscheinen (tatsächlich weicht in diesem Punkt die Schreibpraxis in China und Japan z.T. ab), sie ist aber einerseits natürliche Folge der ursprünglichen Vertikalschreibung (ähnlich wie der Links-Rechts-Verlauf der Notierung lateinischer Buchstaben auch deren Form und Schreibweise bestimmt hat), andererseits ist sie kodifizierter Ausdruck des jahrhundertelangen Bemühens um eine wohlgeformte, ästhetische Schriftform und damit Bestandteil der Schreibkultur.

Die folgende Zusammenstellung der wichtigsten Strichfolgeprinzipien soll - zusammen mit der Klassifikation der Stricharten - die inneren Strukturprinzipien der *kanji* verdeutlichen. Zumindest im Anfangsstadium des Lernens ist das Einprägen und die akkurate Beachtung der Strichfolge für jedes einzelne Zeichen dringend zu empfehlen, damit sich allmählich durch die dabei aufgenommenen Prinzipien die Fähigkeit zu deren Anwendung als Voraussetzung für eine proportionierte Schrift herausbildet.

Grundprinzipien der Strichfolge

1. von oben nach unten: 三 : 一 二 三

2. von links nach rechts: 川 : 丿 丿丨 川

3. waagerechte Linie vor senkrechter Linie: 十 : 一 十

4. Abstrich vor Druckstrich 人 : 丿 人

5. zwei oder dreiseitige Einfassung: erst außen, dann innen — 同：冂 同
月：⺆ 月

(Ausnahme: 辶 s.u.7)

6. allseitige Einfassung: wie (5), zum Abschluß unterer Begrenzungsstrich — 日：冂 冃 日
国：冂 囯 国

7. zweiseitige Einfassung links unten: erst innen, dann außen — 込：入 込

8. senkrechter Strich im Zentrum:
(a) nicht gekreuzt von anderen Strichen: zuerst
小：丨 小
水：丨 水
(b) gekreuzt von anderen Strichen: zuletzt
中：口 中
手：𠂒 手

9. Zeichen mit unterem waagerechten Begrenzungsstrich: diesen zuletzt
王：干 王

10. Abstrich oben oder oben links : zuerst — 手：丿 手

ÜBUNG 17

GEGENSTAND: Strichfolge

AUFGABE: Bestimmung der Strichfolge anhand der Regeln 1-10

1. 月 2. 早 3. 用 4. 先 5. 夫 6. 建

6.3 Grapheme

Die kleinsten, nicht mehr zerlegbaren Grundeinheiten der *kanji* sind die Striche, die jedoch in der Regel nicht bedeutungstragend sind. Die kleinsten bedeutungstragenden graphischen Einheiten (Grapheme) dagegen sind Kombinationen von Einzelstrichen. Sie treten in der Regel sowohl selbständig als auch als kompositionelle Elemente zusammengesetzter *kanji* auf.Nicht nur die Zahl der graphischen Grundeinheiten, der Striche, ist begrenzt.Dies gilt auch für die graphematischen Einheiten, so daß sich die überwiegende Zahl aller *kanji* als Kombination einer relativ kleinen Anzahl von Elementar*kanji* (den Graphemen) beschreiben läßt.

			Graphem	Bedeutung
朝	("Morgen")	besteht aus:	十 (2x)	zehn
			日	Sonne
			月	Mond
京	("Hauptstadt")	besteht aus:	亠	Deckel
			口	Mund
			小	klein
古	("alt")	besteht aus:	十	zehn
			口	Mund
新	("neu")	besteht aus:	立	stehen
			木	Baum
			斤	Axt
誌	("Dokument")	besteht aus:	言	Wort
			士	Ritter
			心	Herz

Aus diesen Beispielen mag zugleich ersichtlich werden, daß die Bedeutung eines *kanji* sich nicht zwangsläufig als Summe der Einzelbedeutungen der enthaltenen Grapheme ergibt, sondern der Zusammenhang zwischen Zeichengestalt, Bedeutung und Aussprache weitaus komplizierter ist (s.o.3. Typologie, insbesondere "Phonogramme"). Zu beachten ist dabei überdies, daß die heute gebräuchlichen Zeichenformen der meisten Grapheme sich als Abstraktionen zugrundeliegender Abbilder realer Objekte entwickelt haben, wobei gleiche Formen sich von unterschiedlichen "Bildern" oder Bildelementen herleiten können. Hinzu kommt die Verwendung von Kurzformen nicht nur in China, sondern auch in Japan seit der Schriftreform von 1946, in denen die ursprüngliche graphematische Zusammensetzung des *kanji* nicht mehr erkennbar ist:

會 → 会 ("sich treffen")

Wie spekulativ zahlreiche Zeichenetymologien bei dem Versuch vorgehen, die Zeichenbedeutung aus den graphematischen Bestandteilen herauszulesen, wird an der Gegenüberstellung zweier "Deutungen" sichtbar, die ausgehend von verschiedenen Zeichenkörpern zu demselben Ergebnis gelangen:

1. R. Kunze: Bau und Anordnung der chinesischen Zeichen. Oder: Wie lernen wir leichter Zeichen lesen? (= Mitteilungen der deutschen Gesellschaft für Natur- und Völkerkunde Ostasiens. XXX B). Tokyo 1937.S.5f.:

   " 會 () (Worte 日 beim Begegnen △ an der Türöffnung 囱) Versammlung,Verein."

2. Osaka University of Foreign Studies: The First Step to Kanji. Part 1(o.J.) S. 154 (Nr.197):

   " [会] is the combination of [△],[一],and [厶]. [△] represents advancing toward a place from three directions. [一] expresses a particular place, and [厶] expresses the idea "to drag in" or "to store". Thus, [会] has acquired the meaning "to gather at one place."

6.4 Graphemstruktur der *kanji*

Die Kombination der Grapheme zu komplexen *kanji* folgt bestimmten Grundmustern, deren Kenntnis zumindest eine Gedächnishilfe für das Erlernen der Schriftzeichen ist. Den äußeren Rahmen für die Anordnung der einzelnen graphischen Elemente bildet ein (gedachtes) Quadrat, das durch das Schriftzeichen ausgefüllt werden soll und es zugleich begrenzt:

海

Jedem Schriftzeichen, *kanji, hiragana* und *katakana* , wird unabhängig von seiner Strichzahl und Komplexität derselbe, durch gleichgroße Quadrate bestimmte Raum zugewiesen. So wird einmal im Verhältnis der Grapheme innerhalb eines *kanji* sowie im Verhältnis der verschiedenen Schriftzeichen zueinander deren Größe und Proportion festgelegt:

人 島 け ウ

Grundmuster der Graphemkombination:

1. vertikale Strukturierung

(a) 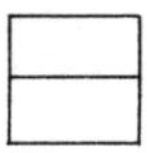 古: 十 口

(b) 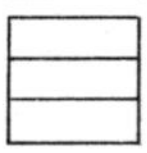 意: 立 日 心

(c) 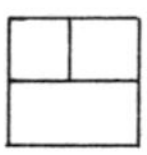 習: 习 习 白

(d) 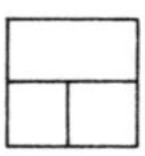 最: 日 耳 又

2. horizontale Strukturierung

(a)  村: 木 寸

(b) 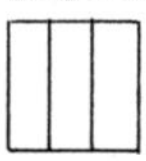 働: 亻 重 力

(c) 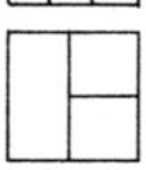 誌: 言 士 心

(d) 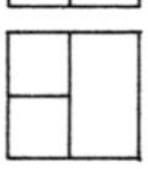 新: 立 木 斤

3. Zeichen mit mehrseitigen Einfassungen

(a) 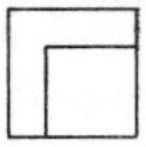 広 : 广 厶

(b) 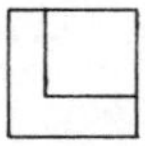 連 : 車 辶

(c) 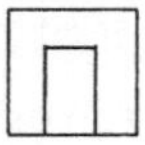 聞 : 門 耳

(d) 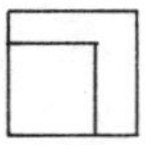 気 : 气 メ

(e) 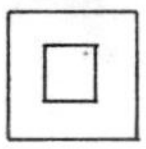 国 : 囗 玉

Die Regeln über die Strichfolge lassen sich, bezieht man den graphematischen Aufbau eines Schriftzeichens ein, folgendermaßen modifizieren: jedes Graphem eines *kanji* bildet hinsichtlich der Strichfolge eine geschlossene Einheit, d.h. es wird vollständig ausgeführt, ehe das nächste Graphem geschrieben wird. (Eine regelmäßige Ausnahme bilden die allseitig eingefaßten Zeichen, hier wird der untere Begrenzungsstrich erst gezogen, nachdem das Graphem im Innern ausgeführt ist, s.Strichfolgeregel 6. Weitere Ausnahmen sind den *kanji*-Arbeitsbögen der einzelnen Lektionen zu entnehmen.) Für die Reihenfolge der Grapheme gelten entsprechend je nach Strukturtyp die Strichfolgeregeln 1 ("von oben nach unten") bei vertikal strukturierten *kanji*, 2 ("von links nach rechts") bei horizontal strukturierten *kanji*, 5 ("erst außen, dann innen") bei Zeichen mit mehrere Seiten umfassenden Graphemen, 6 ("unterer Begrenzungsstrich zum Abschluß ")bei Zeichen mit allseitiger Einfassung. Vgl. die Grundmuster der Graphemkombination und die dort für die Beispiele gegebene Reihenfolge der Zerlegung in Grapheme, die der Schreibreihenfolge entspricht (außer 3d).

ÜBUNG 18

GEGENSTAND: Graphemstruktur der *kanji*

AUFGABE: Zerlegen der Zeichen in Grapheme, Bestimmung des Strukturtyps

1. 地 2. 海 3. 数 4. 早 5. 整 6. 道 7. 曜

6.5 Radikale (Klassenzeichen)

Bei der Beschreibung des den Phonogrammen zugrundeliegenden Bildungsprinzips wurde bereits auf die Funktion der Klassenzeichen oder Radikale hingewiesen: unter den Graphemen, aus denen sich ein *kanji* zusammensetzt, ist eines, das die Zuordnung des bezeichneten Gegenstandes zu einer bestimmten begrifflichen Klasse vornimmt. Traditionell werden 214 solcher Klassen unterschieden, repräsentiert durch bestimmte Grapheme (Radikale):

> Kategorie "Holz" für Baumarten, Holz oder aus Holz gefertigte Gegenstände, gekennzeichnet durch das Graphem 木 mit der Eigenbedeutung *Baum*. Als Radikal in folgenden Zeichen verwendet:

材	*Bauholz*	机	*Tisch*	板	*Brett*
松	*Kiefer*	枝	*Zweig*	林	*Wald*

> Kategorie "Metall" für Metalle oder aus ihnen gefertigte Gegenstände, gekennzeichnet durch das Graphem 金 mit der Eigenbedeutung *Gold,Metall*. Als Radikal in folgenden Zeichen verwendet:

鉄	*Eisen*	銀	*Silber*	鍋	*Pfanne*	鏡	*Spiegel*

In den meisten Fällen nimmt das Radikal in jedem Schriftzeichen dieselbe Position ein. So bildet das Radikal "Metall" in allen seinen Verbindungen den linken Teil (s.o.), das Radikal "Gras" 艹 findet sich nur als oberer Bestandteil eines Zeichens, "schlagen" 攵 dagegen steht immer rechts. Im folgenden einige Beispiele für typische Radikalpositionen:

Position		Radikal / Bedeutung		*kanji*/ Bedeutung	
	(jap.*hen*)+	氵	Wasser	海	Meer
		亻	Mensch	住	wohnen
		阝	Festland	陸	Festland
		言	Wort	語	Sprache
		金	Metall	鉄	Eisen
	(jap. *tsukuri*)	阝	Gemeinde	都	(Haupt-)Stadt
		攵	schlagen	数	zählen (murch metrisches Schlagen

(jap. *kanmuri*)	艹	Gräser	草	Gras
	宀	Dach	家	Haus
(jap. *ashi*)	儿	kniender Mensch	兄	älterer Bruder
(jap. *tare*)	厂	Klippe	原	unkultiviertes Feld
(jap. *nyō*)	辶	voranschreiten	道	Weg
(jap. *kamae*)	門	Tor	関	Barriere
"	气	Luft	気	Geist
"	囗	vierseitige Einfassung	国	Land

+ im Japanischen sind die nach ihrer Position unterschiedenen Radikaltypen mit Namen belegt, die hier zu Referenzzwecken zitiert werden

Bei einer Gruppe von *kanji* haben sich für ihren Gebrauch als Radikal Gestaltvarianten herausgebildet, die z.T. nur in bestimmten Radikalpositionen auftreten:

Bedeutung	als selbständiges *kanji*	als Radikal links	oben	unten	Beispiele
Mensch	人	亻	𠆢		休 会
Herz	心	忄		心	情 忠
Hand	手	扌		手	持 拳
Kleidung	衣	衤		𧘇 衣	初 表 裂

7. ORDNUNGSSYSTEM DER *KANJI*

Für eine systematische Ordnung der *kanji* vor allem zum Zweck ihrer lexikographischen Erfassung sind unterschiedliche Prinzipien entwickelt worden. Neben dem uns von den europäischen Sprachen her vertrauten lautlichen Ordnungsprinzip der erfaßten Begriffe ("alphabetische Anordnung") kommt für die mit chinesischen Schriftzeichen notierten Sprachen als weiteres Mittel die Ordnung nach graphischen Gesichtspunkten hinzu. Gegenüber der phonetischen Anordnung chinesischer Schriftzeichen besitzt diese folgende Vorteile:
- ein phonetisch aufgebautes Wörterbuch setzt die Kenntnis der Aussprache voraus, ein nach graphischen Gesichtspunkten geordnetes nicht
- der hohe Anteil gleichlautender *kanji* mit unterschiedlicher Bedeutung macht phonetisch aufgebaute Wörterbücher schwer benutzbar

Den meisten der heute gebräuchlichen *kanji*-Wörterbücher liegt ein an graphischen Prinzipien orientierter Aufbau zugrunde, wobei das Ordnungssystem nach Radikalen überwiegt.Die insgesamt 214 Radikale sind zu Gruppen mit derselben Strichzahl zusammengefaßt, diese Gruppen wiederum sind nach Strichzahl in progressiver Folge, beginnend mit einstrichigen Radikalen, geordnet. Innerhalb der einzelnen Gruppen liegt die Reihenfolge der Radikale traditionell fest. Bei Schriftzeichen mit demselben Radikal bestimmt sich deren Abfolge ebenfalls nach der Strichzahl (progressiv), allerdings wird dabei das Radikal selbst nicht mitgezählt. Zu dem so eingeordneten *kanji* werden dessen Lesungen und Bedeutungen sowie Komposita mit anderen Schriftzeichen aufgeführt.

Eine zweite Möglichkeit des graphischen Aufbaus von Zeichenlexika ist die Ordnung nach der absoluten Strichzahl der *kanji*, sie wird häufig für Indizes von Zeichenlexika verwendet. Dagegen ist die Ordnung von Radikalen (und damit der *kanji*) nicht nach Strichzahl, sondern nach inhaltlich-sachlichen Kriterien, z.B. die Zusammenstellung von Begriffsklassen im Zusammenhang mit Menschen und menschlichen Tätigkeiten, in modernen Lexika nicht mehr gebräuchlich.

In heutigen Zeichenlexika finden sich trotz prinzipieller Übereinstimmung zahlreiche Detailabweichungen von dem traditionellen Radikalsystem. Bedingt sind sie im Falle Japans einmal durch die nach dem Zweiten Weltkrieg durchgeführte Schriftreform, die für eine Reihe von *kanji* eine vereinfachte Zeichengestalt als Standardform einführte, wovon in einigen Fällen auch Radikale betroffen waren. Zum anderen finden sich insbesondere in Zeichenlexika für Ausländer Neuzuordnungen einzelner *kanji* zu anderen als den traditionell festgelegten Radikalen. Es handelt sich dabei um den Versuch, die dem Radikalsystem inhärente Logik konsequent auch auf "Ausnahmen" anzuwenden. Durch entsprechende Querverweisungen ist ein Auffinden unter allen denkbaren Radikalen jedoch gewährleistet. Vor Benutzung eines Zeichenlexikons empfiehlt es sich aus diesem Grund, die Beschreibung seines Aufbaus genau zu lesen.

KATAKANA-SILBENSCHRIFT UND FREMDWORTTRANSKRIPTION

1. *KATAKANA*

1.1 Heutiger Gebrauch der *katakana*

Nach einem Beschluß des Rats für Landessprache (*Kokugo shingikai*) vom Juli 1955 sollen *katakana* vor allem verwendet werden für
- ausländische Eigennamen
- Fremdwörter
- lautmalende Wörter
- Telegrammtexte

In der Praxis finden sich *katakana* außerdem
- anstelle schwieriger oder seltener *kanji* (in dieser Funktion z.T. auch *hiragana*)
- zur Hervorhebung einzelner Wörter
- in der Werbung zur Schreibung japanischer Eigennamen
- in älteren Texten aus der Zeit bis zum Zweiten Weltkrieg,insbesondere in amtlichen Dokumenten etc.,in der heute von *hiragana* übernommenen Rolle der Schreibung grammatischer Morpheme
- im Anschluß an die Verwendung in Telegrammtexten auch im Telexverkehr und in Computer-Ausdrucken

1.2 Entstehung und historischer Gebrauch der *katakana*

Die *katakana*-Silbenschrift ist erstmals für das frühe 9.Jahrhundert quellenmäßig belegt.Sie entwickelte sich aus der buddhistischen Praxis,chinesisch geschriebene Sutrentexte auf Japanisch zu lesen und dabei grammatische Morpheme des Japanischen wie Kasuspartikeln,Prädikatsendungen etc. als Lesehilfen zu notieren. Die anfangs dafür gebrauchten *kanji* wurden allmählich durch Kürzel ersetzt,die im Gegensatz zu den *hiragana* sich nicht als Kursivform der Gesamtgestalt von *kanji* entwickelten,sondern in der Regel als mehr oder weniger willkürliche Abkürzungen.D.h. einzelne Grapheme des Gesamtzeichens wurden stellvertretend für dieses verwendet (s. *katakana*-Tabelle 2).Auf diese Praxis verweist auch der Name *katakana*,auf Deutsch etwa "als Teilstück entlehntes Zeichen" (Lewin,a.a.O.,S.23 f).Zugrunde liegt diesen Kürzeln zumeist die Blockschrift-Standardform der *kanji*,was die graphische Gestalt der *katakana* deutlich bestimmt und sie als "eckige" Formen von den "kursiven" *hiragana* leicht unterscheidbar macht.

Seit der Zeit ihrer Entstehung war die *katakana*-Schrift eng mit dem buddhistischen Schrifttum verbunden,einschließlich wissenschaftlicher und der herkunftsmäßig diesem Bereich zugeordneten Volksliteratur,während in Lyrik und Romanliteratur der *kanji-hiragana*-Mischstil dominierte.Zu Beginn der Meiji-Zeit (1868-1912) wurde jedoch der *kanji-katakana*-Schreibstil für den gesamten Bereich des amtlichen Schriftverkehrs verbindlich.Damit erhielten die *katakana* nicht nur (zeitlichen) Vorrang in der schulischen Erziehung,sondern wurden auch in nicht unerheblichem Umfang in Belletristik und wissenschaftlicher Literatur verwendet. Ihre heutige Eingrenzung im wesentlichen auf die Fremdworttranskription ist ein Teilergebnis der Schriftreformen nach dem Zweiten Weltkrieg.

KATAKANA - Tabelle 1

	a	i	u	e	o	n
	ア	イ	ウ	エ	オ	
k	カ	キ	ク	ケ	コ	
s	サ	シ	ス	セ	ソ	
t	タ	チ	ツ	テ	ト	
n	ナ	ニ	ヌ	ネ	ノ	
h	ハ	ヒ	フ	ヘ	ホ	
m	マ	ミ	ム	メ	モ	
y	ヤ		ユ		ヨ	
r	ラ	リ	ル	レ	ロ	
w	ワ				ヲ	ン

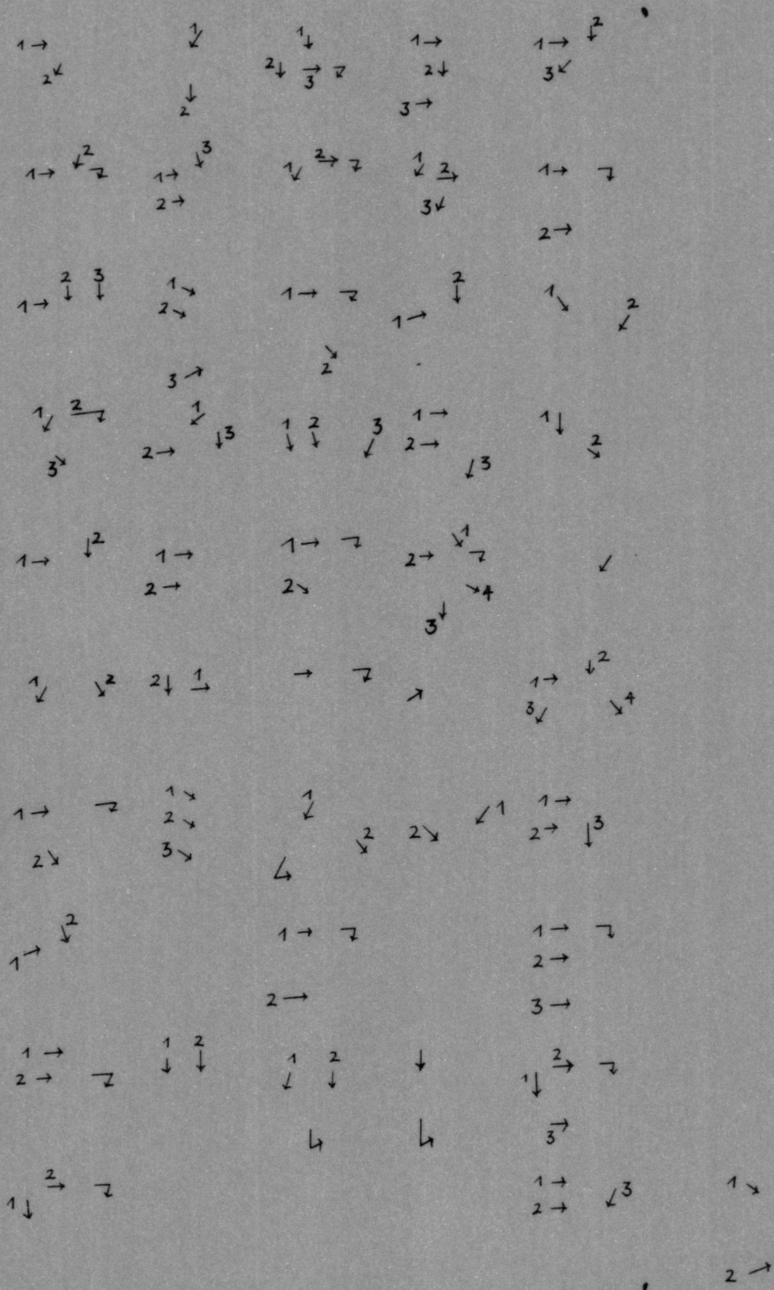

KATAKANA - TABELLE 2 +

zugrunde-liegendes *kanji*++	Lesung *on*	Lesung *kun*	*katakana* Grundbestand		Erweiterungen: stimmhafte Konsonanten		Erweiterungen: palatalisierte K.		spezielle *katakana*-Verbindungen zur Fremdwort-Transkription+++
阿	a		ア	a					
伊	i		イ	i					
宇	u		ウ	u					ウィ wi, ウェ we, ウォ wo ヴァ va, ヴィ vi, ヴ vu, ヴェ ve, ヴォ vo
江		e	エ	e					
於	o		オ	o					
加	ka		カ	ka	ガ	ga			
幾	ki		キ	ki	ギ	gi	キャ キュ キョ ギャ ギュ ギョ	kya kyu kyo gya gyu gyo	
久	ku		ク	ku	グ	gu			クァ kwa, クィ kwi, クェ kwe, クォ kwo グァ gwa
介→ケ	kai		ケ	ke	ゲ	ge			
己	ko		コ	ko	ゴ	go			
散	san		サ	sa	ザ	za			
之→シ	shi		シ	shi	ジ	ji	シャ シュ ショ ジャ ジュ ジョ	sha shu sho ja ju jo	シェ she ジェ je
須→久	su		ス	su	ズ	zu			
世	se(i)		サ	se	ザ	ze			

曽	so	ソ	so	ゾ	zo			
多	ta	タ	ta	ダ	da			
千	chi	チ	chi			チャ チュ チョ	cha chu cho	チェ che
川		ツ	tsu					ツァ ツェ ツォ tsa tse tso
天	ten	テ	te	デ	de			ティ ディ ti di デュ dyu
止	to	ト	to	ド	do			
奈	na	ナ	na					
仁	nin	ニ	ni			ニャ ニュ ニョ	nya nyu nyo	
奴	nu	ヌ	nu					
祢	ne	ネ	ne					
乃	no	ノ	no					
八	hachi	ハ	ha	バ パ	ba pa			
比	hi	ヒ	hi	ビ ピ	bi pi			
不	fu	フ	fu	ブ プ	bu pu			ファ フィ フェ フォ fa fi fe fo
部 → へ	he	ヘ	he	ベ ペ	be pe			
保	ho	ホ	ho	ボ ポ	bo po			
万	man	マ	ma					
三	mi	ミ	mi			ミャ ミュ ミョ	mya myu myo	
牟	mu	ム	mu					
女	me	メ	me					
毛	mō	モ	mo					

也	ya	ヤ ya			
弓	yu	ユ yu			
与	yo	ヨ yo			
良	ryō	ラ ra			
利	ri	リ ri		リャ rya リュ ryu リョ ryo	
流	ryū	ル ru			
礼	rei	レ re			
呂	ro	ロ			
和	wa	ワ wa			
乎	o	ヲ o			
尓	ni	ン n			

+ nach Lörcher,S.:Kurzer Bericht über ein katakana-Kompaktseminar "Das Fremdwort im Japanischen",Tübingen 1974 (vervielfältigt)

++ nach Yoshida K.(ed.):*Shinshaku kanwa*,Tokyo 1969 ([5]1972).Der rot geschriebene Teil der *kanji* diente als Vorlage für die *katakana*.

+++ nach *Kokugo shigikai: Gairaigo no hyōki ni tsuite*,in: *Monbushō* (ed.): *Gendai kokugo hyōki no kijun*,Tokyo 1967.S.262 ff.

2. FREMDWÖRTER IM JAPANISCHEN

Seit der Verwendung chinesischer Schrift in Japan (etwa 5.Jh.n.Chr.) bilden Fremdwörter aus dem Chinesischen einen erheblichen Anteil am Vokabular der Sprache von staatlicher Verwaltung,Wissenschaft und buddhistischem Klerus,sofern diese sich nicht sogar ausschließlich des Chinesischen bedienten.Ein relativ geringer Teil dieses Fremdwortvokabulars ging in die Sprache des Volks ein.

Bedingt durch Unterschiede in Lautbestand und Silbenstruktur zwischen Herkunftssprache und dem Japanischen entwickelten sich bei der Adaption dieses Lehnvokabulars phonetische Neubildungen wie Langvokale und Langkonsonanten, die in das allgemeine Lautinventar des Japanischen eingingen und so das Fremdwortbewußtsein gegenüber diesem sino-japanischen Vokabular verminderten. Begünstigt wurde die Integration durch die unterschiedslose Verwendung der *kanji*-Schreibung für chinesische wie japanische Begriffe. Das sino-japanische Vokabular - einschließlich der nach chinesischen Wortbildungsmustern in Japan geschaffenen Neubildungen - ist heute als integraler Bestandteil des Gesamtvokabulars zu betrachten,innerhalb dessen es einen Anteil von mehr als 50% verfügt[+].

Vermittelt über das Chinesische (in einer phonetischen *kanji*-Schreibung) gelangten Fremdwörter auch aus anderen asiatischen Sprachen ,insbesondere das Pali-Vokabular des Buddhismus,nach Japan.Bereits in prähistorischer Zeit jedoch haben die später in Japan ansässig gewordenen Stämme auf ihren Wanderungen in beträchtlichem Umfang Begriffe aus Sprachen anderer Völker entlehnt, die assimiliert wurden und nur anhand komplizierter sprachhistorischer und

---

[+] Das Wörterbuch *Reikai kokugo jiten*(1956 hrsg.v.Tokieda Motoki)verzeichnet 53,6% sino-japanische gegenüber 36,6% rein-japanischen Wörtern. Diese Zahlen zeigen eine Umkehrung des jeweiligen Anteils gegenüber dem 1889 erschienenen Wörterbuch *Genkai* (hrsg.v. Ōtsuki Fumihiko) bei gleicher Gesamtzahl der Stichwörter (etwa 40.000). In diesen Zahlen spiegelt sich der hohe Grad der Durchdringung des modernen Japanisch mit einem wissenschaftlich-technischen Vokabular wieder, das im Zuge der Industrialisierung Japans unter Verwendung der Bildungsmuster chinesischer Begriffe entstand. Noch deutlicher wird die heutige Dominanz des sino-japanischen Vokabulars (56,3%) gegenüber dem japanischen (18%) in der geschriebenen Sachsprache am Beispiel der Zeitungssprache in einer früheren Untersuchung des Zeitungsvokabulars durch das *Kokuritsu kokugo kenkyūjo* (Staatliches Institut für japanische Sprache) im Jahre 1952.(nach Umegaki M.: *Nihon gairaigo no kenkyu*. Tokyo 1966.S.17)

vergleichender Untersuchungen als fremde Elemente erkennbar sind+. Hinzu kommen Entlehnungen aus den Sprachen der Ureinwohner Japans. Diese sind ebenso wie sehr frühe chinesische Entlehnungen hinsichtlich phonetischer und morphologischer Eigenschaften (u.a. Flektierbarkeit) vollständig mit dem Japanischen verschmolzen.

Als Fremdwörter im engeren Sinne gelten vor allem die aus den europäischen Sprachen übernommenen Begriffe. Ihre Geschichte reicht zurück in die Zeit der ersten Missionierungsversuche der Portugiesen im 16. Jahrhundert und später der Handelskontakte mit den Niederländern während der Edo-Zeit (1603-1868). Eine kleinere Zahl der damals in Japan gebräuchlichen Fremdwörter existiert noch in der Gegenwartssprache. In einigen Fällen werden solche Fremdwörter sogar mit *hiragana* geschrieben (*tabako*), früher z.T. sogar mit *kanji* (*garasu*).

Portugiesisch	pão	Brot	パン
	botão	Knopf	ボタン
	(pão de) Castella	(Sandkuchen)	カステラ
	tabaco	(heute:) Zigaretten	タバコ
	carta	Spielkarten	カルタ
Holländisch	koffie	Kaffee	コーヒ
	kok	Koch	コック
	bier	Bier	ビール
	glas	Glas	ガラス
	alcohol	Alkohol	アルコール
	lens	Linse	レンス
	ton	Tonne	トン

Die Einbeziehung Japans in den Weltmarkt sowie der intensive Technologie- und Wissenstransfer seit Mitte des 19. Jahrhunderts stellte an die japanische Sprache hohe terminologische Anforderungen, die zunächst durch sino-japanische Wortneuschöpfungen bewältigt wurden. Seit Ende des Zweiten Weltkriegs zeigt sich jedoch eine deutliche Tendenz, neue Fachausdrücke nicht mehr durch solche Übersetzungen wiederzugeben, sondern die meist englischen Begriffe unmittelbar zu übernehmen und diese in *katakana* zu notieren. Ein Grund für

---

+ vgl. Miller, R.A.: *The Japanese Language*. Chicago & London 1967, S.59ff, Kapitel "*Genetic Relationships*" und S.235ff, Kapitel "*Loanwords*", ferner Kamei Takashi: *Chinese Borrowings in Prehistoric Japanese*. 1954

diese Entwicklung ist in der allgemeinen Verbreitung von Englischkenntnissen wie auch in der Internationalisierung wissenschaftlicher Forschung zu sehen.

Neben dem wissenschaftlich-technischen Vokabular sind zahlreiche Begriffe für spezifisch westliche Gebrauchsgegenstände und Einrichtungen vor allem in Kleidung,Mode,Ernährung und Sport in den allgemeinen Wortschatz eingegangen, anfangs oft in kurios entstellter Form:

ズボン	jupon (franz.)	Hosen (franz.:Unterrock!)
マント	manteau (franz.)	Mantel
セビロ	civil clothes (engl.)	Anzug
ハヤシライス	hashed (beef) rice (engl.)	(Name einer Speise)
オムレツ	omlet (engl.)	Omlett
ミシン	(sewing) machine (engl.)	Nähmaschine
ヒュッテ	Hütte (dt.)	
リュックサック	Rucksack (dt.)	

Der Anteil von Fremdwörtern am Gesamtvokabular liegt bei etwa 7% mit steigender Tendenz.Untersuchungen zum Zeitschriftenvokabular haben dort sogar einen noch höheren Anteil von 9,8% ergeben[+].

Analysiert man die Fremdwörter nach ihrer Herkunftssprache,so zeigt sich insgesamt eine eindeutige Dominanz des Englischen mit etwa 85-90% Anteil.Spezifische historische und sektorale Beziehungen zu einzelnen Staaten sind die Ursache für relativ zahlreiche,meist fachterminologische Entlehnungen aus den jeweiligen Sprachen.So ist aufgrund der Beraterfunktion deutscher Ärzte beim Aufbau eines modernen Gesundheitswesens in Japan der Anteil deutscher medizinischer Fachausdrücke noch immer außerordentlich hoch.Aber auch im Vokabular des Bergsteigens und Skifahrens finden sich zahlreiche deutsche Wörter. Ähnliches gilt in Literatur und bildender Kunst für das Französische sowie in der Musik für das Italienische.

Der weitaus größte Teil der Fremdwörter gehört der Wortklasse der Nomina an[++].

[+] nach Umegaki,a.a.O.,S.18.Zu berücksichtigen ist bei diesen Angaben jedoch, daß die Häufigkeit des Fremdwortvokabulars in der Regel geringer ist als die des japanischen oder sino-japanischen,so daß der Anteil von Fremdwörtern,gemessen am totalen Vorkommen (*nobe*) lediglich bei 2,9% liegt. (Umegaki bezieht sich hier auf eine Untersuchung von Ishiwata Toshio:*Zasshi no naka no gairaigo*,in:*Gengo seikatsu*.103)

[++] Eine 1931 publizierte Untersuchung über Fremdwörter aus dem Englischen (Autor:Arakawa Sōbei) zählte unter rund 5.000 Wörtern 4.606 Nomina.(nach Umegaki,a.a.O.,S.22)

Verbale und adjektivische Ausdrücke der Herkunftssprachen werden mit den grammatischen Morphemen japanischer Nominalverben bzw. Nominaladjektive verbunden,um sie im Sinne des Japanischen flektierbar zu machen:

to master	マスター する	
to drive	ドライブ する	
smart	スマート である	(prädikativ)
	スマート な	(attributiv)

3. TRANSKRIPTION VON FREMDWÖRTERN

3.1 Historischer Überblick

Mit dem Problem der Fremdworttranskription aus europäischen Sprachen haben sich erstmals systematisch portugiesische Jesuiten um die Wende des 16./17. Jahrhunderts befaßt.Um Fehldeutungen bei der Übersetzung christlicher Termini ins Japanische zu vermeiden,versuchten sie die Originalbegriffe zu verwenden.Sie bedienten sich dazu im wesentlichen der bestehenden orthographischen Konventionen,insbesondere bei der Vokallängung:

あぽうすとろ	apostolo
ぱあてる	pater

Weiterhin lösten sie Konsonantenfolgen in zwei Silben auf durch den Einschub stimmlos gesprochener Vokale (/i/ oder /u/):

あぽうすとろ	apostolo
さきりひいしよ	sacrificio

eine Praxis,die auch heute noch Grundbestandteil der Fremdwörttranskription ist.

Das Prinzip der Wiedergabe komplexer Silben mittels zweier Silbenzeichen,wie es in der Schreibung von Silben mit Langvokal bereits angelegt ist,findet sich in einem Dokument des Jahres 1807 weiterentwickelt.Dem Japanischen völlig unbekannte,auch nicht über das Sino-japanische vermittelbare Lautfolgen werden dort in der noch heute gebräuchlichen Form wiedergegeben:

ツェ	tse	クヮ	kwa

Das erste,in normaler Größe geschriebene Silbenzeichen steht lediglich für den konsonantischen Anlaut der Silbe,während der Vokalauslaut durch das kleiner geschriebene Zeichen dargestellt wird.Darüberhinaus werden weitere noch heute gültige Notierungstechniken erläutert,so die Einführung eines Dehnungsstrichs für Vokallängung (anstelle der oben beschriebenen älteren Praxis) und des klein geschriebenen Zeichens für *tsu* zur Kennzeichnung von Langkonsonanten.Derselben Schrift [+] zufolge wurden "Barbaren-Wörter" (holländische Fremdwörter) zu jener Zeit bereits mithilfe von *katakana* transkribiert.Ausländische Ortsnamen allerdings wurden,der chinesischen Praxis folgend,mithilfe phonetisch gebrauchter *kanji* wiedergegeben.

Seit der Öffnung gegenüber dem Ausland kam in Japan - teils als kurzlebige Modewörter,teils fest in den Wortschatz eingehend - eine Vielzahl ausländischer Begriffe in Gebrauch.Mit zunehmendem Studium fremder Sprachen wuchs aber auch die Unsicherheit hinsichtlich einer korrekten Transkription[++]: sollte man versuchen,die Originalaussprache möglichst minutiös nachzuvollziehen - unter Verwendung zahlreicher Hilfsnotationen- oder sollte man,den phonetischen Gegebenheiten und dem begrenzten Silbeninventar des Japanischen Rechnung tragend,pragmatisch das dem fremdsprachenunkundigen Japaner phonetisch Mögliche anstreben? Zwischen diesen Positionen bewegt sich seither die Diskussion:1902 versuchte das Kultusministerium erstmals mit einer Studie zur Schreibweise ausländischer Eigennamen normativ einzugreifen,1926 folgte eine zweite,die weitgehend durch den "pragmatischen" Standpunkt gekennzeichnet ist,.d.h. versucht,mit dem japanischen Silbeninventar auszukommen und so zwangsläufig zu vereinfachenden Transkriptionen gelangte.Ein 1940 vorgelegter Entwurf folgte dagegen im wesentlichen der differenzierteren Studie von 1902[+++].

Der 1954 veröffentlichte Bericht des Rats für Landessprache (*Kokugo shingikai*),in dem die heute gültigen Transkriptions-Standards niedergelegt sind, versucht,phonetische Originaltreue mit Realisierbarkeit im Rahmen des japa-

---

[+] Ōtsuki Gentaku u.a.: *Kankai ibun*.1807

[++] Diese Unsicherheit zeigt sich z.B. in den Versuchen, den Namen Goethes im Japanischen wiederzugeben. Für die Zeit von 1872 bis 1928 fand Kōjiri Tanesuke (zitiert nach Umegaki,a.a.O., S.132) 29 Versionen.U.a.:

ゲーテ	(heute üblich)	ギューテ	ゴアタ
ゴエテ		ギュエテ	ギョーツ
ギョーテ		グイテ	グウィーテ

[+++] Die grundsätzlich verschiedene Auffassung dieser Vorschläge wird am Beispiel der Wiedergabe von Silben, die mit /f/ anlauten, deutlich:

	fa	fi	fo	
1926	ハ	ヒ	ホ	
1902/1941	ファ	フィ	フォ	(nach Umegaki,a.a.O.,S.131)

nischen Lautsystems zu verbinden+. Er akzeptiert allerdings weitgehend historische, d.h. fest eingebürgerte Umschreibungen, auch wenn sie seinen Empfehlungen zuwiderlaufen. Allein dadurch wird eine beträchtliche Anzahl von Ausnahmen geschaffen, aber auch neuere Fremdwörter folgen diesen Empfehlungen nur bedingt.

3.2 Transkriptionsregeln und -konventionen

Das japanische Silbenschrift-System weist hinsichtlich der Möglichkeit, lautgetreu zu transkribieren, objektive Grenzen auf. Hauptprobleme bei der Fremdwort-Umschreibung sind:

- das Nichtvorhandensein bestimmter Laute im japanischen Lautinventar und damit auch entsprechender Silbenzeichen
- die starken Kontextrestriktionen für das Auftreten bestimmter Laute im Japanischen (z.B. /ts/ nur vor /u/, /h/ nicht vor /u/ etc.),d.h. im Japanischen durchaus vorhandene Laute können nicht frei miteinander kombiniert werden
- die prinzipiell offene Silbenstruktur des Japanischen, die (a)eine unmittelbare Aufeinanderfolge von Konsonanten ausschließt (Ausnahmen: /ts/,/ch/ und der Silbenschlußnasal /n/), (b) das Vorkommen von Konsonanten am Wortende nicht zuläßt (Ausnahme: der Silbenschlußnasal /n/)

Im folgenden sollen zu diesen Problembereichen jeweils die wichtigsten Lösungskonzepte beschrieben werden. Materialgrundlage sind die Empfehlungen des Rats für Landessprache(*Kokugo shingikai*) in seinem Bericht vom 15.3.1954 (s.Anmerkung) sowie einige Beobachtungen der japanischen Transkriptionspraxis, soweit sie Ergänzungen zu den Empfehlungen darstellen bzw. zu diesen in Widerspruch stehen.

+ *Kokugo shingikai: Gairaigo no hyōki ni tsuite.*(15.3.1954), zitiert nach: *Monbushō: Gendai no kokugo hyōki no kijun.*Tokyo 1967.S.257-266

3.21 Grundsätzliche Bestimmungen

(a) Fremdwörter werden mit *katakana* transkribiert. Ausnahme: fest eingebürgerte, meist historisch frühe Fremdwörter in *hiragana:*

たばこ (Tabak) Zigarette

(b) Eingebürgerte Transkriptionen werden, auch wenn sie den Empfehlungen bzw. der allgemeinen Praxis nicht entsprechen, beibehalten:

	リュックサック	Rucksack
statt:	リュックザック	

3.22 Schreibtechniken: das graphische Instrumentarium

Zur Wiedergabe von Lauten bzw. Lautverbindungen, die im Japanischen fehlen, werden die vorhandenen *katakana*-Zeichen benutzt in Verbindung mit Zusatzsymbolen (diakritische Zeichen) bzw. anderen Notierungstechniken, die die Darstellungskapazität des Systems beträchtlich erweitern.

(a) diakritische Zeichen : ゛ *(dakuten)* und ゜ *(handakuten)* werden wie im *hiragana*-System zur Notierung von Silben mit stimmhaften Konsonanten /g,z,d/ sowie Silben mit /b,p/ verwendet. Darüberhinaus werden *dakuten* auch zur Wiedergabe von /v/ gebraucht: ヴ

(b) anders als im *hiragana*-System werden Silben mit Langvokal mittels eines Dehnungsstrichs dargestellt:

メーデー	Mayday
シーズン	season

(c) durch Verwendung von Silbenzeichen in kleinerer Schriftgröße können Lautfolgen wiedergegeben werden, die in der *katakana*-Tabelle 1 nicht vorgesehen sind. Diese Praxis findet sich auch im *hiragana*-System, sie wird hier entsprechend angewendet:

Langkonsonanten:	ベット	Bett				
palatalisierte Konsonanten :	ショー	show	ニュー	new	ジャズ	jazz

Diese Schreibtechnik stellt darüberhinaus die wichtigste Hilfe für die Wiedergabe dem Japanischen fremder Konsonant-Vokal-Folgen dar. Dabei wird folgendes Prinzip zugrundegelegt: der Konsonant wird durch ein Silbenzeichen in normaler Schriftgröße (der durch das Silbenzeichen mitdargestellte Vokal soll dem tatsächlich folgenden lautlich möglichst nahestehen, schlägt sich nicht in der Aussprache nieder), der Vokal durch ein kleiner geschriebenes *katakana* repräsentiert:

ティ = $\underline{te}_{\underline{i}}$ → $\underline{ti}$ in: ティー tea

ファ = $\underline{fu}_{\underline{a}}$ → $\underline{fa}$ in: ファン fan

Mit dieser Notierungstechnik ist es möglich, zumindest solche Konsonant-Vokal-Verbindungen darzustellen, deren Grundwerte im japanischen Lautbestand Entsprechungen haben.

3.23 Transkription fremder Laute und Lautverbindungen

Grundsätzlich orientiert sich die Transkription von Fremdwörtern an deren Aussprache,nicht an der Orthographie. Ist der akustische Befund jedoch nicht ohne weiteres mit den phonetischen und silbenstrukturellen Gegenbenheiten des Japanischen vereinbar, so empfiehlt der Rat für Landessprache(im folgenden:RLS) prinzipiell die Anpassung an das japanische Lautsystem:für Japaner "unaussprechbare" Laute bzw. Lautfolgen sollen "sprechbar" transkribiert werden. Damit wird eine Vereinfachung der Schreibung angestrebt um den Preis einer teilweise erheblichen Entfernung von der Aussprache des Originals, was allerdings in der Sprechpraxis ohnehin die Regel ist: grundsätzlich läßt sich feststellen, daß die japanische Aussprache von Fremdwörtern eher der eigenen Transkription folgt als der Originalaussprache.

3.231 Vokale

Grundsätzlich werden phonetische Varianten der einzelnen Vokalphoneme undifferenziert mit dem entsprechenden japanischen Laut gleichgesetzt. Im folgenden werden daher lediglich einige besonders bemerkenswerte Transkriptionspraktiken beschrieben.

[æ] Dieser Laut des Englischen wird regelmäßig als /a/ wiedergegeben,das Japanische folgt hier also der Orthographie:

マンション	mansion	ワンマン	one man
スタンダード	standard	ジャズ	jazz

Bei der Übertragung von [kæ] bzw. [gæ] wird im Japanischen in Transkription und Aussprache ein j-Laut zwischen Konsonant und Vokal eingeschoben:

[kæ]	キャンプ	camp	キャッシュ	cash
[gæ]	ギャップ	gap		

Wird das orthographische *a* in englischen Wörtern dagegen [ei] ausgesprochen, folgt die Wiedergabe im Japanischen dem phonetischen Wert:

ケース	case	ヒットパレード	hit parade
ゲーム	game		

[ə] nach [ai] =[aiə] wird mittels *ya* (ヤ) wiedergegeben:

ダイヤル	dial	ハイヤー	hire

am Wortende meist durch ein langes /a/:

メーカー	maker	メンバー	member
センター	center	モーター	motor

[ə:] ebenfalls durch ein langes /a/:

サービス	service	サー	Sir
サークル	circle	ワールド	world

[ø] wird als /e/ wiedergegeben ,z.B. beim orthographischen *ö* des Deutschen:

ゲーテ	Goethe	シェーン	schön

[y] wird lautlich als [i̯u] wiedergegeben, transkribiert durch das *katakana* für *yu* in kleinerer Schriftgröße (ュ) ,z.B.beim *ü* des Deutschen:

ヒュッテ	Hütte	ミュンヘン	München

3.232 Konsonanten

[l][r] werden grundsätzlich undifferenziert dem japanischen r-Laut zugeordnet

[v] (a) vom RLS empfohlen wird die lautliche Gleichsetzung mit /b/ und Transkription durch die entsprechenden *katakana*:

(b) vom RLS zugelassen ist folgende Schreibung:
ヴ + Vokal in kleiner Schriftgröße

	(a)	(b)	Beispiele	
[va]	バ	ヴァ	バイブレーション / ヴァイブレーション	vibration
[vi]	ビ	ヴィ	ビオラ / ヴィオラ	Viola
[vu]	ブ	ヴ	ブルカン / ヴルカン	Vulkan
[ve]	ベ	ヴェ	ベテラン / ヴェテラン	veteran
[vo]	ボ	ヴォ	ボリューム / ヴォリューム	volume

Die Lösung (a) scheint sich heute weitgehend durchgesetzt zu haben, Transkriptionen des Typs (b) finden sich überwiegend in älteren Texten. /v/ am Wortende wird als /bu/ umgeschrieben:

カーブ	curve	ドライブ	drive

[θ][ð] Das englische *th* wird stimmlos gewöhnlich als /s/, stimmhaft als /z/ wiedergegeben:

メソッド	method	シアター	theatre
ザ・ビートルス	The Beatles		

3.233 Konsonant-Vokal-Folgen

mit [f](a) Vom RLS empfohlen ist die Wiedergabe als h-Laut, Transkription mittels der Silbenzeichen der h-Reihe, wobei sich eine phonetische Annäherung lediglich für /fu/ ergibt. Diese Transkription findet sich in der Praxis selten, meist bei älteren in ihrer Schriftform bereits eingebürgerten Fremdwörtern:

ホーム (Abk. f.)platform

(b) Vom RLS zugelassen: Verbindung von フ + Vokal in kleinerer Schriftgröße für /f/+Vokal-Silben; ist heute allgemein gebräuchlich:

[fa]ファン	fan	ファイト	fight
[fi]フィルム	film	フィナーレ	finale (ital.)
[fe]フェスティバル	festival	フェミニスト	feminist
[fo]テレフォン	telephone	フォード	Ford

mit [w](a) [wa] = ワ

ワンダフル	wonderful	ワイヤ	wire

(b) [wu] = ウ

ウール	wool	ウーマン	woman	ウッド	wood

(c) [wi,we,wo] durch ウ + Vokal ; mit zwei Schreibvarianten:

- das *katakana* für den Vokal steht in normaler Schriftgröße(vom RLS empfohlen)
- das *katakana* für den Vokal steht in kleinerer Schriftgröße(gebräuchlicher)

[wi]ウィークリー	weekly	ウィスキー	whisky
[we]ウェア	wear	ウェスターン	western
[wo]ウォーター	water	ウォッチ	watch

besondere Transkriptionen:

[wəː] = ワー : ワールド world ネットワーク network

Das englische Wort *white* einschließlich seiner Verbindungen wird regelmäßig als ホワイト (mit anlautendem /ho/!) wiedergegeben:

ホワイト.ハウス White House   ホワイト.カラ white collar

In einigen Beispielen wird der /u/-Anteil in /w/ nicht berücksichtigt, es handelt sich dabei in der Regel um ältere Fremdwörter:

サンドイッチ sandwich

mit
[ts] transkribiert als ッ + Vokal in kleinerer Schriftgröße (außer für /tsu/, für das ein eigenes *katakana* existiert):

ツァー Tzar   ツァイス Zeiss   ツァイトガイスト Zeitgeist
ツェントネル Zentner

Für /tsi/ und /tse/ keine Beispiele;zur Transkription ツィ s.

[ti] (a) vom RLS empfohlen: チ

チーム team   スチール steel   プラスチック plastic

(b) vom RLS zugelassen: ティ

パーティー party   ティーン.エージ teen-age   ティー tea

[di] (a) vom RLS empfohlen: ジ

ラジオ radio   スタジオ studio   ジレンマ dilemma

(b) vom RLS zugelassen: ディ

メロディー melody   ビルディング building   ディーゼル Diesel

[tju] チュ

チューブ tube   スチュワデス stewardess   シチュー stew

[dju] (a) vom RLS empfohlen: ジュ

ジュラルミン duralumin

(b) vom RLS zugelassen:デュ

デュエット duett   プロデューサ producer

[tu] ツ

ツーリスト tourist   ツーピース two piece   ツベルクリン Tuberkulin

[twi] ツィ

ツィード tweed   ツイスト twist

[tʃe] チェ

チェック check チェンジ change チェアマン chairman

[si] シ

シリーズ series タクシー taxi システム system

[zi] ジ

ミュージカル musical ブラジル Brasil イージー easy

[dʒi] ジ

ページ page エンジン engine

[ʃe] (a) vom RLS empfohlen: セ

セパート shepherd

(b) vom RLS zugelassen: シェ

シェーカー shaker シェラック shellac シェーマ Schema

[dʒe] } [ʒe] (a) vom RLS empfohlen: ゼ

ゼネレーション generation ゼネラル general ゼスチュア gesture

(b) vom RLS zugelassen: ジェ

ジェネレーション generation ジェット jet ジェノサイド genocide

[hu] フ

フンボルト Humbold

[je] イエ oder イェ

イエメン Yemen イェロー.ケーキ yellow cake

[ji] イ

イア.ラウンド.ファッション year round fashion

3.234 Konsonant-Konsonant-Folgen

Unmittelbar aufeinanderfolgende Konsonanten können im japanischen Silbenschriftsystem nicht dargestellt werden, da diesem die offene, auf einen Vokal endende Silbe zugrundeliegt. Die einzige Ausnahme bildet der Silbenschlußnasal /n/, an den mit einem Konsonanten anlautende Silben unmittelbar anschließen können(*shin.bun*, *kan.ten*).Um bei der Transkription europäischer Fremdwörter den dort häufig auftretenden Konsonantenfolgen Rechnung tragen zu können, bedient sich das Japanische der phonetischen Erscheinung des Vokalschwunds,d.h. der stimmlosen Artikulation der Vokale /i/ und /u/ in der Umgebung stimmloser Konsonanten.So werden Konsonantenverbindungen wie /st/ in *star* durch ein eingeschobenes /u/ "aufgelöst" und damit für das Silbenschriftsystem darstellbar gemacht, ohne den Lautwert wesentlich zu verändern:

engl. s t a r
[s t a:]
jap. sut ā
スター
[sɯ̥ta:] (ɯ̥: stimmloses /u/)

In der Regel wird /u/ verwendet als eingeschobener Vokal,seltener /i/ und nur in Sonderfällen andere Vokale. Diese Schreibtechnik ist allerdings nicht auf stimmlose Konsonantenumgebungen beschränkt, wobei in solchen Fällen jedoch kein Vokalschwund bewirkt wird,was eine deutliche Abweichung von der Originalaussprache zur Folge hat.

engl. j u n g l e
[dʒʌ n g l]
jap. ジァ ン グ ル
[dʒa ŋ gɯ̥rɯ̥]

(a) Einschub von /u/

nach:

/k/	スクリーン	screen					
/g/	プログラム	program					
/s/	ゲスト	guest	スタート	start	レストラン	restaurant
/z/	シーズン	season				
/f/	パンフレット	pamphlet				
/b/	バイブレーション	vibration				
/p/	プレゼント	present	アルプス	Alps		
/r/	ビルディング	building	アルバイト	Arbeit		

(b) Einschub anderer Vokale

/i/	キリスト	Christ
/a/	ガラス	glas

(c) nach /t/ bzw. /d/ in Konsonantenfolgen wird regelmäßig der Vokal /o/ eingeschoben,da eine Verbindung von /t/ + /u/ im Japanischen zur Silbe *tsu* führen würde./o/ unterliegt nicht dem Vokalschwund.

/t/	メートル	mètre	ベトナム	Vietnam
	ウェイトレス	waitress	コントロル	control
/d/	ドライブ	drive	ハイドン	Haydn

Ausnahme:

ツリー tree

(d) besondere Konsonantenverbindungen:

[ks] vom RLS empfohlen: Einschub von /u/

タクシー	taxi	スラックス	slacks	ボクシング	boxing

vom RLS zugelassen: Einschub von /i/

メキシコ	Mexiko	テキスト	text	エキストラ	extra

[kw]	vom RLS empfohlen			vom RLS zugelassen			
[kwa]	カ	: レモンスカッシ	lemon squash	クア/クァ	:	エクアドル	Ecuador
[kwi]	クイ	: クイズ	quiz	クィ			
[kwe]	クエ	: リクエスト	request	クェ	:	クェスチョン	question
[kwo]	コ	: イコール	equal (sic!)	クオ/クォ	:	クォータリー	quarterly
[gwa]	グァ	: グァテマラ	Guatemala				

3.235 Konsonanten am Wortende

Wegen der grundsätzlich offenen Silbenstruktur des Japanischen wird bei der Wiedergabe von Fremdwörtern mit einem Konsonanten am Wortende auf die Praxis der Silbenöffnung durch einen nachgestellten Vokal zurückgegriffen:

engl. b u s
[bʌs]

jap. b a su
バ ス
[basɯ̥]

/u/ wird auch hier nach s-Lauten stimmlos artikuliert.

(a) nachgestelltes /u/

nach:

/k/	プラスチック	plastic		
/g/	リーグ	league	キング	king
/s/	バス	bus	ガス	gas

/z/	ジャズ	jazz				
/sh/	フレッシュ	fresh	キャッシュ	cash		
/n/	wird durch ン wiedergegeben:					
	スクリーン	screen				
/f/	ゴルフ	golf	ナイフ	knife		
/b/	クラブ	club				
/v/	カーブ	curve	ドライブ	drive		
/p/	グループ	group	パイプ	pipe		
/m/	ガム	gum	チーム	team		
/r/	ホテル	hotel	セントラル	central	ポリエステル	Polyester

(b) nachgestelltes /i/

nach:

/k/	ブレーキ	break	ストライキ	strike
/j/	ページ	page		

(c) wie bei Konsonantenfolgen wird /t/ bzw. /d/ am Wortende der Vokal /o/ nachgestellt:

/t/	アルバイト	Arbeit	テスト	test	ファイト	fight
/d/	ムード	mood	ガイド	guide	スタンド	stand

(d) Konsonanten am Wortende nach vorausgehendem kurzen Vokal werden in der Regel als Langkonsonanten wiedergegeben:

/k/	トラック	truck	プラスチック	plastic		
/g/	ハンドバッグ	hand-bag				
/t/	セット	set	ジェット	jet	パンフレット	pamphlet
/d/	ベッド	bed				
/f/	スタッフ	staff				
/p/	トップ	top	ストップ	stop	アップ	up
/sh/	フレッシュ	fresh	キャッシュ	cash		

Dagegen werden Langkonsonanten des Originals nicht unbedingt als solche übertragen:

パターン	pattern	コミュニケ	communiqué

4. ÜBUNGSMATERIAL

Das folgende Übungsmaterial ist für den induktiven Gebrauch vorgesehen, d.h. seine Untersuchung unter bestimmten Fragestellungen soll zur (versuchsweisen) Formulierung von Regeln führen, die dann mit den im systematischen Teil gegebenen verglichen werden. Als anwendungsbezogene weitere Übungen sind eigene Transkriptionsversuche deutscher und/oder englischer Texte zu empfehlen.

ÜBUNG 19

GEGENSTAND: *katakana*/Fremdworttranskription

AUFGABE: Untersuchung der Wiedergabe von Konsonanten am Wortende

セット	set	バス	bus	ホテル	hotel
プラスチック	plastic	キング	king	サービス	service
クラブ	club	カーブ	curve	フレッシュ	fresh
ハンドバッグ	hand-bag	パンフレット	pamphlet	ピストル	pistol
レース	race	ショック	shock	サウンド	sound
デート	date	ドライブ	drive	リード	lead
マーケット	market	チーム	team	ゴルフ	golf
ジェット	jet	スタッフ	staff	キャッシュ	cash

ÜBUNG 20

GEGENSTAND: *katakana*/Fremdworttranskription

AUFGABE: Untersuchung der Wiedergabe von Konsonantfolgen

スクリーン	screen	ジャングル	jungle	バイブレション	vibration
テキスト	text	セントラル	central	アルバイト	Arbeit
タクシー	taxi	ステレオ	stereo	プログラム	program
ツリー	tree	ドラマ	drama	ガラス	glas
シーズン	season	メキシコ	Mexiko	ドレス	dress
カルテル	Kartell	スタート	start	コントロール	control
ビルディング	building	リクエスト	request	スタジオ	studio
カプセル	Kapsel	アルプス	Alps	ウエイトレス	waitress

ÜBUNG 21

GEGENSTAND: *katakana*/Fremdworttranskription

AUFGABE: Untersuchung der Wiedergabe der folgenden Konsonant-Vokal-Verbindungen:

[ti,di,si,zi,ʃe,tʃe,ʒi,dʒe]

パーティー	party	ティーン・エージ	teen-age	チーム	team
プラスチック	plastic	チェンジ	change	チェス	chess
シーズン	season	エンジン	engine	ジェット	jet
ゼスチュア	gesture	チェロ	cello	シネマ	cinema
スチール	steel	メロディー	melody	ラジオ	radio
ジェントルマン	gentleman	ゼネラル	general	システム	system
フェスティバル	festival	ジレンマ	dilemma	モチーフ	Motiv
ジェネレーション	generation	ブラジル	Brasil	シリーズ	series

OBUNG 22

GEGENSTAND: *katakana*/Fremdworttranskription

AUFGABE: Untersuchung der Wiedergabe folgender Laute: [f,v,w]

サービス	service	ムービ	movie	ウェア	wear
フェミニスト	feminist	ベートーベン	Beethoven	ドラニブ	drive
フェトチバル	festival	テレフォン	telephone	ウィーン	Wien
ヴァイオリン	violine	ビジョン	vision	フィルム	film
フォーク	fork	ウイスキー	whisky	バイオリン	violine
ヴォキャブラリー	vocabulary	ファイト	fight	ウェッディング	wedding
ワールド	world	ファッション	fashion	ベテラン	veteran
ボルテージ	voltage	ウエイトレス	waitress	ウーマン	woman
ネットワーク	network	バイブレーション	vibration	ウッド	wood

OBUNG 23

GEGENSTAND: *katakana*/Fremdworttranskription

AUFGABE: (a) Welche Vokale werden als /a/ wiedergegeben?

(b) Wie werden [æ],[ø]≈*ö* und [y]≈*ü* transkribiert?

マンション	mansion	ジャズ	jazz	キャンプ	camp
スタンダート	standard	ギャラリー	gallery	メーカー	maker
サービス	service	ゲーテー	Goethe	ギャップ	gap
スタンプ	stamp	ワンマン	one man	ミュンヘン	München
ファン	fan	パーティー	party	キャベツ	cabbage
マーケット	market	ポピュラー	popular	キャピタル	capital
ラブ・レター	love letter	メンバー	member	モーター	motor
ヴォキャブラリー	vocabulary	ヘリコプター	helicopter	バー	bar
シェーン	schön	ギャング	gang	チャンネル	cannel

LITERATUR, LEHRBÜCHER UND LEXIKA ZUM LAUT- UND SCHRIFTSYSTEM (Auswahl)

allgemein:

Lewin,B.: Abriß der japanischen Grammatik.Wiesbaden 1959 (bes.Kapitel I-III)

Miller,R.A.:The Japanese Language. Chicago & London 1967

Phonetik:

Wenck,G.: Japanische Phonetik I-IV. Wiesbaden 1954-59

Schrift:

Kratochvil,P.: The Chinese Language Today.London 1968 (S.146-162)

Nelson,A.N.: The Modern Reader's Japanese-English Character Dictionary.Rutland & Tokyo 1966,rev.ed.

O'Neill,P.G.:Essential Kanji.New York & Tokyo 1973

Hadamitzky,W.:Langenscheidts Lehrbuch und Lexikon der japanischen Schrift "Kanji" und "Kana". München, Berlin, Wien und Zürich 1978/1979

O'Neill,P.G.: Japanese Kana Workbook.Tokyo [2]1972

KURSTEIL

LEKTION 1

VOKABULAR

あじあ	アジア	N	Asien
ここ		N/DEM	(dies) hier
は		P	*grammatisches Morphem: Themapartikel*
です		KOP	*grammatisches Morphem: Kopula*
日本	にほん	N	Japan
どいつ	ドイツ	N	Deutschland
ようろっぱ	ヨーロッパ	N	Europa
東京	とうきょう	N	Tokyo
京都	きょうと	N	Kyoto
あめりか	アメリカ	N	Amerika; auch: USA
中国	ちゅうごく	N	China
あふりか	アフリカ	N	Afrika
米国	べいこく	N	USA
おうすとらりあ	オーストラリア	N	Australien
広島	ひろしま	N	Hiroshima
ふじ山	富士山	N	Fuji (Berg in Japan)
九州	きゅうしゅう	N	Kyushu

そこ		N/DEM	(dies) dort
名古屋	なごや	N	Nagoya
あそこ		N/DEM	(dies) da
大阪	おおさか	N	Osaka
どこ		N/FP	welcher Ort, wo
朝鮮	ちょうせん	N	Korea
ソ連	それん	N	UdSSR
本州	ほんしゅう	N	Honshu
か		P	*grammatisches Morphem: Fragepartikel*
いいえ		INT	nein
ではありません		KOP	*grammatisches Morphem: Negativform der Kopula*
北海道	ほっかいどう	N	Hokkaido
長野	ながの	N	Nagano
日本海	にほんかい	N	Japanisches Meer
太平洋	たいへいよう	N	Pazifischer Ozean
ふらんす	フランス	N	Frankreich
大西洋	たいせいよう	N	Atlantischer Ozean
四国	しこく	N	Shikoku
山口	やまぐち	N	Yamaguchi

秋田 あきた N Akita

GRAMMATIK

SATZ

Der Satz stellt eine inhaltlich wie formal relativ eigenständige und auch in sich geschlossene sprachliche Einheit dar, die ihrerseits strukturiert, d.h. aus einer Menge einzelner sprachlicher Elemente zusammengesetzt ist. Allerdings treten die meisten Sätze in der natürlichen Sprache nicht isoliert auf, sondern in Text- oder Redezusammenhängen, die ihrerseits in verschiedener Hinsicht bestimmend auf den Inhalt und die aktuelle Gestalt des Satzes einwirken können (s.Lektion 4, Kontextbezug). Man unterscheidet unter dem Gesichtspunkt der Stellungnahme des Sprechenden zum dargestellten Sachverhalt Aussage-, Frage-, Befehlssätze u.a., unter formal-syntaktischen Kriterien Haupt- und Nebensätze bzw. einfache und komplexe Sätze.

Die formalen Bauelemente des Satzes, die Satzglieder oder Satzkonstituenten (im folgenden meist kurz Konstituenten genannt) sind Träger bestimmter inhaltlich ausgewiesener Rollen im Satz, syntaktische Funktionen wie Subjekt (z.B. der Ausführende einer Handlung), Objekt (der Gegenstand, auf den eine Handlung gerichtet ist, oder der durch sie geschaffen wird), Prädikat (ein Vorgang oder Zustand, auf den die übrigen Konstituenten bezogen sind) u.a. Die Kennzeichnung dieser Funktionen erfolgt in den einzelnen Sprachen auf z.T. sehr unterschiedliche Weise, von der Position der Konstituenten zueinander bis hin zur Verwendung bestimmter sprachlicher Ausdrucksmittel. Letzteres trifft u.a. auch für das Deutsche und Japanische zu, wenngleich in beiden Sprachen in dieser Hinsicht wiederum beträchtliche Unterschiede bestehen. So integriert das Deutsche diese sprachlichen Ausdrucksmittel in andere Wörter, u.a. in die Artikel, die so neben ihrer primären Aufgabe der Unterscheidung von Bestimmtheit und Unbestimmtheit (*der* - *ein*) zusätzlich Träger der Information über den Kasus(Nominativ etc.) sind, durch den allein oder in Verbindung mit Präpositionen die syntaktische Funktion eines Nomens gekennzeichnet werden kann (*der Mann - den Mann, in dem Wald - in den Wald etc.*). Das Japanische hingegen verwendet zu demselben Zweck formal selbständige Ausdrücke, die allerdings nicht isoliert auftreten, sondern stets in Verbindung mit einem Nomen, dem sie nachgestellt sind, dessen formale Beschaffenheit sie aber nicht verändern.

Sprachliche Mittel der Art wie sie im Deutschen und Japanischen zur Kennzeichnung der syntaktischen Funktionen verwendet werden, heißen grammatische Morpheme (Morphem = kleinste bedeutungstragende Einheiten einer Sprache, nur z.T. identisch mit einem Wort, z.B. 'Haus", aber:"Herr/schaft"), d.h. sie drücken einen grammatischen Sachverhalt , z.B. die syntaktische Funktion, aus, im Gegensatz zu den lexikalischen Morphemen, die auf Gegenstände und Erscheinungen der außersprachlichen Wirklichkeit verweisen. Formal eigenständige grammatische Morpheme wie im Japanischen werden auch - sofern sie unflektierbar sind - Partikeln genannt.

Unter den Konstituenten des Satzes nimmt das Prädikat die zentrale Stellung ein+: es bestimmt, wieviele und welche weiteren Konstituenten ihm als notwendige Ergänzungsbestimmungen, Komplemente , zugeordnet werden, um zusammen mit dem Prädikat einen vollständigen Satz zu bilden. Je nach Anzahl der Komplemente gibt es ein-, zwei- bzw. dreiwertige Prädikate; gleiche Wertigkeit (oder Valenz) kann jedoch hinsichtlich der Art der dem Prädikat zugeordneten Komplemente durchaus unterschiedlich sein. Im Deutschen sind z.B. *weinen* (*er weinte*)*scheinen* (*die Sonne scheint*) u.a. Verben einwertig, *lesen* (*ich lese einen Roman*),*wohnen* (*er wohnt in München*) u.a. sind zweiwertig, *geben ich gab ihm das Buch*) u.a. wiederum dreiwertig. Zu diesen notwendigen Ergänzungsbestimmungen oder Komplementen (die teilweise unter bestimmten Bedingungen weglaßbar sind) können weitere freie Ergänzungsbestimmungen oder Adverbiale hinzutreten, deren Vorkommen nicht durch das Prädikat festgelegt ist, und die daher, ohne die syntaktische Vollständigkeit des Satzes zu beeinträchtigen, weggelassen werden können:

Ich gab ihm gestern das Buch.→ Ich gab ihm das Buch.

Im Japanischen nimmt das Prädikat ausnahmslos die Satzendstellung ein, es ist in der Abfolge der Satzkonstituenten die letzte, unabhängig vom Prädikatstyp und gleich ob Haupt- oder Nebensatz, Aussage- oder Fragesatz. Die Reihenfolge der ihm zugeordneten (notwendigen und freien) Konstituenten ist im Prinzip festgelegt, kann aber unter bestimmten Bedingungen verändert werden. Bei der Einführung der einzelnen Satzkonstituenten soll auch die Frage ihrer Position im Satz behandelt werden.

+ In den theoretischen Grundannahmen folge ich der Valenzgrammatik von Helbig G./Schenkel,W.: Wörterbuch zur Valenz und Distribution deutscher Verben. Leipzig 1975 (3.Aufl.), verwende aber statt der dort eingeführten Begriffe "Mitspieler" und "freie Angabe" mit Rickmeyer(a.a.O.,S.7) die Bezeichnungen "Komplement" und "Adverbial", ohne das dort entwickelte theoretische Konzept des Kasus hier zu übernehmen.

Drei Prädikatstypen kennt das Japanische: nominales, adjektivisches und verbales Prädikat, wobei das verbale Prädikat hinsichtlich Zahl und Art seiner Komplemente die größte Vielfalt aufweist, während nominales und adjektivisches Prädikat in der Regel einwertig sind, d.h. als notwendige Ergänzungsbestimmungen nur das Subjekt aufweisen.

SATZ MIT NOMINALEM PRÄDIKAT

Nomen
Allgemeine Beschreibung

Wie im Deutschen sind Nomina auch im Japanischen sprachliche Einheiten, die auf materiell oder ideell Existentes verweisen(*Baum, Verstand*). Von den zahlreichen Untergliederungen der Nomina sei hier lediglich eine erwähnt, die an anderer Stelle (s.Lektion 2, Satz mit nominalem Prädikat: semantische Klassen) aufgenommen wird:

- Klassenbegriffe bezeichnen die Gesamtheit von Dingen mit (teilweise) übereinstimmenden Merkmalen: *Mensch, Baum, Buch.*
- Individualbegriffe bezeichnen bestimmte Gegenstände oder Personen. Zu ihnen gehören die Eigennamen.

Klassenbegriffe können durch bestimmte Zusätze (im Deutschen: Demonstrativpronomina, Attribute u.a.) in Individualbegriffe überführt werden : *mein Fahrrad, dieses Fahrrad.*

Nomina im Japanischen

Es gibt
- genuine Nomina
- durch Ableitung aus anderen Wortklassen erzeugte Nomina
- durch Komposition gebildete Nomina

Genuine Nomina beziehen sich in der Regel auf konkrete Dinge der außersprachlichen Realität. Sie bestehen aus nur einem Morphem, ihre Gesamtmenge bildet den Grundwortschatz einer Sprache (z.B. *Hand, Mund, Tag, Vater*). Im Japanischen gehören diese Begriffe in der Regel dem japanischen (im Gegensatz zum sino-japanischen) Vokabular an, sie werden durch Einzel*kanji* notiert mit zumeist japanischer (*kun*)Lesung.

Die Ableitung von Nomina aus anderen Wortklassen (Verben, Adjektive) mithilfe bestimmter Ableitungsmorpheme ebenso wie die Komposition zweier oder mehrerer Begriffe des Grundwortschatzes erlauben eine differenzierende Bezeichnung von Dingen oder Sachverhalten. Sie sind wesentliche Voraussetzung für die Produktivität einer Sprache, d.h. ihrer Fähigkeit, neuauftretende Dinge oder Sachverhalte zu benennen bzw. durch das Benennen erkennbar zu machen. Entsprechend der Anzahl der Morpheme, aus denen ein solches komplexes Nomen zusammengesetzt ist, wird es durch mehrere *kanji* notiert gemäß der Übereinstimmung von Morphem und Schriftzeichen im chinesischen Schriftsystem. Im Gegensatz zu den genuinen Nomina gehören Ableitungen und Komposita überwiegend dem sino-japanischen Wortschatz an, d.h. die sino-japanische (*on*)Lesung der Schriftzeichen wird realisiert[+].

Das Nomen im Japanischen ist nicht flektierbar. Die Aufgabe der Flexion von Nomina im Deutschen (Deklination), die Kennzeichnung des Kasus und damit der syntaktischen Funktion des Nomens wird im Japanischen durch grammatische Morpheme, sogenannte Partikeln (oder Kasuspartikeln) wahrgenommen, die den Nomen nachgestellt sind und mit diesen zusammen eine (Satz-)Konstituente bilden.

Das Nomen im Japanischen ist unbestimmt hinsichtlich des Numerus. Während Nomina im Deutschen grundsätzlich zwischen der Einzahl (Singular) und der Vielzahl(Plural) eines Begriffs unterschieden wird, kann das Japanische durch dasselbe Nomen ohne morphologische Veränderung ein individueller wie auch mehrere Vertreter einer Klasse von Dingen oder Sachverhalten bezeichnet werden. Die Bestimmung des realen Numerus ist kontextabhängig, sie kann implizit als auch explizit (durch Angabe der Menge mithilfe von Zahlen) erfolgen[++]

Das Nomen im Japanischen ist ebenfalls unbestimmt hinsichtlich des Geschlechts (Genus).

[+] Die hier angeführten Lesungsregeln sind lediglich Orientierungshilfen, es gibt einmorphemige Wörter, die sino-japanisch gelesen werden, wie auch Komposita mit japanischer Lesung. Schließlich finden sich unter den Komposita und Ableitungen auch Mischformen, bei denen ein Morphem japanisch, das andere aber sino-japanisch gelesen wird.

[++] Vereinzelt werden lexikalische Pluralbezeichnungen fakultativ verwendet, ihr Nichtvorhandensein allein aber erlaubt keine Interpretation eines Nomens als im Singular stehend.

Satzmodell

N_1 + *wa*	N_2 + *desu*

N=Nomen

Die Strukturformel des Satzes mit nominalem Prädikat zeigt zwei Satzkonstituenten mit nominalem Kernwort, dem zur Kennzeichnung seiner syntaktischen Funktion jeweils ein grammatisches Morphem nachgestellt ist:

- N + *wa* bildet im vorliegenden Satzmodell das Subjekt. Gleichwohl dient die Partikel *wa* (geschrieben mit dem *hiragana*-Zeichen *ha* : は , gesprochen:*wa*) nicht der Kennzeichnung des Subjekts. Dieser - scheinbare - Widerspruch ergibt sich dadurch, daß die Partikel *wa* die Subjektpartikel *ga* (s.Lektion 5) verdrängt. Durch *wa* wird ein sprachlicher Sachverhalt ausgedrückt, der nicht auf der syntaktischen Ebene liegt, sondern sich auf die kommunikative Gliederung des Satzes bezieht: es markiert das Thema des Satzes, d.h. die Konstituente, auf die die nachfolgende Aussage sich beschreibend, erklärend oder wertend, d.h. als Kommentar bezieht. Die "Thematisierung" des Subjekts gilt für Sätze mit nominalem Prädikat als Regelfall, Ausnahmen sind durch spezielle Kontexte bedingt (s.genauer: Lektion 5, Kontextbezug/ Thema - Kommentar).Im vorliegenden Fall ist N + *wa* also zugleich auf syntaktischer Ebene Subjekt (formal nicht ausgewiesen, da die Subjektpartikel *ga* bei Auftreten der Themapartikel *wa* regelmäßig getilgt wird) und auf kommunikativer Ebene Thema, ausgewiesen durch die Themapartikel *wa*. Auf N + *wa* in Subjektfunktion wird künftig als "Subjekt - Thema" Bezug genommen.

- N + *desu* bildet das nominale Prädikat , bestehend aus N als Prädikatsnomen und der Kopula *desu*. Das Japanische kennt mehrere Varianten der Kopula, die für unterschiedliche Sprachbereiche bzw. Stilebenen Verwendung finden, funktional aber gleich sind:

de aru	höflichkeitsneutral; verwendet in Sachtexten (amtliche Dokumente, Zeitungen, wissenschaftliche Publikationen u.a.)
desu	höflich; verwendet in gesprochener und geschriebener Umgangssprache, z.T. auch in Tageszeitungen
da	vertraulich bis unhöflich(Umgangssprache), bzw. höflichkeitsneutral (neben *de aru* in Sachtexten)
de gozaimasu	ehrerbietig bzw. respektvoll; verwendet in gesprochener und geschriebener Umgangssprache
nari	höflichkeitsneutral; verwendet in der Dokumentensprache bis 1945, gelegentlich, meist idiomatisch,

auch in neueren Texten

Die Kopula ist insofern notwendiger Bestandteil des nominalen Prädikats, als das Prädikatsnomen nicht flektierbar ist, d.h. zusätzliche modifizierende Informationen beim Prädikat wie Verneinung, temporale und modale Angaben allein über die flektierbare Kopula *desu* oder eine ihrer stilistischen Varianten aufgenommen werden können.[+]

Das nominale Prädikat ist grundsätzlich einwertig, d.h. es bindet nur eine weitere Konstituente als Komplement, das Subjekt. Darüberhinaus vorkommende weitere Konstituenten (z.B. Zeit- und Ortsangaben) sind freie Ergänzungsbestimmungen (Adverbiale).

N_1	*wa*	N_2	*desu*
	Thema-partikel	Präd'-nomen	Kopula
Subjekt-Thema		Prädikat	

Eine Veränderung der Form des Prädikats aufgrund bestimmter Merkmale des Subjekts (Kongruenz: im Deutschen z.B. beim Numerus: *der Baum wächst/ die Bäume wachsen*)erfolgt im Japanischen nicht, da die entsprechenden grammatischen Kategorien morphologisch nicht realisiert werden (s.Nomen).

Für die Sätze dieser Lektion gilt, daß N_1 und N_2 (nicht deren grammatische Morpheme) die Position tauschen können (für Ergänzungsfragesätze kann diese Operation vorläufig noch nicht ausgeführt werden, da dort zusätzliche Regeln wirksam werden, s.Lektion 5). Dies hat seinen Grund in der inhaltlichen Struktur der Aussagen: für zwei nominale Begriffe wird eine Identität (N_1=N_2) festgestellt, wobei unerheblich für den dargestellten Sachverhalt ist, in welcher Reihenfolge und damit grammatischen Funktion beide auftreten:

+ Die Einordnung der Kopula im Deutschen wie im Japanischen ist umstritten: einerseits wird sie selbst als Prädikatswort verstanden, der das Prädikatsnomen als Komplement zugeordnet ist, andererseits gilt sie als Quasi-Symbol mit rein grammatischer Funktion, mit dessen Hilfe Tempus-, Modus-, Aspekt- sowie (im Deutschen) Personen- und Numerusangaben bei unflektierbaren Prädikatswörtern vermerkt werden können (s.Lyons,J.: Introduction to Theoretical Linguistics.Cambridge 1968.S.322 f.).Ich folge letzterem Ansatz. Vgl. für das Japanische die Darstellung in Rickmeyer,J.: Kleines japanisches Valenzlexikon. Hamburg 1977.S.24, unter: Relationale Prädikatoren: Essiv. Vgl. auch die Funktion der Kopula beim adjektivischen Prädikat (Lektion 6).

(1) *koko wa Tōkyō desu.* (Dies) hier ist Tokyo.

(2) *Tōkyō wa koko desu.* Tokyo ist (dies) hier.

Beide Sätze unterscheiden sich aber in ihrer Satzperspektive: in(1) ist *koko* Thema, etwa wenn der Sprecher auf einen Punkt der Landkarte zeigt(=*koko*) und diesen als *Tōkyō* identifiziert, in (2) dagegen bildet *Tōkyō* das Thema, d.h. der Sprecher führt erst den Namen der Stadt ein, über die er sprechen will, und zeigt dann ihre Lage auf der Landkarte.

FRAGESATZ

Zwei Haupttypen werden bei Fragesätzen unterschieden:

- Entscheidungsfrage : fragt nach der Richtigkeit einer Aussage, Antwort *ja* oder *nein:*

  Kommst du morgen?

- Ergänzungsfrage: fragt nach einer (oder meheren)Konstituente(n) und bedient sich dazu bestimmter Fragepronomina:

  Wer ist gekommen?

Gemeinsame Merkmale von Fragesätzen im Japanischen:

- Die formale Kennzeichnung von Fragesaätzen erfolgt unabhängig vom Typ durch die Partikel *ka* am Satzende.
- Die Stellung und Abfolge der Konstituenten im Satz bleibt in jedem Fall unverändert im Gegensatz zum Deutschen, wo Prädikat bzw. Fragepronomen an den Satzanfang rücken:

  Du kommst morgen. → *Kommst du morgen?*

  Er hat etwas geschrieben. → *Was hat er geschrieben?*

- Ein Fragezeichen wird nicht verwendet.

Entscheidungsfrage

Einzige Veränderung gegenüber dem Aussagesatz ist die Verwendung der Fragepartikel:

	N_1 + *wa*	N_2 + *desu*	*ka*	
Aussagesatz	*Tōkyō wa*	*koko desu.*		Tokyo ist (dies) hier.
Entscheidungsfrage	*Tōkyō wa*	*koko desu*	*ka*	Ist (dies) hier Tokyo?

Ergänzungsfrage

Für die erfragte Konstituente steht wie im Deutschen ein Fragepronomen. Die Fragepronomina sind entsprechend ihrem Inhalt lexikalisch unterschieden, die wichtigsten werden im Rahmen dieses Kurses behandelt.

doko (s.a. Demonstrativpronomina), allgemeines Fragepronomen für Orte, das in bestimmten Zusammenhängen mit *wo* übersetzt werden kann, aber eine breitere Bedeutung hat: *welcher Ort*.Es ist, anders als *wo*, ein Nomen, kann also prinzipiell in alle für Nomina vorgesehenen Strukturstellen des Satzes eingefügt werden (was hier zunächst nur für N_2 geschieht, da bei der Verwendung eines Fragepronomens in Subjektstellung zusätzliche Regeln wirksam werden, s. Lektion 5).

	N_1 + *wa*	N_2 + *desu*	*ka*	
Aussagesatz	*Tōkyō wa*	*koko desu.*		Tokyo ist (dies) hier.
Ergänzungsfrage	*Tōkyō wa*	*doko desu*	*ka.*	Wo ist Tokyo?

PRÄDIKATSMODIFIKATIONEN

Grammatische Kategorien des Zeitbezugs (Tempus),der Modalität (Modus,z.B. Wunsch,Vermutung u.a.),des Verlaufs eines Geschehens (Aspekt,z.B.Andauer einer Handlung),ferner Passiv,Kausativ u.a. werden im Japanischen durch formale Veränderungen am Prädikat mithilfe bestimmter grammatischer Morpheme dargestellt.Die Modifikationen richten sich je nach Art und Inhalt auf das Prädikatswort selbst (Aspekt) oder auf die Aussage als Ganzes (Modus). Die sprachliche Realisierung von Prädikatsmodifikationen im Japanischen erfolgt durch Verknüpfung grammatischer bzw. grammatisch verwendeter lexikalischer Morpheme mit bestimmten Formvarianten des Prädikatsworts zu Flexionsformen. (Eine systematische Beschreibung der Bildung von Flexionsformen findet sich in Lektion 12). Zahlreiche Morpheme der Prädikatsmodifikationen sind untereinander kombinierbar, wodurch komplexe Modifikationen entstehen wie z.B. Verneinung + Vergangenheit etc.

PRÄDIKATSMODIFIKATIONEN: HÖFLICHKEIT

Höflichkeit als sprachliche Kategorie ist der deutschen Gegenwartssprache fremd, sieht man einmal von Relikten wie der Differenzierung in der Anrede einer 2.Person ab (*du/ Sie*). Das Japanische dagegen verfügt noch heute über ein feingegliedertes Instrumentarium sprachlichen Verhaltens im sozialen Kontext, wenngleich Anzeichen darauf hindeuten, daß im Zuge des allgemeinen sozialen Wandels auch die sogenannte Höflichkeitssprache zumindest ihre Feinausprägung verliert, ein Prozeß, der allerdings durch die relative normative Geschlossenheit der japanischen Gesellschaft verlangsamt wird.

Die Höflichkeitssprache findet sich bei der sprachlichen Interaktion sowohl von Angehörigen hierarchisch organisierter gesellschaftlicher Gruppen untereinander als auch zwischen Angehörigen verschiedener Gruppen. Kaum verwendet dagegen wird sie innerhalb homogener Gruppen (z.B. Studenten).

Die normative Beschreibung der Höflichkeitssprache des Japanischen unterscheidet zwischen drei Ebenen:

- Respekt; bei der Benennung von Handlungen oder Eigenschaften des Angesprochenen
- Bescheidenheit;bei der Benennung von Handlungen und Eigenschaften des Sprechers
- (allgemeine) Höflichkeit; eine von der sprachlichen Darstellung eines Sachverhalts, der auf den Sprecher oder Angesprochenen bezogen ist, unabhängig verwendete höfliche Sprechweise.

Die nicht diesen drei Kategorien zuzuordnenden Formen finden sich entweder in der gruppeninternen Kommunikation Gleichgestellter ("vertraulich") oder werden als Mittel - direkter oder indirekter - sprachlicher Konfliktaustragung ("unhöflich") verwendet. Die geschriebene Sprache folgt, sofern es sich um Kommunikation zwischen Individuen handelt (Briefe etc.) dem skizzierten Muster. Dagegen verzichten Sachtexte, die sich an ein breiteres Publikum wenden (amtliche Verlautbarungen, Tageszeitungen, wissenschaftliche Literatur u.a.) in der Regel auf jede Höflichkeitskennzeichnung ("höflichkeitsneutral"), wobei teilweise die Formen der vertraulichen bzw. unhöflichen und der höflichkeitsneutralen Sprechweise übereinstimmen.

Dieses Lehrbuch verwendet für den gesamten Übungsteil, da dieser gesprochen wird, die Formen der (allgemeinen) Höflichkeit, für die Lesetexte mit Sachtextcharakter (ab Lektion 12) dagegen die höflichkeitsneutralen Formen. Ausdrücke des Respekts bzw. der Bescheidenheit bleiben außer Betracht, da für die Zielsetzung dieses Kurses nicht von Bedeutung.

Der Ort der formalen Kennzeichnung sprachlicher Höflichkeit ist das Prädikat, daher zählt diese Kategorie zum Bereich der Prädikatsmodifikationen, was bewirkt, daß andere Prädikatsmodifikationen sowohl eine höfliche als auch eine höflichkeitsneutrale Ausprägung erfahren.

PRÄDIKATSMODIFIKATIONEN: NEGATION

Die Negation wird im Japanischen grundsätzlich als Flexionsform aus Prädikatswort + Morphem der Negation gebildet, ein formal selbständiges Negationswort wie das deutsche *nicht* oder *kein* gibt es nicht. Im Fall des nominalen Prädikats wird die affirmative Form der Kopula durch die negative ersetzt ohne weitere formale Veränderung am Satz (s.Flexionsformen/ Kopula: Negation).

FLEXIONSFORMEN/ KOPULA

Nennform

Die hinsichtlich prädikatsmodifizierender Kategorien formal unbezeichnete Nennform der Kopula ist *de aru*. Sie ist affirmativ, höflichkeitsneutral (wird also überwiegend in Sachtexten verwendet) und bezeichnet das Präsens (s.Lektion 3):

(1) *koko wa Tōkyō de aru.* (Dies) hier ist Tokyo.

Höflichkeitsform

Die höfliche Variante von *de aru* ist *desu*, sie ist ebenfalls affirmativ und bezeichnet das Präsens. Eine weitere höfliche Form *de arimasu* findet sich heute nur noch in formeller Rede- und Schriftweise. Satz (1) lautet in höflicher Formulierung:

(1') *koko wa Tōkyō desu.* (Dies) hier ist Tokyo.

Im Deutschen wird Vorhandensein bzw. Nichtvorhandensein einer Höflichkeitsbezeichnung nicht berücksichtigt.

Negationsform (höflich)

Die Kombination der Prädikatsmodifikationen Höflichkeit + Negation wird im Falle der Kopula durch die Form *de wa arimasen* (ではありません) ausgedrückt, die bei der Verneinung der Aussage an die Stelle der affirmativen Form tritt:

(1'') *koko wa Tōkyō de wa arimasen* (Dies) hier ist nicht Tokyo.

de wa arimasen ist höflich und bezeichnet das Präsens.

Übersicht über die Modifikationen der hier eingeführten Kopulaformen:

	affirmativ	negativ	höflich	höfl'neutral	Präsens
de aru	+			+	+
desu	+		+		+
de wa arimasen		+	+		+

DEMONSTRATIVPRONOMINA

Demonstrativpronomina gehören zu den "orientierenden" Ausdrucksmitteln der Sprache, die eine Relation zur Zeit und zum Ort der Aussage herstellen:*hier - dort, jetzt - dann* etc.Während die meisten europäischen Sprachen zwei Reihen von Demonstrativpronomina aufweisen - für das Zeigen naher Gegenstände(*hier*) bzw. für das Hinweisen auf entferntere Gegenstände (*dort*) - , kennt das Japanische drei Reihen, die durch spezifische Morpheme bezeichnet werden:

- für Gegenstände im unmittelbaren Bezugsbereich des Sprechers: *ko*-Reihe (so genannt nach dem für alle Demonstrativpronomina dieser Bedeutung gleichen Stammorphem *ko*)
- für Gegenstände im unmittelbaren Bezugsbereich des Hörers: *so*-Reihe
- für Gegenstände in größerer Entfernung zu Sprecher und Hörer: *a*-Reihe

Ferner als Fragepronomen , das hinsichtlich der Entfernung zu Sprecher bzw. Hörer nicht differenziert, die *do*-Reihe.

Die Nichtübereinstimmung des japanischen und deutschen Systems der Demonstrativpronomina bereitet Schwierigkeiten bei der Übersetzung. Vorgeschlagen wird, die Demonstrativpronomina der *ko*-Reihe als *dies hier*, der *so*-Reihe als *dies dort* und der *a*-Reihe als *dies da* bzw.*jenes* zu übersetzen.

Diese Morpheme sind nicht selbständig, sie werden nur in Verbindungen mit anderen gebraucht, die sie hinsichtlich der Zugehörigkeit zu bestimmten Begriffs- bzw. Wortklassen einordnen:

Stamm-morphem	Nomen, allgemein	Nomen, lokal	Nomen, attributiv	Adverb
	+ re	*+ ko*	*+ no*	+ Vokallängung
ko -	*kore*	*koko*	*kono*	*kō*
so -	*sore*	*soko*	*sono*	*sō*
a -	*are*	*asoko*	*ano*	*ā*
do -	*dore*	*doko*	*dono*	*dō*

KURZREFERENZ

Satz mit nominalem Prädikat

Grundmodell(höflich)	N_1	*wa*	N_2	*desu*	
Veränderungen:					
höflichkeitsneutral	N_1	*wa*	N_2	*de aru*	
Verneinung(höflich)	N_1	*wa*	N_2	*de wa arimasen*	
Entscheidungsfrage	N_1	*wa*	N_2	*desu*	*ka*
Ergänzungsfrage	N_1	*wa*	FP/N_2	*desu*	*ka*
		Thema-partikel	Präd'-nomen	Kopula	Fragepartikel
	Subjekt-Thema		Prädikat		

ÜBUNGSTEIL

EINFÜHRUNGSÜBUNG

1. ここは あじあです。
2. そこは ひろしまです。
3. やまぐちはあそこです。
4. どいつ は ここです。
5. ここは あきたですか。
6. いいえ，そこは あきたではありません。
7. そこは ながのです。
8. あきたは どこですか。
9. あきたは あそこです。
10. にほんは どこですか。
11. にほんは あそこです。
12. ここは ちゅうごくですか。
13. いいえ，そこは ちゅうごくではありません。
14. そこは ちょうせんです。
15. そこは ほっかいどうですか。
16. いいえ，ここは ほっかいどうではありません。
17. ここは きゅうしゅうです。

GRAMMATIKÜBUNGEN

1.Grammatik: Satz mit nominalem Prädikat: Satzmodell
Nomen

Aufgabe: Bildung eines Satzes mit nominalem Prädikat der Bedeutung "hier ist(liegt)..." mithilfe der gegebenen Ortsnamen

Muster: T: あじあ

S: ここはあじあです.

1. あじあ
2. 日本
3. どいつ
4. ようろっぱ
5. 東京
6. 京都
7. あめりか
8. 中国
9. あふりか
10. 米国
11. おうすとらりあ
12. 広島
13. ふじ山
14. 九州
15. 北海道

2.Grammatik: Satz mit nominalem Prädikat: Satzmodell

Aufgabe: Positionstausch(Permutation) der beiden Nomina

Muster: T: ここはあじあです。

S: あじあはここです。

1. ここは広島です.
2. そこは中国です。

3. ここは名古屋です。
4. あそこは京都です。
5. そこは九州です。
6. 米国はここです。
7. 大阪はそこです。
8. ここは四国です。
9. ふじ山はあそこです。
10. そこは日本です。

3. Grammatik: Satz mit nominalem Prädikat: Fragesatz/Ergänzungsfrage
Aufgabe: Beantwortung der Frage mithilfe des lokalen Demonstrativpronomens *koko*

Muster: T: あじあはどこですか。

S: あじあはここです。

1. あめりかはどこですか。
2. 朝鮮はどこですか。
3. ソ連はどこですか。
4. 大阪はどこですか。
5. 本州はどこですか。

4. Grammatik: Satz mit nominalem Prädikat: Fragesatz/Entscheidungsfrage
Aufgabe: Übersetzung ins Japanische

Muster: (a) T: Hier ist Japan (b) T: Ist hier Japan?

S: ここは日本です。 S: ここは日本ですか。

1. (a) Dort ist Shikoku. (b) Ist dort Shikoku?
2. (a) Hier ist Nagoya. (b) Ist hier Nagoya?
3. (a) Dort ist Hiroshima. (b) Ist dort Hiroshima?
4. (a) Da ist der Atlantik. (b) Ist da der Atlantik?
5. (a) Hier ist Korea. (b) Ist hier Korea?

5. Grammatik: Satz mit nominalem Prädikat:Fragesatz/Entscheidungsfrage
Demonstrativpronomina
Prädikatsmodifikationen: Negation
Flexionsformen/ Kopula: Negationsform(höflich)

Aufgabe: verneinende Beantwortung der Frage unter Beachtung der situationsbezogenen Alternation der Demonstrativpronomina

Muster: T: ここは<u>あじあ</u>ですか。

S: いいえ，そこは<u>あじあ</u>ではありません。

1. ここは朝鮮ですか。
2. ここは米国ですか。
3. そこは九州ですか。
4. そこは北海道ですか。
5. あそこはふじ山ですか。
6. あそこは長野ですか。
7. そこは名古屋ですか。
8. ここは日本海ですか。
9. ここは太平洋ですか。
10. そこはソ連ですか。

6. Grammatik: Satz mit nominalem Prädikat: Fragesatz/Entscheidungsfrage
Demonstrativpronomina
Prädikatsmodifikationen:Negation
Flexionsformen/Kopula: Negationsform(höflich)

Aufgabe: Verneinung und richtigstellende Beantwortung der Frage unter Beachtung der situationsbezogenen Alternation der Demonstrativpronomina

Muster: T: ここは<u>あじあ</u>ですか。／<u>ようろっぱ</u>

S: いいえ，そこは<u>あじあ</u>ではありません。

そこは<u>ようろっぱ</u>です。

1. ここは<u>あふりか</u>ですか。／<u>あじあ</u>
2. そこは<u>おうすとらりあ</u>ですか。／<u>あめりか</u>

3. あそこはどいつですか。／ふらんす
4. ここは中国ですか。／ 日本
5. ここは太平洋ですか。／大西洋
6. あそこは四国ですか。／ 本州
7. そこは大阪ですか。／ 名古屋
8. ここは山口ですか。／秋田
9. ここは広島ですか。／長野
10. そこは日本海ですか。／太平洋

7.Aufgabe: Übersetzung der folgenden Sätze ins Japanische

Muster: T:Japan liegt (=ist) hier.

S: 日本はここです。

1. Tokyo liegt da.
2. Hier liegt Hokkaido.
3. Liegt dort China?
4. Nein, hier liegt die Sowjetunion.
5. Wo liegt China?
6. Liegt da der Pazifik?
7. Nein, da liegt das Japanische Meer.
8. Wo liegt der Pazifik?

8.Weitere Übungsvorschläge

a.Material: Landkarte
Grammatik: Satz mit nominalem Prädikat(1)

Aufbau: T:zeigen/vorsprechen
S:nachsprechen, schreiben

Satzmuster: ここは ＿＿＿ です。 dieser Ort hier ist...

b.Material: Landkarte;Grammatik:Satz mit nominalem Prädikat: Fragesatz/ Entscheidungsfrage

Aufbau: T: fragen
S: schreiben,
zeigen/ antworten

Satzmuster: T: ___ はどこですか。 welcher Ort /wo ist...?

S: ___ はここです。 dieser Ort/hier ist...

c.Material: Landkarte;
Grammatik: Satz mit nominalem Prädikat:Fragesatz/Entscheidungsfrage, Ergänzungsfrage
Prädikatsmodifikationen: Negation
Demonstrativpronomina

Aufbau: (a) T: zeigen/ fragen
S: verneinen, korrigieren

(b) T: fragen
S: antworten/ zeigen

Satzmuster (a) T: ここは___ですか。

S: いいえ, そこは___ではありません。

そこは___です。

(b) T:___はどこですか。

S:___はここです。

ABSCHLUSSÜBUNGEN

1.Aufgabe: *hiragana*-Transkription

1. ie	9. futatsu	17. han'ei
2. iie	10. yume	18. kōka
3. koi	11. yūmei	19. kokka
4. ugoku	12. gokei	20. hatasu
5. chizu	13. gōkei	21. hattatsu
6. atarashii	14. shin'ai	22. shibai
7. soshiki	15. shinai	23. shippai
8. rekishi	16. hane	24. happyō

2. Aufgabe: Verbindung der folgenden sino-japanischen Morphempaare unter Beachtung der (möglichen) Bildung von Langkonsonanten

1.	はつ + けん	6.	はち + さい
2.	はつ + めい	7.	こく + さい
3.	いち + しん	8.	じつ + しつ
4.	ろく + ふん	9.	しゅく + はく
5.	はつ + ひょう	10.	りつ + ち

3. Aufgabe: Beantwortung der Frage

1. 東京はどこですか。/ dort
2. 大阪はどこですか。/ hier
3. ここは朝鮮ですか。/ nein, China
4. そこは太平洋ですか。/ nein, der Atlantik
5. 九州はどこですか。/ da
6. ここは北海道ですか。/ nein, Honshu

4. Aufgabe: Übersetzung ins Japanische

1. Hier ist die Sowjetunion.
2. Dort ist Kyoto.
3. Tokyo ist da.
4. Ist hier das Japanische Meer?
5. Nein, hier ist der Pazifik.

ZUR BENUTZUNG DER *KANJI*-ARBEITSBÖGEN

An zwei Beispielen sollen Anordnung und Benutzung der Arbeitsbögen erläutert werden. Die Beispiele sind zur Verdeutlichung gegenüber den Originallisten geringfügig verändert worden:

1 住	8 JŪ 9 sumu	11 10 wohnen	12 202 13 N 404 14 R 9/5	15 住 価 会 往 主	
2 ノ	3 亻 (4 人)	5 Mensch	6 R 9	16 住宅 (17 地)	住所
2	3 丶	5 Punkt 6 R 3	7	住宅問題	
2 一 T 干	3 王	(4 玉) 5 König/ 5 Edelstein 6 R 96	5 wichtig	住民	

1 平	HEI 8	10 flach,eben 10 gewöhnlich 10 Friede	12 28 13 N 26 14 R 51/2	15 平 幹	
2a 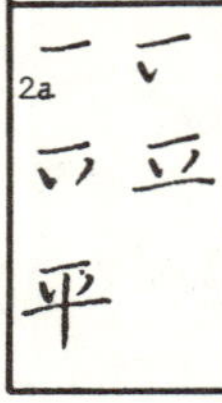	3a 干	5 Schild	6 R 51	16 太平洋	
				平野	
	3 ソ	5 katakana so		平日	

1 *kanji*-Eintrag (Stichzeichen)

2/3 Graphemanalyse und Strichfolge. Die einzelnen Grapheme (3) sind senkrecht von oben nach unten angeordnet in der Reihenfolge, in der sie geschrieben werden. Die Strichfolge ist für die einzelnen Grapheme so angegeben, daß deren Notierung phasenweise nachvollzogen werden kann (2: waagerecht, links → rechts zu lesen). Aus der Kombination von Strichfolge innerhalb der Grapheme und Reihenfolge der Grapheme selbst ergibt sich die Gesamtstrichfolge für das *kanji*, im vorliegenden Fall:

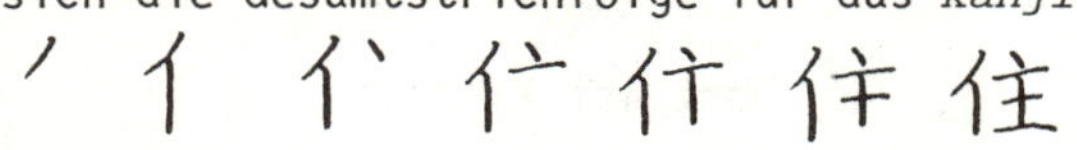

2a/3a In einigen Fällen sind die Grapheme nicht auch hinsichtlich der Strichfolge voneinander abgegrenzt, sondern werden vermischt geschrieben. Hier wird im Bereich (2a) die Gesamtstrichfolge des *kanji* gegeben. Kenntlich sind solche *kanji* durch das Fehlen der waagerechten bzw. senkrechten Linien zur Abgrenzung der einzelnen Grapheme im Bereich (2/3). Zu lesen ist die Gesamtstrichfolge in (2a) links→rechts und oben→unten, also:

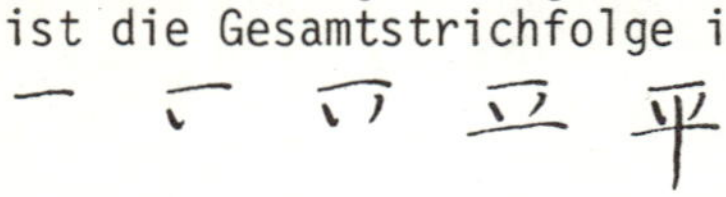

(3a) dagegen gibt die einzelnen analysierbaren Grapheme welbst wieder ohne Berücksichtigung ihrer graphischen Verknüpfung.

4 Sofern sich unter (3) bzw. (3a) eine Formvariante eines als Radikal gebrauchten Graphems findet,wird hier die Originalform gegeben,allerdings nur-wenn diese im modernen Zeichenbestand auch tatsächlich vorkommt.So wurde auf die obsoleten Originalformen bestimmter Grapheme grundsätzlich verzichtet,z.B.

辵 als Radikal nur: 辶
艸 als Radikal nur: 艹

5 Name des Graphems.Hier wurde - mit Ausnahmen - den heute in Japan gebräuchlichen Bezeichnungen gegenüber historischen Namen - sofern abweichend - der Vorzug gegeben.

6 Radikalnummer im traditionellen Ordnungssystem der *kanji*

7 Zusammensetzung von Graphemen zu Einheiten,die selbständig oder als Bestandteil anderer *kanji* mit einer größeren Häufigkeit auftreten.

8 sino-japanische (*on*-) Lesung (in Großbuchstaben)

9 japanische (*kun*-) Lesung (in Kleinbuchstaben).In *hiragana* zu schreibende Endungen sind unterstrichen.

10 Bedeutungen:
unterstrichen: das *kanji* kommt in dieser Bedeutung als nicht-zusammengesetzter Begriff vor,allerdings nur in der dieser Bedeutung zugeordneten Lesung,hier also:

住 in der Lesung *sumu* bedeutet: *wohnen*

ohne Unterstreichung:die angegebene Bedeutung gilt nur,wenn das *kanji* in Komposita vorkommt.

11 Ist für die sino-japanische Lesung keine Bedeutung angegeben,so gelten die Bedeutungen der japanischen Lesung(en) entsprechend,allerdings nur bei Verwendung des *kanji* in Komposita. Der Lesung JŪ ist also ebenfalls die Bedeutung *wohnen* zugeordnet,doch kommt diese Lesung nur in Komposita vor.

12 laufende Nummer des *kanji*

13 laufende Nummer im Zeichenlexikon von A.N. Nelson :The Modern Reader's Japanese-English Character Dictionary. Rutland-Tokyo 1972,2nd edition 9th printing. Da der "Nelson" z.T. von der japanischen Praxis erheblich abweichende Radikalzuordnungen vornimmt,ist zu Referenzzwecken die Nummer angegeben,unter der das *kanji* in diesem,außerhalb Japans verbreiteten Zeichenlexikon aufzufinden ist.Dieses Lehrbuch dagegen folgt der japanischen Praxis,um eine spätere Benutzung japanischer Wörterbücher nicht unnötig zu erschweren.

14 Radikalnummer und Zahl der Zusatzstriche,d.h. der Striche jener Grapheme, die nicht Radikal des Zeichens sind.(Wichtig für das Auffinden in Zeichenlexika!) Die Angabe 9/5 für 住 ist also zu lesen:

Radikal Nr. 9 (= *Mensch*) + fünf Zusatzstriche für 主

15 Durch Farben differenzierende Schreibung (rot = Radikal) des Stichzeichens sowie weiterer,bereits eingeführter *kanji* mit demselben Radikal (einschließlich Formvarianten) bzw. mit einem oder mehreren anderen

Graphemen des Stichzeichens bei abweichendem Radikal.In Einzelfällen sind zur Kontrastierung auch *kanji* mit ähnlichen,aber nicht identischen Graphemen angeführt.

16 *kanji*-Zusammensetzungen bei der Wortbildung.Es werden nur *kanji* verwendet, die bis zur betreffenden Lektion (diese als Ganzes eingeschlossen) bereits eingeführt sind.Die Aufgabe besteht darin,Lesung und Bedeutung des Kompositums im *trial and error*-Verfahren zu erschließen.Die Lösungen finden sich im Anhang.

17 Aus Platzgründen sind Komposita zweiten Grades geklammert notiert:

住宅(地)

zu lesen als:

(a) 住宅

(b) 住宅地

日	NICHI,(NI) JITSU hi	Sonne,Tag	1 N 2587 R 72	日 東
丨冂日	日	Sonne	R 72	日本 · 日米 日本海 · 日中 朝日 · 日ソ

本	HON moto	Buch Ursprung	2 N 96 R 75/1	本 東
一十才	木	Baum	R 75	日本 · 本日
	一	eins	R 1	日本海 · 本屋
				本州

東	TŌ higashi	Osten	3 N 213 R 75/4	東 本 日
一丆丙 丙百車 東東	木	Baum	R 75	東京 · 東どいつ 東洋 · 東西
	日	Sonne	R 72	東北 · 東名

京	KYŌ,KEI	Hauptstadt	4 N 295 R 8/6	京 名 口
丶	亠	Deckel	R 8	京都 · 北京
丨冂	口	Mund	R 30	東京
亅小	小	klein	R 42	京阪

都	TO miyako	Hauptstadt	5 N 4769 R 163/8	都 阪
一十土	耂(老)	alt	R 125	京都
丨冂日	日	Sonne	R 72	東京都
㇇了	阝	Siedlung	R 163	古都

中	CHŪ naka	Mitte	6 N 81 R 2/3	中 古 口
丨 冂	口(口)	Mund	R 30	中国 · 中日
	丨	senkrechter Strich	R 2	中米 · 中古
				中東

国	KOKU kuni	Land, Staat	7 N 1037 R 31/5	国 四
丨 冂 冂 冂 用 国 国 国	囗	vierseitige Einfassung	R 31	米国 · 国連
	玉	Edelstein	R 96	大国 · 島国
				国道

米	BEI kome	Reis	8 N 3461 R 119	米
丶 丷 䒑 半 米	米	Reis	R 119	米国 · 米中
				北米
				日米

広	KŌ hiroi	weiträumig	9 N 1499 R 53/2	広
丶 亠	广	Unterstand	R 53	広島
㇜	厶	katakana mu	R 28	広大

島	TŌ shima	Insel	10 N 230 R 46/7	島 山
ノ 亻 户 户				広島
户 自	鳥(鳥)	Vogel	R 196	島国
丨 山	山	Berg	R 46	大島

山	SAN yama	Berg	11 N 1407 R 46	山島
丨 山	山	Berg	R 46	山口 / 山中
				山田 / ふじ山
				山本

九	KYŪ,KU kokonotsu	neun	12 N 146 R 5/1	九
	ノ	katakana no	R 4	九州
	㇈	gebogene Linie	R 5	北九州

州	SHŪ	Provinz	13 N 99 R 47/3	州
丶 ﾘ 丬 ﾘｲ 州 州	川	Fluß	R 47	本州
	丶	Punkt	R 3	九州

名	MEI,MYŌ na	Name	14 N 1170 R 30/3	名 口 古
ノ ク	夕	Abend	R 36	名古屋 / 大名
丨 冂	口	Mund	R 30	東名
				本名

古	KO furui	alt	15 N 770 R 30/2	古 名
一	十	zehn	R 24	古本 / 名古屋
丨 冂	口	Mund	R 30	古都
				中古

屋	OKU ya	16 N 1392 Haus,Geschäft R 44/6	屋
一フコ	尸	Leichnam R 44	名古屋
	一	eins R 1 ⎫	本屋
㇙	厶	katakana mu R 28 ⎬ 至 erreichen R 133	古本屋
一十	土	Erdboden R 32 ⎭	

大	DAI,TAI ōkii groß	17 N 1171 R 37	大 太	
一ナ	大	groß R 37	大阪	大名
			大西洋	
			大国	

阪	HAN saka Hügel	18 N 4979 R 170/4	阪 都
㇇ 阝	阝	Festland R 170	大阪
一	厂	Klippe R 27 ⎫ 反	京阪
フ	又	wieder R 29 ⎭ Anti-	

朝	CHŌ asa Morgen	19 N 3788 R 74/8	朝
一	十	zehn R 24	朝鮮
丨冂日	日	Sonne R 72	朝日
一	十	zehn R 24	
丿冂月	月	Mond R 74	

鮮	SEN frisch	20 N 5295 R 195/6	鮮 洋
ノ ク ク 勹 各 角 角 角 魚 魚 魚	魚	Fisch R 195	朝鮮
丶 丷 䒑 兰 兰	羊	Schaf R 123	北朝鮮

連	REN tsuranaru verbunden s. tsureru begleiten	21 N 4702 R 162/7	連道
	車	Rad R 159	ソ連 · 連日
	辶	voran-schreiten R 162	国連 · 連中

北	HOKU kita Norden	22 N 751 R 21/3	北
	土	(kein Graphem)	北海道 · 北海
	匕	katakana hi R 21	東北 · 北京
			北米

海	KAI umi Meer	23 N 2553 R 85/6	海洋
	氵(水)	Wasser R 85	北海道 · 東海道
	ノ	katakana no R 4	日本海 · 海中
	一	eins R 1	
	毋(母)	Mutter R 80	海洋

道	DŌ michi Weg	24 N 4724 R 162/9	道連
	ソ	katakana so (首 Kopf R 185)	北海道
	一	eins R 1	東海道
	自	selbst R 132	
	辶	voran-schreiten R 162	国道

長	CHŌ Vorsteher, Leiter nagai lang	25 N 4938 R 168	長
	長	lang R 168	長野

野	YA no — Feld	26 N 4814 R 166/4	野
丨 口 日 日 甲 里	里	Dorf — R 166	長野
フ	マ	katakana ma	平野
	⺈	(kein Graphem)	
	亅	Haken — R 6	
	予	im voraus	

太	TAI, TA futoi — dick	27 N 1172 R 37/1	太
一 ナ	大	groß — R 37	太平洋
	丶	Punkt — R 3	

平	HEI hiratai — flach, eben	28 N 26 R 51/2	平
一 丆 冖 亞 平	干	Schild — R 51	太平洋
	ソ	katakana so	平野
			平日

洋	YŌ — europäisch, westl. Sphäre, Ozean	29 N 2550 R 85/6	洋 海
丶 冫	氵(水)	Wasser — R 85	太平洋 / 東洋
丶 ソ 䒑			大西洋 / 西洋
䒑 兰	羊	Schaf — R 123	海洋

西	SAI, SEI nishi — Westen	30 N 4273 R 146	西 四
一 丅			大西洋
丙 两			西洋
西	西	Westen — R 146	西どいつ

四	SHI yo,yon yottsu — vier	31 N 1025 R 31/2	四国口
丨 冂 冂 四 四	囗 vierseitige Einfassung 儿 knieender Mensch	R 31 R 10	四国 本四

口	KŌ kuchi — Mund	32 N 868 R 30	口名古
丨 冂	口 Mund	R 30	山口 田口

秋	SHŪ aki — Herbst	33 N 3273 R 115/4	秋
ノ 𠂉 千 禾 丶 丷 火	禾 Ähre 火 Feuer	R 115 R 86	秋田

田	DEN ta — Reisfeld	34 N 2994 R 102	田
丨 冂 冂 田	田 Reisfeld	R 102	秋田 本田 田口 山田

LEKTION 2

VOKABULAR

これ		N/DEM	dies(hier)
何	なん／なに	N/FP	was
海	うみ	N	Meer
山	やま	N	Berg
あれ		N/DEM	dies(da), jenes
都市	とし	N	Stadt
それ		N/DEM	dies(dort)
道	みち	N	Weg, Straße
川	かわ	N	Fluß
平地	へいち	N	Flachland, Ebene
大陸	たいりく	N	Festland, Kontinent
山地	さんち	N	Bergland, Gebirge
村	むら	N	Dorf
島	しま	N	Insel
<u>べるりん</u>	ベルリン	N	Berlin
関東	かんとう	N	(Region um Tokyo)
の		P	*grammatisches Morphem: Attributpartikel*

国	くに	N	Land, Staat
らいん	ライン	N	Rhein
あるぷす	アルプス	N	Alpen
いんど	インド	N	Indien
いんどねしあ	インドネシア	N	Indonesien

GRAMMATIK

SATZ MIT NOMINALEM PRÄDIKAT: SEMANTISCHE KLASSEN

In Lektion 1 wurde gesagt, daß zwischen den Nomina des nominalen Satztyps im Deutschen wie im Japanischen die semantische Beziehung der Identität besteht:

(1) *Dieser Ort hier* ist *Tokyo*.
N_1 N_2

N_1 ist identisch mit N_2 ($N_1=N_2$)

Nicht alle Nominalsätze aber lassen sich auf diese Weise interpretieren, ihnen können auch andere Beziehungen zwischen den nominalen Begriffen zugrundeliegen:

(2) *Tokyo* ist eine *Stadt*
N_1 N_2

Hier wird nicht die Identität von N_1 und N_2 ausgesagt, sondern festgestellt, daß Tokyo einer bestimmten Gruppe (Klasse), den Städten, zugehört (Klassenzugehörigkeit):

N_1 ist ein Element der Klasse N_2 ($N_1 \in N_2$)

Schließlich gibt es Sätze wie

(3) *Fahrräder* sind *Verkehrsmittel*.
N_1 N_2

in denen es um die Zugehörigkeit einer Gruppe (N_1) zu einer übergeordneten Einheit (N_2) geht (Klasseninklusion):

N_1 ist Teilmenge von N_2 ($N_1 \subset N_2$)

Trotz ihrer übereinstimmenden Konstituentenstruktur (N_1 + Kopula + N_2) unterscheiden sich die angeführten Sätze in ihrer sprachlichen Gestalt:

(1) *Dieser Ort hier ist Tokyo.* Singularform der Kopula

(2) *Tokyo ist eine Stadt.* " + unbestimmter Artikel

(3) *Fahrräder sind Verkehrsmittel.* Pluralform der Kopula

Im Japanischen fehlen solche formalen Differenzierungsmittel:weder Artikel noch die grammatische Kategorie des Numerus existieren.Alle drei Sätze würden im Japanischen also übereinstimmen (N_1 + *wa* N_2 + *desu*),d.h. die semantische Differenzierung des Nominalsatztyps bleibt sprachlich folgenlos.Dennoch muß eine semantische Interpretation vorgenommen werden, um die jeweilige Entsprechung im Deutschen finden, also richtig übersetzen zu können. Die Kriterien für die semantische Differenzierung japanischer Nominalsätze finden sich in der Verwendung unterschiedlicher Klassen von Nomina in den Positionen N_1 und N_2 : Klassenbegriffe, die Klassen von Gegenständen bezeichnen (*Bücher, Menschen*) und Individualbegriffe, die einzelne Vertreter solcher Klassen benennen wie Eigennamen oder durch Demonstrativpronomina "individualisierte" Klassenbegriffe (*dieses Buch*). Für die semantischen Unterklassen des Nominalsatzes ergibt sich folgende (sprachunabhängige) Verteilung:

(1) *Dieser Ort hier* ist *Tokyo.*
N_1 N_2

N_1 wie auch N_2 sind Individualbegriffe.

(2) *Tokyo* ist eine *Stadt.*
N_1 N_2

N_1 ist ein Individualbegriff, N_2 aber Klassenbegriff.

(3) *Fahrräder* sind *Verkehrsmittel.*
N_1 N_2

N_1 wie auch N_2 sind Klassenbegriffe.

Daraus folgt, daß ein japanischer Satz wie

(4) *Tōkyō wa toshi desu.*

in dem in N_1 (*Tōkyō*) ein Individualbegriff und N_2 (*toshi*) ein Klassenbegriff ist, als Aussage der Klassenzugehörigkeit zu verstehen ist und daher als deutsche Entsprechung Satz (2) hat.

Ein zusätzliches Kriterium für die Unterscheidung von Aussagen der Identität und der Klassenzugehörigkeit zumindest im Japanischen ist die Vertauschbarkeit der nominalen Glieder (s.Lektion 1). Während diese im Fall der Identität gegeben ist

(5) *koko wa Tōkyō desu.*
N_1 N_2

(6) *Tōkyō wa koko desu.*
N_2 N_1

(mit lediglich einer Veränderung der Satzperspektive, nicht aber des semantischen Gehalts), würde sie bei Aussagen der Klassenzugehörigkeit zu ungrammatischen Sätzen führen:

(4) *Tōkyō wa toshi desu.*
N_1 N_2

^{x}(7) *toshi wa Tōkyō desu.*
N_2 N_1

(^{x} kennzeichnet ungrammatische, d.h. "falsche" Formen)

Bei verneinten Aussagen benutzt das Deutsche ebenfalls unterschiedliche Formulierungen für die einzelnen semantischen Klassen:

(8) *Dieser Ort hier ist nicht Tokyo.*
(9) *Tokyo ist kein Dorf.*
(10) *Fahrräder sind keine Verkehrsmittel.*

Dem steht eine einheitliche japanische Formulierung gegenüber:

N_1 + *wa* N_2 + *de wa arimasen*

(11) *koko wa Tōkyō de wa arimasen.* Dieser Ort hier ist nicht Tokyo.
(12) *Tōkyō wa mura de wa arimasen.* Tokyo ist kein Dorf.

ATTRIBUT

Allgemeine Beschreibung

Unter Attribut wird im folgenden eine nähere Bestimmung von Nomina verstanden. Attribute lassen sich unter verschiedenen Gesichtspunkten beschreiben: semantisch dienen Attribute

(a) der Charakterisierung nominaler Begriffe (explikatives Attribut):

die kleinwüchsigen Pygmäen

durch Merkmale, die für alle Vertreter dieser Klasse gelten, d.h. alle Pygmäen sind kleinwüchsig,

(b) der Umwandlung von Klassenbegriffen in Individualbegriffe bzw. in Begriffe von Teilklassen, indem sie den bezeichneten Gegenstand als singuläres Element bzw. Teilmenge ausweisen (restriktives Attribut):

Buch → *mein Buch*
das neue Buch
großformatige Bücher etc.

Syntaktisch zählen Attribute nicht zu den Satzkonstituenten, sie gehören vielmehr in den Bereich der Binnenstruktur nominaler Satzkonstituenten. Sie sind tilgbar, ohne daß dadurch die syntaktische Struktur des Satzes prinzipiell verändert wird, auch wenn ihr Fortfall den Informationsgehalt des Satzes verringert:

Präd.(a)	Subjekt	Objekt	Präd.(b)
Hast	*du*	*das verfallene Haus*	*gesehen?*
Hast	*du*	*das Haus*	*gesehen?*

Attribute bilden mit dem durch sie näher bestimmten Nomen gemeinsam eine Satzkonstituente, was u.a. daran sichtbar wird, daß sie innerhalb des Satzes nur als Ganzes umgestellt werden können:

Gestern wurde das verfallene Haus besetzt.
Das verfallene Haus wurde gestern besetzt.

Eine Attributivphrase besteht aus zwei Teilen:
- dem "näher bestimmten" Nomen, dem Bezugswort
- dem "näher bestimmenden"Attribut

Die Position dieser Komponenten zueinander ist sprachspezifisch: das Attribut kann nach dem Bezugswort,oder es kann vor diesem stehen. Anhand der unten angeführten Beispiele aus dem Deutschen ist zu sehen, daß innerhalb einer Sprache beide Konzepte realisiert sein können.

Das Attribut kann durch verschiedene Wortarten wie auch durch Sätze (Relativsätze) gebildet werden:

mein Buch *Walters Buch* *das Buch des Mannes*	(Pro)Nomen: Genitiv
das Haus auf dem Berg	Nomen: Präpositionalphrase

das <u>*neue*</u> *Buch*	Adjektiv
das <u>*gestohlene*</u> *Buch*	Adjektiv(Partizip)
das Buch, <u>*das ich gestohlen habe*</u>	(Relativ-)Satz

Attribut im Japanischen

Hinsichtlich der Kategorien (Wortarten und Satz), durch die Attribute gebildet werden können, gilt das für das Deutsche Gesagte auch für das Japanische. Das Japanische unterscheidet sich aber vom Deutschen darin, daß das Attribut - gleich wodurch gebildet - ausschließlich die Position vor dem Bezugswort einnimmt, d.h. das Bestimmende steht vor dem Bestimmten.

NOMINALES ATTRIBUT

Eine Attributivphrase mit nominalem Bestimmungsglied ist im Deutschen etwa vergleichbar der Genitivkonstruktion (*mein Buch, Walters Buch, das Buch des Mannes*), aber semantisch weiter gefaßt (s.u.).Sprachlich dargestellt wird die Beziehung zwischen dem nominalen Attribut und dem gleichfalls nominalen Bezugswort mittels der Attributivpartikel *no*:

N_1 + *no*	N_2
Attribut	Bezugswort
Nihon no	*yama*

etwa: ein Berg in Japan

N_1 + *no* bilden eine strukturelle Einheit, die als Ganzes Attribut ist.

Entsprechend der Regel, daß im Japanischen die Reihenfolge der Komponenten einer Attributivphrase festliegt, d.h. das Attribut vor dem Bezugswort steht, sind N_1 und N_2 grundsätzlich nicht (ohne Bedeutungsveränderung) vertauschbar, wohingegen im Deutschen durch Verwendung verschiedener Fügungsmittel die Reihenfolge umkehrbar ist:

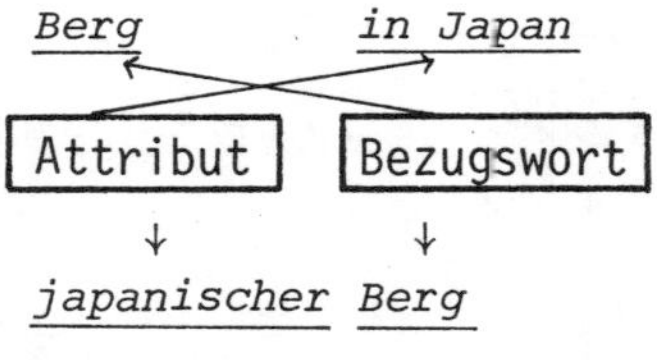

Auch geht der Anwendungsbereich des nominalen Attributs im Japanischen über den des deutschen Genitivs hinaus. Grundsätzlich kann jede spezifizierende Beziehung zwischen Nomina mittels *no* formuliert werden, so z.B. die folgenden deutschen Phrasen (Attribut unterstrichen):

der Erfolg <u>*des Films*</u>

der Freund von Herrn Tanaka

mein Buch

Beethovens Quartette

mein Freund aus Japan

eine Stadt in Japan

eine japanische Stadt

das Treffen um 8 Uhr

der Tisch aus Holz

der Brief vom Finanzamt

die Produktion von Autos

Die Tatsache, daß alle unterstrichenen Teile im Japanischen als N + *no* wiedergegeben werden können,bedeutet, daß lediglich eine Beziehung zwischen beiden Nomina festgestellt wird, deren genauer Bedeutungsgehalt durch den Hörer/ Leser erschlossen werden muß.So kann die Phrase:

Nihon no	*yama*
Attribut	Bezugswort

übersetzt werden als:
- *ein Berg in Japan*
- *ein japanischer Berg*
- *Japans Berge*

Auch Fragepronomina nominaler Wortklassenzugehörigkeit können Attribute bilden:

doko no	*yama*
Attribut	Bezugswort

wörtlich: *ein Berg welchen Orts* , etwa: *ein Berg in welchem Land* u.a.

KURZREFERENZ

nominales Attribut

N_1 + *no*	N_2
Attribut	Bezugswort

Satz mit nominalem Prädikat: semantische Klassen

Deutsche Übersetzungsmuster japanischer Sätze der Form:

N_1 + *wa* N_2+{*desu* / *de wa arimasen*}

semantische Klasse	Nominalklassen	deutsche Übersetzung positiv	negativ
Identität	N_1: Individualbegr. N_2: Individualbegr.	N_1 ist N_2	N_1 ist nicht N_2
Klassenzugehörigkeit	N_1: Individualbegr. N_2: Klassenbegriff	N_1 ist ein N_2	N_1 ist kein N_2
Klasseninklusion +	N_1: Klassenbegriff N_2: Klassenbegriff	N_1 sind N_2	N_1 sind keine N_2

+ Diese Klasse von Sätzen wird vorläufig noch nicht verwendet.

ÜBUNGSTEIL

EINFÜHRUNGSÜBUNG

1. これは 何ですか。
2. それは 山です。
3. あれは 島ですか。
4. いいえ，あれは 島ではありません。
5. あれは 海です。
6. 東京は 何ですか。
7. 東京は 都市です。
8. 東京はどこの都市ですか。
9. 東京は日本の都市です。
10. 日本はどこの国ですか。
11. 日本はあじあの国です。
12. ふじ山は どいつの 山ですか。
13. いいえ，ふじ山は どいつの山ではありません。
14. ふじ山は 日本の山です。

GRAMMATIKÜBUNGEN

1.Grammatik: Satz mit nominalem Prädikat: semantische Klassen
Satz mit nominalem Prädikat: Fragesatz/Ergänzungsfrage
Demonstrativpronomina

Aufgabe: Beantwortung der Frage mithilfe des Stichworts

Muster: T: これは何ですか。／海

S: それは海です。

1. これは何ですか。／山
2. あれは何ですか。／都市
3. それは何ですか。／道
4. それは何ですか。／川
5. これは何ですか。／平地
6. あれは何ですか。／大陸
7. これは何ですか。／山地
8. それは何ですか。／村
9. これは何ですか。／島
10. あれは何ですか。／海

2.Grammatik: Satz mit nominalem Prädikat: semantische Klassen
Satz mit nominalem Prädikat: Fragesatz/Entscheidungsfrage
Prädikatsmodifikationen: Negation

Aufgabe: Verneinung und richtigstellende Beantwortung der Frage mithilfe des Stichworts

Muster: T: これは海ですか。／山

S: いいえ，それは海ではありません。

それは山です。

1. これは村ですか。／都市
2. あれは川ですか。／海
3. それは島ですか。／山
4. それは平地ですか。／山地

5. これは島ですか。/ 大陸

3. Grammatik: Satz mit nominalem Prädikat : semantische Klassen
Satz mit nominalem Prädikat: Fragesatz/Ergänzungsfrage

Aufgabe: Beantwortung der Frage mithilfe des Stichworts

Muster: T: べるりんは何ですか。/eine Stadt

S: べるりんは都市です。

1. 本州は何ですか。/ eine Insel

2. 太平洋は何ですか。/ ein Meer

3. ふじ山は何ですか。/ ein Berg

4. あじあは何ですか。/ ein Kontinent

5. 関東は何ですか。/ eine Ebene

4. Grammatik: Attribut
nominales Attribut

Aufgabe: Beantwortung der Frage

Muster: T: ふじ山はどこの山ですか。

S: ふじ山は日本の山です。

1. 東京はどこの都市ですか。

2. どいつはどこの国ですか。

3. らいんはどこの川ですか。

4. あるぷすはどこの山地ですか。

5. 北海道はどこの島ですか。

5. Grammatik: nominales Attribut
Aufgabe: Verneinung und richtigstellende Beantwortung der Frage

Muster: T: ふじ山はどいつの山ですか。

S: いいえ，ふじ山はどいつの山ではありません。

ふじ山は日本の山です。

1. 大阪は朝鮮の都市ですか。
2. いんどはあふりかの国ですか。
3. あるぷすは米国の山地ですか。
4. らいんは中国の川ですか。
5. 四国はいんどねしあの島ですか。

6. Aufgabe: Übersetzung ins Japanische

1. Dies ist eine Stadt.
2. Der Pazifik ist ein Meer.
3. Europa ist keine Insel.
4. Was ist Europa?
5. Europa ist ein Kontinent.
6. Osaka ist eine japanische Stadt.
7. Kyushu ist keine indonesische Insel.
8. China ist kein Land in Afrika.
9. Wo liegt die Stadt Yamaguchi?
10. Wo liegt die Insel Hokkaido?

ABSCHLUSSÜBUNGEN

1. Aufgabe: *hiragana*-Transkription

1. daitōryō
2. shuppansha
3. daihyōsha
4. shichō
5. Mainichi Shinbun
6. Tōkaidō
7. jūmin undō
8. chitsujo
9. shōryaku
10. kenkyūjo

2. Aufgabe: Verbindung der folgenden sino-japanischen Morphempaare unter Beachtung der (möglichen) Bildung von Langkonsonanten

1. ろく + ふん
2. せき + けん
3. あく + か
4. はち + ちょう
5. かつ + はつ
6. にち + けい
7. せき + にん
8. ざつ + し
9. しき + てん
10. にち + ちゅう

3. Aufgabe: Beantwortung der Frage

1. 九州は何ですか。
2. 九州はどこの島ですか。
3. べるりんは何ですか。
4. べるりんはどこの都市ですか。
5. あるぷすはあじあの山地ですか。
6. らいんはソ連の川ですか。

4. Aufgabe

1. Hier liegt Nagoya.
2. Nagoya ist eine Stadt in Japan.
3. Nagoya ist eine Stadt auf Honshu.
4. Nagoya liegt nicht im Kanto.
5. Ist Europa ein Staat?
6. Nein,Europa ist kein Staat,Europa ist ein Kontinent.
7. Was ist Kanto?
8. Kanto ist eine Ebene.
9. Wo liegt Kanto?
10. Kanto ist eine Ebene auf Honshu.

何	nani,nan	was	35 N 409 R 9/5	何
ノ	イ(人)	Mensch	R 9	何日
	一	eins R 1	可 müssen	
丨冂	口	Mund R 30		
	亅	Haken R 6		

市	SHI ichi	Stadt Markt	36 N 284 R 50/2	市 京	
ヽ	亠	Deckel	R 8	都市	京都市
丨冂	巾	Tuch	R 50	市長	北九州市
				大阪市	大都市

川	SEN kawa	Fluß	37 N 1447 R 47	川 州	
ノ川	川	Fluß	R 47	川村	
				山川	
				らいん川	

地	CHI	Erdboden	38 N 1056 R 32/3	地	
一十	土(土)	Erdboden	R 32	平地	地中海
フ力	也	(Kopula)		山地	地名
				陸地	

陸	RIKU	Festland	39 N 5005 R 170/8	陸 阪 都
フ阝	阝	Festland	R 170	大陸
一十	土	Erdboden	R 32	陸地
ノ	儿	knieender Mensch	R 10	海陸
一十	土	Erdboden	R 32	

村	SON mura Dorf	40 N 1291 R 75/3	村本東
一十才	木(木) Baum	R 75	山村
一寸	寸 Zoll (Maßeinheit)	R 41	村長

関	KAN seki Barriere	41 N 4958 R 169/6	関
丨𠂆𠃌𠃍 門門門	門 Tor	R 169	関東
丶	丷 katakana so		関西
	一 eins R 1	天 Himmel	
一ナ	大 groß R 37		関連

LEKTION 3

VOKABULAR

月曜日	げつようび	N	Montag
火曜日	かようび	N	Dienstag
水曜日	すいようび	N	Mittwoch
木曜日	もくようび	N	Donnerstag
金曜日	きんようび	N	Freitag
土曜日	どようび	N	Samstag
日曜日	にちようび	N	Sonntag
何曜日	なんようび	N/FP	welcher Wochentag
今日	きょう	N	heute
あした	明日	N	morgen
きのう	昨日	N	gestern
あさって	明後日	N	übermorgen
おととい	一昨日	N	vorgestern
いつ		N/FP	wann
わしんとん	ワシントン	N	Washington
はい		INT	ja

GRAMMATIK

PRÄDIKATSMODIFIKATIONEN: TEMPUS

Tempus ist eine verweisende Kategorie, die das zeitliche Verhältnis zwischen dem durch die Äußerung bezeichneten Ereignis bzw. Zustand und dem Zeitpunkt des Sprechakts, dem "Jetzt" angibt. Die Dreigliedrigkeit des Tempussystems (Präteritum/ Präsens/ Futur), wie sie für das Griechische und Lateinische festgestellt und in der Folge auf andere Sprachen übertragen wurde, kann wohl keine universelle Gültigkeit beanspruchen. Grundlegender (und entsprechend häufiger) findet sich in den Sprachen ein zweigliedriges System mit der Unterscheidung "zukünftig": "nicht zukünftig" oder "vergangen" : "nicht vergangen". Auch im Deutschen steht der Vergangenheit als sprachlicherVerweisung auf Ereignisse vor dem "Jetzt" das Präsens gegenüber, das entweder Gleichzeitigkeit mit dem "Jetzt" (*ich lese Zeitung*), extratemporale Urteile (*Fahrräder sind Verkehrsmittel*) oder in der Zukunft liegende Ereignisse bezeichnet (*ich fahre morgen heim*). Die sogenannte Futurform findet sich dagegen in Äußerungen, in denen mit der Feststellung der Zukünftigkeit modale Momente verbunden sind wie Zweifel, Vermutung oder Absicht:

Ich werde morgen heimfahren. bedeutet:
(a)*Ich werde wohl morgen heimfahren.* (Vermutung)
(b)*Ich habe mich entschlossen, morgen heimzufahren.*(Absicht)

Die im Deutschen mittels des Hilfsverbs *werden* gebildete Futurform ist also eher der Kategorie Modus zuzurechnen für modale Äußerungen, die immanent auch futurisch sind.

Auch das japanische Tempussystem ist im oben charakterisierten Sinne zweigliedrig mit den Grundeinheiten "vergangen" : "nicht vergangen", wobei nur die Vergangenheit durch ein eigenes Morphem gekennzeichnet wird, für den Ausdruck der Nicht-Vergangenheit wird die Nennform der Prädikatswörter bzw. flektierbarer Morpheme der Prädikatsmodifikationen verwendet. Die Nennform wird im folgenden, sofern ihre Funktion der Kennzeichnung von Nicht-Vergangenheit angesprochen ist, Präsensform genannt.

Von speziellen Verwendungsformen abgesehen, lassen sich diese beiden Zeitbereiche für das Japanische etwa folgendermaßen beschreiben:

Tempuskategorie	Inhalt	Flexionsform
Vergangenheit	Handlungen vor dem Sprechzeitpunkt	Vergangenheitsform

Nicht-Vergangenheit	(a) extratemporale Äußerungen (Definitionen, Urteile)	Präsensform
	(b) Zustände, die zeitgleich zum Sprechzeitpunkt bestehen	
	(c) gewohnheitsmäßige Handlungen (*ich pflege zu tun*)	
	(d) Handlungen nach dem Sprechzeitpunkt (Futur), sofern sich der Sprecher ihres Eintretens subjektiv gewiß ist	

Anders als im Deutschen wird der sprachliche Bezug auf Handlungen, die zeitgleich mit der Äußerung vollzogen werden, das "eigentliche" Präsens verbaler Prädikate also, im Japanischen semantisch und morphologisch von dem Aspekt der Dauer (*ich lese gerade*, vgl. die progressive form des Englischen) überlagert (s.Lektion 12).

FLEXIONSFORMEN / KOPULA

Vergangenheitsform (höflich)

Morphem zur Kennzeichnung der Vergangenheit ist für alle flektierbaren Wortarten *ta*. Für die höfliche Kopulavariante ergibt die Kombination mit *ta* die Flexionsform *deshita:*

kinō wa suiyōbi deshita. Gestern war Mittwoch

Negations- + Vergangenheitsform (höflich)

Kennzeichnung von Negation und Vergangenheit bei der höflichen Kopulavariante erfolgt analytisch : da das Morphem der Vergangenheit *ta* nicht unmittelbar mit der negativ formulierten Kopula verbunden werden kann (diese ist nicht veränderungsfähig),wird eine zweite Kopula als Trägerelement eingesetzt:

desu →	*de wa arimasen*	*deshita*
	Höflichkeit + Negation	Vergangenheit

kinō wa suiyōbi de wa arimasen deshita. Gestern war nicht Mittwoch.

KURZREFERENZ

Übersicht über die Modifikationen der bisher eingeführten Kopulaformen

	affirmativ	negativ	höflich	höfl'neutral	Präsens	Vergangenheit
de aru	+			+	+	
desu	+		+		+	
de wa arimasen		+	+		+	
deshita	+		+			+
de wa arimasen deshita		+	+			+

ÜBUNGSTEIL

EINFÜHRUNGSÜBUNG

1. 今日は金曜日です。
2. あしたは何曜日ですか。
3. あしたは土曜日です。
4. 木曜日はいつでしたか。
5. 木曜日はきのうでした。
6. あさっては月曜日ですか。
7. いいえ，あさっては月曜日ではありません。
8. あさっては日曜日です。
9. おとといは火曜日でしたか。
10. いいえ，おとといは火曜日ではありませんでした。
11. おとといは水曜日でした。

GRAMMATIKÜBUNGEN

1. Grammatik: Satz mit nominalem Prädikat: Fragesatz/Ergänzungsfrage
   Aufgabe: Beantwortung der Frage mithilfe des Stichworts (bei gleichbleibender Frage wird nur das Stichwort angegeben)
   Muster: T: 今日は何曜日ですか。／日曜日
   S: 今日は日曜日です。

1. 月曜日
2. 木曜日
3. 土曜日
4. 火曜日
5. 日曜日

6. Montag
7. Sonntag
8. Donnerstag
9. Freitag
1o.Mittwoch

2.Grammatik: Prädikatsmodifikationen: Tempus

Aufgabe: Beantwortung der Frage

Muster: T: 今日は水曜日です。あしたは何曜日ですか。

S: あしたは木曜日です。

1. 今日は金曜日です。 あしたは何曜日ですか。
2. 今日は月曜日です。 あしたは何曜日ですか。
3. 今日は火曜日です。 あさっては何曜日ですか。
4. 今日は土曜日です。 あさっては何曜日ですか。

3.Grammatik: Prädikatsmodifikationen: Tempus
Flexionsformen/ Kopula: Vergangenheitsform(höflich)

Aufgabe: Beantwortung der Frage

Muster: T: 今日は水曜日です。きのうは何曜日でしたか。

S: きのうは火曜日でした。

1. 今日は木曜日です。 きのうは何曜日でしたか。
2. 今日は日曜日です。 きのうは何曜日でしたか。
3. 今日は金曜日です。 おとといは何曜日でしたか。
4. 今日は火曜日です。 おとといは何曜日でしたか。

4. Grammatik: Prädikatsmodifikationen: Tempus
Flexionsformen/ Kopula: Vergangenheitsform(höflich)
Aufgabe: Beantwortung der Frage

Muster: T: 今日は水曜日です。あしたは何曜日ですか。

S: あしたは木曜日です。

1. 今日は月曜日です。あさっては何曜日ですか。
2. 今日は土曜日です。きのうは何曜日でしたか。
3. 今日は木曜日です。おとといは何曜日でしたか。
4. 今日は水曜日です。あしたは何曜日ですか。

5. Grammatik: Prädikatsmodifikationen: Tempus
Flexionsformen / Kopula: Vergangenheitsform(höflich)
Aufgabe: Beantwortung der Frage

Muster: T: 今日は金曜日です。土曜日はいつですか。

S: 土曜日はあしたです。

1. 今日は木曜日です。水曜日はいつでしたか。
2. 今日は土曜日です。月曜日はいつですか。
3. 今日は火曜日です。日曜日はいつでしたか。
4. 今日は日曜日です。月曜日はいつですか。
5. 今日は水曜日です。月曜日はいつでしたか。
6. 今日は金曜日です。日曜日はいつですか。

7. 今日は月曜日です。 火曜日はいつですか。

8. 今日は木曜日です。 火曜日はいつでしたか。

6. Grammatik: Prädikatsmodifikationen: Tempus
Flexionsformen / Kopula: Vergangenheitsform (höflich)
Flexionsformen/ Kopula : Negations- + Vergangenheitsform (höflich)

Aufgabe: Verneinung und richtigstellende Beantwortung der Frage

Muster: T: きのうは月曜日でした。今日は日曜日ですか。

S: いいえ，今日は日曜日ではありません。

今日は火曜日です。

1. あしたは金曜日です。 今日は土曜日ですか。

2. おとといは水曜日でした。今日は木曜日ですか。

3. あさっては火曜日です。今日は月曜日ですか。

4. きのうは日曜日でした。あしたは水曜日ですか。

5. あさっては土曜日です。きのうは木曜日でしたか。

7. Weitere Übungsvorschläge

Ausgehend von willkürlich festgelegten "Jetzt"-Zeitpunkten werden die umliegenden Wochentage erfragt (s.Grammatik-Übungen). Empfohlen wird ein häufiger Wechsel von Vergangenheit/Nicht-Vergangenheit, auch größere Sprünge sind möglich, etwa:

Gestern war Dienstag. Welcher Wochentag ist übermorgen?

ABSCHLUSSÜBUNGEN

1. Aufgabe: *hiragana*-Transkription

1. rekishi
2. taishikan
3. hitotsu
4. sangyō
5. kensa
6. kenkyūjo
7. toshokan
8. kyōkasho
9. missetsu
10. kekkyoku

2. Aufgabe: Verbindung der folgenden sino-japanischen Morphempaare unter Beachtung der (möglichen) Bildung von Langkonsonanten

1. けつ + こん
2. みつ + せつ
3. ちゃく + りく
4. りつ + ち
5. ろく + ひゃく

3. Aufgabe: Beantwortung der Fragen

1. ふじ山は何ですか。
2. ふじ山はどこの山ですか。
3. 日本はどこの国ですか。
4. <u>わしんとん</u>は何ですか。
5. <u>わしんとん</u>はどこの都市ですか。
6. 米国はどこの国ですか。
7. 日本海は何ですか。
8. 日本海はどこの海ですか。
9. 九州は日本の川ですか。
10. 関東は村ですか。
11. 名古屋は中国の都市ですか。
12. 朝鮮は<u>あふりか</u>の島ですか。
13. ふじ山は海ですか。
14. 今日は水曜日です。きのうは何曜日でしたか。

15. あさっては木曜日ですか。

16. 木曜日はいつですか。

17. 月曜日はいつでしたか。

18. きのうは火曜日でした。今日は何曜日ですか。

19. おとといは日曜日でした。あさっては何曜日ですか。

20. あさっては木曜日です。月曜日はいつでしたか。

4. Aufgabe: Übersetzung ins Japanische

1. Ist morgen Freitag?
2. Nein, morgen ist Donnerstag.
3. Wann ist Freitag?
4. Freitag ist übermorgen.
5. Ist heute Mittwoch?
6. Ja, heute ist Mittwoch.
7. Wann war Montag?
8. Montag war vorgestern.
9. War Donnerstag gestern?
10. Nein,Donnerstag ist morgen..

月	GETSU,GATSU GATSU tsuki	Mond,Monat	42 N 2169 R 74	月朝
ノ冂月	月	Mond	R 74	月曜日 / 今月
				四月 / 月水金
				九月

曜	YŌ	Wochentag	43 N 2162 R 72/14	曜日
丨冂日	日	Sonne	R 72	何曜日
㇆ㇴ	羽	Feder	R 124	
ノイ亻				
仁仹隹	隹	kleiner Vogel	R 172	

火	KA hi	Feuer	44 N 2743 R 86	火秋
丶丷少	火	Feuer	R 86	火曜日 / 海中火山
				火山
				火山島

水	SUI mizu	Wasser	45 N 2482 R 85	水海洋
亅刁㇇	水	Wasser	R 85	水曜日 / 大水
				水道 / 山水
				水田 / 海水

木	MOKU BOKU ki	Baum	46 N 2170 R 75	木村本
一十才	木	Baum	R 75	木曜日
				土木

金	KIN kane Metall	47 N 4815 R 167	金	
ノ人𠆢			金曜日	お金
今 仐			金山	
余 金	金	Metall R 167	大金	

土	DO TO tsuchi Erdboden	48 N 1050 R 32	土 地 陸	
一 十	土	Erdboden R 32	土曜日	本土
			土木	土地
			国土	

今	KON ima jetzt	49 N 352 R 9/2	今 何	
ノ	𠆢(人)	Mensch R 9	今月	今朝
一	ラ	katakana ra	今日	
			今日は	

LEKTION 4

VOKABULAR

本	ほん	N	Buch
新聞	しんぶん	N	Zeitung
雑誌	ざっし	N	Zeitschrift
教科書	きょうかしょ	N	Lehrbuch
文字	もじ	N	Schriftzeichen,Buchstabe; Schrift
数字	すうじ	N	Ziffer
小説	しょうせつ	N	Roman
論文	ろんぶん	N	Aufsatz
しかし		Ks	doch, aber
首都	しゅと	N	Hauptstadt
上海	しゃんはい	N	Shanghai
大都市	だいとし	N	Großstadt
日本語	にほんご	N	japanische Sprache, Japanisch
語	ご	SUF/N	*nach Nationalitätennamen: Bezeichnung der betreffenden Sprache*
田中	たなか	N	Tanaka (Familienname)
さん		SUF/N	*nach Personennamen: Anrede(geschlechtsunspezifisch)*
学生	がくせい	N	Student

東京大学	とうきょうだいがく	N	Toyko-Universität
大学	だいがく	N	Universität
も		P	auch; sogar
ひらがな	平仮名	N	*hiragana*-Schrift
かたかな	片仮名	N	*katakana*-Schrift
朝日新聞	あさひしんぶん	N	(japanische Tages-zeitung)
朝日	あさひ	N	Morgensonne
毎日新聞	まいにちしんぶん	N	(japanische Tages-zeitung)
毎日	まいにち	N	jeder Tag, täglich
ろんどん	ロンドン	N	London
英国	えいこく	N	England
北京	ぺきん	N	Peking
島国	しまぐに	N	Inselstaat
ろうま字	ローマ字	N	lateinische Buch-staben
ぼん	ボン	N	Bonn
ひまらや	ヒマラヤ	N	Himalaya

GRAMMATIK

KONTEXTBEZUG

Der Satz ist die sprachliche Einheit, deren Beschreibung traditionell Gegenstand der Grammatik ist. L.Bloomfield (Language. New York 1933.S.170) noch sieht in ihm die größte Einheit der grammatischen Beschreibung, "an independent linguistic form, not included by virtue of any grammatical construction in any larger linguistic form".In der Zwischenzeit haben Untersuchungen zum linguistischen Status des Satzes deutlich gemacht, daß der Satz keineswegs als der Rahmen angesehen werden kann, innerhalb dessen allein sprachliche Beziehungen manifest sind [+]. Bereits relativ einfache Überlegungen etwa zum rückverweisenden Gebrauch der Pronomina vermögen dies zu veranschaulichen:

Karl machte einen Vorschlag. Er begründete diesen aber unzureichend, weshalb er abgelehnt wurde.

Die Verwendung der unterstrichenen Pronomina ist allein durch den Textzusammenhang möglich, isoliert von diesem wären sie unverständlich, da der Begriff oder Sachverhalt, auf den sie rückverweisen nicht erkennbar ist. Aber auch subtilere Formen kontextueller Beziehungen sind zu beobachten. Bierwisch[++] weist darauf hin, daß die Konstituentenfolge in einem Satz wie

An der Tür stand ein Mann.

aufgrund eines bestimmten Kontexts von der Normalform

Ein Mann stand an der Tür.

abweicht, etwa:

Sie kamen über eine Treppe zur Tür. An der Tür stand ein Mann.

Im folgenden werden einige Formen des Kontextbezugs im Japanischen vorgestellt, die sich teilweise vom Deutschen abweichender sprachlicher Mittel bedienen.

KONTEXTBEZUG/ SUBJEKTTILGUNG

Das Japanische kann wie das Deutsche Pronomina verwenden, um Rückverweisungen

---

[+] Vgl.u.a. Dressler, W.(ed.):Textlinguistik. Darmstadt 1978 ferner s. Bierwisch,M.: Aufgaben und Form der Grammatik. In: II.Internationales Symposium Bd.3: Zeichen und System der Sprache, Berlin 1966.S. 28-69, nachgedruckt in: Steger, H.(ed.):Vorschläge für eine strukturale Grammatik des Deutschen. Darmstadt 1970. S.1-51, bes. S.30

[++] a.a.O., S.9 f.

innerhalb des Satzes oder über die Satzgrenze hinweg auszudrücken. Anders als im Deutschen aber ist die Pronominalisierung nicht ausschließliches Mittel, ihr funktional äquivalent und zugleich sprachtypischer ist das Weglassen eines Begriffs, wenn dieser vorher erwähnt ist (Tilgung).

Die Tilgbarkeit von Konstituenten ist nicht abhängig von ihrer syntaktischen Funktion, ausgenommen aber ist das Prädikat, das als struktureller Kern des Satzes immer vorhanden sein muß. Andererseits sind in einer entsprechenden Kontextsituation Sätze möglich (und üblich), die nur aus dem Prädikat bestehen wie beim Nominalsatz, dessen einzige tilgbare Konstituente das Subjekt ist+.

Deutsch	Japanisch
(1)*Osaka ist eine japanische Stadt.*	(1') *Ōsaka wa Nihon no toshi desu.*
(2)*Es ist nicht die japanische Hauptstadt.*	(2') *Nihon no shuto de wa arimasen.*

Die scheinbare Subjektlosigkeit des japanischen Satzes(2') ist allerdings nur eine oberflächenstrukturelle Erscheinung, bei einer Herauslösung aus dem Kontext mit Satz (1') muß das Subjekt rekonstruiert werden, also

(2") *Ōsaka wa Nihon no shuto de wa arimasen.*

Eine Pronominalisierung ist in dem gegebenen Kontext unüblich.

KONTEXTBEZUG / SATZEINLEITENDE KONJUNKTIONEN

Satzeinleitende Konjunktionen (Ks) sind ein weiteres Mittel zur Darstellung sprachlicher Zusammenhänge, die über die Satzgrenze hinausreichen. Sie bezeichnen logische (kausale, konditionale u.a.) bzw. temporale Beziehungen zwischen Sätzen. Semantisch wie auch z.T. morphologisch stehen sie den Konjunktionen zwischen Haupt- und Nebensätzen nahe.Ihre Position ist der Beginn eines formal selbständigen Satzes.Vgl. im Deutschen:

Ich habe das Buch nicht gekauft,da ich kein Geld bei mir hatte.

Ich hatte kein Geld bei mir.Daher habe ich das Buch nicht gekauft.

+ Eine dem Japanischen hinsichtlich der Subjekttilgung vergleichbare Form findet sich im Deutschen vielfach bei der Aufzählung von Sätzen in Form einer Satzreihe:

Tokyo ist eine japanische Großstadt und die Hauptstadt Japans.
Osaka ist eine japanische Großstadt aber nicht die Hauptstadt Japans. (s. Aufzählung)

shikashi bezeichnet den inhaltlichen Gegensatz zweier Aussagen,es leitet eine Einschränkung der zuvor gemachten Aussage ein und entspricht im Deutschen etwa *(je)doch,aber*.Sind die Subjekte der beiden verbundenen Sätze identisch,so wird zusätzlich die Subjekttilgung wirksam:

Ōsaka wa Nihon no daitoshi desu.

shikashi Nihon no shuto de wa arimasen.

Osaka ist eine japanische Großstadt.Aber es ist nicht die japanische Hauptstadt.

KONTEXTBEZUG / *MO* (1)

Die Partikel *mo* hat die Bedeutung *auch*, sie wird zur Formulierung einer Reihe implizit oder explizit aufzählender Konstruktionen benutzt.*mo* steht nach Nomina und bewirkt die Tilgung bestimmter anderer Partikeln,u.a. der Subjekt- und der Themapartikel:

Ōsaka wa Nihon no daitoshi desu. Osaka ist eine japanische Großstadt.

Ōsaka mo Nihon no daitoshi desu. Auch O. ist eine japanische Großstadt.

(Zur Distribution von *mo* s.a. Lektion 8 und 13)

mo bezeichnet keine syntaktische (Subjekt etc.) oder kommunikative (Thema) Funktion,sondern sagt aus,daß für den durch diese Partikel gekennzeichneten Begriff die im voranstehenden Satz über einen anderen Begriff getroffene Aussage ebenfalls gilt (bzw. ihre Gültigkeit erfragt wird):

Ōsaka wa Nihon no daitoshi desu. Osaka ist eine japanische Großstadt.

Nagoya mo Nihon no daitoshi desu. Auch Nagoya ist eine japan.Großstadt.

Trifft diese Gültigkeit nicht zu,so kann auch *mo* nicht verwendet werden:

Ōsaka wa Nihon no daitoshi desu. Osaka ist eine japanische Großstadt.

Shanhai mo Nihon no daitoshi desu ka. Ist auch Shanghai eine jap.G'stadt?

Iie,Shanhai wa Nihon no daitoshi de wa arimasen. Nein,Sh. ist keine jap. Großstadt.

AUFZÄHLUNG

Aufzählungen sind ein Mittel sprachlicher Rationalisierung, sie ermöglichen die Zusammenfassung mehrerer Aussagen zu einer:

(1) a *Peter schreibt einen Brief.*

b *Karl strickt einen Pullover.*

a+b *Peter schreibt einen Brief, und Karl strickt einen Pullover.*
(in a und b unterschiedliche Teile sind unterstrichen)

(2) a *Peter schreibt einen Brief.*
b *Karl schreibt einen Brief.*
a+b *Peter und Karl schreiben (jeder) einen Brief.*

(3) a *Peter schreibt einen Brief.*
b *Peter schreibt eine Postkarte.*
a+b *Peter schreibt einen Brief und eine Postkarte.*

Im Gegensatz zu (1)[+] stimmen die Einzelsätze in (2) und (3) partiell überein: sie haben ein gemeinsames Objekt bzw. Subjekt, weiterhin ist ihr Prädikat identisch. Genauer: die Einzelsätze dieser Beispiele unterscheiden sich jeweils in nur einer Konstituente derselben Funktion. Dies erlaubt ihre Zusammenfassung zu einem einfachen Satz, in dem die verschiedenen Begriffe als Aufzählungen nebeneinander gestellt werden. Die Aufzählungsphrase übernimmt als Ganzes die syntaktische Funktion ihrer Glieder in den Einzelsätzen:

(2) a+b	*Peter und Karl*	*schreiben*	*einen Brief.*
	Subjekt	Prädikat	Objekt

(3) a+b	*Peter*	*schreibt*	*einen Brief und eine Postkarte.*
	Subj.	Prädikat	Objekt

Aufgrund ihrer Ableitung aus Einzelaussagen können Aufzählungen als Teilbereich bzw. Sonderfall der über die Satzgrenze hinausreichenden Kontextbeziehungen verstanden werden.

Aussagenlogisch lassen sich verschiedene Klassen von Aussagenverbindungen unterscheiden, von denen die folgenden für die grammatische Kategorie der Aufzählung relevant sind:

(a) Konjunktion
Karl und Peter haben unterschrieben.

Diese Aussagenverbindung ist nur wahr, wenn ihre beiden Teilaussagen wahr sind, d.h. wenn sowohl Karl als auch Peter unterschrieben haben. Im Deutschen sind dafür u.a. die folgenden Formulierungen gebräuchlich: *und / aber auch / sowohl - als auch / weder - noch.*

(b) Disjunktion

Das Verbrechen geschah an einem Samstag oder Sonntag.

Diese Verbindung ist wahr, wenn eine und nur eine der Teilaussagen wahr

[+] Aufzählungen von Sätzen wie (1) a+b gehören zwar prinzipiell demselben Bereich der Grammatik an wie Aufzählungen von Nomina, an dieser Stelle aber soll nicht näher auf sie eingegangen werden.

ist, denn das Verbrechen kann nicht an beiden Tagen zugleich, sondern nur an einem der beiden Tage geschehen sein. Im Deutschen: *oder/ entweder-oder*.

(c) Alternative

In der Schweiz spricht man Deutsch oder Französisch.

Diese Verbindung ist wahr, wenn mindestens eine der beiden Teilaussagen wahr ist, d.h. wenn die Schweizer entweder Deutsch oder Französisch aber auch, wenn sie beides sprechen. Im Deutschen: *oder/bzw./oder auch*.

Die Mehrdeutigkeit von *oder* im deutschen Sprachgebrauch zeigt, daß sprachliche Mittel nicht zwangsläufig Wiederspiegelung logischer Kategorien sein müssen, sondern daß in Einzelsprachen durchaus mehrere logische Kategorien durch dieselbe sprachliche Einheit undifferenziert dargestellt werden können.

Aufzählungen nominaler Glieder im Japanischen verwenden grammatische Morpheme (Partikeln) unterschiedlicher semantischer Prägung und Stellung. Zusätzlich zu den oben genannten logischen Klassen unterscheidet das Japanische durch sprachliche Mittel geschlossene und offene Aufzählungsmengen (s.Lektion 6). Die Anzahl der Aufzählungsglieder ist im folgenden zur Vereinfachung der Darstellung auf zwei beschränkt, sie kann jedoch beliebig hoch sein.

AUFZÄHLUNG MIT *MO*

Die Partikel *mo* wird für Aufzählungen des Typs der Konjunktion (auch: kopulative Aufzählung) mit steigernder Bedeutung verwendet: *sowohl - als auch* bzw. in verneinten Aussagen: *weder - noch*.*mo* steht nach jedem Aufzählungsglied, die Themapartikel wird getilgt (s.o. Kontextbezug / *mo* (1)).

Tōkyō mo	*Ōsaka mo*	*daitoshi desu.*
N_{1a} + *mo*	N_{1b} + *mo*	N_2 + *desu*
Subjekt (-Thema)		Prädikat

Sowohl Tokyo als auch Osaka sind Großstädte.

In diesem Satz ist das Thema zwar nicht durch eine eigene Partikel ausgewiesen, doch kann hier von einer impliziten Themafunktion des Subjekts ausgegangen werden. Im Falle von *weder-noch* wird die negative Bedeutung allein durch das Prädikat ausgedrückt, die Form der Aufzählung bleibt unverändert:

Shanhai mo	*Pekin mo*	*Nihon no toshi de wa arimasen.*
N_{1a} + *mo*	N_{1b} + *mo*	N_2 + *desu*/ Negation
Subjekt(-Thema)		Prädikat

Weder Shanghai noch Peking sind japanische Städte.

KURZREFERENZ

Satz mit nominalem Prädikat / Kontextbezug

Art des Kontextbezugs ↓	Ks	N_1 + *wa*	N_2 + *desu*+
Subjekttilgung		Ø ++	N_2 + *desu*
satzeinleitende Konjunktion (z.B. *shikashi*)	*shikashi*	N_1 + *wa*	N_2 + *desu*
mo		N_1 + *mo*	N_2 + *desu*
Aufzählung mit *mo*		N_{1a} + *mo* N_{1b} + *mo*	N_2 + *desu*
		Subjekt-Thema	Prädikat

+ entsprechend für alle Varianten und Flexionsformen der Kopula

++ Ø bezeichnet das Nichtvorhandensein eines Elements (Nullform)

ÜBUNGSTEIL

EINFÜHRUNGSÜBUNG

1. それは山地ですか。

いいえ，山地ではありません。平地です。

2. 日本の首都は大阪ですか。

いいえ，大阪ではありません。東京です。

3. 大阪は日本の大都市です。しかし，日本の首都ではありません。

4. 大阪は日本の大都市です。

5. 名古屋も日本の大都市です。

6. 大阪も名古屋も日本の大都市です。

7. 大阪も名古屋も日本の首都ではありません。

GRAMMATIKÜBUNGEN

1. Grammatik: (Vokabelübung)

Aufgabe: Verneinung und richtigstellende Beantwortung der Frage mithilfe des Stichworts

Muster: T: それは山地ですか。／平地

S: いいえ，これは山地ではありません。

これは平地です。

1. これは本ですか。／新聞

2. あれは雑誌ですか。／教科書
3. それは小説ですか。／論文
4. これは文字ですか。／数字

2. Grammatik: Kontextbezug/ Subjekttilgung

Aufgabe: Verneinung und richtigstellende Beantwortung der Frage mithilfe des Stichworts

Muster: T: それは山地ですか。/ Flachland

S: いいえ，山地ではありません。平地です。

1. それは教科書ですか。/ Roman
2. これは数字ですか。/ Buchstabe
3. これは本ですか。/ Zeitschrift
4. あれは小説ですか。/ Aufsatz

3. Grammatik: Kontextbezug/ Satzeinleitende Konjunktionen
Kontextbezug/ Subjekttilgung

Aufgabe: Einschränkung der vorgegebenen Aussage mithilfe des Stichworts

Muster: T: 名古屋は日本の都市です。／日本の首都

S: 名古屋は日本の都市です。

しかし，日本の首都ではありません。

1. 上海は中国の大都市です。／中国の首都

2. Japan Times は日本の新聞です。／日本語の新聞

3. 田中さんは学生です。／東京大学の学生

4. これは教科書です。／日本語の教科書

4. Grammatik: Kontextbezug/ *mo*

Aufgabe: Bildung eines Satzes, für dessen Subjekt (=Stichwort) das Prädikat des vorgegebenen Satzes ebenfalls gilt("auch")

Muster: T: 東京は日本の都市です。／大阪

S: 大阪も日本の都市です。

1. 日本はあじあの国です。／中国

2. 北海道は日本の島です。／九州

3. ひらがなは日本語の文字です。／かたかな

4. 朝日新聞は日本の新聞です。／毎日新聞

5. Grammatik: Kontextbezug/ *mo*
Kontextbezug/ Subjekttilgung

Aufgabe: Verneinung und richtigstellende Beantwortung der Frage

Muster: T: べるりんはどいつの都市です。
ろんどんもどいつの都市ですか。

S: いいえ、ろんどんはどいつの都市ではありません。英国の都市です。

1. 東京は日本の都市です。北京も日本の都市ですか。

2. いんどねしあはあじあの島国です。英国もあじあの島国ですか。

3. ひらがなは日本の文字です。ろうま字も日本の文字ですか。

4. 毎日新聞は日本の新聞です。"The Times" も日本の新聞ですか。

6. Grammatik: Aufzählung mit *mo*

Aufgabe: Bejahung der Frage unter Einbeziehung der vorhergehenden Aussage("sowohl - als auch")

Muster: T: べるりんはどいつの都市です。
ぼんもどいつの都市ですか。
S: べるりんもぼんもどいつの都市です。

1. 四国は日本の島です。九州も日本の島ですか。

2. 名古屋は日本の大都市です。京都も日本の大都市ですか。

3. 北京は中国の大都市です。上海も中国の大都市ですか。

4. 朝日新聞は日本の新聞です。毎日新聞も日本の新聞ですか。

7. Grammatik: Aufzählung mit *mo*

Aufgabe: Verneinung der Frage unter Einbeziehung der vorhergehenden Aussage ("weder - noch")

Muster: T: べるりんは米国の都市ではありません。
ぼんは米国の都市ですか。
S: べるりんもぼんも米国の都市ではありません。

1. 大阪は日本の首都ではありません。名古屋は日本の首都ですか。

2. 中国はようろっぱの国ではありません。朝鮮はようろっぱの国ですか。

3. 朝日新聞は中国語の新聞ではありません。毎日新聞は中国語の新聞ですか。

4. ひらがなは中国の文字ではありません。かたかなは中国の文字ですか。

8. Grammatik: Aufzählung mit *mo*
Kontextbezug/ satzeinleitende Konjunktionen

Aufgabe: Bestätigung der ersten, Verneinung der zweiten Teilfrage

Muster: T: 日本も英国もあじあの国ですか。

S: 日本はあじあの国です。
しかし，英国はあじあの国ではありません。

1. 日本も朝鮮も島国ですか。

2. ひらがなもろうま字も日本の文字ですか。

3. あるぷすもひまらやもようろっぱの山地ですか。

4. あしたもあさっても金曜日ですか。

9. Aufgabe: Übersetzung ins Japanische

1. Sowohl Lehrbücher als auch Romane sind Bücher.
2. Sowohl die *Asahi Shinbun* als auch die *Mainichi Shinbun* sind japanische Tageszeitungen.
3. Weder *hiragana* noch *katakana* sind chinesische Schriftzeichen.
4. Weder Osaka noch Nagoya sind die Hauptstadt Japans.
5. Dies ist kein Roman, sondern ein Japanisch-Lehrbuch.
6. Dies ist ein Lehrbuch. Aber es ist kein Japanisch-Lehrbuch.
7. Osaka ist eine japanische Großstadt. Aber es ist nicht die Hauptstadt Japans.
8. *Hiragana* sind Schriftzeichen. Aber es sind keine chinesischen Schriftzeichen sondern japanische.

ABSCHLUSSÜBUNGEN

1. Aufgabe: *hiragana*-Transkription

1. tekitō
2. kyōiku
3. gyogyō
4. mondai settei
5. chiiki kaihatsu
6. sassoku
7. zasetsu
8. sezaru
9. kisoku
10. kazoku

2. Aufgabe: Verbindung der folgenden sino-japanischen Morphempaare unter Beachtung der (möglichen) Bildung von Langkonsonanten

1. はく + かい
2. こく + さい
3. がく + こう
4. はく + ちょう
5. ろく + ほう
6. こく + ほう
7. さく + きょく

3. Aufgabe: Schreiben der *kanji*, Zusammenstellen zu Komposita
Erschließen der Lesung
begriffliche Deutung

1. 「とうきょう」の「とう」+「にほんかい」の「かい」+「ほっかいどう」の「どう」
2. 「とうきょう」の「とう」+「ほっかいどう」の「ほく」
3. 「ちゅうごく」の「こく」+「ほっかいどう」の「どう」
4. 「たいせいよう」の「たい」+「くに」
5. 「たいりく」の「りく」+「へいち」の「ち」
6. 「かようび」の「か」+「さんち」の「さん」
7. 「べいこく」の「こく」+「どようび」の「ど」
8. 「きょうかしょ」の「しょ」+「みち」

9.「にちようび」の「にち」+「すうじ」の「すう」

10.「しんぶん」の「しん」+「きょうかしょ」の「しょ」

4. Aufgabe: Beantwortung der Frage

1. 今日は何曜日ですか。 2. おとといは何曜日でしたか。

3. ＿曜日はいつですか。 4. ＿曜日はいつでしたか。

5. <u>いんど</u>はどこの国ですか。 6. 英国も<u>あじあ</u>の国ですか。

7. どこの国ですか。

8. 京都はどこの都市ですか。 9. 日本の首都ですか。

10. 日本の首都はどこですか。

11. 大阪も上海も日本の大都市ですか。

12. 上海はどこの大都市ですか。

5. Aufgabe: Übersetzung ins Japanische

1. Sowohl *Asahi Shinbun* als auch *Mainichi Shinbun* sind japanische Zeitungen.
2. Weder Osaka noch Nagoya sind die Hauptstadt Japans.
3. Dies hier ist ein japanischsprachiges Buch. Aber es ist kein Japanisch Lehrbuch, sondern ein Roman.
4. *Japan Times* ist eine japanische Zeitung, aber es ist keine japanischsprachige Zeitung.

新	SHIN atarashii neu	50 N 2080 R 69/9	新木雑
丶亠亡立	立	stehen R 117	新聞 新書
一十才	木	Baum R 75	新米 新鮮
ノ亻斤	斤	Axt R 69	新教 新語

聞	BUN kiku hören	51 N 4959 R 128/8	聞 関
丨冂戸戸 戸門門門	門	Tor R 169	新聞
一丅下F E	耳	Ohr R 128	

雑	ZATSU ZŌ mannigfaltig	52 N 5032 R 172/6	雑 曜
ノ	九	neun	雑誌
一十才	木	Baum R 75	
ノイイ' 亻' 亻ヶ 隹	隹	kleiner Vogel R 172	

誌	SHI Dokument	53 N 4366 R 149/7	誌語論説
丶亠亠亠 言言	言(訁)	Wort R 149	雑誌 日誌 誌上
一士	士	Ritter R 33	
丿八心	心	Herz R 61	地誌

教	KYŌ oshieru lehren	54 N 2052 R 66/7	教数
一十土	耂(老)	alt R 125 } 孝 Pietät	教科書 道教
フ了	子	Kind R 39 } 孝 Pietät	きりすと教 説教
ノ𠂉攵	攵	schlagen R 66	新教

科	KA	Abteilung	55 N 3272 R 115/4	科 秋
	禾	Scheffel	R 115	教科書
	斗	Kelle	R 68	科学
				学科

書	SHO kaku	schreiben	56 N 3719 R 73/6	書	
	聿 (聿)	Pinsel	R 129	教科書	書名
				新書	洋書
	曰	sprechen	R 73	書道	書誌学

文	BUN MO(N)	Text	57 N 2064 R 67	文 京	
	文	Text	R 67	文字	本文
				論文	文学
				文書	文語

字	JI	Schriftzeichen	58 N 1281 R 39/3	字 学 教	
	宀	Dach	R 40	文字	洋数字
	子	Kind	R 39	ろうま字	国字
				数字	

数	SŪ kazoeru kazu	zählen Zahl	59 N 2057 R 66/9	数 教 米	
	米	Reis	R 119	数字	洋数字
	女	Frau	R 38	数学	数日
	攵	schlagen	R 66	数	日数

小	SHŌ chiisai klein	60 N 1355 R 42	小 京	
丨 小	小	klein R 42	小説	小生
			小数	
			中小都市	

説	SETSU toku erklären	61 N 4373 R 149/7	説 語 論 誌	
丶 亠 亠 言 言 言	言 (言)	Wort R 149	小説	
丶	丷	katakana so	説教	
丨 冂	口	Mund R 30	学説	
丿	儿	knieender R 10 Mensch — 兄 älterer Bruder		

論	RON Argument	62 N 4391 R 149/8	論 誌 語 説	
丶 亠 亠 言 言 言	言 (言)	Wort R 149	論文	
丿	亼 (人)	Mensch R 9	口論	
	一	eins R 1	日本人論	
丨 冂 冂 冊 冊	冊	(kein Graphem)		

首	SHU kubi Kopf	63 N 5186 R 185	首 道	
丶	丷	katakana so	首都	
	一	eins R 1	首長	
丿 亻 亻 白 白 自	自	selbst R 132 — 首 Kopf R 185		

上	JŌ ue oben	64 N 798 R 1/2	上	
丨	ト	katakana to R 25	水上	屋上
	一	eins R 1	陸上	上野
			上陸	

語	GO		65 N 4374 R 149/7	語 論 説 誌
		kataru erzählen		
	言(言)	Wort	R 149	日本語 / 口語
	五	fünf		英語 / 新語
	口	Mund	R 30	文語 / 国語

学	GAKU		66 N 1271 R 39	学 字
		manabu lernen		
	ツ	katakana tsu		学生 / 海洋学
	ワ	katakana wa	R 14	大学 / 日本文学
	子	Kind	R 39	数学 / 学説

生	SEI, SHŌ	umu gebären ikiru leben	67 N 2991 R 100	生
	生	Geburt	R 100	(大)学生
				生水
				生々しい / 々 Wiederholungssymbol f. *kanji*

毎	MAI	jedesmal	68 N 2467 R 80/2	毎 海
	ノ	katakana no	R 4	毎日
	一	eins	R 1	毎月
	母(毋)	Mutter	R 80	毎朝

英	EI	herausragen; England	69 N 3927 R 140/5	英
	艹	Gräser	R 140	英国 / 日英
	冂	katakana wa R 14	央 Zentrum	英語
	大	groß R 37		英文学

LEKTION 5

VOKABULAR

人	ひと	N	Mensch
日本人	にほんじん	N	Japaner,-in
人	じん	SUF/N	*nach Ortsnamen: Bezeichnung der Einwohner*
彼	かれ	N	er
本田	ほんだ	N	Honda (Familienname)
彼女	かのじょ	N	sie *(3.Pers.Sing.weiblich)*
あなた	貴方	N	Sie,du *(2.Pers.Sing.)*
私	わたくし わたし	N	ich
だれ	誰	N/FP	wer
どの		N/FP	*Attributivform von* dore: *welche/-r/-s*
建物	たてもの	N	Gebäude
この		N	*Attributivform von* kore: *diese/-r/-s(hier)*
その		N	*Attributivform von* sore: *diese/-r/-s(dort)*
大使館	たいしかん	N	Botschaft (diplomatische Vertretung eines Staates)
あの		N	*Attributivform von* are: *diese/-r/-s(da), jene/-r/-s*
工場	こうじょう	N	Fabrik
日本銀行		N	Bank of Japan

銀行	ぎんこう	N	Bank
図書館	としょかん	N	Bibliothek
研究所	けんきゅうじょ	N	(Forschungs-)Institut
が		P	*Subjektpartikel*
どれ		N/FP	welche/-r/-s *(von mehreren Alternativen)*
首相	しゅしょう	N	Ministerpräsident
福田	ふくだ	N	Fukuda(Familienname)
部屋	へや	N	Zimmer, Raum
教室	きょうしつ	N	Unterrichtsraum
学校	がっこう	N	Schule
英語	えいご	N	englische Sprache, Englisch
自由大学	じゆうだいがく	N	Freie Universität
自由	じゆう	N	Freiheit
さっぽろ	札幌	N	Sapporo

GRAMMATIK

KONTEXTBEZUG / THEMA - KOMMENTAR

Allgemeine Beschreibung

In der Terminologie der Schulgrammatik wird Subjekt und Prädikat häufig als Satzgegenstand und Satzaussage bezeichnet. Der amerikanische Linguist Sapir faßt die offenbar hinter diesen Begriffen stehende Einsicht in dem Satz zusammen: " There must be something to talk about and something must be said about this subject of discourse." (Sapir, E.: Language. An Introduction to the Study of Speech.New York 1921. S.119) Die folgenden Sätze, in denen derselbe reale Vorgang durch Umstellen der Konstituenten sprachlich verändert dargestellt wird, sollen unter dem Gesichtspunkt betrachtet werden, welcher Teil des Satzes, genauer: welche seiner Konstituenten Gegenstand der Aussage im Sinne Sapirs ist:

(1) *Die SPD gab am Wochenende in Köln ihr Aktionsprogramm bekannt.*
(2) *Ihr Aktionsprogramm gab die SPD am Wochenende in Köln bekannt.*
(3) *Am Wochenende gab die SPD in Köln ihr Aktionsprogramm bekannt.*
(4) *In Köln gab die SPD am Wochenende ihr Aktionsprogramm bekannt.*
(5) *Bekannt gab die SPD am Wochenende in Köln ihr Aktionsprogramm.*

"Satzgegenstand", d.h. der Begriff, über den eine Aussage gemacht wird, ist in (1) - (4) die jeweils am Anfang stehende Konstituente: (1) *die SPD*, (2) *ihr Aktionsprogramm* ,(3) *am Wochenende*, (4) *in Köln*. Satz (5) verhält sich lediglich insofern anders, als hier "Satzgegenstand" die Konstituentengruppe *bekannt gab die SPD am Wochenende in Köln* ist. An diesen Beispielen wird erkennbar, daß zwar die Feststellung, es gebe im Satz etwas, über das gesprochen wird, berechtigt ist, daß dies aber nicht - wie die Bezeichnung Satzgegenstand für das Subjekt vermuten ließe - ausschließlich das Subjekt ist. "Das,worüber gesprochen wird", ist vielmehr eine Größe, die nicht mit einer bestimmten syntaktischen Funktion im Satz gleichzusetzen ist: in (1) ist es das Subjekt, in (2) das Objekt, in (3) das Adverbial der Zeit, in (4) das Adverbial des Orts, in (5) schließlich das Prädikat einschließlich Subjekt und der Adverbiale. Es handelt sich bei dem "Satzgegenstand" vielmehr um eine kommunikative Einheit des Satzes, um jenen Teil, der einen bereits in den Redezusammenhang eingeführten Begriff aufnimmt bzw. einen Begriff neu einführt, um ihn als Anknüpfungspunkt der folgenden Aussage zu setzen. Dieser Anknüpfungspunkt wird im folgenden Thema, die darauf bezogene Aussage

Kommentar genannt.

Um die Gliederung eines Satzes unter dem Aspekt seiner kommunikativen Struktur in Thema und Kommentar zu verdeutlichen, lassen sich die Beispielsätze folgendermaßen umformulieren:

(1') *Was die SPD betrifft, so gab sie am Wochenende in Köln ihr Aktionsprogramm bekannt.*

(2') *Was das Aktionsprogramm betrifft, so gab die SPD es am Wochenende in Köln bekannt.*

(3') *Was das Wochenende betrifft, so gab die SPD da in Köln ihr Aktionsprogramm bekannt.*

(4') *Was Köln betrifft, so gab die SPD am Wochenende dort ihr Aktionsprogramm bekannt.*

(5') *Was die Bekanntgabe der SPD am Wochenende in Köln betrifft, so handelte es sich um ihr Aktionsprogramm.*

Die Satzanfangsposition des Themas in den obigen Beispielen+ scheint diesem besonderes Gewicht im Satz zuzuweisen, tatsächlich aber ist der Mitteilungswert des Themas gegenüber dem Kommentar eher gering, Informationsschwerpunkt der Aussage ist der Kommentar. Anders gesagt: das Thema hat lediglich orientierende, einweisende Funktion, in dem Sinne, daß es die aktuelle Gültigkeit einer Aussage auf den thematisierten Begriff bezieht (und damit auch eingrenzt), enthält aber (darüberhinaus) keine neue Information.

Die Wahl des Themas folgt nicht eindeutigen, objektiven Kriterien, sondern ist weitgehend abhängig von der Sprecherintention. Die Topikalisierung kann einmal verwendet werden, um einen vorher erwähnten Begriff aufzunehmen und eine nachfolgende Aussage auf diesen zu beziehen:

(6) *Karl schrieb mir einen Brief.*

(7) *Diesen Brief erhielt ich mit ziemlicher Verspätung.*

(Thema unterstrichen)

Weiterhin ist sie Mittel, um einen neuen Begriff in den Rede- oder Textzusammenhang einzuführen, wobei unterschiedliche Akzentuierungen zu anderen Lösungen führen können:

+ Im Deutschen ist eine Konstituente in Satzanfangsstellung nur dann Thema, wenn sie zugleich unbetont ist:

(a) *Dies | ist ein Búch.* (´ bedeutet Betonung)
Thema | Kommentar

(b) *Díes | ist ein Buch.*
Kommentar | Thema

(8) *Überlegen wir das Problem doch einmal unter einem anderen Gesichtspunkt: Parteien sind Organe der politischen Willensbildung des Volks. Sie werden aber vom Staat direkt und indirekt finanziert...*

(9) *Überlegen wir das Problem doch einmal unter einem anderen Gesichtspunkt: die politische Willensbildung des Volks erfolgt durch Parteien. Diese werden aber vom Staat direkt und indirekt finanziert...*

Schließlich kann das Thema auch mit dem Ziel der Kontrastierung bei der Gegenüberstellung von Aussagen zu verschiedenen, inhaltlich voneinander abzugrenzenden Begriffen eingesetzt werden:

(10) *Regen fällt im Sommer, Schnee im Winter.*

Kontrastiv kann z.B. auch Satz (4) verstanden werden, etwa als Nachrichtenmeldung im Rahmen eines Überblicks über Ereignisse in verschiedenen Städten: *In London ... , in Rom ... , in Köln ... .*

Thema - Kommentar im Japanischen

Das Japanische kennt im Gegensatz zum Deutschen eine morphologische Kennzeichnung durch die Themapartikel *wa* (s.Lektion 1) für die Topikalisierung nominaler Konstituenten. Eine zusätzliche Markierung erfährt das Thema durch die Satzanfangstellung der topikalisierten Konstituente (abgesehen von satzeinleitenden Konjunktionen oder bestimmten Adverbien, die noch vor dem Thema stehen). Das Prädikat als Thema allerdings bleibt unbezeichnet und behält seine Satzendposition bei.

Thema im Satz mit nominalem Prädikat

Die Topikalisierung des Subjekts gilt für den Satz mit nominalem Prädikat aufgrund des Urteilscharakters dieses Satztyps als Regelfall: das Subjekt ist das Beurteilte, also Thema, das Prädikat ist das Urteil, der Kommentar:

(11)

kore wa	*shinbun desu.*
Subjekt Beurteiltes Thema	Prädikat Urteil Kommentar
Dies ist eine Zeitung.	

Aussagesätze wie (11) können als Antworten auf Fragen nach der Klassenzugehörigkeit bzw. Identität des topikalisierten Begriffs interpretiert werden:

(12)

kore wa	*nan desu ka.*
Thema	fragt nach dem Kommentar
Was ist das?	

Bei der bisherigen Behandlung des Ergänzungsfragesatzes wurden ausschließlich Fälle gewählt, in denen der erfragte Begriff Prädikatsfunktion hatte. Dadurch blieb die Kommentarrolle auf das Prädikat beschränkt, denn ein Begriff, nach dem gefragt wird, kann nicht Thema sein, auch nicht im Antwortsatz, da er die "neue Information", den Kommentar, darstellt. Nun kann eine Ergänzungsfrage aber auch auf das Subjekt gerichtet sein (*wer ist Student?* etc.), dann ist dessen Topikalisierung entsprechend ausgeschlossen, d.h. das Subjekt erscheint in seiner eigentlichen Form N + *ga* als Verbindung des Nomens mit der Subjektpartikel *ga*. Der folgende Satz ist somit ungrammatisch: x(13) *dore wa shinbun desu ka.* Richtig heißt er:

(14)

dore ga	*shinbun desu*	*ka.*
fragt nach d. Kommentar	Thema	
Subjekt	Prädikat	Fragepart.

Welches ist eine Zeitung?

Diese Verteilung von Thema-Kommentar (bzw. der Frage nach dem Kommentar) gilt auch für den auf diese Frage antwortenden Satz:

(15)

kore ga	*shinbun desu.*
Kommentar	Thema
Subjekt	Prädikat

Dies ist eine Zeitung

Konstituenten, die ein Fragepronomen enthalten, ebenso wie solche, die darauf antworten, können also nicht topikalisiert werden. Ein spezielles Problem stellt sich bei Nominalsätzen der Identität, dessen nominale Begriffe vertauschbar sind (s.Lektion 2):

(16)

suiyōbi wa	*ashita desu.*
N_1 + *wa*	N_2 + *desu*

Mittwoch ist morgen.

(17)

ashita wa	*suiyōbi desu.*
N_2 + *wa*	N_1 + *desu*

Morgen ist Mittwoch.

Gleichzeitig mit dem syntaktischen Funktionstausch der beiden Nomina wechselt auch ihre kommunikative Rolle, da die Themapartikel beim Subjekt bleibt. Bei Ergänzungsfragesätzen der folgenden Art ist dies nicht möglich:

(18)

suiyobi wa	*itsu desu*	*ka*
N_1 + *wa*	N_2 + *desu*	*ka*

Wann ist Mittwoch?

(19)

itsu ga	*suiyōbi desu ka.*
N_2 + *ga*	N_1 + *desu* *ka*
Wann ist Mittwoch?	

Der Positionstausch der Nomina wird hier nicht begleitet von einer Änderung ihrer kommunikativen Funktion, da Konstituenten mit Fragepronomina nicht die Themarolle übernehmen können. So bewirkt die Umstellung nur eine verstärkte Hervorhebung des Fragepronomens in (19), etwa in dem Sinne: *wann ist denn eigentlich Mittwoch?*

ERGÄNZUNGSFRAGE: NOMINALES ATTRIBUT

Fragepronomina der bisher behandelten Art (*doko, nan / nani, dare, itsu* etc.) sind morphologisch Nomina, sie können daher in allen Funktionen, in denen Nomina auftreten, ebenfalls vorkommen, auch als Attribut. Sie weisen - mit Ausnahme von *dore*(→*dono*) - keine eigenen Attributivformen auf (vgl. im Deutschen: *wer* → *wessen*), sondern formulieren den attributiven Anschluß an das Bezugswort entsprechend dem allgemeinen Muster nominaler Attributbildung mittels nachgestellter Partikel *no*:

Attribut	Bezugswort	
dono	*hon*	welches Buch (von einer bestimmten Menge)
dare no	*hon*	wessen Buch
itsu no	*shinbun*	eine Zeitung von wann
doko no	*kuni*	(wörtl.: ein Land von wo) ein wo gelegenes Land
nan no	*hon*	ein Buch worüber

nan no fragt nach einem konkreten Inhalt einer Sache (ein Buch *über Pilze* etc.), nicht nach deren Eigenschaften (ein *spannendes* Buch).

Bei der Übertragung ins Deutsche ist zu beachten, daß dort z.T. attributive Formulierungen des Japanischen unüblich bzw. unmöglich sind:

kore wa itsu no shinbun desu ka. Von wann ist diese Zeitung?
Chūgoku wa doko no kuni desu ka. Wo liegt China?

NOMINALES ATTRIBUT: ATTRIBUTIVPHRASE OHNE DIREKTES BEZUGSWORT

In Attributivkonstruktionen kann das Bezugswort unter den folgenden, zusammenwirkenden Bedingungen wegfallen:

(a) der fragliche Begriff ist vorher erwähnt

(b) die Attributivkonstruktion bezeichnet Besitz oder sachliche Zugehörigkeit (*chinesisches Schriftzeichen, japanische Partei* etc.)

(1)	*kono hon wa watakushi no hon desu.*	Dieses Buch ist mein Buch.
(1')	→*kono hon wa watakushi no desu.*	Dieses Buch ist meins.
(2)	*kore wa watakushi no desu.*	Dies ist meins.
(3)	*anata no wa dore desu ka.*	Welches ist deins?
(4)	*kono moji wa Chūgoku no desu.*	Diese Zeichen sind chinesische.
(5)	*kore wa itsu no shinbun desu ka.*	Welche Zeitung ist das?
	kinō no desu.	Die gestrige.

Vgl. entsprechende Ausdrücke in europäischen Sprachen, insbesondere bei Possessivpronomina (*meins; mine, yours; mien, mienne*) sowie Eigennamen (*das ist Karls*).

NOMINALES ATTRIBUT: ATTRIBUTIVFORM DER DEMONSTRATIVPRONOMINA

Demonstrativpronomina folgen bei attributiver Verwendung nicht dem allgemeinen Muster für die Formulierung nominaler Attribute, das den Anschluß der Partikel *no* an das Attributsnomen vorsieht, sondern sie bilden eine morphologische Variante, die Attributivform, die *no* mit dem bedeutungstragenden Stammorphem unmittelbar verbindet und dabei die Endung *re* tilgt:

Stammorphem	Nomen, allgemein + *re*	Nomen, attributiv + *no*
ko-	*kore*	*kono*
so-	*sore*	*sono*
a-	*are*	*ano*
do-	*dore*	*dono*

Diese Attributivform wird dem Bezugswort unmittelbar vorangestellt:

kono hon	dieses Buch (hier)
ano tatemono	jenes Gebäude
sono shinbun	diese Zeitung (dort)

WORTBILDUNGSMORPHEME

Das Japanische verfügt über ein reiches Inventar an Morphemen,die der Bildung abgeleiteter nominaler Begriffe dienen,einige werden als Präfixe,die meisten aber als Suffixe an das Stammwort angefügt.Diese Wortbildungsmorpheme lassen durch ihre *kanji*-Schreibung (bei der nominalen Wortbildung fast ausschließlich) die eigene Begrifflichkeit deutlich erkennen,so daß die inhaltliche Deutung des abgeleiteten Begriffs meist keine Schwierigkeiten bereitet.Z.B. bezeichnet das Morphem *jin*(=Mensch), als Suffix mit einem Ortsnamen verbunden, einen oder mehrere Einwohner dieses Orts:

Nihon + jin → Japaner
Japan + Mensch

ebenso: *Nihon + go* → Japanisch
Japan + Sprache

Zu nicht wenigen dieser Morpheme besteht ein selbständiges lexikalisches Äquivalent derselben Bedeutung.Beiden gemeinsam ist die Notierung mit demselben *kanji*,meist aber in unterschiedlicher (*on* bzw.*kun*) Lesung: 人 liest sich als Wortbildungsmorphem *jin*,als selbständige lexikalische Einheit aber *hito*.

KURZREFERENZ

Kontextbezug/Thema - Kommentar
bei Satz mit nominalem Prädikat:

Thema →	N_1 + *wa*	N_2 + *desu*	← Kommentar
Kommentar →	N_1 + *ga*	N_2 + *desu*	← Thema
	Subjekt	Prädikat	

Nominales Attribut Grundmodell	Attribut N_1 + *no*	Bezugswort N_2
Demonstrativpronomina als Attribut	*kono* *sono* *ano*	N_2
Fragepronomina (FP) als Attribut	FP + *no* aber: *dore* → *dono*	N_2
Attributivphrase ohne direktes Bezugswort	N_1 + *no*	Ø

ÜBUNGSTEIL

EINFÜHRUNGSÜBUNG

1. あなたはどこの国の人ですか。どいつ人です。

2. これはいつの新聞ですか。木曜日の新聞です。

3. あれは中国の雑誌ですか。

あの雑誌は中国のですか。

4. これは田中さんの本ですか。

この本は田中さんのですか。

5. 日本の首都はどこですか。どこが日本の首都ですか。

6. 木曜日はいつですか。いつが木曜日ですか。

7. 田中さんはどの人ですか。どの人が田中さんですか。

あの人が田中さんです。

GRAMMATIKÜBUNGEN

1. Grammatik: Wortbildungsmorpheme

Aufgabe: Beantwortung der Frage mithilfe des Stichworts, die Bezeichnung der Nationalität soll durch Wortbildung abgeleitet werden

Muster: T: 田中さんはどこの国の人ですか。/日本

S: 田中さんは日本人です。

1. 彼はどこの国の人ですか。/いんど

2. 本田さんはどこの国の人ですか。/米国

3. 彼女はどこの国の人ですか。／中国

4. あなたはどこの国の人ですか。／どいつ

5. 私はどこの国の人ですか。

2. Grammatik: Ergänzungsfrage: nominales Attribut
   Aufgabe: Beantwortung der Frage mithilfe des Stichworts

Muster: T: 東京はどこの都市ですか。/eine Stadt in Japan

S: 東京は日本の都市です。

1. それはいつの新聞ですか。/ die Zeitung von gestern

2. あれはだれの本ですか。/ mein Buch

3. それは何の本ですか。/ ein Japanisch-Lehrbuch

4. 自由大学はどこの大学ですか。/ eine Berliner Universität

5. あれは何曜日の新聞ですか。/ die Zeitung von Montag

6. あなたの教科書はどの本ですか。/ dieses Buch hier

3. Grammatik: nominales Attribut: Attributivform der Demonstrativpronomina
   Aufgabe: Beantwortung der Frage mithilfe des Stichworts, zugleich soll der Satz entsprechend dem Muster umformuliert werden

Muster: T: これは何の建物ですか。/ eine Universität

S: その建物は大学です。

1. これは何の建物ですか。 / die sowjetische Botschaft
2. あれは何の建物ですか。 / eine Fabrik
3. それは何の建物ですか。 / die Bank of Japan
4. これは何の建物ですか。/ eine Bibliothek
5. あれは何の建物ですか。 / ein Institut

4. Grammatik: nominales Attribut: Attributivphrase ohne direktes Bezugswort

Aufgabe: Umformung des gegebenen Satzes entsprechend dem Muster

Muster: T: これは私の本です。

S: この本は私のです。

1. あれは田中さんの教科書です。
2. あれは田中さんの英語の教科書です。
3. これはあなたの本です。
4. それはだれの雑誌ですか。
5. これは月曜日の新聞です。
6. あれはどこの新聞ですか。

5. Grammatik: Thema-Kommentar

Aufgabe: Austausch der nominalen Bestandteile von Subjekt und Prädikat

Muster: T: 東京大学はどの建物ですか。

S: どの建物が東京大学ですか。

1. 木曜日はいつですか。
2. 中国の首都はどこですか。
3. 日本語の教科書はどれですか。
4. 日本銀行はどの建物ですか。
5. 大学の図書館はどれですか。
6. 英国の首相はだれですか。

6. Grammatik: Thema-Kommentar
Aufgabe: Beantwortung der Frage mithilfe des Stichworts

Muster: T: どこが日本の首都ですか。/Tokyo
S: 東京が日本の首都です。

1. いつが水曜日ですか。/ übermorgen
2. だれが日本の首相ですか。/ Fukuda
3. どれが日本語の教科書ですか。/ dieses(da)
4. どの建物が英国の大使館ですか。/jenes Gebäude
5. どの部屋が教室ですか。/ dieses Zimmer (hier)
6. どれがきのうの毎日新聞ですか。/ diese (da)
7. どこが中国の首都ですか。/Peking

7. Grammatik: Thema-Kommentar

Aufgabe: Beantwortung der Frage mithilfe des Stichworts (Zu beachten ist die jeweilige Thema-Kommentar-Zuordnung im Fragesatz)

Muster: T: 日本の首相はだれですか。/ Fukuda

S: 日本の首相は福田です。

1. どこがドイツ語の学校ですか。/ dieses Gebäude (hier)
2. あなたの研究所はどこですか。/ dort
3. どれが英語の新聞ですか。/ Japan Times
4. 大学の図書館はどの建物ですか。/ jenes
5. いつが月曜日でしたか。/ vorgestern

8. Grammatik: Thema-Kommentar

Aufgabe: Übersetzung ins Japanische (Z.T. sind zwei Lösungen möglich, entsprechend der Position des Fragepronomens im Japanischen)

1. Wer ist Ministerpräsident von Japan?
2. Welche ist die gestrige Zeitung?
3. Welcher Ort ist die Hauptstadt von China?
4. Welches Gebäude ist die Bank of Japan?
5. Wann ist Freitag?
6. Was ist das?
7. Was für ein Buch ist das?
8. Wessen Lehrbuch ist dies?
9. Woher ist diese Zeitschrift?
10. Was für ein Gebäude ist dies da?

ABSCHLUSSÜBUNGEN

1. Aufgabe: *hiragana*-Transkription

1. tan'i 2. sangyō 3. sagyō

4. kangaeru 5. kagami 6. shichō
7. kuyakusho 8. kusai 9. rekishi
10. rirekisho

2. Aufgabe: Verbindung der folgenden sino-japanischen Morphempaare unter Beachtung der (möglichen) Bildung von Langkonsonanten

1. えき + ちょう 2. しき + てん 3. せき + けん
4. てき + せい 5. げき + か 6. しき + しゃ
7. てき + かく

3. Aufgabe: Schreiben der *kanji*, Zusammenstellen zu Komposita
Erschließen der Lesung
begriffliche Deutung

1. 「へいち」の「ち」+「としょかん」の「と」
2. 「ひろしま」の「ひろ」+「こうじょう」の「じょう」
3. 「なごや」の「な」+「たてもの」の「もの」
4. 「にちようび」の「にち」+「ちゅうごく」の「ちゅう」
5. 「にちようび」の「にち」+「それん」の「そ」
6. 「ぎんこう」の「こう」+「たいしかん」の「し」
7. 「ぎんこう」の「ぎん」+「ふじさん」の「さん」
8. 「こうじょう」の「こう」+「きょうかしょ」の「か」
9. 「とし」の「し」+「こうじょう」の「じょう」
10. 「しんぶん」の「しん」+「にほんじん」の「じん」

4. Aufgabe: Beantwortung der Frage

1. いんどはどこの国ですか。 2. 英国もあじあの国ですか。

3. どこの国ですか。

4. さっぽろはどこの都市ですか。 5. 日本のどの島の都市ですか。

6. 日本の首都ですか。 7. どの都市が日本の首都ですか。

8. あなたは米国人ですか。 9. どこの人ですか。

10. あなたは学生ですか。 11. どの大学の学生ですか。

12. だれが日本の首相ですか。

13. どこが中国の首都ですか。

5. Aufgabe: Übersetzung ins Deutsche

田中さんは学生です。大阪大学の学生です。大阪は日本の都市です。しかし，日本の首都ではありません。これは田中さんの本です。教科書です。何の教科書ですか。中国語の教科書です。それも中国語の教科書ですか。いいえ，中国語の教科書ではありません。ふらんす語のです。この新聞も田中さんのですか。いいえ，田中さんのではありません。本田さんのです。いつの新聞ですか。おとといのです。

Kanji	Lesung	Bedeutung	Nr.	Beispiele
人	JIN NIN hito	Mensch	70 N 339 R 9	人何使今
ノ	人	Mensch	R 9	日本人, 人生, 名人, 人々, 人口, 人文科学

Kanji	Lesung	Bedeutung	Nr.	Beispiele
彼	kare	er	71 N 1604 R 60/5	彼行
ノ彳	彳	gehender Mensch	R 60	彼女, 彼ら
ノ厂 广 皮	皮	Haut	R 107	

Kanji	Lesung	Bedeutung	Nr.	Beispiele
女	JO onna	Frau	72 N 1185 R 38	女数
く女	女	Frau	R 38	彼女, 女工, 女文字

Kanji	Lesung	Bedeutung	Nr.	Beispiele
私	SHI wata(ku)shi	ich	73 N 3265 R 115/2	私秋科
禾	禾	Ähre	R 115	私論, 私小説
ム	ム	katakana mu	R 28	

Kanji	Lesung	Bedeutung	Nr.	Beispiele
建	KEN tateru	bauen	74 N 1549 R 54/6	建書
聿	聿	Pinsel	R 129	建物, 建国, 建国日
廴	廴	dehnen	R 54	

物	BUTSU MOTSU mono	Ding	75 N 2857 R 93/4	物 場
ノ𠂉牛	牛(牛)	Rind	R 93	建物 / 本物
ノ勹勿	勿	Verbot		書物 / 人物
				名物

使	SHI tsukau	gebrauchen	76 N 432 R 9/6	使 人 何 今
ノ	亻(人)	Mensch	R 9	大使館
	一	eins	R 1	大使
丨冂	口	Mund R 30	史 Geschichte	
ノ	人	Mensch R 9		行使

館	KAN	großes Gebäude	77 N 5174 R 184/8	館
ノ𠆢今今 今今食	食(食)	essen	R 184	大使館 / 新館
丶丶	宀	Dach R 40	官 Amtsgebäude	図書館 / 洋館
丨𠃊𠂤𠂤	㠯	(kein Graphem)		本館

工	KŌ, KU	Arbeit, Bau	78 N 1451 R 48	工
一丅	工	Arbeit	R 48	工場 / 工科大学
				女工 / 工学
				本工 / 人工

場	JŌ ba	Platz	79 N 1113 R 32/9	場 土 地 物
一十	土(土)	Erdboden	R 32	工場 / 道場
丨冂日	日	Sonne	R 72	場所 / 広場
	一	eins	R 1	
ノ勹勿	勿	Verbot		市場

銀	GIN	Silber	80 N 4855 R 167/6	銀 金
	金 (金)	Metall	R 167	銀行 · 金銀 · 銀山 · 水銀
	艮	Grenze	R 138	

行	KŌ,GYŌ okonau iku	durchführen gehen	81 N 4213 R 144	行 彼
	行	gehen	R 144	銀行 · 行書 · 平行 · 行使

図	TO ZU	Bild;Plan	82 N 1034 R 31/4	図 国 四
	口	vierseitige Einfassung	R 31	図書館 · 図説 · 図書 · 地図
	〆	(kein Graphem)		

研	KEN	ergründen	83 N 3180 R 112/4	研
	石	Stein	R 112	研究所
	一	eins	R 1	研究室
	廾	gekreuzte Arme	R 55	研学

究	KYŪ	erforschen	84 N 3314 R 116/2	究 字
	宀	Dach R 40	穴 Loch R 116	研究所
	八	acht R 12		研究生
	九	neun		

所	SHO JO tokoro	Ort	85 N 1821 R 63/4	所新	
	戸	Tür	R 63	研究所	場所
	斤	Axt	R 69	所長	長所
				名所	

相	SŌ SHŌ ai	Aspekt Minister gegenseitig	86 N 2241 R 109/4	相村校	
	木 (木)	Baum	R 75	首相	相場
	目	Auge	R 109	文相	
				人相	

福	FUKU	Glück	87 N 3256 R 113/9	福	
	礻(示)	zeigen	R 113	福田	
	一	eins	R 1		
	口	Mund	R 30		
	田	Reisfeld	R 102		

部	BU	Teil,Abteilung	88 N 4767 R 163/8	部都阪陸	
	立	stehen	R 117	部屋	学部
	口	Mund	R 30	部数	本部
	阝	Siedlung	R 163	部首	部長

室	SHITSU	Zimmer	89 N 1300 R 40/6	室字屋	
	宀	Dach	R 40	教室	
	一	eins R 1	至 erreichen R 133		
	厶	katakana mu R 28		研究室	
	土	Erdboden R 32		洋室	

校	KŌ	Schule	90 N 2260 R 75/6	校木相
一十才	木(木)	Baum	R 75	学校
丶	亠	Deckel R 8	交 sich kreuzen	小学校
ノハゾ	父	Vater R 88		中学校

自	JI	selbst	91 N 3841 R 132	自首	
ノイ白				自由	自由国
白自	自	selbst	R 132	自由都市	自国語
				自由市場	

由	YU	beruhen auf	92 N 89 R 102/0	由田	
丨冂	田	Reisfeld	R 102	自由	
巾由					
由					

LEKTION 6

VOKABULAR

高い	たかい	A	hoch; (Waren:)teuer
大きい	おおきい	A	groß
漢字	かんじ	N	chinesische Schrift- zeichen
良い	いい／よい	A	gut
電車	でんしゃ	N	(elektrische Bahn, meist:) Stadtbahn
はやい	{速い 早い}	A	schnell; früh, zeitig
広い	ひろい	A	ausgedehnt, groß(flä- chig)
外国	がいこく	N	Ausland
安い	やすい	A	(Waren:)billig
歴史学	れきしがく	N	Geschichtswissenschaft
歴史	れきし	N	Geschichte
学	がく	SUF/N	*bildet Bezeichnungen von Wissenschaftsdis-ziplinen*
新しい	あたらしい	A	neu
難しい	むずかしい	A	schwierig
易しい	やさしい	A	einfach
悪い	わるい	A	schlecht
国土	こくど	N	Staatsgebiet, Terri- torium

狭い	せまい	A	eng, schmal
近い	ちかい	A	nahe
遠い	とおい	A	weit entfernt
古い	ふるい	A	alt (nicht Menschen)
物価	ぶっか	N	(Waren-)Preise
交通	こうつう	N	Verkehr
激しい	はげしい	A	heftig, stark
生活	せいかつ	N	Dasein, Leben
経済成長	けいざいせいちょう	N	Wirtschaftswachstum
経済	けいざい	N	Wirtschaft
成長	せいちょう	N	Wachstum
著しい	いちじるしい	A	beträchtlich, enorm
ぱり	パリ	N	Paris
ろうま	ローマ	N	Rom
工業都市	こうぎょうとし	N	Industriestadt
工業	こうぎょう	N	Industrie
自民党	じみんとう	N	Liberaldemokratische Partei
社会党	しゃかいとう	N	Sozialistische Partei
政党	せいとう	N	(politische) Partei

どう FP/ADV wie (fragt nach Eigenschaften)

GRAMMATIK

ADJEKTIV

Allgemeine Beschreibung

Wortart zur Bezeichnung von Eigenschaften. Adjektive können im Deutschen wie im Japanischen drei syntaktische Funktion übernehmen: Prädikat, Attribut (Beiwort eines Nomens) und Adverbial (Beiwort eines Verbs). In beiden Sprachen zählen Adjektive zu den flektierbaren Wortarten, doch sind Inhalt und Form der Flexion verschieden. Komparations- (Steigerungs-)formen wie Komparativ und Superlativ kann das japanische Adjektiv nicht bilden, vergleichende Aussagen werden mit lexikalischen oder syntaktischen Mitteln formuliert (s. Lektion 14).

Adjektiv im Japanischen
Klassen von Adjektiven

Das Japanische besitzt zwei Klassen von Adjektiven, die "japanischen" Adjektive (aufgrund ihrer *kun*- Lesung), im folgenden Adjektive genannt (abgekürzt: A), und die "sino-japanischen" Adjektive (aufgrund der überwiegenden *on*-Lesung ihrer Stämme), im folgenden Nominaladjektive (NA). Beide sind semantisch gleichartig, morphologisch aber verschieden: während die Adjektive eine Endungsflexion aufweisen, lassen sich die Nominaladjektive nur mithilfe der Kopula flektieren, sind insofern also den Nomina in prädikativer Funktion vergleichbar. Die folgenden Ausführungen beziehen sich nur auf die Adjektive, zu den Nominaladjektiven s.Lektion 12.

Morphologische Beschreibung

Die Adjektive bestehen aus einem (unveränderbaren) Stamm und einer (veränderbaren) Endung. Diese ist in der Nennform immer *i* :

Stamm	Endung
taka	*i*
yasu	*i*
tō	*i*
atarashi	*i*

Bei der Notierung der Adjektive wird der Stamm durch *kanji*, die Endung durch *hiragana* wiedergegeben:

高い *taka.i* 安い *yasu.i* 遠い *tō.i*

(Der Punkt in der Umschrift markiert die Grenze zwischen Stamm und Endungsmorphem.)

Eine (sprachhistorisch bedingte) Ausnahme bilden alle Adjektive, deren Stamm auf *shi* endet: diese Silbe, obwohl zum unflektierbaren Stamm gehörend, wird ebenfalls mit *hiragana* notiert:

新しい *atarashi.i* 激しい *hageshi.i*

Eine weitere Ausnahme bildet *ōki.i* : 大きい

Flexion der Adjektive

Die Flexion dient der Bezeichnung zusätzlicher, die Bedeutung der Aussage modifizierender Informationen wie Negation, Tempus, Modus u.a. beim Prädikat (Prädikatsmodifikationen). Dazu wird ein grammatisches Morphem als Träger einer solchen modifizierenden Information über eine bestimmte morphologische Variante des Prädikatsworts, einer (Flexions-)Grundform, mit diesem verbunden. Diese Einheit von Grundform und grammatischem Morphem ist die Flexionsform, bedeutungsmäßig eine Kombination des Inhalts von Prädikatswort und modifizierendem Morphem. Dieser Bildungsmechanismus soll am Beispiel der höflichen Negationsform des Adjektivs illustriert werden:

	Stamm	Endung	grammat.Morphem(e)
Nennform	*taka-*	*-i*	
Grundform	*taka-*	*-ku-*	
Flexionsform	*taka-*	*-ku-*	*arimasen*

(Die einzelnen Flexionsformen werden im folgenden bei ihrem ersten Vorkommen hinsichtlich ihrer Bildungsweise erläutert, eine systematische Darstellung des Flexionssystems findet sich Lektion 12.)

FLEXIONSFORMEN / ADJEKTIV

Nennform

Die Form des Adjektivs ohne modifizierende Zusätze heißt Nennform, in ihr erscheinen Adjektive beim Lexikon-Eintrag. Anders als die Infinitivform deutscher Prädikatswörter kann die Nennform aber auch Hauptsatzprädikate bilden. Die Tatsache, daß sie in bezug auf Prädikatsmodifikationen unmarkiert ist, bedeutet in temporaler Hinsicht, daß sie die Nicht-Vergangenheit bezeichnet, Präsens und nicht-modales Futur (s.Lektion 3), also"Präsensform" ist. Ferner ist die Nennform affirmativ und höflichkeitsneutral. Der Satz

(1) *hon wa takai.*

ist also zu übersetzen:

Bücher sind teuer.

Höflichkeitsform

Als Mittel zur Bezeichnung der Höflichkeit dient bei Adjektiven die höfliche Kopulavariante *desu*, die dem Adjektiv nachgestellt ist, hier aber im Gegensatz zum nominalen Prädikat keine syntaktische Funktion wahrnimmt, d.h. nicht als ein die Prädikatsfunktion kennzeichnendes grammatisches Morphem fungiert. Satz (1) hat bei gleicher Sachbedeutung (und folglich gleicher deutscher Übersetzung) folgende höfliche Form:

(1') *hon wa takai desu.*
Bücher sind teuer.

Das Vorhandensein bzw. Nicht-Vorhandensein der Kopula in (1) bzw. (1') bedeutet also keine syntaktische sondern lediglich eine stilistische Veränderung.

Negationsform (höflich)

Die Morphemverbindung *arimasen*, semantisch eine Kombination von Höflichkeit und Negation, wird mit einer Grundform, bestehend aus Stamm + *ku* verbunden (s.o. Flexion des Adjektivs). Der Beispielsatz lautet verneint:

(1'') *hon wa taka.ku.arimasen.*
Bücher sind nicht teuer.

Das Adjektiv *ii* (*gut*) bildet die höfliche Negationsform ausschließlich über seine Alternativlesung *yoi*:

i.i desu	ist gut
yo.ku arimasen	ist nicht gut

Vergangenheitsform (höflich)

Morphem zur Bezeichnung der Vergangenheit bei Adjektiven ist ebenfalls eine Morphemverbindung: *katta*, die an den Stamm nach Tilgung der Endung *i* angeschlossen wird. Eine zusätzliche Höflichkeitsmarkierung erfolgt mittels der Kopulaform *desu* [+].

	Stamm	Endung	gramm.Morpheme
Nennform	*taka-*	*-i*	
Vergangenheitsform höflichkeitsneutral	*taka-*	Ø	*-katta*
Vergangenheitsform höflich	*taka-*	Ø	*-katta desu*

Der Beispielsatz lautet dann:

(1''') *hon wa taka.katta desu.*
Bücher waren teuer.

Negations- + Vergangenheitsform (höflich)

Die höfliche Negationsform *taka.ku arimasen* wird mittels der zusätzlich angeführten Vergangenheitsform der Kopula *desu* in einen Ausdruck der Vergangenheit umformuliert: *taka.ku arimasen deshita.*

(1'''') *hon wa taka.ku arimasen deshita.*
Bücher waren nicht teuer.

SATZ MIT ADJEKTIVISCHEM PRÄDIKAT: SATZMODELL

Allgemeine Beschreibung

Der Satz mit adjektivischem Prädikat ist wie der Nominalsatz seinem Wesen

[+] Eine zweite, gleichbedeutende Form wird gebildet aus der Nennform des Adjektivs + der Vergangenheitsform der Kopula *desu*:

takai deshita

Die Form *taka.katta desu* wird hier als die sprachüblichere gewählt.

nach ein Urteilssatz: einem nominalen Begriff wird eine bestimmte Eigenschaft zugeschrieben, bzw. er wird durch diese Eigenschaft definiert:

(1) *Bücher sind teuer.*

Entsprechend ist auch dieser Satztyp zweigliedrig: der beurteilte (definierte) Begriff steht in Subjektfunktion, das Urteil wird durch das adjektivische Prädikat ausgedrückt:

(1)

Bücher	*sind teuer.*
Subjekt	Prädikat

Satzmodell / Thema - Kommentar

Im Japanischen hat der Satz mit adjektivischem Prädikat folgendes Modell:

(2)

N + *ga*	A
Subjekt	Prädikat
hon ga	*takai.*
Bücher	sind teuer.

Hinsichtlich der Gliederung in Thema und Kommentar verhält sich der Adjektivsatz wie der Nominalsatz: in der Aussageform wird entsprechend der Aussagegliederung in Beurteiltes - Urteil die Themarolle dem Subjekt zugewiesen, Kommentar ist das Urteil, das Prädikat:

(3)

hon wa	*takai.*
Subjekt Thema	Prädikat Kommentar
Bücher	sind téuer.

Nun sind aber auch Sätze wie (2) grammatisch, dann nämlich, wenn dem Subjekt die Kommentarfunktion im Mitteilungsvorgang zugewiesen ist. Das ist regelmässig der Fall, wenn auf einen Ergänzungsfragesatz geantwortet wird, der nach dem Subjekt fragt, dem Begriff also, dem eine bestimmte Eigenschaft zueigen ist:

(4) *Wás ist teuer?*

(5) *Bǘcher sind teuer.*

Im Japanischen:

(6)	*nani ga*	*takai ka.*
(7)	*hon ga*	*takai.*
	Subjekt Kommentar	Prädikat Thema

Weiterhin finden sich Sätze dieser Kommentar-Thema-Verteilung bei Aussagen, denen eine Frage wie (6) zwar nicht vorangeht, aber als vorangegangen mitgedacht wird, bei einer rhetorischen Figur zur Bekräftigung des Subjekts etwa.

Prädikatsmodifikationen

Die bisher genannten Beispielsätze weisen ein Prädikat in höflichkeitsneutraler Formulierung auf. Soll die höfliche Form gewählt werden, wird die entsprechende Flexionsform des Adjektivs in die Prädikatsfunktion eingesetzt:

(3')

hon wa	*takai*	*desu*
N + *wa*	A	Höflichkeitsmorphem
Subjekt-Thema	Prädikat	

Für weitere Modifikationen wie Negation und Vergangenheit finden die entsprechenden Flexionsformen Verwendung.

Fehlende Kongruenz

Die folgenden Beispielsätze sollen verdeutlichen, was bereits für den Nominalsatz festgestellt worden ist: es gibt keine formale Übereinstimmung von Subjekt und Prädikat hinsichtlich Person und Numerus (Kongruenz), da diese Kategorien im Japanischen morphologisch nicht realisiert werden:

(3)	*hon wa <u>takai desu</u>.*	Bücher <u>sind teuer</u>.
(8)	*kono hon wa <u>takai desu</u>.*	Dieses Buch <u>ist teuer</u>.
(9)	*watakushi ga <u>warui desu</u>.*	Ích <u>bin schuld</u>.
(10)	*anata ga <u>warui desu</u>.*	Dú <u>bist schuld</u>.

SATZ MIT ADJEKTIVISCHEM PRÄDIKAT / FRAGESATZ

Die allgemeinen Merkmale des Fragesatzes (s.Lektion 1) gelten auch für den adjektivischen Satztyp:

- eine Umstellung der Satzkonstituenten erfolgt nicht
- der Fragesatz wird formal - gleich ob Entscheidungs- oder Ergänzungsfrage - durch die Partikel *ka* am Satzende gekennzeichnet.

Entscheidungsfrage

Die Entscheidungsfrage weist über die allgemeinen Merkmale des Fragesatzes hinaus keine Besonderheiten auf:

(1)

kono hon wa	*takai desu*	*ka.*
N + *wa*	A	Frage-partikel

Ist dieses Buch teuer?

Ergänzungsfrage

Bei der Frage nach dem Subjekt wird ein der Begriffsklasse (Ding, Ort, Mensch u.a.) entsprechendes Fragepronomen eingesetzt, wobei zu beachten ist, daß in diesem Fall das Subjekt nicht topikalisiert werden kann, auch nicht in der Antwort (s.Lektion 5):

(2)	*nani ga takai desu ka.*	Was ist teuer?
	hon ga takai desu.	Bücher sind teuer.
(3)	*dare ga warui desu ka.*	Wer ist schuld?
	kare ga warui desu.	Er ist schuld.
(4)	*dono hon ga takai desu ka.*	Welches Buch ist teuer?
	kono hon ga takai desu.	Dieses Buch ist teuer.
(5)	*doko ga ii desu ka.*	Wo ist es schön?
	koko ga ii desu.	Hier ist es schön.

Nach dem adjektivischen Prädikat in höflicher Formulierung wird mittels des Fragepronomens *dō desu* (*wie*) gefragt. Die Kopula ist hier erforderlich, da *dō* unflektierbar ist.

(6)	*kono hon wa dō desu ka.*	Wie ist dieses Buch?
	kono hon wa ii desu.	Dieses Buch ist gut.

AUFZÄHLUNG MIT *YA*

Die Aufzählung nominaler Begriffe mit der Partikel *ya* bildet aussagenlogisch eine Konjunktion, d.h.die Gesamtaussage ist wahr, wenn beide Einzelaussagen wahr sind. Sie kann im Deutschen durch *und* wiedergegeben werden. Das Japanische unterscheidet durch eigene Morpheme zwei Arten der Konjunktion: für offene Mengen und für geschlossene Mengen. Eine geschlossene Menge ist im Sinne der Aussage erschöpfend, d.h. die Aussage bezieht sich auf die genannten Begriffe und nur auf diese, im Fall der offenen Menge dagegen ist die Aufzählung exemplarisch:

(1) *Tokyo und Osaka sind Großstädte.*

Will der Sprecher eine Aussage über die beiden genannten - und nicht über andere - Städte machen, etwa bei einem Bericht über Tokyo und Osaka, so würde er im Japanischen die Aufzählung als geschlossene Menge formulieren (u.a. durch die Aufzählung mit *mo: sowohl - als auch*), will er aber Tokyo, Osaka und andere, hier nicht genannte Städte beschreiben, wählt er den japanischen Ausdruck für offene Mengen: *ya*.

Die Aufzählungspartikel *ya* steht zwischen den Aufzählungsgliedern.

(2)

Tōkyō	*ya*	*Ōsaka*
N_1	*ya*	N_2

Tokyo, Osaka und andere

Die Aufzählung bildet als Ganzes eine Satzkonstituente, deren Funktion durch eine entsprechende Partikel ausgewiesen ist. Diese Partikel steht im Falle der Aufzählung mit *ya* nach dem letzten Aufzählungsglied:

(3)

Tōkyō ya Ōsaka	*wa*	*ōkii desu.*
Subjekt		Prädikat
Thema		Kommentar

Tokyo und Osaka (u.a.) sind groß.

Anders als hier steht bei der Aufzählung mit *mo* diese Aufzählungspartikel nach jedem Glied, so daß für beide Aufzählungstypen verschiedene strukturelle Deutungen vorgenommen werden können:

	Subjekt			Prädikat
	N		*wa*	A / Höflichkeit
	N_1 + N_2			
(3)	*Tōkyō ya Ōsaka*		*wa*	*ōkii desu*
(4)	*Tōkyō mo*	*Ōsaka mo*		*ōkii desu*
	$Subjekt_1$	$Subjekt_2$		Prädikat

Satz (3) weist ein Subjekt auf, dessen nominaler Kern aufgespalten ist in zwei, durch *ya* zu einem "Gesamtnomen" verklammerte Nomina. Dieses "Gesamtnomen" wird dann als Subjekt-Thema mit der entsprechenden Partikel gekennzeichnet:

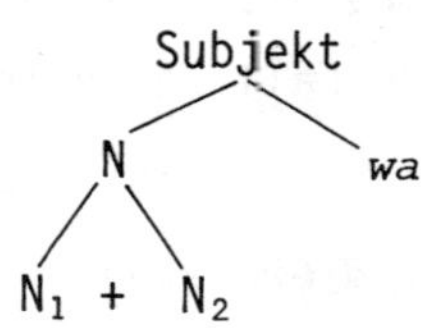

In Satz (4) dagegen besteht das Subjekt aus zwei Einzelsubjekten, die beide für sich den Kriterien für die Formulierung eines Subjekts genügen, da beim Auftreten von *mo* ohnehin die Subjekt-bzw.Themapartikel getilgt wird:

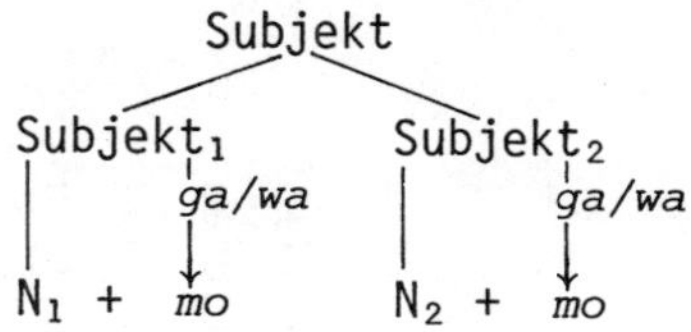

KURZREFERENZ

Satz mit adjektivischem Prädikat

		N + *ga*	A	
Grundmodell		N + *ga*	A	
höfliche Form		N + *ga*	A + *desu*[+]	
Subjekt-Thema		N + *wa*	A + *desu*	
Entscheidungsfrage		N + *ga/wa*	A + *desu*	*ka*
Ergänzungsfrage/ Subjekt		FP + *ga*	A + *desu*	*ka*
Ergänzunsgfrage/ Prädikat		N + *wa*	FP[++] + *desu*	*ka*
Subjekttilgung		Ø	A + *desu*	
satzeinleitende Konjunktion	Ks	N + *wa*	A + *desu*	
mo		N + *mo*	A + *desu*	
Aufzählung mit *mo*		N_1+*mo* N_2+*mo*	A + *desu*	
Aufzählung mit *ya*		N_1+*ya* N_2+ *ga/wa*	A + *desu*	
		Subjekt	Prädikat	

Die Varianten sind auch untereinander kombinierbar, z.B. Aufzählung / Frage, satzeinleitende Konjunktion/Aufzählung etc. Solche Kombinationen sind hier nicht berücksichtigt.

[+] Weitere Prädikatsmodifikationen s.Flexionsformen / Adjektiv.

[++] *dō*

Flexionsformen / Adjektiv

Merkmaldifferenzierende Übersicht über die hier behandelten Flexionsformen des Adjektivs (Bsp.: *takai = hoch, teuer*)

	affirmativ	negativ	höflich	höfl'neutral	Präsens	Vergangenheit	
takai	+			+	+		ist hoch
takai desu	+		+		+		ist hoch
taka.ku arimasen		+	+		+		ist nicht hoch
taka.katta desu	+		+			+	war hoch
taka.ku arimasen deshita		+	+			+	war nicht hoch

ÜBUNGSTEIL

EINFÜHRUNGSÜBUNG

1. この本は高いです。
2. あの雑誌は新しいですか。
3. いいえ，新しくありません。
4. 古いです。
5. 日本の国土は広いですか。
6. いいえ，広くありません。
7. 狭いです。
8. あそこの道は悪かったです。
9. どの文字が易しいですか。
10. ひらがなが易しいです。
11. 大阪も名古屋も日本の大都市です。
12. 大阪や名古屋は日本の大都市です。

GRAMMATIKÜBUNGEN

1. Grammatik: Adjektiv
   Satz mit adjektivischem Prädikat
   Flexionsformen/ Adjektiv: Höflichkeitsform

   Aufgabe: Umwandlung in einen Satz mit adjektivischem Prädikat unter Verwendung des Stichworts

   Muster: T: これは本です。／高い

   S: この本は高いです。

   1. これは建物です。／大きい
   2. それは漢字です。／難しい
   3. あれは道です。／狭い
   4. それは電車です。／はやい

5. それは部屋です。／広い

6. これは外国の雑誌です。／安い

7. あれは歴史学の論文です。／新しい

2. Grammatik: Satz mit adjektivischem Prädikat: Fragesatz/ Entscheidungsfrage
Flexionsformen/ Adjektiv: Negationsform (höflich)
(Subjekttilgung)

Aufgabe: Verneinung und richtigstellende Beantwortung der Frage mithilfe des Stichworts

Muster: T: この本は高いですか。／安い

S: いいえ，高くありません。安いです。

1. 漢字は難しいですか。／易しい

2. あの国の道は良いですか。／悪い

3. 日本の国土は広いですか。／狭い

4. 図書館は近いですか。／遠い

5. あなたの日本語の教科書は新しいですか。／古い

3. Grammatik: Satz mit adjektivischem Prädikat
Flexionsformen/ Adjektiv: Vergangenheitsform (höflich)

Aufgabe: Bildung von Aussagen in der Vergangenheitsform

Muster: T: あの電車ははやいです。

S: あの電車ははやかったです。

1. 物価は高いです。

2. 図書館は遠いです。

3. その漢字は易しいです。

4. 日本の都市の交通は激しいです。

5. 日本の経済成長は著しいです。

4. Grammatik: Satz mit adjektivischem Prädikat:Fragesatz/Ergänzungsfrage Flexionsformen/Adjektiv:Negations- + Vergangenheitsform (höflich)

Aufgabe: Beantwortung der Frage mithilfe des Stichworts

Muster: T: あそこの山はどうですか。／ hoch

S: あそこの山は高いです。

1. 日本語はどうですか。 /schwierig

2. 大都市の交通はどうですか。/ stark

3. ソ連の国土はどうですか。 / ausgedehnt

4. 物価はどうですか。 / nicht niedrig

5. 彼の論文はどうですか。/ nicht schlecht

6. 外国の生活はどうでしたか。/ schwierig

7. 日本の経済成長はどうでしたか。/ beträchtlich

8. そこの道はどうでしたか。 / nicht gut

9. あの電車はどうでしたか。 / nicht schnell

10. その部屋はどうでしたか。 / nicht groß

5. Grammatik: Satz mit adjektivischem Prädikat: Fragesatz/ Ergänzungsfrage (Thema-Kommentar)

Aufgabe: Beantwortung der Frage mithilfe des Stichworts

Muster: T: 何が高いですか。/ die Preise

S: 物価が高いです。

1. 何が易しいですか。/ die *hiragana*-Schrift
2. どの文字が難しいですか。/ die chinesische Zeichenschrift
3. どこが遠いですか。/ die Universitätsbibliothek
4. どの国の物価が高いですか。/ Japan
5. どこの交通が激しいですか。/ japanische Großstädte

6. Grammatik: Aufzählung mit *ya*

Aufgabe: Umformulierung in eine Aufzählung mit *ya*

Muster: T: 中国人も日本人もあじあ人です。

S: 中国人や日本人はあじあ人です。

1. ぱりもろうまもようろっぱの首都です。
2. 日本も英国も島国です。
3. 朝日新聞も毎日新聞も日本の新聞です。
4. 大阪も名古屋も日本の工業都市です。
5. 自民党も社会党も日本の政党です。
6. ひらがなもかたかなも難しくありません。

7. 中国も日本も遠いです。

8. 研究所も図書館も近いです。

9. 外国の新聞も雑誌も安くありません。

10. ソ連の国土も中国のも広いです。

7. Aufgabe: Übersetzung ins Japanische

1. Ist dieses *kanji* hier einfach? Nein, es ist schwierig. Wie ist jenes *kanji*? Es ist auch schwierig. Welches *kanji* ist einfach? Dieses dort ist nicht schwierig.

2. Sind *hiragana* schwierig? Nein, sie sind nicht schwierig. Sind *katakana* schwierig? Nein, weder *hiragana* noch *katakana* sind schwierig. Welche Zeichen sind schwierig? *Kanji* sind schwierig. Woher kommen *kanji*? Aus China.

3. Wie ist das Leben in einer Großstadt? Es ist schwierig. Der Verkehr ist stark. Die Wege sind weit. Die Preise sind hoch.

ABSCHLUSSÜBUNGEN

1. Aufgabe: Schreiben der *kanji*, Zusammenstellen zu Komposita
Erschließung der Lesung
begriffliche Deutung

1. 「にほん」の「ほん」+「こくど」の「ど」

2. 「すいようび」の「すい」+「ほっかいどう」の「どう」

3. 「すうじ」の「すう」+「にちようび」の「にち」

4. 「すうじ」の「すう」+「がっこう」の「がく」

5. 「だいがく」の「がく」+「しょうせつ」の「せつ」

6. 「べいこく」の「こく」+「にほんご」の「ご」

7. 「こうぎょう」の「こう」+「がくせい」の「がく」

8. 「こうじょう」の「じょう」+「けんきゅうじょ」の「じょ」

9. 「たかい」+「がっこう」の「こう」

10. 「べいこく」の「こく」+「でんしゃ」の「でん」

2. Aufgabe: Beantwortung der Frage:

1. 京都は日本の首都ですか。
2. どこが日本の首都ですか。
3. 毎日新聞は英語の新聞ですか。
4. どれが英語の新聞ですか。
5. SPD は日本の政党ですか。
6. どれが日本の政党ですか。

3. Aufgabe: Verneinung und richtigstellende Beantwortung der Frage

1. 日本語は易しいですか。
2. この教室は狭いですか。
3. 図書館は近いですか。
4. 日本の物価は安かったですか。
5. 道は悪かったですか。

4. Aufgabe: Beantwortung der Frage am Ende des Kurztextes

a. これは朝日新聞です。しかし、今日の新聞ではありません。きのうのです。何曜日の朝日新聞ですか。

b. 大阪は工業都市です。名古屋も工業都市です。しかし、大阪も名古屋も日本の首都ではありません。どこが日本の首都ですか。

5. Aufgabe: Übersetzung ins Japanische

1. Wie sind die Preise in Japan? Sie sind hoch.
   Sind ausländische Zeitungen billig? Nein, sie sind teuer.
   Sind Bücher billig? Nein, Bücher sind auch teuer.
   Was ist billig?

2. Wie ist Kyoto? Kyoto ist keine Industriestadt. Es hat eine alte Geschichte. Doch der Straßenverkehr auch in dieser Stadt ist stark und die Preise sind nicht niedrig.

3. Sind *hiragana* schwierig? Nein, sie sind einfach. Aber *kanji* sind schwierig. Woher kommen *kanji*? Aus China.Es sind aber Schriftzeichen des Chinesischen und Japanischen. Sind *katakana* auch Schriftzeichen des Chinesischen? Nein, sowohl *hiragana* als auch *katakana* sind japanische Schriftzeichen.

高	KŌ takai hoch	93 N 5248 R 189	高 京 交 文
丶	亠	Deckel R 8	名高い / 高速
丨𠃌	口	Mund R 30	高校 / 高価
丨	冂	dreiseitige Einfassung R 13	高校生
丨𠃌	口	Mund R 30	
		} 高 hoch R 189	

漢	KAN China (Han-Reich)	94 N 2662 R 85/10	漢 洋 難
丶丶	氵(水)	Wasser R 85	漢字
一十	艹	Gräser R 140	漢文
丨𠃌	口	Mund R 30	漢語
	一	eins R 1	
一ナ	大	groß R 37	

良	RA RYŌ yoi gut	95 N 3885 R 138/1	良 銀 館
	丶	Punkt R 3	
㇆ョョ 艮 艮	艮	Grenze R 138	

速	SOKU hayai schnell	96 N 4700 R 162/7	速 連 遠 通
一 ㇐ 𠃌			高速
𠮛 𠦝 束	束	Bündel { 木 Baum R 75; 口 Mund R 30 }	
丶 ㇋	辶	voranschreiten R 162	

早	SŌ hayai früh	97 N 2100 R 72/2	早 曜 易
丨𠃌日	日	Sonne R 72	早朝
一	十	zehn R 24	朝早く

電	DEN	Elektrizität Blitz	98 N 5050 R 173/5	電
一 冖 帀 币 帀 雨 雨	雨	Regen	R 173	電車 · 電場
丨 冂 日 日	电(申)	sich äußern		国電
				市電

車	SHA kuruma	Wagen,Rad	99 N 4608 R 159	車 連
一 冖 币 両 亘 亘	車	Rad	R 159	電車
				水車
				中古車

外	GAI soto	außen	100 N 1168 R 36/2	外 名
ノ ク	夕	Abend	R 36	外国 · 海外
丨	ト	katakana to	R 25	外国語 · 外相
				外国人 · 外交

安	AN yasui	billig	101 N 1283 R 40/3	安 室 字
丶 丷	宀	Dach	R 40	平安
く 夊	女	Frau	R 38	平安京

歴	REKI	vergehen (Zeit)	102 N 835 R 77/10	歴
一	厂	Klippe	R 27	歴史 · 学歴
一 十 才	木 林	Baum Hain	R 75	歴史学
丨 卜 卜	止	anhalten	R 77	歴史小説

(Klippe R 27 / Baum R 75 → 麻 Hanf R 200)

史	SHI	Geschichte	103 N 91 R 30/2	史中使
丨冂	口	Mund	R 30	日本史
丿	乂(人)	Mensch	R 9	史上

難	NAN muzukashii	schwie-rig	104 N 5038 R 172/10	難雑漢曜
一十	艹	Gräser	R 172	難易
丨冂	口	Mund	R 30	難民
	一	eins	R 1	海難
一ナ	大	groß	R 37	
ノイ亻亻 亻 仁 隹	隹	kleiner Vogel	R 172	

易	I EKI yasashii	einfach	105 N 2107 R 72/4	易場物
丨冂日	日	Sonne	R 72	平易
ノ勹勿	勿	Verbot		

悪	AKU warui	schlecht	106 N 62 R 61/7	悪誌
一丆丙 亞亞亜	亜	untergeordnet, Sub-		悪人
丿八心	心	Herz	R 61	悪文
				悪口

狭	KYŌ semai	eng	107 N 2882 R 94/6	狭
ノ犭	犭(犬)	Hund	R 94	
	一	eins	R 1	
丶	ソ	katakana so		
一ナ	大	groß	R 37	

近	KIN chikai nah	108 N 4671 R 162/4	近 遠 速 新
ノ丿斤	斤	Axt R 69	近所 / 近道
丶⻌	辶	voran-schreiten R 162	近海
			近東

遠	EN toi entfernt	109 N 4733 R 162/10	遠 連 道 通
一 十	土	Erdboden R 32	遠洋
㇑ ㇕	口	Mund R 30	
ノイ𧘇	𧘇	(kein Graphem)	
丶⻌	辶	voran-schreiten R 162	

価	KA Wert	110 N 422 R 9/6	価 使 会 西
ノ	亻(人)	Mensch R 9	物価 / 米価
一丁丙			地価 / 平価
襾 覀	覀(西)	Westen R 146	高価

交	KŌ majiwaru sich kreuzen	111 N 290 R 8/4	交 京 文
丶	亠	Deckel R 8	交通 / 社交
ノ八父	父	Vater R 88	外交
			外交文書

通	TSŪ kayou { regelmäßig aufsuchen tōri Straße	112 N 4703 R 162/7	通 道
㇇	マ	katakana ma	交通 / 通学
ノ冂月 用	用	gebrauchen R 101	通行
丶⻌	辶	voran-schreiten R 162	文通

激	GEKI hageshii heftig	113 N 2712 R 85/13	激 活 済 数	
	氵(水)	Wasser	R 85	激論
	白	weiß	R 106	
	方	Richtung	R 70	
	攵	schlagen	R 66	

活	KATSU Leben	114 N 2552 R 85/6	活 洋 海 漢	
	氵(水)	Wasser	R 85	生活
	ノ	katakana no	R 4 (舌 Zunge R 135)	活火山
	十	zehn	R 24 (舌 Zunge R 135)	活字
	口	Mund	R 30 (舌 Zunge R 135)	

経	KEI heru hindurch-gehen	115 N 3523 R 120/5	経		
	幺	kurzer Faden	R 52 (糸 Faden R 120)	経済	経歴
	小	klein	R 42 (糸 Faden R 120)	経済学	月経
	又	wieder	R 29	経由	政経
	土	Erdboden	R 32		

済	SAI Hilfe	116 N 2597 R 85/8	済 水 激	
	氵(水)	Wasser	R 85	経済
				経済成長
	斉	ordnen	R 210	

成	SEI naru werden	117 N 1799 R 62/2	成		
	戈	Lanze	R 62	成長	成金
				成人	
				成員	

著	CHO ichijirushii erheblich arawasu verfassen	118 N 3983 R 140/8	著英都	
一十	艹	Gräser R 140	著名	
一十土	耂 (老)	alt R 125	著書	
丨冂日	日	Sonne R 72		

業	GYŌ	Tätigkeit, Gewerbe	119 N 143 R 143	業本東校	
丨 丨丨 丨丨丨 业 业 丵 丵 丵 丵 丵 業 業 業	木	Baum	R 75	工業	
				工業都市	
				工業国	

民	MIN	Volk	120 N 25 R 83/1	民	
㇆ ㇆ 尸 𠂉 民	氏	Clan	R 83	国民	人民
				市民	平民
				小市民	新平民

党	TŌ	Partei	121 N 1363 R 42/7	党学	
丨丨丶	⺌ (小)	klein	R 42	政党	社会党
丶	冖	katakana wa	R 14	野党	民社党
丨冂	口	Mund	R 30	自民党	
ノ	儿	knieender Mensch	R 10		

(口 Mund R 30 + 儿 knieender Mensch R 10 } 兄 älterer Bruder)

社	SHA	Schrein; Gesell-schaft	122 N 3231 R 113/3	社福土地	
丶 ネ ネ	礻 (示)	zeigen	R 113	社会	新聞社
一十	土	Erdboden	R 32	会社	社交
				社会学	社長

会	KAI au	treffen	123 N 381 R 9/4	会今使人
ノ	入(人)	Mensch	R 9	会社 / 国会図書館
一	二	zwei	R 7	教会 / 市民会館
ム	ム	katakana mu	R 28	国会 / 学会

政	SEI	regieren	124 N 2045 R 66/5		政教数激
	一	eins R 1	正 richtig		政党 / 政教
丨⺊⺊	止	anhalten R 77			行政 / 政党史
ノ⺈ケ	攵	schlagen	R 66		政経学部

LEKTION 7

VOKABULAR

長い	ながい	A	lang(räumlich, zeitlich)
山村	やまむら	N	Yamamura(Familienname)
新幹線	しんかんせん	N	(Superexpresslinie zwischen z.Zt.Tokyo und Fukuoka)
鉄道	てつどう	N	Eisenbahn
大きな	おおきな	A	groß *(Attributivform)*
経済力	けいざいりょく	N	Wirtschaftskraft
人口	じんこう	N	Bevölkerung(szahl)
多い	おおい	A	*N+ni/LOK*___*:* zahlreich vorhanden sein in..., in...viel geben
言語	げんご	N	Sprache
文法	ぶんぽう	N	Grammatik
らてん語	ラテン語	N	lateinische Sprache, Latein
すいす	スイス	N	Schweiz
少ない	すくない	A	*N+ni/LOK*___*:* in geringer Zahl vorhanden sein in..., in...wenig geben
強い	つよい	A	stark
どういう		FP	was für ein (fragt nach Eigenschaften)

GRAMMATIK

ADJEKTIV-ATTRIBUT

Adjektive können wie im Deutschen neben der Prädikatsfunktion auch als Attribut verwendet werden. Attribute stehen im Japanischen grundsätzlich vor dem (stets nominalen) Bezugswort (s.Lektion 2), so auch Adjektiv-Attribute. Eine verbindende Partikel wie *no* bei nominalen Attributen wird hier nicht gebraucht:

(1)	*watakushi no*	*hon*	mein Buch
(2)	*takai*	*hon*	ein teures Buch
	Attribut	Bezugswort	

Ein Adjektiv in attributiver Funktion steht grundsätzlich in höflichkeitsneutraler Form, auch wenn die Aussage insgesamt in höflicher Redeweise formuliert ist:

prädikativ

(3) *kono hon wa takai desu.* Dieses Buch ist teuer.

attributiv

(4) *kore wa takai hon desu.* Dies ist ein teures Buch.

(zu anderen Modifikationen des Prädikats s.u.)

Eine Kongruenz zwischen adjektivischem Attribut und Bezugswort hinsichtlich Numerus, Genus bzw. Bestimmtheit besteht nicht, da diese Kategorien im Japanischen nicht morphologisch ausgewiesen sind:

Deutsch		Japanisch	
(5)	*ein neues Buch*	(5')	*atarashii hon*
(6)	*neue Bücher*	(6')	*atarashii hon*
(7)	*das neue Buch*	(7')	*(kono) atarashii hon*
(8)	*ein neuer Student*	(8')	*atarashii gakusei*
(9)	*eine neue Zeitschrift*	(9')	*atarashii zasshi*

Einige wenige Adjektive bilden besondere Attributivformen, die nicht zwingend verwendet werden müssen, in der Sprachpraxis aber vorgezogen werden. Es handelt sich dabei um attributive Anschlüsse mithilfe der Partikeln *na* bzw. *no*, die von der anderen Adjektivklasse, den Nominaladjektiven, entlehnt wurden:

ōkii → *ōki na*

prädikativ:

(10) *kono toshi wa ōkii.* Diese Stadt ist groß.

attributiv:

(11) *ōkii toshi* eine große Stadt

(11') *ōki na toshi* eine große Stadt

Auf solche alternativen Attributivformen wird in den Wortlisten hingewiesen.

Wie für alle Attributivkonstruktionen gilt auch hier, daß unabhängig von der syntaktischen Funktion und vom Satztyp grundsätzlich alle Nomina Bezugswörter für Attribute sein können:

Nominalsatz/Subjekt:

(12) *atarashii zasshi wa kore desu.* Die neue Zeitschrift ist diese hier.

Nominalsatz/Prädikatsnomen:

(13) *kore wa atarashii zasshi desu.* Dies hier ist die neue Zeitschrift.

Adjektivsatz/Subjekt:

(14) *atarashii zasshi wa takai desu.* Neue Zeitschriften sind teuer.

ADJEKTIV-ATTRIBUT / PRÄDIKATSMODIFIKATIONEN

Es wurde bereits darauf hingewiesen, daß bei attributiver Verwendung von Adjektiven eine Höflichkeitsmarkierung bei diesen regelmäßig unterbleibt. Dadurch wird der Satz jedoch keineswegs insgesamt höflichkeitsneutral oder unhöflich, da die Kennzeichnung der Höflichkeit beim Prädikat des Satzes für die gesamte Aussage gültig ist:

(1)

atarashii hon wa takai	*desu.*
Aussage	Höflichkeitskennzeichnung

Für andere Modifikationen wie Negation und Vergangenheit gilt dies nicht, entsprechende Morpheme können mit Adjektiv-Attributen verbunden werden, wenngleich nur in höflichkeitsneutraler Form (s.Lektion 15).Im Falle von Adjektiv-Attributen im Prädikatsteil von Nominalsätzen wird üblicherweise nicht das Attribut sondern das Prädikat selbst negativ oder in der Vergangenheitsform ausgedrückt:

(2) *sono zasshi wa taka.ku arimasen.* Diese Zeitschrift ist nicht teuer.

→ (3) *sore wa takai zasshi de wa arimasen.* Dies ist keine teure Zeitschrift.

(4) *sono zasshi wa taka.katta desu.* Diese Zeitschrift war teuer.

→ (5) *sore wa takai zasshi deshita.* Dies war eine teure Zeitschrift.

ERGÄNZUNGSFRAGE/ ADJEKTIV-ATTRIBUT

Soll nach dem Adjektiv-Attribut in einem Ergänzungsfragesatz gefragt werden, etwa: *was für eine Zeitschrift?*, so wird im Japanischen als Fragepronomen u.a. *dō iu* verwendet:

(1) *kore wa dō iu zasshi desu ka.* Was für eine Zeitschrift ist das?

(2) *kore wa atarashii zasshi desu.* Das ist eine neue Zeitschrift.

dō iu enthält das Fragepronomen für prädikative Adjektive *dō* (s.Lektion 1, Demonstrativpronomina, dort die Adverbialreihe), das hier durch das Hilfsverb *iu* (*sagen, heißen*) attributiv mit dem Bezugswort verknüpft wird.

MEHRFACHATTRIBUT

Die Zahl der attributiven Bestimmungsglieder innerhalb einer Konstituente ist nicht notwendig auf eines beschränkt:

(1)

mein	*neues*	*Buch*
Attribut_1	Attribut_2	Bezugswort

(2) *das voraussichtliche Wachstum der japanischen Wirtschaft*

Attribut_1 (*voraussichtliche*) Attribut_2 (*der japanischen*) Attribut_3 (*Wirtschaft*)

Theoretisch ist die Zahl möglicher Attribute innerhalb einer Konstituente sogar offen, doch wird sie praktisch begrenzt durch die mit zunehmender Komplexität abnehmende Verständlichkeit.

Die Binnenstruktur mehrgliedriger Attribute kann verschieden sein:

(a) gleichrangige Attribute:

alle Einzelattribute sind Bestimmungselemente desselben Bezugsworts, sie sind also gleichrangig:

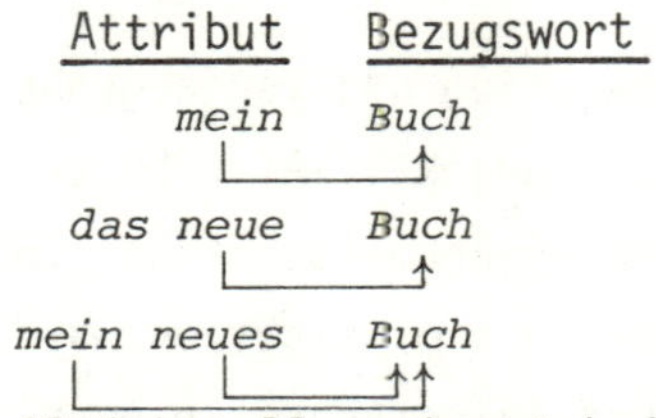

Trotz dieser formalen Gleichstellung kommt beiden Attributen ein unterschiedlicher Wert zu: *neues Buch* bildet im Hinblick auf das Attribut *mein* eine Einheit, es ist als Ganzes Bezugswort zu *mein*, d.h. unter der Menge der neuen Bücher wird ein bestimmtes benannt, nämlich *mein neues Buch*. Dieser strukturellen Beziehung trägt die folgende graphische Darstellung Rechnung:

mein neues Buch

(b) aufeinander bezogene Attribute

Die einzelnen Attribute stehen zueinander in einem attributiven Binnenverhältnis, eine Konstellation, die nur möglich ist, wenn eines der Attribute ein Nomen ist und somit selbst Bezugswort eines Attributs werden kann:

(3) *das Wachstum der japanischen Wirtschaft*

$\text{Bezugswort}_2 \longleftarrow \text{Attribut}_2 = \text{Bezugswort}_1 \longleftarrow \text{Attribut}_1$

Auch hier kann die Phrase *japanischen Wirtschaft* als Einheit betrachtet werden, die als komplexes Attribut dem Bezugswort *Wachstum* gegenübersteht.

(c) Eine Kombination beider Typen ist möglich:

(2) *das voraussichtliche Wachstum der japanischen Wirtschaft*

Die Realisierung dieser Strukturtypen mehrgliedriger Attribute im Japanischen soll hier am Beispiel zweigliedriger Attribute dargestellt werden:

(a) gleichrangige Attribute

(4) *watakushi no* | *Nihongo no* | *kyōkasho* — mein Japanisch-Lehrbuch

N + *no*	N + *no*	N
Attribut_1	Attribut_2	Bezugswort

(5) *atarashii* | *Nihongo no* | *kyōkasho* — ein neues Japanisch-Lehrbuch

A	N + *no*	N
Attribut_1	Attribut_2	Bezugswort

(6) *Nihongo no* | *atarashii* | *kyōkasho* — ein neues Lehrbuch d.Japanischen

N + *no*	A	N
Attribut_1	Attribut_2	Bezugswort

Für (4) - (6) gilt, daß das dem Bezugswort am nächsten stehende Attribut mit diesem eine inhaltlich enge Bindung eingeht und als "komplexes" Bezugswort dem entfernter stehenden Attribut gegenübersteht:

Attribut$_1$ Attribut$_2$ Bezugswort

(b) aufeinander bezogene Attribute

Satz (5) ist nicht eindeutig: neben der oben gegebenen Strukturbeschreibung ist auch seine Interpretation als Konstruktion aufeinander bezogener Attribute möglich:

(5') *atarashii Nihongo no kyōkasho* Lehrbuch des neuen Japanisch

Attribut$_1$ → Bezugswort$_1$
||
Attribut$_2$ → Bezugswort$_2$

Eindeutige Beispiele dieses Typs sind:

(7) *ōki na toshi no kōtsū* der Verkehr in den großen Städten

(8) *kono daigaku no toshokan* die Bibliothek dieser Universität

Die Beispiele (5') - (8) lassen ähnlich wie im Fall der gleichrangigen Attribute noch eine zweite, eher semantisch orientierte Strukturbeschreibung zu: die beiden Attribute sind als Einheit "komplexes" Attribut des in der letzten Position stehenden Bezugsworts:

Attribut$_1$ Attribut$_2$ Bezugswort

Der folgende Satz läßt wiederum zwei Deutungen zu:

(9) *Nihon no daitoshi no kōtsū* der Verkehr in jap. Großstädten

oder:

Nihon no daitoshi no kōtsū der Großstadtverkehr in Japan

Diese wenigen Beispiele sollen zeigen, daß die Deutung und damit auch Übersetzung mehrgliedriger Attribute im Japanischen nicht allein formalen Kriterien folgen kann, sondern sich auch am Inhalt der Äußerung orientieren muß. Eine eindeutige Struktur weist lediglich die Konstruktion

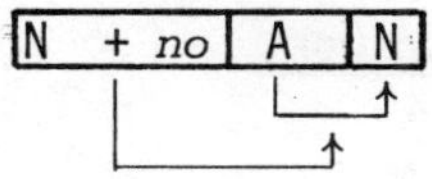

s.Satz (6)

auf, die zwei auf dasselbe Bezugswort gerichtete Attribute enthält. Dagegen sind die anderen hier behandelten Formen strukturell nicht eindeutig:

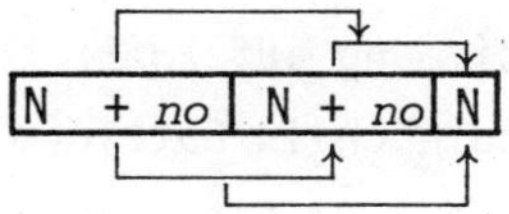

s.Satz (4)

s.Satz (8)

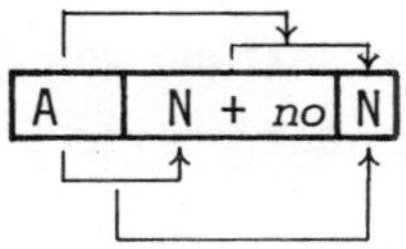

s.Satz (5)

s.Satz (7)

Auch eine Attributkette, bestehend aus zwei (selten mehr) Adjektiven kommt vor (A.A.N), doch bedient sich das Japanische hierbei formaler Mittel der Verknüpfung, die erst später behandelt werden.

RELATIVSATZ (1)

Es wurde bereits im Falle mehrgliedriger Attribute gezeigt, daß oberflächenstrukturelle, d.h. nur im äußeren Erscheinungsbild feststellbare Übereinstimmung kein hinreichendes Anzeichen für eine tatsächliche strukturelle und semantische Übereinstimmung ist. Der im folgenden eingeführte Relativsatztyp unterscheidet sich in seiner Oberflächenstruktur nicht von einer der Konstruktionen mit zweigliedrigem Attribut, dennoch liegen beiden völlig andere Beziehungen zwischen ihren einzelnen Bestandteilen zugrunde:

(1)	*Nihongo no*	*atarashii*	*kyōkasho*	ein neues Lehrbuch des Japanischen
(2)	*jinkō no*	*ōi*	*toshi*	
	N + *no*	A	N	

Wollte man (2) analog zu (1) übersetzen, gelangte man zu wenig befriedigenden Ergebnissen, etwa: " zahlreiche Städte mit Einwohnern". Der Grund dafür ist, daß *jinkō* und *ōi* nicht gleichrangig auf *toshi* bezogene Attribute sind. Vielmehr besteht zwischen ihnen eine Subjekt-Prädikat-Beziehung, d.h. sie bilden einen Satz. Diese wird hier durch den Gebrauch der Attributivpartikel *no* anstelle der Subjektpartikel *ga* zwar verdeckt, nicht aber aufgehoben. Eine korrekte Strukturbeschreibung von (2) sieht daher folgendermaßen aus:

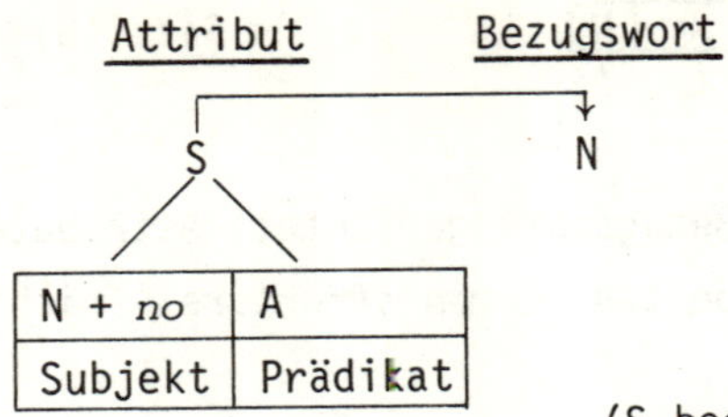

(S bedeutet Satz)

Der Satz *jinkō no ōi* ist als nähere Bestimmung auf *toshi* bezogen, erfüllt also die Kriterien eines Attributs, wenngleich in Satzform (s.Lektion 2). Es handelt sich um einen Attributsatz, genauer: um einen Relativsatz. Die Möglichkeit der Ersetzung der Subjektpartikel durch *no* ist auf Sätze in attributiver Position beschränkt. Die korrekte Übersetzung von (2) heißt also: " eine Stadt, deren Einwohner zahlreich sind" oder "eine Stadt mit zahlreichen Einwohnern".

NOMINALISIERUNG

In Lektion 5 wurde unter dem Stichwort " Attributivphrase ohne direktes Bezugswort" auf die Möglichkeit hingewiesen, unter bestimmten Bedingungen bei nominalen Attributen das Bezugswort zu tilgen:

(1) *kono hon wa watakushi no desu.* Dieses Buch ist meins.

Eine vergleichbare Konstruktion findet sich auch bei Adjektiv-Attributen:

(2) *sore wa furui shinbun desu.* Dies dort ist eine alte Zeitung.

(3) *atarashii no wa kore desu.* Die neue ist diese hier.

statt:

(4) *atarashii shinbun wa kore desu.* Die neue Zeitung ist diese hier.

Im Unterschied zu Konstruktionen wie (1) wird hier nicht das Bezugswort weggelassen, sondern durch *no* ersetzt. Zugleich bewirkt *no* die Nominalisierung des Adjektivs . A + *no* in Verbindung mit einer Partikel (z.B. *wa*) bildet eine Satzkonstituente (z.B. Subjekt-Thema). *no* in dieser Funktion wird Nominalisierungspartikel genannt.

AUFZÄHLUNG MIT *TO*

Die Partikel *to* bildet Aufzählungen des Typs der Konjunktion (oder: kopulative Aufzählungen) geschlossener Mengen. Sie verhält sich hinsichtlich Position und Strukturierungseigenschaften wie *ya*, d.h. *to* verbindet Nomina, zwischen denen es steht, zu einem "Gesamtnomen", das Kern der jeweiligen Konstituente ist. Deren Funktion wird durch eine der Aufzählungsphrase nachgestellte Partikel angezeigt.

(1)

Tōkyō to Ōsaka	*wa*	*ōkii desu.*
N_1 + N_2		
N	*wa*	A (höflich)
Subjekt		Prädikat
Thema		Kommentar

Der Unterschied zur Aufzählung mit *ya* besteht ausschließlich darin, daß *to* geschlossene Mengen bezeichnet, d.h. Aufzählungen, die im Sinne der Aussage (nicht zwangsläufig auch objektiv) vollständig sind. Satz (1) ist daher so zu verstehen: die beiden Städte Tokyo und Osaka, von denen der Sprecher berichtet,sind groß, wobei es für den Sprecher unerheblich ist, daß es noch weitere große Städte gibt.

In der deutschen Übersetzung wird sowohl *to* als auch *ya* durch *und* wiedergegeben.Zur Differenzierung kann im Fall der Aufzählung offener Mengen (*ya*) ein fortführender Ausdruck wie *usw.*verwendet werden.

KONTEXTBEZUG / *MO* (2)

Wurde *mo* (*auch*) in Lektion 4 als Partikel beschrieben, die die Gültigkeit der Aussage eines voranstehenden Satzes auch für den durch *mo* gekennzeichneten Begriff feststellt, so muß diese Beschreibung hier erweitert werden:*mo* kann ebenso verschiedene Aussagen - etwa in Form nominaler Prädikate - auf denselben Begriff beziehen:

(1)	*Ōsaka wa rekishi no furui toshi desu.*	Osaka ist eine Stadt mit alter Geschichte.
(2)	*Ōsaka wa kōgyō toshi de mo arimasu.*	Osaka ist auch eine Industriestadt.

(Üblicherweise wird in Sätzen wie (2) das Subjekt getilgt,hier ist es zur Verdeutlichung beibehalten worden.)

Wie in (2) ersichtlich,wird *mo* bei einem nominalen Prädikat in die Kopula eingefügt,wobei als Kopula nicht *desu* sondern die Variante *de arimasu* (s. Lektion 1,Flexionsformen/Kopula:Höflichkeitsform) verwendet wird:

kōgyō toshi desu

kōgyō toshi de mo arimasu

Bei negativen Aussagen wird *mo* in die negative Kopulaform an die Stelle von *wa* eingesetzt: *de wa arimasen* → *de mo arimasen*:

(3) *koko wa Kyūshū de wa arimasen.* (Dies) hier ist nicht Kyushu.

(4) *koko wa Shikoku de mo arimasen.* (Dies) hier ist auch nicht Shikoku.

DEMONSTRATIVPRONOMINA: RÜCKVERWEISENDER GEBRAUCH

Neben der hinweisenden (referentiellen) Bezeichnung real existierender Gegenstände oder Personen werden die Demonstrativpronomina - wie im Deutschen - auch rückverweisend (anaphorisch) verwendet, d.h. sie verweisen auf im Text oder Redezusammenhang zuvor genannte Begriffe oder Aussagen. Überwiegend findet sich *sore* bzw. *sono* in dieser Funktion, dann in der Regel ohne den entfernungsdifferenzierenden Wechsel *sore / kore* bei Sprecher und Hörer in aufeinander bezogenen Sätzen (s. Lektion 1).

KURZREFERENZ

Attributivkonstruktionen

	Attribut	Bezugswort	oder:
nominales Attribut	N + *no*	N	
zweigliedrig: - gleichrangig	N_1 + *no* N_2 + *no*	N	
- aufeinander bezogen	N_1 + *no* N_2 + *no*	N	
Adjektiv-Attribut	A	N	
zweigliedriges Attr.: nominal-adjektivisch -gleichrangig	N +*no* A	N	
	A N +*no*	N	
-aufeinander bezogen	A N +*no*	N	
Satz-Attribut (Relativsatz)	S	N	

Aufzählungen

	Aufzählungsphrase	Bezug zum Satz
offene Menge	N_1 *ya* N_2	+ grammat. Morphem (Partikel, Kopula)
geschlossene Menge	N_1 *to* N_2	+ grammat. Morphem
	N_1 + *mo* N_2 + *mo*	Ø

ÜBUNGSTEIL

EINFÜHRUNGSÜBUNG

1. あの道は狭いです。
2. あれは狭い道です。
3. この漢字は易しくありません。
4. これは易しい漢字ではありません。
5. これは日本語の新しい教科書です。
6. 東京は交通の激しい都市です。
7. 日本もどいつも経済成長の著しい国でした。
8. 日本とどいつは経済成長の著しい国でした。
9. 日本も英国も国土の広い国ではありません。
10. 東京は日本の大都市です。日本の首都でもあります。

GRAMMATIKÜBUNGEN

1. Grammatik: Adjektiv-Attribut
Flexionsformen/ Adjektiv: höflichkeitsneutrale Form

Aufgabe: Umformulierung des gegebenen Satzes in einen Nominalsatz entsprechend dem Muster

Muster: T: この本は高いです。

S: これは高い本です。

1. あの電車ははやいです。 2. この雑誌は古いです。

3. あの道は良いです。 4. この漢字は易しいです。

5. その部屋は狭いです。

2. Grammatik: Ergänzungsfrage/Adjektiv-Attribut
Aufgabe: Beantwortung der Frage mithilfe des Stichworts

Muster: T: それはどういう部屋ですか。/ ein schmales

S: それは狭い部屋です。

1. それはどういう論文ですか。/ ein guter

2. あそこはどういう道でしたか。/ ein schlechter

3. かたかなはどういう文字ですか。/ einfache

4. 東京はどういう都市ですか。/ eine große

5. 図書館はどういう建物ですか。/ ein hohes

3. Grammatik: Adjektiv-Attribut: Prädikatsmodifikationen
Aufgabe: Umformulierung des gegebenen Satzes in einen Nominalsatz mit Adjektiv-Attribut, wobei die Prädikatsmodifikation dem nominalen Prädikat zugeordnet wird

Muster: T: この山は高くありません。

S: これは高い山ではありません。

1. この電車ははやくありません。

2. その漢字は難しくありません。

3. あの部屋は広くありません。

4. あの都市は大きくありません。

5. その教科書は新しくありません。

4. Grammatik: Adjektiv-Attribut: Prädikatsmodifikationen

Aufgabe: Umformulierung des gegebenen Satzes in einen Nominalsatz mit Adjektiv-Attribut, wobei die Prädikatsmodifikation dem nominalen Prädikat zugeordnet wird.

Muster: T: この本は高かったです。

S: これは高い本でした。

1. あの道は狭かったです。

2. この新聞は安かったです。

3. あの論文は長かったです。

4. あの川は広かったです。

5. その建物は古かったです。

5. Grammatik: Mehrfachattribut

Aufgabe: Einfügen des Adjektivs in die Position unmittelbar vor dem Beziehungswort

Muster: T: これは私の教科書です。／新しい

S: これは私の新しい教科書です。

1. あれは外国の雑誌です。／高い

2. 漢字は中国の文字です。／古い

3. これは経済学の論文です。／新しい

4. 京都は日本の都市です。／古い

5. 新幹線は日本の鉄道です。／はやい

6. Grammatik: Mehrfachattribut
   Aufgabe: Einfügen des zusätzlichen Attributs(= Stichwort) in eine semantisch sinnvolle Position

Muster: T: これは日本語の教科書です。／私の

S: これは私の日本語の教科書です。

1. ひらがなは易しい文字です。／日本の

2. 漢字は中国の文字です。／難しい

3. これは日本語の教科書です。／新しい

4. 経済の成長は著しかったです。／日本の

5. 都市の交通は激しいです。／大きい

6. 京都は日本の都市です。／古い

7. 朝日新聞は大きな新聞です。／日本の

7. Grammatik: Relativsatz (1)
   Aufgabe: Einbettung von (b) in (a)

Muster: T:(a) 東京は都市です。

(b) 東京の交通は激しいです。

S: 東京は交通の激しい都市です。

1. 日本は国です。日本の国土は狭いです。
2. 日本は国です。日本の経済成長は著しいです。
3. 日本は国です。日本の経済力は強いです。
4. 東京は都市です。東京の生活は難しいです。
5. 東京は都市です。東京の人口は多いです。
6. 東京は都市です。東京の道は狭いです。
7. 日本語は言語です。日本語の文字は難しいです。
8. 日本語は言語です。日本語の歴史は古いです。
9. 日本語は言語です。日本語の文法は易しいです。

8. Grammatik: Aufzählung mit *to*
Relativsatz (1)

Aufgabe: Umwandlung in eine Aufzählung mit *to*

Muster: T: 中国人も日本人もあじあ人です。

S: 中国人と日本人はあじあ人です。

1. 東京も大阪も人口の多い都市です。
2. 日本もどいつも国土の狭い国です。
3. 中国語もらてん語も歴史の古い言語です。
4. 日本もすいすも平地の少ない国です。
5. 日本語も英語も文法の易しい言語です。
6. 日本もどいつも経済成長の著しい国でした。

9. Grammatik: Kontextbezug/ *mo* (2)
   Aufgabe: Formulierung eines Satzes, in dem mithilfe des Stichworts eine ergänzende Aussage zum Subjekt des Vorsatzes ausgedrückt wird

Muster: T: 東京は日本の大都市です。／日本の首都

S: 日本の首都でもあります。

1. 大阪は歴史の古い都市です。／工業都市
2. 漢字は中国語の文字です。／日本語の文字
3. この本は教科書ではありません。／小説
4. この海は太平洋ではありません。／大西洋
5. 日本の首都は大阪ではありません。／京都
6. この新聞は朝日新聞ではありません。／毎日新聞

10. Grammatik: Nominalisierung
    Aufgabe: Formulierung eines Anschlußsatzes mithilfe der Stichwörter

Muster: T: これは古い雑誌です。／新しい，それ

S: 新しいのはそれです。

1. 日本語は難しい言語です。／易しい，英語
2. 研究所は遠いです。／近い，図書館
3. 教科書は高いです。／安い，雑誌
4. ソ連は国土の広い国です。／国土の狭い，日本
5. 中国は人口の多い国です。／人口のすくない，すいす

ABSCHLUSSÜBUNGEN

1. Aufgabe: Schreiben der *kanji*, Zusammenstellen zu Komposita
Erschließung der Lesung
begriffliche Deutung

1. 「でんしゃ」の「でん」+「けいざいりょく」の「りょく」
2. 「ぶんぽう」の「ほう」+「ひと」
3. 「かんじ」の「かん」+「げんご」の「ご」
4. 「ぶんぽう」の「ぶん」+「こうつう」の「こう」
5. 「けいざいりょく」の「りょく」+「でんしゃ」の「しゃ」
6. 「けいざいりょく」の「りょく」+「だいがく」の「がく」
7. 「にほん」の「ほん」+「しゃかいとう」の「しゃ」
8. 「がいこく」の「がい」+「こうつう」の「こう」
9. 「わるい」+「こうぎょう」の「ぎょう」
10. 「げんご」の「げん」+「ろんぶん」の「ろん」

2. Aufgabe: Beantwortung der Fragen

1. 東京はどこの都市ですか。/ Japan
2. 東京はどういう都市ですか。/ eine große
3. 漢字はどこの文字ですか。/ China
4. 漢字はどういう文字ですか。/ schwierig
5. 日本語の文法はどうですか。/ einfach

6. 日本語はどういう言語ですか。/ eine Sprache mit einfacher Grammatik
7. 東京の生活はどうですか。/ schwierig
8. 東京はどういう都市ですか。/ eine Stadt, in der das Leben schwierig ist
9. 京都はどういう都市ですか。/ mit alter Geschichte
10. ソ連はどういう国ですか。/ mit hoher Einwohnerzahl

3. Aufgabe: Übersetzung ins Deutsche

1. 漢字は中国の古い文字です。
2. 東京は人口の多い都市です。
3. これは田中さんの新しい論文です。
4. 京都は工場の少ない都市です。
5. 日本は物価の安い国ではありません。
6. あれは大学の新しい図書館ではありません。

4. Aufgabe: Beantwortung der Frage

1. 東京と北京は日本の都市ですか。
2. 漢字とかたかなは中国の文字ですか。
3. 名古屋と京都は日本の工業都市ですか。
4. 日本と朝鮮はあじあの島国ですか。
5. 社会党とSPDは日本の政党ですか。

幹	KAN miki Stamm	125 N 790 R 51/10	幹 平 朝	
一	十 zehn	R 24	新幹線	幹部会
丨冂日	日 Sonne	R 72		
一	十 zehn	R 24	幹線	語幹
ノ	八(人) Mensch	R 9		
一二	干 Schild	R 51	幹部	

線	SEN Linie	126 N 3580 R 120/9	線 経	
く幺	幺 kurzer Faden R 52	糸 Faden R 120	新幹線	電線
亅小	小 klein R 42		本線	地平線
′亻白白	白 weiß	R 106		
亅水	水 Wasser	R 85	東海道本線	平行線

鉄	TETSU Eisen	127 N 4844 R 167/5	鉄 金 銀	
ノ人𠆢 亼今金	金(金) Metall	R 167	鉄道	鉄線
	ノ katakana no R 4	失 verlieren	国鉄	
	一 eins R 1			
一ナ	大 groß R 37		私鉄	

力	RYOKU RIKI chikara Kraft	128 N 715 R 19	力	
フ	力 Kraft	R 19	経済力	強力
			電力	力学
			水力	(人)力車

多	TA ōi zahlreich	129 N 1169 R 36/3	多 外 名	
ノク	夕 Abend	R 36	多少	
			多数	
			雑多	

言	GEN Wort GON iu sagen	130 N 4309 R 149	言 語 論 誌
丶亠亠 言言言	言	Wort R 149	言語 言語学 言論の自由

法	HŌ Gesetz	131 N 2535 R 85/5	法 活 激 海
丶丶	氵(水)	Wasser R 85	文法 / 法人
一十	土	Erdboden R 32 } 去 verlassen	法学 / 民法
ム	ム	katakana mu R 28 }	法相 / 遠近法

少	SHŌ sukunai wenig	132 N 166 R 42/1	少 小 党
丨小	小	klein R 42	多少
	ノ	katakana no R 4	少数

強	KYŌ tsuyoi stark	133 N 1571 R 57/8	強
フコ	弓	Bogen R 57	強力
ム	ム	katakana mu R 28	強行
丨口口 中虫	虫	Insekt R 142	

LEKTION 8

VOKABULAR

資源	しげん	N	natürliche Ressourcen, Bodenschätze
外来語	がいらいご	N	Fremdwort
工科大学	こうかだいがく	N	Technische Hochschule/ Universität
工科	こうか	N	Abteilung für Ingenieurwissenschaften (an Universitäten)
企業	きぎょう	N	Unternehmen, Betrieb
外国人労働者	がいこくじんろうどうしゃ	N	"Gast"arbeiter
労働者	ろうどうしゃ	N	Arbeiter
大企業	だいきぎょう	N	Großunternehmen, Großbetrieb
中東	ちゅうとう	N	Nahost
石油	せきゆ	N	Erdöl
工業国	こうぎょうこく	N	Industriestaat
社会問題	しゃかいもんだい	N	soziale Probleme
社会	しゃかい	N	Gesellschaft
問題	もんだい	N	Problem
私立大学	しりつだいがく	N	Privatuniversität
私立	しりつ	NA	privat(nur für Bildungsinstitutionen)

中小企業	ちゅうしょうきぎょう	N	kleinere und mittlere Unternehmen, Kleinmittelbetriebe
南米	なんべい	N	Südamerika
関西	かんさい	N	(Region um Osaka-Kyoto)
たくさん	沢山	ADV	zahlreich
あります		V	*Höflichkeitsform von* ⟶ aru
ある	有る	V_k	*N+ni/LOK___:* vorhanden sein in..., sich befinden in..., (nicht für Menschen und Tiere, ausgenommen in der Bedeutung:"es gibt" im Sinne einer Klassifizierung)
ほとんど	殆ど	ADV	*mit negativem Prädikat* kaum
ありません		V	*Negationsform von* arimasu
東南あじあ	とうなんアジア	N	Südostasien
中世	ちゅうせい	N	Mittelalter
います		V	*Höflichkeitsform von* ⟶ iru
いる	居る	V_v	*N+ni/LOK___:*sich befinden in..., vorhanden sein/geben in...(nur für Menschen und Tiere)
いません		V	*Negationsform von* imasu
大会	たいかい	N	Vollversammlung

GRAMMATIK

VERB

Allgemeine Beschreibung

Wortart zur Bezeichnung eines Geschehens oder Seins. Wird nur in prädikativer Funktion verwendet. Im Deutschen wie im Japanischen sind Verben flektierbar, doch bestehen hinsichtlich Form und Inhalt der Flexion Unterschiede. Unter - z.T. sich überschneidenden - semantischen Gesichtspunkten lassen sich die Verben in zahlreiche Unterklassen einteilen, in Verben des Zustands, Verben der Bewegung, Verben des Sagens und Denkens u.a., Verben der sinnlichen und geistigen Wahrnehmung, Verben, deren Handlung auf ein Objekt gerichtet ist usw. Diese semantischen Unterschiede finden z.T. syntaktischen Ausdruck in unterschiedlichen Satzmodellen.

Verben im Japanischen

Wie bei den Adjektiven lassen sich zwei formal unterschiedliche Gruppen von Verben feststellen: japanische und sino-japanische Verben. Die japanischen Verben (mit *kun*-Lesung) werden im folgenden kurz Verben (V) genannt.Die sino-japanischen Verben, im folgenden: Nominalverben (NV), sind aus einem in der Regel sino-japanischen Nomen (*on*-Lesung) mithilfe des Verbs *suru* (*tun*) abgeleitet (s. Lektion 10). Da die Nominalverben über *suru* alle morphologischen Merkmale der Verben (V) aufweisen, gelten die folgenden Ausführungen, insbesondere zur Flexion, für beide Verbarten.

Alle Verben enden in der Nennform auf *u*. Anders als bei den Adjektiven, deren *i*-Auslaut in der Nennform zugleich auch Endungsmorphem, d.h. flektierbarer Bestandteil gegenüber dem unflektierbaren Stamm ist, hat das *u* der Verben nicht generell Morphemcharakter.

Entsprechend ihrem Verhalten bei der Bildung von Flexionsformen ordnen sich die Verben in zwei Flexionsklassen. Deren Unterschiede lassen sich am Beispiel der beiden in dieser Lektion eingeführten Verben *aru* und *iru* zumindest ansatzweise zeigen: sie bilden z.B. in Verbindung mit dem verbspezifischen Morphem der Höflichkeit *masu* folgende Formen:

aru	*iru*
→ *ari.masu*	→ *i.masu*

Während *aru*,um *masu* anzuschließen, das Auslaut-*u* durch *i* ersetzt, als unflektierbarer Stamm also *ar* anzusehen ist, entfällt für *iru* bei derselben Operation die Silbe *ru*, als Stamm bleibt lediglich *i*. Beide Verben sind Vertreter jeweils einer der beiden Flexionsklassen, die entsprechend der morphologischen Struktur des Stamms als konsonantisch (d.h. mit einem Konsonanten als Stammauslaut, s. *ar*) bzw. vokalisch (d.h. mit einem Vokal als Stammauslaut, s. *i*) bezeichnet werden. Außerhalb dieser beiden Klassen weist das Japanische lediglich zwei unregelmäßige Verben auf.

		Stamm	Endung	Morphem d.Höflichkeit
aru:	Nennform	*ar-*	*-u*	
	Grundform	*ar-*	*-i-*	
	Flexionsform	*ar-*	*-i-*	*-masu*
iru:	Nennform	*i-*	*-ru*	
	Grundform	*i-*	∅	
	Flexionsform	*i-*	∅	*-masu*

SATZ MIT VERBALEM PRÄDIKAT

Teilweise in Korrelation zu bestimmten gemeinsamen semantischen Eigenschaften weisen Gruppen von Verben spezifische, von anderen abweichende Wirkungsmuster auf: so gibt es Verben, die bereits in Verbindung mit nur einer nominalen Konstituente (dem Subjekt) formal vollständige Sätze bilden können:

(1) *Er lacht.*

Andere dagegen benötigen dazu mehrere Ergänzungen. So ist *er wohnt* kein vollständiger Satz, erst durch Hinzufügen einer Ortsangabe wird es dazu:

(2) *Er wohnt in Berlin.*

Ebenso erhält *ich gebe das Buch* erst durch die Nennung eines Adressaten Satzcharakter:

(3) *Ich gebe ihm das Buch.*

oder: *ich lege das Buch* ist erst nach der Erweiterung um eine Ortsangabe ein Satz:

(4) *Ich lege das Buch auf den Tisch.*

Die Fähigkeit der Verben (und der übrigen Prädikatswörter),als Prädikat andere Satzglieder an sich zu binden, heißt Valenz oder Wertigkeit. Je nach Zahl der an das Prädikat gebundenen Satzglieder spricht man von einwertigen Prädikaten wie in Satz (1), zweiwertigen Prädikaten, Satz (2), oder dreiwertigen Prädikaten, Satz (3) und (4).

Wie die Sätze (3) und (4) als Beispiele für dreiwertige Prädikate zeigen, kann bei gleicher Anzahl von Ergänzungsbestimmungen (Komplementen), deren Inhalt, d.h. deren Konstituentenfunktion unterschiedlich sein:

(3)	*Ich*	*gebe*	*ihm*	*das Buch.*	
	Subjekt Nominativ		indirektes Objekt Dativ	direktes Objekt Akkusativ	Präpositional- phrase *auf* + Akkusativ
(4)	*Ich*	*lege*		*das Buch*	*auf den Tisch.*

Andererseits können gleichlautende Verben verschiedene Wertigkeiten aufweisen, meist verbunden mit einem Bedeutungsunterschied:

(4) *Ich*$_1$ *lege* *das Buch*$_2$ *auf den Tisch.*$_3$

(5) *Die Henne*$_1$ *legt* *ein Ei.*$_2$

Diese Darstellung gilt entsprechend für das Japanische. Auch dort ist die Valenz quantitativ, d.h. hinsichtlich der Anzahl der für die Bildung eines Satzes notwendigen Komplemente, als auch qualitativ, d.h. hinsichtlich der Konstituentenfunktion dieser Komplemente, im Prädikatswort selbst angelegt. Die Tatsache, daß einzelne Komplemente im Japanischen aufgrund von Vorerwähntheit getilgt werden können (z.B. Subjekttilgung), verändert die Valenz nicht, vielmehr gelten diese getilgten Komplemente als prinzipiell (in "Nullform") vorhanden.

Allen Prädikatswörtern gemeinsam ist das Vorhandensein eines Subjekts (für nominale, die Mehrzahl der adjektivischen und einen Teil der verbalen Prädikate zugleich die einzige notwendige Ergänzungsbestimmung). In den Wortlisten sind die Prädikatswörter hinsichtlich ihrer Valenz gekennzeichnet, allerdings nur sofern sie mehr als einwertig sind. Weiterhin sind nur die in dem jeweiligen Zusammenhang gültigen Valenzen vermerkt. Die Kennzeichnung erfolgt durch die Partikeln, die für die betreffende Konstituentenfunktion verwendet werden, z.B. ist der Eintrag für *aru*:

N + *ni* / LOK___

zu lesen als: das Verb *aru* bildet Sätze mit (dem Subjekt) N + *ga* (nicht genannt, da zwingend vorhanden) und dem Lokativ N + *ni*. Daraus ergibt sich das für *aru* geltende Satzmodell:

N_1 + *ga* N_2 + *ni aru*

Für alle nicht gekennzeichneten Prädikatswörter gilt, daß sie einwertig sind, ihnen als Komplement also lediglich N + *ga* in Subjektfunktion zugeordnet ist.

DIE VERBEN *ARU* UND *IRU*

Beide Verben sind semantisch verwandt, sie bezeichnen das Vorhandensein und gehören zu den Zustandsverben. Allerdings beziehen sie sich auf unterschiedliche Arten nominaler Begriffe:

- *iru* steht nur mit Begriffen für lebende und sich aus eigener Kraft fortbewegende Wesen (Menschen, Tiere)
- *aru* steht in der Regel für sich nicht aus eigener Kraft fortbewegende Dinge oder Wesen (Pflanzen)+.

Die Bedeutung dieser Seinsverben kann im Einzelfall sehr unterschiedliche sein; die wichtigsten sind:

(a) (allgemein) vorhanden sein, existieren, geben
(b) -(an einem bestimmten Ort)vorhanden sein (Dinge)
-(an einem bestimmten Ort) sich aufhalten (Menschen)
(c) haben, besitzen

Bei der Übertragung aus dem Deutschen ist darauf zu achten, daß *sein* nur im Sinne von *vorhanden sein* (*das Buch ist nicht da*) oder *sich befinden* (*er ist zu Hause*) den japanischen Verben *aru/iru* entspricht, dagegen als Kopula (*er ist Student*) eine Gleichsetzung ausdrückt, die im Japanischen durch *desu* u.a. Kopulavarianten wiedergegeben wird.

Flexionsformen
Höflichkeitsform

Beide Verben werden in dieser Lektion in der Höflichkeitsform verwendet. Morphem zur Bezeichnung der Höflichkeit ist für alle Verben *masu*; wie oben gezeigt, wird es in unterschiedlicher Weise mit *aru* und *iru* verbunden:

aru → *ari.masu*
iru → *i.masu*

+ Für die Bedeutungsbereiche (a) und (c) wird diese Unterscheidung nicht strikt durchgeführt, in zahlreichen Fällen, insbesondere bei kategorisierenden Aussagen(*es gibt kleine, dicke und dünne Menschen*)wird *aru* auch für Lebewesen verwendet.

Negationsform (höflich)

Das Höflichkeitsmorphem *masu* ist flektierbar, andere Morpheme zur Bezeichnung verschiedener Modifikationen können über bestimmte Formvarianten von *masu* mit dem Verb verbunden werden, z.B. das Negationsmorphem *n*:

aru/iru + mase-	*-n*	→ *ari.masen / i.masen*
Flexionsgrundform von *masu*	Morphem der Negation	

(Die Übersetzung ist je nach Kontext verschieden, z.B. *nicht vorhanden sein/ sich nicht aufhalten*)

Das hier verwendete Negationsmorphem *n* ist nicht die Standardform in der modernen Sprache, wird aber zur Bezeichnung der Verneinung in höflicher Redeweise durch *masen* ausnahmslos gebraucht (zur Standardform s.Lektion 15).

LOKALKOMPLEMENT: LOKATIV

Bei Ortsangaben unterscheidet das Japanische zwischen solchen, die den Ort eines Geschehens bezeichnen, und solchen für den Ort des Vorhandenseins bzw. des Sich-Befindens. Für jeden dieser Fälle besitzt die Sprache eine eigene Partikel. Der Lokativ gibt den Ort des Vorhandenseins (Dinge) bzw. des Sich-Befindens (Lebewesen) an und wird durch die Partikel *ni* gekennzeichnet. Voraussetzung für sein Vorkommen ist ein Prädikat mit entsprechender Bedeutung, wie *aru/iru*, aber auch die Adjektive *ōi* und *sukunai*.

DER SATZ MIT *ARU/IRU*

Die Verben *aru* und *iru* sind zweiwertig, neben dem Subjekt N + *ga* weisen beide als zweites Komplement eine Konstituente der Form N + *ni* mit lokaler Bedeutung (Lokativ, s.u.) auf:

N_1 + *ga*	N_2 + *ni*	{*aru* / *iru*}	N_1 ist in N_2
Subjekt	Lokativ	Prädikat	

Bei Topikalisierung einer der beiden Komplemente ergeben sich entsprechende Varianten dieses Modells (s.Thema-Kommentar: Topikalisierung in Sätzen mit mehreren nominalen Konstituenten).

DIE ADJEKTIVE *ŌI / SUKUNAI*

Wie die Verben *aru/iru* sind diese Adjektive zweiwertig, mit den Komplementen Subjekt (N + *ga*) und Lokativ (N + *ni*). Diese syntaktische Übereinstimmung erklärt sich aus der semantischen Verwandtschaft beider Gruppen: die Bedeutung von *ōi / sukunai* setzt sich aus den Elementen *vorhanden sein* (=*aru/iru*) und einer Mengenangabe zusammen:

ōi = in großer Anzahl vorhanden sein (es gibt viele)
sukunai = in geringer Anzahl vorhanden sein (es gibt wenige)

Der Bedeutungsunterschied ist also auf das Vorhandensein (bei *ōi/sukunai*) bzw. Nicht-Vorhandensein (bei *aru/iru*) einer quantifizierenden Angabe beschränkt. Das Satzmodell stimmt vollständig überein:

(1)*Nihon ni wa yama ga ōi desu.* { In Japan sind Berge zahlreich vorhanden. / In Japan gibt es zahlreiche Berge.

(2)*Nihon ni wa yama ga arimasu.* In Japan gibt es Berge.

Durch zusätzliche Adverbien der Quantität, z.B. *takusan=zahlreich*, lassen sich Aussagen wie (2) unter Beibehaltung des Prädikats *arimasu* in Aussagen der Bedeutung von (1) umwandeln:

(3)*Nihon ni wa yama ga takusan arimasu.* In Japan sind Berge zahlreich vorhanden.
= In Japan gibt es zahlreiche Berge.

Das semantisch komplexe Adjektiv *ōi*(Sein+Quantität) ist in (3) in seine Einzelbedeutungen aufgelöst, die jeweils durch eigene Begriffe wiedergegeben werden:

ōi < große Anzahl — *takusan*
Sein — *arimasu*

Für *sukunai* läßt sich ein analoger Übertragungsprozeß nur mit dem Ergebnis einer geringeren semantischen Annäherung durchführen:

(4)*Nihon ni wa heichi ga sukunai desu.* { In Japan sind Ebenen in geringer Zahl vorhanden / In Japan gibt es wenig Ebenen.

(5)*Nihon ni wa heichi ga hotondo arimasen.* In Japan gibt es kaum Ebenen.
(*hotondo = fast*, mit negativem Prädikat:*kaum*)

Trotz der semantischen Differenz zwischen (4) und (5) läßt sich auch hier *sukunai* in zwei inhaltliche Komponenten zerlegen:

sukunai < geringe Anzahl — *hotondo*
(Nicht-)Sein — *arimasen*

DISTRIBUTION VON *WA* UND *MO* (1)

Bisher ist lediglich das Verhalten dieser beiden Partikeln hinsichtlich ihres Auftretens beim Subjekt behandelt worden: beide bewirken die Tilgung der Subjektpartikel *ga*, *mo* verdrängt außerdem die Themapartikel.

Anders dagegen, wenn diese Partikeln beim Lokativ auftreten: die Lokativpartikel *ni* kann hier getilgt werden+, kann aber auch erhalten bleiben. In diesem Fall stehen *wa* bzw. *mo* in der Position nach *ni*:

N + *ni wa*

N + *ni mo*

Auch hier gilt, daß beim Zusammentreffen von *wa* und *mo* letzteres sich durchsetzt, d.h. *wa* nicht realisiert wird:

(1) *Nihon ni wa yama ga ōi desu.* In Japan gibt es viele Berge.

(2) *Suisu ni mo yama ga ōi desu.* Auch in der Schweiz gibt es viele Berge.

Bei Aufzählungen des Lokativs mit *mo* steht die Lokativpartikel nach jedem Aufzählungsglied, verbunden jeweils mit *mo*:

(3) *Nihon ni mo Suisu ni mo yama ga ōi desu.* Sowohl in Japan als auch in der Schweiz gibt es viele Berge.

Hier wird die strukturelle Andersartigkeit von Aufzählungen mit *mo* gegenüber solchen mit *ya* bzw. *to* deutlich: *mo* zählt Konstituenten auf, *ya* und *to* dagegen Nomina (s.Lektion 6, Aufzählung mit *ya*).

THEMA-KOMMENTAR: TOPIKALISIERUNG IN SÄTZEN MIT MEHREREN NOMINALEN KONSTITUENTEN

Sind in einem Satz mehrere nominale Konstituenten als Ergänzungsbestimmungen zum Prädikat vorhanden, so kann grundsätzlich jede von ihnen Thema werden. Im Falle des Satzes mit Lokativ ergeben sich so folgende Möglichkeiten:

Grundmodell:	N_1 + *ga*	N_2 + *ni*	*aru*
	Subjekt	Lokativ	Prädikat

+ In Sätzen mit *aru* der Bedeutung *haben, besitzen* bewirkt die in diesem Fall regelmäßige Topikalisierung des Lokativs (als Bezeichnung des Besitzers) gewöhnlich die Tilgung von *ni:*

watakushi (ni) wa kono hon ga arimasen. Ich habe dieses Buch nicht .

(a) Topikalisierung des Subjekts:

(1)

Tōkyō wa	*Nihon ni*	*aru.*
Subjekt	Lokativ	Prädikat
Thema	Kommentar	
Tokyo	liegt in Japan.	

- die Themapartikel *wa* beim Subjekt bewirkt Tilgung der Subjektpartikel *ga*
- eine Umstellung gegenüber dem Grundmodell erfolgt nicht, da Subjekt bereits in Satzanfangsstellung

(b) Topikalisierung des Lokativ:

(2)

Nihon ni wa	*yama ga*	*ōi.*
Lokativ	Subjekt	Prädikat
Thema	Kommentar	
In Japan	gibt es viele Berge.	

- die Themapartikel *wa* wird der Lokativpartikel *ni* nachgestellt
- der Lokativ rückt in die Satzanfangsstellung

Die Entscheidung darüber, welche der Konstituenten topikalisiert wird, ist von der Sprecherintention bzw. von der Kontextsituation abhängig (s.Lektion 5, Kontextbezug/Thema-Kommentar).

Weiterhin ist der Fall möglich, daß keine der beiden nominalen Konstituenten als Thema ausgewiesen ist:

(3) *Tōkyō ga Nihon ni aru.* Tókyo liegt in Japan.

etwa als Antwort auf die Frage:

(4) *dono toshi ga Nihon ni aru ka.* Welche Stadt liegt in Japan?

In diesem Fall ist, wie schon beim nominalen und adjektivischen Prädikat festgestellt, das Prädikat das Thema, d.h. Bezugspunkt der neuen Information, allerdings einschließlich des Lokativs:

(4)	*dono toshi ga*	*Nihon ni aru ka.*
(3)	*Tōkyō ga*	*Nihon ni aru.*
	Kommentar	Thema

Schließlich kann auch Subjekt + Prädikat als Thema einem Lokativ-Kommentar gegenüberstehen:

(5)

Nihon ni	*yama ga aru.*	In Jápan gibt es Berge.
Kommentar	Thema	

Der Fall des unmarkierten Prädikatthemas wie in den Beispielen (3)-(5) ist nicht Gegenstand der Übungen dieser Lektion.

ADVERB

Adverbien sind eine Klasse unflektierbarer Wörter, meist Ausdrücke des Grades (*sehr hoch*) oder der Art und Weise (*schnell laufen*). Syntaktisch stehen sie als freie Ergänzungsbestimmungen (Adverbiale) zum Prädikat.

In Japan umfaßt diese Wortklasse meist aus anderen Wortklassen abgeleitete, erstarrte Formen. Daneben bilden die Adjektive (A) wie auch die Nominaladjektive (NA) eigene Adverbialformen (s.Lektion 13, Adjektiv/Adverbialform; vgl. auch den adverbialen Gebrauch der Adjektive im Deutschen).

Auch Ausdrücke der Quantität (Mengenangabe) werden durch Adverbien gebildet, etwa *takusan* (*zahlreich*) oder *hotondo* (*fast/kaum*) zur Angabe indefiniter Mengen. Diese Adverbien stehen ohne zusätzliches grammatisches Morphem unmittelbar vor dem Prädikat.

(1) *Nihon ni wa yama ga takusan arimasu.* In Japan sind Berge zahlreich vorhanden.

(2) *Nihon ni wa heichi ga hotondo arimasen.* In Japan sind Ebenen kaum vorhanden.

Die Adverbien der Mengenbezeichnung weisen eine syntaktische Besonderheit auf: sie können außer als prädikatsbezogenes Adverbial auch attributiv auf das Nomen bezogen werden, dessen Menge sie benennen, werden dann aber durch die Attributivpartikel *no* mit dem Nomen verbunden:

takusan no yama

zahlreiche Berge

(3) *Nihon ni wa takusan no yama ga arimasu.* In Japan gibt es zahlreiche Berge.

(vgl. Lektion 9: Mengenangaben im Satz)

KURZREFERENZ

Satz mit Prädikatswort des Seins

(a) ohne Berücksichtigung der Topikalisierung:

		Subjekt	Lokativ	Adv.	Prädikat+	
Grundmodell		N + *ga*	N + *ni*		*aru/iru* *ōi/sukunai*	
Entscheidungsfrage++		N + *ga*	N + *ni*		"	*ka*
Ergänzungsfrage:++						
- fragt nach Lokativ		N + *ga*	FP+ *ni*		"	*ka*
- fragt nach Subjekt		FP+ *ga*	N + *ni*		"	*ka*
satzeinleitende Konjunktion	Ks	N + *ga*	N + *ni*		"	
Tilgung:						
- Subjekt		Ø	N + *ni*		"	
- Lokativ		N + *ga*	Ø		"	
mo:						
- Subjekt		N + *mo*	N + *ni*		"	
- Lokativ		N + *ga*	N + *ni mo*		"	
Aufzählung:						
- *ya*		N *ya* N + *ga*	N *ya* N + *ni*		"	
- *to*		N *to* N + *ga*	N *to* N + *ni*		"	
- *mo* - *mo*		N +*mo* N + *mo*	N+*ni mo* N+*ni mo*		"	
Adverbial der Menge		N + *ga*	N + *ni*	Adv.	"	

\+ Prädikatsmodifikationen sind hier nicht berücksichtigt

++ erst in Lektion 9 Behandelt

(b) mögliche Topikalisierungen:

	Thema	Kommentar	
Subjekt →	N_1+ *wa*	N_2+ *ni* V/A	← Lokativ,Prädikat
Lokativ →	N_2+*(ni)wa*	N_1+ *ga* V/A	← Subjekt,Prädikat

ÜBUNGSTEIL

EINFÜHRUNGSÜBUNG

1. 日本には大学が多いです。
2. この図書館には日本語の雑誌が少ないです。
3. <u>いんどねしあ</u>は島の多い国です。
4. 島は<u>いんどねしあ</u>に多いです。
5. 石油はソ連に多いです。
6. 中国にも多いです。
7. 資源は日本にも<u>どいつ</u>にも少ないです。
8. 日本や<u>すいす</u>には山地が多いです。
9. 日本には大都市が多いです。
10. 日本には大都市がたくさんあります。
11. 日本には朝鮮人がたくさんいます。
12. あの教科書には漢字はほとんどありません。
13. 日本には外国人労働者がほとんどいません。

GRAMMATIKÜBUNGEN

1. Grammatik: Lokativ
   Thema-Kommentar: Topikalisierung in Sätzen mit mehreren nominalen Konstitutenten
   Distribution von *wa* und *mo*(1)

   Aufgabe: Einfügen des Stichworts als Lokativ-Thema

Muster: T: 大学は多いです。／日本

S: 日本には大学が多いです。

1. 平地は少ないです。／日本
2. 学生は多かったです。／今日の大会
3. 資源は少ないです。／どいつ
4. 外来語は多いです。／ようろっぱの言語
5. 外国人の学生は多いです。／工科大学
6. 日本の企業は多いです。／東南あじあ
7. 日本の雑誌は少ないです。／この図書館
8. 交通の激しい大都市は多いです。／日本
9. 文法の難しい言語は少なくありません。／ようろっぱ
10. 外国人労働者は多いです。／経済成長の著しい国

2. Grammatik: Lokativ
Thema-Kommentar: Topikalisierung in Sätzen mit mehreren nominalen Konstituenten
Distribution von *wa* und *mo* (1)
(Relativsatz(1))

Aufgabe: Umwandlung des Satzes mit eingebettetem Relativsatz in einen einfachen Satz mit topikalisiertem Lokativ

Muster: T: 日本は平地の少ない国です。

S: 日本には平地が少ないです。

1. 日本語は外来語の多い言語です。

2. あの研究所は教室の少ない建物です。
3. 米国は大企業の多い国です。
4. 中国は資源の多い国です。
5. 名古屋は古い建物の少ない都市です。
6. 日本の首都は外国の企業の多い都市です。

3. Grammatik: Lokativ
Thema-Kommentar: Topikalisierung in Sätzen mit mehreren nominalen Konstituenten
Distribution von *wa* und *mo* (1)

Aufgabe: Umwandlung in einen Satz mit Topikalisierung des Subjekts anstelle des Lokativs

Muster: T: 日本には大都市が多いです。
S: 大都市は日本に多いです。

1. 関東には工業都市が多いです。
2. ふらんす語には外来語が多いです。
3. 中東には石油が多いです。
4. あじあには文字の難しい言語が多いです。
5. 工業国には社会問題が多いです。
6. 日本や米国には私立大学が多いです。
7. ようろっぱには歴史の古い都市が多いです。
8. 経済力の強い国には外国人労働者が多いです。

4. Grammatik: Lokativ
Aufzählung mit *mo*
Distribution von *wa* und *mo* (1)

Aufgabe: bejahende Beantwortung der Frage in Form einer Aufzählung mit *mo* aus den gegebenen Einzelaussagen

Muster: T: 日本には大都市が多いです。
どいつにも大都市が多いですか。
S: 日本にもどいつにも大都市が多いです。

1. 日本には資源が少ないです。
どいつにも資源が少ないですか。
2. ふらんす語には外来語が多いです。
日本語にも外来語が多いですか。
3. 日本には中小企業が多いです。
どいつにも中小企業が多いですか。
4. 米国には私立大学が多いです。
日本にも私立大学が多いですか。
5. あめりかには国土の広い国が多いです。
あじあにも国土の広い国が多いですか。
6. あふりかには経済力の強い国が少ないです。
あじあにも経済力の強い国が少ないですか。
7. あじあには人口問題の難しい国が多いです。
あふりかにも人口問題の難しい国が多いですか。

5. Grammatik: Lokativ
Distribution von *wa* und *mo* (1)
(Aufzählung mit *mo, ya*)

Aufgabe: Umformulierung in eine Aufzählung mit *ya*

Muster: T: 日本にもどいつにも大都市が多いです。

S: 日本やどいつには大都市が多いです。

1. 日本にも米国にも私立大学が多いです。
2. 中東にもソ連にも石油が多いです。
3. 日本にもすいすにも平地が少ないです。
4. 大阪にもべるりんにも歴史の古い建物が少ないです。
5. 関東にも関西にも工業都市が多いです。
6. 工業国にも人口の多い国にも社会問題が少なくありません。

6. Grammatik: Verb
Satz mit verbalem Prädikat
Adverb
Lokativ
die Verben *aru, iru*; der Satz mit *aru/iru*

Aufgabe: Ersetzung des adjektivischen Prädikats durch die verbalen Formulierungen:
ōi.desu → *takusan arimasu*
sukunai.desu → *hotondo arimasen*

Muster: T: 日本には大都市が多いです。

S: 日本には大都市がたくさんあります。

1. 東京には外国の企業が多いです。
2. この教科書には難しい漢字が少ないです。
3. 東南あじあには資源が多いです。

4. この大学の図書館には日本の雑誌が少ないです。

5. そこには中世の建物が多いです。

6. 南米には経済力の強い国が少ないです。

7. Grammatik: Satz mit verbalem Prädikat
Adverb
Lokativ
die Verben *aru, iru*;der Satz mit *aru/iru*

Aufgabe: Ersetzung des adjektivischen Prädikats durch die verbalen Formulierungen:
ōi.desu ⟶ *takusan imasu*
sukunai.desu ⟶ *hotondo imasen*

Muster: T: ここには日本人が少ないです。

S: ここには日本人がほとんどいません。

1. 日本の大学には東南あじあの学生が多いです。

2. どいつには外国人労働者が多いです。

3. 中国の大学にはどいつ人の学生が少ないです。

4. この大会には学生が少ないです。

5. 日本には朝鮮人が多いです。

8. Aufgabe: Übersetzung ins Japanische

1. Japan hat wenig Bodenschätze.
2. Auch in Deutschland gibt es kaum Bodenschätze.
3. Im Japanischen gibt es zahlreiche Fremdwörter.
4. An japanischen Universitäten gibt es kaum Ausländer.
5. Länder mit großer Bevölkerung haben viele soziale Probleme.
6. In Japan, wo wenige Ausländer leben, gibt es zahlreiche englischsprachige Tageszeitungen.

ABSCHLUSSÜBUNGEN

1. Aufgabe: Schreiben der *kanji*, Zusammenstellen zu Komposita
Erschließung der Lesung
begriffliche Deutung

1. 「がくせい」の「がく」+「もんだい」の「もん」
2. 「がいらいご」の「らい」+「にちようび」の「にち」
3. 「ちゅうとう」の「ちゅう」+「しりつ」の「りつ」
4. 「とうなんあじあ」の「なん」+「にほんかい」の「かい」
5. 「ろうどうしゃ」の「ろう」+「しゅしょう」の「しょう」
6. 「ちかい」+「ちゅうせい」の「せい」
7. 「がいこくご」の「ご」+「しげん」の「げん」
8. 「おおい」+「すうじ」の「すう」
9. 「せいちょう」の「せい」+「しりつ」の「りつ」
10. 「しげん」の「し」+「にほん」の「ほん」

2. Aufgabe: Verneinung und richtigstellende Beantwortung der Frage

1. 日本には資源が多いですか。
2. 東京は外国の企業の少ない都市ですか。
3. 日本には外国人労働者がたくさんいますか。
4. 南米には経済力の強い国が多いですか。
5. 日本語は外来語の少ない言語ですか。

3. Aufgabe: Beantwortung der Frage

1. 石油はどこに多いですか。
2. 外来語はどの言語に多いですか。
3. 社会問題はどういう国に多いですか。
4. 外国人労働者はどういう国に多いですか。

4. Aufgabe: Übersetzung ins Japanische

1. Osaka ist eine Stadt.
   Osaka ist eine große Stadt.
   Osaka ist eine Großstadt.
   Osaka ist eine große japanische Stadt.
   Osaka ist eine japanische Großstadt.
2. Osaka ist eine japanische Industriestadt.
   Osaka ist eine große japanische Industriestadt.
   Osaka ist eine Industriestadt im Kansai.
   Osaka ist eine Industriestadt mit hoher Bevölkerungszahl.
3. England ist ein Staat.
   England ist ein Staat in Europa.
   England hat geringe Bodenschätze.
   England ist ein Staat mit geringen Bodenschätzen.
   England ist ein europäischer Staat mit geringen Bodenschätzen.

5. Aufgabe: Übersetzung ins Japanische

1. Wo gibt es viele Fabriken? In Industriestädten.
2. Was ist in Japan und Deutschland kaum vorhanden? Bodenschätze.
3. In welchen Ländern ist Erdöl in großen Mengen vorhanden? In den USA, der Sowjetunion und China.
4. In was für Ländern gibt es zahlreiche soziale Probleme? In Ländern mit großer Bevölkerung.
5. Was für Universitäten gibt es in Japan in großer Zahl? Private.

資	SHI	Hilfsmittel	134 N 4510 R 154/6	資
丶	冫	Eis R 15	次 folgen	資源 / 資金
ノ𠂉ケ	欠	fehlen R 76		資本 / 労資
丨冂月目目貝	貝	Muschel	R 154	資本論

源	GEN minamoto	Quelle	135 N 2656 R 85/10	源 済 法 水
丶丶	氵(水)	Wasser	R 85	資源 / 語源学
一	厂	Klippe	R 27	電源
ノ亻白	白	weiß	R 106	
亅小	小	klein	R 42	水源

来	RAI kuru	kommen	136 N 202 R 1/6	来 上 狭
	一	eins	R 1	外来語 / 本来
丶 丷 丷 平				来月 / 由来
米	米	Reis	R 119	来日する

企	KI kuwadateru	unter-nehmen	137 N 373 R 9/4	企 今 会 歴
ノ	入(人)	Mensch	R 9	企業
丨⺊止	止	anhalten	R 77	中小企業
				企図

労	RŌ	Arbeit, Mühe	138 N 720 R 19/5	労 力 働 学
丶丶丶	ッ	katakana tsu		労働者 / 労相
丶	冖	katakana wa	R 14	労使 / 労働党
フ	力	Kraft	R 19	労資 / 労働市場

働	DŌ hataraku arbeiten	139 N 532 R 9/11	働 何 価 使
ノ	亻(人)	Mensch R 9	労働者
	重	schwer {重: ノ no R 4; 車 Rad R 159; 一 eins R 1}	労働力
フ	力	Kraft R 19	労働法

者	SHA mono Person	140 N 3685 R 125/4	者 都 著 教	
一十土	耂(老)	alt R 125	労働者	著者
丨冂日	日	Sonne R 72	学者	業者
			文学者	

石	SEKI ishi Stein	141 N 3176 R 112	石 研	
一 ア 不 石	石	Stein R 112	石油	
			石英	

油	YU abura Öl, Fett	142 N 2534 R 85/5	油 海 由	
丶丶	氵(水)	Wasser R 85	石油	
丨 冂 巾 由	由	beruhen auf	油田	

問	MON tou fragen	143 N 4944 R 30/8	問 聞 関	
丨 门 門	門	Tor R 169	問題	南北問題
			学問	社会問題
丨冂	口	Mund R 30	難問	人口問題

題	DAI Thema	144 N 2164 R 181/9	題
丨冂	日 Sonne	R 72	問題
	一 eins	R 1	労働問題
丨⺊⺊	止(走) rennen	R 156	題名
一𠂉𠂆石 石百首頁	頁 große Muschel	R 181	
立	RITSU / tatsu stehen / tateru aufstellen	145 N 3343 N 117	立 新 部
丶亠亣 亣	立 stehen	R 117	私立大学 / 成立/成り立つ
			国立大学 / 立場
			中立(国) / 日立
南	NAN / minami Süden	146 N 778 R 24/7	南 古 早
一	十 zehn	R 24	東西南北 / 南部
丨	冂 dreiseitige Einfassung	R 13	南北問題 / 南米
丶	ソ katakana so		
一二	干 Schild	R 51	東南あじあ
世	SE, SEI / yo Welt	147 N 95 R 1/4	世 上 来
一 十 卄 廿 世	一 eins	R 1	中世
			近世
			世論

LEKTION 9

VOKABULAR

西	にし	N	Westen
東	ひがし	N	Osten
北	きた	N	Norden
南	みなみ	N	Süden
近く	ちかく	N	Nähe
何という	なんという	FP	*hier:attributiv* welche/-r/-s(fragt nicht selektiv, bezogen auf eine begrenzte Menge, sondern nach der Bezeichnung, wörtlich:"ein wie heißende/-r...")
上	うえ	N	*N+no___:*auf
つくえ	机	N	Tisch
下	した	N	*N+no___:*unter
前	まえ	N	*N+no___:*vor
後ろ	うしろ	N	*N+no___:*hinter
右	みぎ	N	*N+no___:*rechts von
駅	えき	N	Bahnhof
左	ひだり	N	*N+no___:*links von
中	なか	N	*N+no___:*in, innerhalb
外	そと	N	*N+no___:*außerhalb

間	あいだ	N	N_1 + *to* N_2 + *no*___: zwischen
本屋	ほんや	N	Buchhandlung
部数	ぶすう	N	Stückzahl, Auflage (bei Druckerzeugnissen)
党員	とういん	N	Parteimitglied
いくつ	幾つ	N/FP	wie viele
らぼ	ラボ	N	Labor,(hier:Sprachlabor)
面積	めんせき	N	Fläche
何人	なんにん	N/FP	wie viele Personen
人	にん	ZEW	*Zahl+*___(für Menschen)
男性	だんせい	N	Mann
女性	じょせい	N	Frau
先生	せんせい	N	Lehrer
ありました		V	*Vergangenheitsform von* arimasu
いました		V	*Vergangenheitsform von* imasu
公害	こうがい	N	Umweltzerstörung, Umweltschäden
学会	がっかい	N	(wissenschaftlicher) Kongreß
学者	がくしゃ	N	Wissenschaftler
共産党	きょうさんとう	N	Kommunistische Partei
北九州	きたきゅうしゅう	N	Kitakyushu

川崎	かわさき	N	Kawasaki
国立大学	こくりつだいがく	N	staatliche Universität
国立	こくりつ	NA	staatlich (nur für Lehr- und Forschungsinstitutionen)

GRAMMATIK

NOMINALES ATTRIBUT: RELATIONALE ORTSBEZEICHNUNG

Das Japanische besitzt keine Präpositionen, mit deren Hilfe im Deutschen u.a. Ortsangaben formuliert werden können, in denen die Position eines Gegenstandes im Verhältnis zu einem anderen bestimmt ist:

1: *über dem Tisch*
2: *auf dem Tisch*
3: *unter dem Tisch*

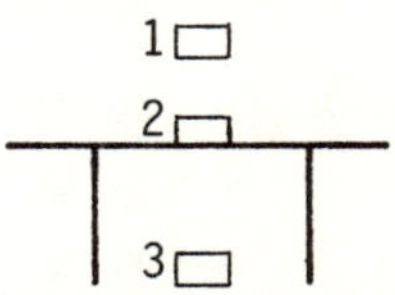

Das Japanische verwendet zur Bildung solcher relationaler Orts- oder Positionsangaben nominale Attributivkonstruktionen der Form N_1 + *no* N_2, wobei als Bezugswort (N_2) Nomina stehen, die bestimmte räumliche Positionen benennen:

ue	Raum oberhalb eines Gegenstands
tsukue no ue	Raum oberhalb eines Tisches: *auf/über dem Tisch*
mae	Raum vor einem Gegenstand
eki no mae	Raum vor dem Bahnhof: *vor dem Bahnhof*
aida	Raum zwischen zwei Gegenständen
Tōkyō to Ōsaka no aida	Raum zwischen Tokyo und Osaka: *zwischen Tokyo und Osaka*

Diese Konstruktion wird wie alle nominalen Attributivphrasen wie ein einfaches Nomen behandelt, d.h. sie kann in allen Strukturstellen stehen, in denen üblicherweise Nomina vorkommen. In jedem Fall muß ihre syntaktische Funktion durch eine entsprechende Partikel ausgewiesen sein, im Falle des Lokativ also durch *ni*:

(1) *ginkō wa eki no mae ni arimasu.* Die Bank ist vor dem Bahnhof.

Die Attributivphrase *eki no mae* bedeutet zwar "vor dem Bahnhof", ihr Vorkommen im Satz ist aber nicht auf die Lokativfunktion beschränkt, sie kann u.a. auch als Subjekt oder Attribut auftreten:

(2) *eki no mae wa hiroi desu.* Der (Platz) vor dem Bahnhof ist weitläufig.
Subjekt-Thema

(3) *eki no mae no ginkō* die Bank vor dem Bahnhof
Attribut Bezugswort

SATZ MIT VERBALEM PRÄDIKAT: FRAGESATZ

Entscheidungsfrage

Auch beim Satz mit verbalem Prädikat bleibt die Frageform ohne Einfluß auf die Stellung der einzelnen Konstituenten, die Frageformulierung erfolgt allein durch die Fragepartikel *ka* nach dem verbalen Prädikat:

Aussagesatz: *Nihon ni wa yama ga arimasu.* In Japan gibt es Berge.

Entscheidungsfrage: *Nihon ni wa yama ga arimasu ka.* Gibt es in Japan Berge?

Ergänzungsfrage

Bei diesem Fragesatztyp wird zusätzlich zu den allgemeinen Merkmalen des Fragesatzes ein Fragepronomen verwendet, das nach einer Satzkonstituente fragt. Die Wahl des Fragepronomens ist unabhängig vom Prädikatstyp, sie folgt der Wortklasse bzw. der semantischen Klasse des erfragten Begriffs: für Personen *dare*, für Sachen *nani, nan*, für Orte *doko*, für Zeitpunkt *itsu* u.a., für Eigenschaften *dō*, für Mengen *ikutsu* u.a., für die Auswahl unter mehreren Alternativen *dore* etc. Bei nominalen Fragepronomina wird zusätzlich eine Partikel zur Kennzeichnung der syntaktischen Funktion verwendet. Weiterhin gilt grundsätzlich, daß Konstituenten mit Fragepronomina nicht topikalisiert werden:

(1) *sekiyū wa doko ni arimasu ka.* Wo gibt es Erdöl?

(2) *nani ga tsukue no ue ni arimasu ka* Was ist auf dem Tisch?

PARTITIV

Mit Partitiv wird hier eine bestimmte Art der Aussage bezeichnet, in der - meist in Form einer Aufzählung - einzelne Begriffe als Elemente einer Klasse von Begriffen angeführt werden:

(1) *An Großstädten gibt es Tokyo,Osaka,Nagoya u.a.*

Im Japanischen entspricht dieser Aussageform folgendes Modell:

N_1 + *ni wa*	N_2 + *ga*	*aru*
Lokativ-Thema	Subjekt	Prädikat

wobei in N_1 ein Klassenbegriff eingesetzt wird und N_2 aus einer Aufzählung einzelner dieser Klasse zugehöriger Begriffe besteht:

(2)

daitoshi ni wa	*Tōkyō ya Ōsaka ya Nagoya ga*	*arimasu.*
Lokativ-Thema	Subjekt	Prädikat

An Großstädten gibt es Tokyo, Osaka, Nagoya u.a.

AUFZÄHLUNG: *NADO*

nado ist ein grammatisches Morphem der Fortführung, das bei nicht-erschöpfenden oder exemplarischen Aufzählungen der Hervorhebung ihres offenen Charakters dient, also etwa Ausdrücken wie *etc.,usw.,u.a.* im Deutschen entspricht. Es steht nach dem letzten Aufzählungsglied aber vor der Partikel, die die syntaktische Funktion der Aufzählung anzeigt:

<table>
<tr><td>daitoshi ni wa</td><td>Tōkyō ya Ōsaka ya Nagoya</td><td>nado</td><td>ga</td><td>arimasu.</td></tr>
<tr><td rowspan="2"></td><td>verbundene Aufzählungsglieder</td><td>Fortführungsmorphem</td><td rowspan="2">Subjektpartikel</td><td rowspan="2"></td></tr>
<tr><td colspan="2">Aufzählung</td></tr>
<tr><td>Lokativ-Thema</td><td colspan="3">Subjekt</td><td>Prädikat</td></tr>
</table>

MEHRFACHTOPIKALISIERUNG (1)

Bei der bisherigen Behandlung der kommunikativen Struktur des Satzes wurde vereinfachend davon ausgegangen, daß ein Satz nur jeweils ein Thema aufweist. Dies gilt zwar für die überwiegende Zahl aller Sätze, doch finden sich nicht selten auch Topikalisierungen mehrerer Konstituenten. In solchen Fällen ist der Kommentar auf sämtliche Themen bezogen, die gewöhnlich verschiedenen Sachbereichen angehören, etwa: Person,Zeit,Ort,Gegenstand etc. Diese Fähigkeit des Japanischen,mehrere Konstituenten eines Satzes zu topikalisieren,dient meist der Hervorhebung des Prädikats,auf das die Kommentarrolle dann eingeschränkt ist,insbesondere wenn es verneint ist:

Doitsu ni wa	*shiritsu daigaku wa*	*arimasen.*
Thema 1	Thema 2	Kommentar
in Deutschland:	Privatuniversitäten:	gibt es nicht

In Deutschland gibt es keine Privatuniversitäten.

FLEXIONSFORMEN/ VERB

Vergangenheitsform (höflich)

Die höfliche Vergangenheitsform von Verben wird als Kombination des Morphems der Vergangenheit (*ta*) und der Höflichkeit (*masu*) gebildet, sie lautet *mashita*:

masu + ta → mashi.ta

Für die Verben *aru* und *iru* heißt die entsprechende Form: *arimashita / imashita*.Die Vergangenheitsbezeichnung verneinter Formen wird ähnlich wie bei Adjektiven durch Anfügen der Kopula in Vergangenheitsform (*deshita*) an die Negationsform gebildet:

arimasen deshita	(es) war nicht da
imasen deshita	(er) war nicht da

ZAHLEN / KARDINALZAHLEN

Das Zahlensystem des Japanischen ist aus China entlehnt, ein eigenes japanisches System ist nur in Fragmenten erhalten. Ihm kommt in der modernen Sprache lediglich für die Zahlen 1 - 10 Bedeutung zu.

Dem Zahlensystem liegt eine Dezimalordnung zugrunde, d.h. die einzelnen Einheiten sind Potenzen von 10. Stimmt es darin mit dem Zahlensystem der europäischen Sprachen überein, so bestimmen sich die höheren Stufenzahlen nicht als Produkt der Multiplikation mit 1 000 (Tausend, Million, Milliarde, Billion etc.) sondern mit 10 000:

japanische Stufenzahlen	japanische Bezeichnung	deutsche Bezeichnung	deutsche Stufenzahlen
10	jū	Zehn	10
100	hyaku	Hundert	100
1 000	sen	Tausend	1 000
10 000	man	10 Tausend	10 x 1 000
10 x 10 000	jū.man	100 Tausend	100 x 1 000

100 x 10 000	hyaku.man	Million	1 000 x 1 000
1 000 x 10 000	sen.man	10 Mio.	10 x 1 000 x 1 000
10 000 x 10 000	oku	100 Mio.	100 x 1 000 x 1 000
10 x 10 000 x 10 000	jū.oku	Milliarde	1 000 x 1 000 x 1 000
100 x 10 000 x 10 000	hyaku.oku	10 Mrd.	10 x 1 000 x 1 000 x 1 000
1 000 x 10 000 x 10 000	sen.oku	100 Mrd.	100 x 1 000 x 1 000 x 1 000
10 000 x 10 000 x 10 000	chō	Billion	1 000 x 1 000 x 1 000 x 1 000

Die einzelnen natürlichen Zahlen werden wie im Deutschen aus den Grundzahlen 1 - 9 sowie den Stufenzahlen durch Multiplikation und Addition abgeleitet:

$$
\begin{aligned}
3\,625 = \;& 3 \times 1\,000 = 3\,000 \\
& +6 \times 100 = 600 \\
& +2 \times 10 = 20 \\
& +5 \times 1 = 5 \\
& = 3\,625
\end{aligned}
$$

Die für dieses System verwendete Zahlenschrift besitzt Ziffern für die Grundzahlen 1 - 9 sowie für alle Stufenzahlen von 10 - 10 000 und die Potenzen von 10 000:

一	ichi	1	六	roku	6	百	hyaku	100
二	ni	2	七	shichi	7	千	sen	1 000
三	san	3	八	hachi	8	万	man	10 000
四	shi	4	九	kyū	9	億	oku	100 Mio.
五	go	5	十	jū	10	兆	chō	1 Billion

Bei der Schreibung von Zahlen wird herkömmlich der Stellenwert der einzelnen Ziffern nicht allein durch ihre Position (wie bei der Schreibung mit arabischen Ziffern) angezeigt, sondern die Stufenzahl wird zusätzlich notiert:

三	千	六	百	二	十	五
3	Tausend	6	Hundert	2	Zehn	5

Neben dieser traditionellen Schreibweise hat sich heute bei Senkrechtschreibung weitgehend die Praxis durchgesetzt, die Stufenzahlen fortzulassen. Dazu war die Einführung eines Ziffernsymbols für Null erforderlich, das in Anlehnung an die entsprechende arabische Ziffer eine kreisrunde Form erhielt:

305: waagerecht: 三百五 senkrecht: 三〇五

Bei Waagerechtschreibung werden zunehmend arabische Ziffern verwendet, insbesondere für Telephonnummern, Anschriftennummern oder Datumsangaben.

Für Zahlen von 1 - 10 bestehen zwei alternative Lesungen, eine sino-japanische (*on*) und eine japanische (*kun*) Lesung. Letztere kann bei der Zählung von Gegenständen ohne Zähleinheitswörter (s.u.) auskommen, die sino-japanische Reihe dagegen ist in der Regel nicht ohne diese verwendbar. Einige Lesungsvarianten der sino-japanischen Zahlen beruhen auf Anleihen bei der japanischen Reihe:

Kardinalzahlen

arab. Ziffern	chines. Ziffern	jap. Lesung	sino-jap. Lesung	arab. Ziffern	chines. Ziffern	sino-japanische Lesung
1	一	hitotsu+	ichi	60	六十	roku.jū
2	二	futatsu	ni	70	七十	shichi.jū / nana.jū
3	三	mittsu	san	80	八十	hachi.jū
4	四	yottsu	shi (yo,yon)	90	九十	kyū.jū
5	五	itsutsu	go	100	百	hyaku
6	六	muttsu	roku	200	二百	ni.hyaku
7	七	nanatsu	shichi(nana)	300	三百	san.byaku++
8	八	yattsu	hachi	400	四百	yon.hyaku
9	九	kokonotsu	kyū (ku)	500	五百	go.hyaku
10	十	tō	jū	600	六百	roppyaku++
11	十一		jū.ichi	700	七百	nana.hyaku
12	十二		jū.ni	800	八百	happyaku++
13	十三		jū.san	900	九百	kyū.hyaku
14	十四		jū.yon	1 000	(一)千	(is-)sen++
⋮						
20	二十		ni.jū	3 000	三千	san.zen++
21	二十一		ni.jū.ichi	8 000	八千	hassen ++
⋮						
30	三十		san.jū	10 000	一万	ichi.man
40	四十		yon.jū	100 Mio.	一億	ichi.oku
50	五十		go.jū	1 Billion	一兆	itchō++

\+ Beim Schreiben der japanischen Reihe wird für die Zahlen 1 - 9 die Endungssilbe *tsu* zusätzlich zu der chinesischen Ziffer in *hiragana* notiert: *futatsu* 二つ etc.

++ Die gekennzeichneten Zahlen unterliegen lautlichen Veränderungen durch das Zusammentreffen von Silben, die auf *n* bzw. eine öffnende Zweitsilbe (*tsu,chi,ku*) enden, und Silben mit bestimmtem Konsonantenanlaut (s.Laut-und Schriftsystem, Langkonsonanten).

MENGENANGABEN: ZÄHLEINHEITSWÖRTER (ZEW)

Die Zahlen der sino-japanischen Reihe werden in der Regel nicht alleinstehend gebraucht, sondern verbunden mit sogenannten Zähleinheitswörtern, die ihnen suffigiert werden. Aufgabe der ZEW ist es, die begriffliche Kategorie des zu zählenden Gegenstands anzugeben, vergleichbar im Deutschen etwa Ausdrücken wie *Stück, Blatt(Papier), Paar(Schuhe)*,einschließlich aller Maßeinheiten. Nur ist im Japanischen die Verwendung von ZEW bei der sino-japanischen Zahlenreihe nahezu zwingend (ausgenommen ist lediglich der naturwissenschaftliche Bereich sowie häufig höhere Zahlenangaben) und darüberhinaus unvergleichlich stärker differenziert[+] . Die dem ZEW zugrundeliegenden Kategorien nehmen Bezug auf Wesens- oder Formeigenschaften, z.B. gibt es ZEW für Menschen, fliegende Tiere, große Tiere, Insekten, Bücher, flache Gegenstände, hohe zylindrische Gegenstände u.a. Einige Beispiele:

Klasse	Mengenangabe: (z.B.) 5 + ZEW	Bedeutung
Menschen	*go.nin*	5 Personen
Bücher	*go.satsu*	5 Bände
flache Gegenstände	*go.mai*	5 Stück(z.B. Teller, Schallplatten, Papier)
hohe zylindrische Gegenst.	*go.hon*	5 Stück(z.B. Zigaretten, Bäume, Bleistifte)

Die in diesem Sprachkurs benötigten ZEW werden in den Wortlisten eingeführt und erläutert. Eine gewisse Schwierigkeit stellen die Verbindungen zweisilbiger sino-japanischer Zahlen mit ZEW dar, die auf stimmlose Konsonanten anlauten, da hier häufig Assimilationsformen auftreten (Langkonsonanten).

\+ Das *Kadokawa kokugo jiten* (hrsg.v.Hisamatsu S.u.a.,Tokyo [11]1971) verzeichnet als "wichtigste ZEW für den täglichen Gebrauch" rund 200 Ausdrücke.

Überblick über die möglichen Assimilationsformen:+

ZEW mit betroffenen Konsonanten		*kai*	*sai*	*shō*	*tō*	*chō*	*hon*
Zahlen, die Assimilationsformen bewirken	*ichi*	*ikkai*	*issai*	*isshō*	*ittō*	*itchō*	*ippon*
	san	*sangai*					*sanbon*
	roku	*rokkai*					*roppon*
	hachi	*hakkai*	*hassai*	*hasshō*	*hattō*	*hatchō*	*happon*
	jū	*jikkai*	*jissai*	*jisshō*	*jittō*	*jitchō*	*jippon*
		jukkai	*jussai*	*jusshō*	*juttō*	*jutchō*	*juppon*
		Etagen	Jahre (Alter)	(Maß)	große Tiere	(Maß)	flache Dinge

(vgl. Laut-und Schriftsystem, Langkonsonanten)

Das ZEW für Menschen ist *nin*, geschrieben mit dem Zeichen für "Mensch". Für die Mengenangaben *eine Person* und *zwei Personen* gelten Sonderlesungen:

	一人	*hitori*	eine Person
	二人	*futari*	zwei Personen
weiter:	三人	*san.nin*	drei Personen
	四人	*yo.nin*	vier Personen

usw. nach der sino-japanischen Reihe + *nin*.

Die japanische Zahlenreihe von 1 - 10 kann ohne ZEW verwendet werden, doch erstreckt sich ihr Anwendungsbereich nur auf Gegenstände, nicht auf Menschen und Tiere. Einige wenige ZEW werden mit der japanischen Zahlenreihe verbunden.

Nach Mengen wird gefragt

(a) durch *ikutsu*

(b) die Verbindung des Fragepronomens *nan* mit dem jeweiligen ZEW:

nan.nin	wieviel Personen
nan.satsu	wieviel Bände
nan.mai	wieviel Stück (flacher Gegenstände)
nan.bon	wieviel Stück (hoher zylindrischer Gegenstände)

+ In Einzelfällen gibt es Ausnahmen.

MENGENANGABEN IM SATZ

Mengenangaben können syntaktisch auf zwei Weisen in den Satz eingebunden werden: als Adverbial der Quantität oder als Attribut zu dem nominalen Begriff, den sie zählen. Sie verhalten sich also wie die Adverbien der Quantität, die dieselben Positionen einnehmen können (s.Lektion 8,Adverbien), und von denen sie sich lediglich durch die Bestimmtheit der Mengenangabe unterscheiden.

(a) Adverbial der Quantität:

(1) *gakusei ga san.nin imasu.* Studenten sind (in der Menge)drei anwesend.

(b) Attribut:

(2) *san.nin no gakusei ga imasu.* Drei Studenten sind anwesend.

Zwischen beiden Aussagen besteht ein semantischer Unterschied: während (1) feststellt, daß an Studenten (partitiv) drei anwesend sind, bezieht sich (2) auf eine Gruppe, die aus drei Studenten besteht. (1) gibt also darüber Auskunft, wieviel Studenten anwesend sind, (2) sagt dagegen etwas darüber aus, wer anwesend ist. In der Praxis verwischt sich dieser semantische Unterschied zwischen beiden Formulierungen leicht.

MENGENANGABEN IM SATZ: NULLMENGE

Für Nullmengen-Aussagen (*kein einziger*) bedient sich das Japanische einer indirekten Formulierung folgender Art:

hitori mo	*imasen*
1 + ZEW + *mo*	V / negativ
Adverbial d. Quantität	Prädikat

Im Deutschen etwa: *auch / selbst einer ist nicht anwesend → nicht einmal einer ist anwesend → kein einziger ist anwesend* . Zur Hervorhebung der Verneinung werden in der Regel die übrigen Satzkonstituenten topikalisiert (s. Mehrfachtopikalisierung):

(1)

kyōshitsu ni wa	*gakusei wa*	*hitori mo imasen.*
Thema 1	Thema 2	Kommentar

Im Hörsaal ist kein einziger Student.

(2)

koko ni wa	*tsukue wa*	*hitotsu mo arimasen.*
Thema 1	Thema 2	Kommentar

Hier ist kein einziger Tisch.

KURZREFERENZ

Flexionsformen / Verb

Zusammenstellung der bisher behandelten Flexionsformen der Verben *aru* / *iru*

Nennform	Höflichkeits-form	Negations-form(höfl.)	Vergangenheits-form(höflich)	Negations-+Vergangen-heitsform (höflich)
aru	*ari.masu*	*ari.masen*	*ari.mashita*	*ari.masen deshita*
iru	*i.masu*	*i.masen*	*i.mashita*	*i.masen deshita*
ist da	ist da	ist nicht da	war da	war nicht da

Satz mit verbalem Prädikat

Sonderformen und Erweiterungen

	Lokativ	Subjekt	Adverbial	Präd.
Partitiv	N + *ni wa*	{N *ya* N *ya* N ... N *(nado)* N N N N} *ga*		*aru*
Mengenangabe durch				
(a) Adverbial	N + *ni wa*	N + *ga*	Zahl(+ZEW)	{*aru* *iru*}
(b) Attribut	N + *ni wa*	Zahl (+ZEW) + *no* N + *ga*		
Nullmenge	N + *ni wa*	N + *wa*	1+ZEW+*mo*+	{*arimasen* *imasen*}

+ auch:*hitotsu mo*

ÜBUNGSTEIL

EINFÜHRUNGSÜBUNG

1. 日本海は日本の西にあります。
2. 太平洋は日本の東です。
3. あの本屋は図書館の前にあります。
4. 名古屋は東京と大阪の間にあります。
5. 日本には島がたくさんあります。
6. 日本には大きな島が四つあります。
7. 日本には四つの大きな島があります。
8. あの電車の中には日本人が三人います。
9. この学校にはらぼは一つもありません。
10. 学生は一人もいません。
11. 海には太平洋や大西洋や日本海などがあります。
12. 新聞には古いのも新しいのもあります。

GRAMMATIKÜBUNGEN

1. Grammatik: (Satz mit verbalem Prädikat)
   nominales Attribut: relationale Ortsbezeichnung

   Aufgabe: Umformung in einen Satz mit verbalem Prädikat

   Muster: T: 中国は日本の西です。

   S: 中国は日本の西にあります。

1. 太平洋は日本の東です。

2. 京都は大阪の北です。

3. 日本はあじあ大陸の東です。

4. ふじ山は東京の西です。

5. 川崎は東京の近くです。

2. Grammatik: nominales Attribut: relationale Ortsbezeichnung
Satz mit verbalem Prädikat: Fragesatz/ Ergänzungsfrage

Aufgabe: Beantwortung der Frage mithilfe des Stichworts

Muster: T: 日本の西には何という国がありますか。/China

S: 日本の西には中国があります。

1. 本州の北には何という島がありますか。/ Hokkaido

2. 東京の西には何という山がありますか。/Fuji

3. 日本の東には何という海がありますか。/Pazifik

4. あじあ大陸の東には何という国がありますか。/Japan

5. 京都の近くには何という都市がありますか。/Nagoya

3. Grammatik: nominales Attribut: relationale Ortsbezeichnung

Aufgabe: Übersetzung ins Japanische mithilfe des Stichworts

Muster: T: westlich von Japan/ 西

S: 日本の西

1. in der Nähe der Universität / 近く

2. auf dem Berg / 上
3. unter dem Tisch / 下
4. vor der Schule / 前
5. hinter jenem Gebäude / 後ろ
6. rechts neben mir / 右
7. links vom Bahnhof / 左
8. in der Bahn / 中
9. außerhalb der Partei / 外
10. zwischen Institut und Bibliothek / 間

4. Grammatik: nominales Attribut: relationale Ortsbezeichnung
   Aufgabe: Beantwortung der Frage mithilfe des Stichworts

   Muster: T: 大阪はどこの都市ですか。/ südlich von Kyoto
   S: 大阪は京都の南の都市ですか。

1. 日本海はどこの海ですか。/ westlich von Japan
2. 名古屋はどこの都市ですか。/ zwischen Tokyo und Osaka
3. あれはどこの本屋ですか。/ in der Nähe der Universität
4. あれはどこの銀行ですか。/ vor dem Bahnhof
5. ふらんす大使館はどの建物ですか。/ rechts von der Schule

5. Grammatik: Zahlen
   Mengenangaben im Satz (Adverbial der Quantität)
   Aufgabe: Einfügen der Mengenangabe als adverbiale Bestimmung

   Muster: T: この教室にはつくえがあります。／二つ
   S: この教室にはつくえが二つあります。

1. その研究所には大きな教室があります。／八つ
2. 日本には大きな島があります。／四つ
3. 日本には部数の多い新聞があります。／三つ
4. このつくえの上には雑誌があります。／六つ
5. 日本には党員の多い政党があります。／五つ

6. Grammatik: Zahlen
Mengenangaben im Satz (adverbial)

Aufgabe: Beantwortung der Frage mithilfe des Stichworts

Muster: T: この教室にはつくえがいくつありますか。/ 2

S: この教室にはつくえが二つあります。

1. この研究所にはらばがいくつありますか。/ 3
2. 大学の近くには本屋がいくつありますか。/ 6
3. 日本には面積の広い島がいくつありますか。/ 4
4. 駅の前には銀行がいくつありますか。/ 5
5. 日本には大都市がいくつありますか。/ 10

7. Grammatik: Zähleinheitswörter
Mengenangaben im Satz (adverbial)

Aufgabe: Beantwortung der Frage mithilfe des Stichworts

Muster: T: 学生は何人いますか。/ 3

S: 学生は三人います。

1. 男性は何人いますか。/ 8
2. 女性は何人いますか。/ 5
3. 労働者は何人いますか。/ 7
4. 先生は何人いますか。/ 2
5. 外国人の学生は何人いますか。/ 1

8. Grammatik: Mengenangaben im Satz (attributiv)
Flexionsformen/ Verb: Vergangenheitsform (höflich)

Aufgabe: Umwandlung der adverbialen in eine attributive Mengenangabe

Muster: T: つくえは二つあります。

S: 二つのつくえがあります。

1. 大きな島は四つあります。
2. 学生は三人います。
3. 英語の新聞は八つありました。
4. 女性は八人いました。
5. 学校の先生は二人いました。

9. Grammatik: Mengenangaben im Satz: Nullmenge
Mehrfachtopikalisierung (1)
Flexionsformen/ Verb: Negationsform (höflich)

Aufgabe: Verneinende Beantwortung der Frage im Sinne von "kein einziger"

Muster: T: この教室にはつくえがありますか。

S: いいえ、この教室にはつくえは一つもありません。

1. 大学の図書館には日本の新聞がありますか。
2. 日本には公害の少ない大都市がありますか。
3. 自民党の大会には外国の政治家がいましたか。
4. 駅の前には銀行がありますか。
5. その学会には日本の学者がいましたか。

10. Grammatik: Aufzählung: *nado*
Partitiv

Aufgabe: Umformulierung in eine Partitivaussage

Muster: T: 日本海や太平洋や大西洋などの海があります。

S: 海には日本海や太平洋や大西洋などがあります。

1. 自民党や社会党や共産党などの政党があります。
2. 北九州や川崎などの工業都市があります。
3. 北海道や本州などの大きな島があります。
4. 中国やいんどやソ連などの人口の多い国があります。
5. 漢字やひらがなやろうま字などの文字があります。

11. Grammatik: Partitiv
(Nominalisierung)

Aufgabe: Umformulierung ir eine Partitivaussage

Muster: T: 古い雑誌も新しい雑誌もあります。

S: 雑誌には古いのも新しいのもあります。

1. 難しい漢字も易しい漢字もあります。
2. 文法の難しい言語も易しい言語もあります。
3. 日本語の新聞も英語の新聞もあります。
4. 私立大学も国立大学もあります。

12. Grammatik: Partitiv
(Nominalisierung)
Aufgabe: Umformulierung in eine Partitivaussage

Muster: T: この本屋には古い雑誌も新しい雑誌もあります。
S: この本屋の雑誌には古いのも新しいのもあります。

1. 日本には日本語の新聞も英語の新聞もあります。
2. あじあには資源の多い国も少ない国もあります。
3. あふりかには国土の広い国も狭い国もあります。
4. 日本には私立大学も国立大学もあります。

13. Grammatik: (die Verben *aru, iru*)
Aufgabe: Einsetzen des richtigen Verbs

Muster: (a)T: 日本はどこに__か (b) T: 学生は十人___ 。
S: 日本はどこにありますか S: 学生は十人います。

1. 太平洋は日本の東に___ 。
2. 日本には大きな政党が五つ___ 。
3. 田中さんはどこに___か。

4. どいつ語の学校は駅の近くに ＿＿。

5. 教室の中には学生は一人も ＿＿。

6. この国には外国人労働者がほとんど ＿＿。

7. 日本には石油がほとんど ＿＿。

8. この小説は図書館に ＿＿か。

9. ようろっぱにも国土の狭い国が ＿＿。

10. あじあ人には日本人や中国人などが ＿＿。

ABSCHLUSSÜBUNGEN

1. Aufgabe: Schreiben der *kanji*, Zusammenstellen zu Komposita
Erschließung der Lesung
begriffliche Deutung

1. 「せいかつ」の「せい」+「きょうさんとう」の「さん」
2. 「かいしゃ」の「かい」+「とういん」の「いん」
3. 「しまぐに」の「くに」+「せいじか」の「か」
4. 「すいようび」の「すい」+「こうがい」の「がい」
5. 「ちゅうごく」の「ちゅう」+「あいだ」
6. 「こうがい」の「こう」+「かいしゃ」の「しゃ」
7. 「なごや」の「な」+「まえ」
8. 「きょうさんとう」の「さん」+「こうぎょう」の「ぎょう」

9. 「こくりつ」の「りつ」+「へいち」の「ち」

10. 「うみ」+「きょうさんとう」の「さん」+「ぶっか」の「ぶつ」

2. Aufgabe: Beantwortung der Frage

1. 日本には何という文字がありますか。
2. 日本には大きな島が多いですか。
3. 大きな島はいくつありますか。
4. 大きな島には何というのがありますか。
5. 日本には政党がありますか。
6. 大きな政党はいくつありますか。
7. 大きな政党には何というのがありますか。
8. 日本には英語の新聞がありますか。
9. どいつには日本語の新聞がありますか。
10. 日本の部数の多い新聞には何というのがありますか。
11. 日本はあじあ大陸の南にありますか。
12. 日本の西の海は太平洋ですか。
13. 東京の近くには何という工業都市がありますか。
14. 朝鮮は日本の東ですか。
15. 学生は何人いますか。/ drei Studenten

16. だれがいますか。 / drei Studenten

17. 東京駅の前には何がありますか。 / zahlreiche Banken

18. 外国の銀行はいくつありますか。 / keine einzige

19. この建物の中には何がありますか。/ 9 Unterrichtsräume, 2 Sprachlabors u.a.

20. 図書館にもらぼがありますか。 / nein,kein einziges

3. Aufgabe: Übersetzung ins Japanische

1. Kawasaki ist eine Industriestadt.

   Kawasaki ist eine Industriestadt im Kanto.

   Kawasaki ist eine Industriestadt mit zahlreichen Großunternehmen.

   Kawasaki ist eine Großstadt mit einer geringen Zahl an ausländischen Großunternehmen.

   Kawasaki ist eine Industriestadt im Kanto mit einer geringen Zahl an ausländischen Großunternehmen.

2. Es gibt den Pazifik, das Japanische Meer u.a. Meere.

   In der Nähe von Japan gibt es den Pazifik, das Japanische Meer u.a. Meere.

   An Meeren in der Nähe von Japan gibt es den Pazifik, das Japanische Meer u.a.

3. Wer ist in der Bibliothek? Zwei Lehrer.

   Ist im Hörsaal auch ein Lehrer? Nein, dort sind Studenten.

   Wieviele Studenten sind dort? 25.

   Wieviele Studenten sind im Sprachlabor? Kein einziger.

下	KA GE shita	unten	148 N 9 R 1/2	下 上
	一	eins	R 1	地下鉄
丨	ト	katakana to	R 25	下水道
				下車

前	ZEN mae	vor	149 N 595 R 18/7	前	
丶	丷	katakana so		前者	建前
	一	eins	R 1		
丿 冂 月	月	Mond	R 74	前科	前市長
丨	刂 (刀)	Schwert	R 18	前後	

後	GO,KŌ ushiro ato,nochi	hinter nach	150 N 1610 R 60/6	後 彼 行
丿 彳	彳	gehender Mensch	R 60	前後
𠃋 幺	幺	kurzer Faden	R 52	後者
丿 ク	夂	schlurfen	R 34	今後

右	U YŪ migi	rechts	151 N 878 R 30/2	右 古 名 左
一	ナ (十)	zehn	R 24	左右
丨 冂	口	Mund	R 30	

駅	EKI	Bahnhof	152 N 5199 R 187/4	駅
丨 ┌ 冂 冊 冊 馬	馬	Pferd	R 187	東京駅
				駅長
フ コ 尸	尺	(Längenmaß)		駅前

左	SA hidari links	153 N 1455 R 48/2	左 工 右
一	ナ(十)	zehn R 24	右左する
一 丅	工	Arbeit R 48	

間	KAN KEN aida zwischen	154 N 4949 R 169/4	間 関 問 聞	
丨 ｢ ｢ 戸 戸 門 門 門	門	Tor R 169	中間	民間企業
丨 冂 冂	日	Sonne R 72	世間	民間資本
			人間	

員	IN Mitglied	155 N 928 R 30/7	員 史 資 積	
丨 冂	口	Mund R 30	党員	
丨 冂 冃 月 目 貝	貝	Muschel R 154	会員	
			会社員	

面	MEN omote Gesicht, Oberfläche	156 N 5087 R 176	面 百	
一 丆 丆 丙 而 而 而 面	面	Gesicht R 176	面積	面会
			水面	
			場面	

積	SEKI tsumu häufen	157 N 3306 R 115/11	積 秋 科 私	
ノ 二 千 禾	禾(禾)	Ähre R 115	面積	
一 十 土	圭	(kein Graphem)		
丨 冂 冃 月 目 貝	貝	Muschel R 154		

男	DAN otoko Mann	158 N 2996 R 102/2	男 田 力 労
丨 冂 冊 田	田	Reisfeld R 102	男性
			長男
フ	力	Kraft R 19	男女共学

性	SEI Geschlecht; Natur	159 N 1666 R 61/5	性 生 悪	
丶 丷	忄(心)	Herz R 61	男性	性生活
丿 𠂉 牛 牛	生	Geburt R 100	女性	生産性
			中性	油性

先	SEN saki vorher; später	160 N 571 R 10/4	先 兆 党	
	丿	katakana no R 4	先生	
一 十	土	Erdboden R 32	先日	
丿	儿	knieender Mensch R 10	行先	

公	KŌ ōyake Öffentlichkeit	161 N 579 R 12/2	公 八 共 私	
丿	八	acht R 12	公害	公社
㇘	厶	katakana mu R 28	公文	日本交通公社
			公共	公立学校

害	GAI Schaden	162 N 1306 R 40/7	害 安 室	
丶 丶	宀	Dach R 40	公害	
一 十 丰	丰	(kein Graphem)	水害	
丨 冂	口	Mund R 30		

共	KYŌ tomo gemeinsam	163 N 581 R 12/4	共公
一十 廾	廾	(kein Graphem)	共産党 共通
			公共 共著
ノ	八	acht R 12	男女共学 日共

産	SAN Gewerbe umu gebären	164 N 3354 R 100/6	産生性立
丶亠亣 亣	立	stehen R 117	共産 産地
	ノ	katakana no R 4	生産 水産物
ノ𠂉牛生	生	Geburt R 100	産業 国産

崎	saki Kap	165 N 1426 R 46/8	崎山島何
丨山	山	Berg R 46	川崎
一ナ	大	groß R 37	長崎
	一	eins R 1 } 可	
丨冂	口	Mund R 30 } 可	
	亅	Haken R 6 } müssen	

一	ICHI ITSU hitotsu eins	166 N 1 R 1	一上下三
	一	eins R 1	一行 一部
			万一の場合 日本一
			一人 一月

二	NI JI futatsu zwei	167 N 273 R 7	二五会
一	二	zwei R 7	二世
			二人
			二月

三	SAN mi(t)tsu	drei	168 N 8 R 1/2	三 一 万 百
一 二 三	一	eins	R 1	三島 / 三百人 / 三月 / 三千人 / 三人

五	GO itsutsu	fünf	169 N 15 R 7/2	五 二
一 丆 万 五	二	zwei	R 7	五月 / 五十五人

六	ROKU mu(t)tsu		sechs	170 N 283 R 12/2	六 共 公 八
丶	亠		Deckel	R 8	六法 / 六月
ノ	八		acht	R 12	六人
					六百人

七	SHICHI nana nanatsu		sieben	171 N 261 R 1/1	七 世
	一		eins	R 1	七人
	し		(kein Graphem)		七人のさむらい
					七月

八	HACHI ya(t)tsu		acht	172 N 577 R 12	八 六 共 分
ノ	八		acht	R 12	八人
					八百人
					八月

十	JŪ tō	zehn	173 N 768 R 24	十 午 千 南
一	十	zehn	R 24	十分
				十字
				十人

百	HYAKU	hundert	174 N 33 R 106/1	百 激 線	
	一	eins	R 1	百人	六百人
ノ 亻 白 白	白	weiß	R 106	三百人	八百人
				四百人	

千	SEN	tausend	175 N 156 R 24/1	千 十 午
	ノ	katakana no	R 4	千人
一	十	zehn	R 24	三千人
				八千人

万	MAN BAN	zehntausend	176 N 7 R 1/2	万 一 三 百
	一	eins	R 1	万一の場合
フ	ク	(kein Graphem)		百万人

億	OKU	100 Millionen	177 N 551 R 9/13	億 働 使
ノ	亻(人)	Mensch	R 9	一億人の日本人
丶 亠 亣	立	stehen	R 11	
丨 冂 日	日	Sonne	R 72	
ノ 心	心	Herz	R 61	

兆	CHŌ 1 Billion 178 N 637 R 10/4	兆 先 説
丿 丬 丬 兆 兆 兆	儿 knieender Mensch R 10	

LEKTION 10

TEXT

田中さん(一)

田中さんは27歳の会社員です。大学卒業の後大きな電気製品の会社に入りました。
1972年から東京の本社に勤めています。月給は13万円です。田中さんは月曜日から金曜日まで毎日会社に通います。勤務時間は午前九時から午後五時まで八時間です。週に40時間です。しかし時々夜八時まで残業します。必要な場合、土曜日にも会社へ行きます。

田中さん　(一)

田中さんは２７歳の会社員です。大学卒業の後、大きな電気製品の会社に入りました。
1972年から東京の本社に勤めています。月給は１３万円です。田中さんは月曜日から金曜日まで毎日会社に通います。勤務時間は午前九時から午後五時まで八時間です。週に４０時間です。
しかし時々夜八時まで残業します。必要な場合、土曜日にも会社へ行きます。

田中さん　(一)

田中さんは二七歳の会社員です。大学卒業の後、大きな電気製品の会社に入りました。一九七二年から東京の本社に勤めています。月給は十三万円です。
田中さんは月曜日から金曜日まで毎日会社に通います。
勤務時間は午前九時から午後五時まで八時間です。
週に四十時間です。しかし時々夜八時まで残業します。
必要な場合、土曜日にも会社へ行きます。

VOKABULAR

歳	サイ	ZEW	*Zahl+___*(für Altersangaben von Personen)
会社員	カイシャイン	N	(Belegschaftsmitglied eines Unternehmens, insbesondere:) Angestellte/-r
会社	カイシャ	N	Firma
員	イン	SUF/N	(Mitglied einer Organisation)
卒業	ソツギョウ	N	Studienabschluß, Hochschulexamen
後	のち／あと	N	*N+no___*:nach(zeitlich)
電気製品	デンキセイヒン	N	Elektroartikel
電気	デンキ	N	Elektrizität
製品	セイヒン	N	Produkt
入りました	はいりました	V	*Höflichkeits- + Vergangenheitsform von* → hairu
入る	はいる	V_k	*N+ni/e___* : hineingehen, eintreten in...
年	ネン	ZEW	*Zahl+___*(für Jahre als Maßeinheit der Zeitrechnung)
本社	ホンシャ	N	Zentrale(eines Unternehmens
勤めています	つとめています	V	*Aspekt- + Höflichkeitsform von* → tsutomeru: angestellt, beschäftigt sein(bei)
勤める	つとめる	V_v	*N+ni/e___*: eine Stellung antreten bei
月給	ゲッキュウ	N	Monatsgehalt

円	エン	ZEW	(japanische Währungseinheit)
から		P	von, seit
まで		N	bis
通います	かよいます	V	*Höflichkeitsform von* ⟶ kayou
通う	かよう	V_k	*N+ni/e___:* (regelmäßig) zu/nach... fahren
勤務時間	キンムジカン	N	Dienst-, Arbeitszeit
勤務	キンム	N	Dienst(-aufgabe)
時間	ジカン	N	Zeit
		ZEW	*Zahl+*___(für Stunden als Maßeinheit der Zeitdauer)
午前	ゴゼン	N	Vormittag (0-12 Uhr)
時	ジ	ZEW	*Zahl+*___(für Stunden als Maßeinheit der Uhrzeit)
午後	ゴゴ	N	Nachmittag (12-24 Uhr)
週	シュウ	N	Woche
時々	ときどき	ADV	gelegentlich, von Zeit zu Zeit
夜	よる	N	Abend, Nacht
残業します	ザンギョウします	NV	*Höflichkeitsform von* ⟶ zangyō.suru
残業する	ザンギョウする	NV	Überstunden machen
必要な場合	ヒツヨウなばあい		nötigenfalls

必要な	ヒツヨウな	NA	*Attributivform* notwendig
場合	ばあい	N	Fall, Umstand
行きます	いきます	V	*Höflichkeitsform von* → iku
行く	いく／ゆく	V_k	*N+ni/e___:* sich nach/zu...begeben, nach/zu ...gehen

ÜBUNGSTEIL

あの人	あのひと		er (bezeichnet einen Dritten, der bei dem Gespräch nicht zugegen ist)
山田	やまだ	N	Yamada(Familienname)
前田	まえだ	N	Maeda(Familienname)

ZEITBEZEICHNUNGEN UND ZEITMASSE

先週	センシュウ	N	vergangene Woche
今週	コンシュウ	N	diese Woche
来週	ライシュウ	N	kommende Woche
毎週	マイシュウ	N	jede Woche,wöchentlich
先月	センゲツ	N	vergangener Monat
今月	コンゲツ	N	dieser Monat
来月	ライゲツ	N	kommender Monat
毎月	マイゲツ／マイつき	N	jeder Monat,monatlich
去年	キョネン	N	vergangenes Jahr

今年	ことし	N	dieses Jahr
来年	ライネン	N	kommendes Jahr
毎年	マイネン/マイとし	N	jedes Jahr, jährlich
分	フン	ZEW	*Zahl+*___(für Minuten als Maßeinheit der Zeitrechnung oder der Zeitdauer)
日	ニチ/か	ZEW	*Zahl+*___(für Tage als Maßeinheit der Zeitrechnung)
日間	ニチカン/かカン	ZEW	*Zahl+*___(für Tage als Maßeinheit der Zeitdauer)
週間	シュウカン	ZEW	*Zahl+*___(für Wochen als Maßeinheit der Zeitdauer)
月	ガツ	ZEW	*Zahl+*___(für Monate als Maßeinheit der Zeitrechnung)
カ月	カゲツ	ZEW	*Zahl+*___(für Monate als Maßeinheit der Zeitdauer)
年間	ネンカン	ZEW	*Zahl+*___(für Jahre als Maßeinheit der Zeitdauer)

GRAMMATIK

ZEITMASSE

Die Zeitmaße für Zeitpunkt und Zeitdauer gehören zu den Zähleinheitswörtern (ZEW), sie werden der Zahl unmittelbar angeschlossen. Die folgende Tabelle stellt die Maßeinheiten für Zeitpunkt und Zeitdauer der wichtigsten Zeiteinheiten zusammen (s.auch Vokabular):

Zeiteinheit	Zeitpunkt	Zeitdauer
Jahr	*nen*	*nenkan*
Monat	*gatsu*	*kagetsu*
Tag	*nichi*[+]	*nichi(kan)*[+]
Stunde	*ji*	*jikan*
Minute	*fun*[++]	*fun(kan)*[++]

[+] Sonderlesungen für bestimmte Tagesbezeichnungen, s.u.
[++] Bei der Verbindung mit folgenden Zahlen entstehen Assimilationsformen: *ichi + fun → ippun*
san + fun → sanpun
hachi + fun → happun,hachifun
jū + fun → jippun, juppun

Als Monatsnamen werden numerische Bezeichnungen verwendet:Januar = 1. Monat (*ichi.gatsu*), Februar = 2. Monat(*ni.gatsu*) usw. Die Bezeichnungen für die Tage des Monats weisen in der Lesung zahlreiche Unregelmäßigkeiten auf, daher werden sie hier vollständig aufgeführt:

1.	一日	*tsuitachi* / *ichi.nichi*	13.	十三日	*jūsan.nichi*
2.	二日	*futsu.ka*	14.	十四日	*jūyokka*
3.	三日	*mikka*	15.	十五日	*jūgo.nichi*
4.	四日	*yokka*	16.	十六日	*jūroku.nichi*
5.	五日	*itsu.ka*	17.	十七日	*jūshichi.nichi*
6.	六日	*mui.ka*	18.	十八日	*jūhachi.nichi*
7.	七日	*nano.ka* / *nanu.ka*	19.	十九日	*jūku.nichi*
8.	八日	*yō.ka*	20.	二十日	*hatsu.ka*
9.	九日	*kokono.ka*	21.	二十一日	*nijūichi.nichi*
10.	十日	*tō.ka*	22.	二十二日	*nijūni.nichi*
11.	十一日	*jūichi.nichi*	23.	二十三日	*nijūsan.nichi*
12.	十二日	*jūni.nichi*	24.	二十四日	*nijūyokka*

25. 二十五日 *nijūgo.nichi*

26. 二十六日 *nijūroku.nichi*

27. 二十七日 *nijūshichi.nichi*

28. 二十八日 *nijūhachi.nichi*

29. 二十九日 *nijūku.nichi*

30. 三十日 *sanjū.nichi*

31. 三十一日 *sanjūichi.nichi*

Für die Jahreszählung bedient man sich in Japan offiziell noch der traditionellen Form der Zeitrechnung mithilfe sogenannter Jahreslosungen (*nengō*)mit programmatischem Charakter ("Leuchtender Friede","Große Gerechtigkeit"),die in der seit 1868 bestehenden Praxis mit der Regierungszeit des jeweiligen Tenno,dessen Herrschernamen sie zugleich sind,übereinstimmen:

Meiji-Zeit / Meiji Tenno 1868 - 1912
Taisho-Zeit/ Taisho Tenno 1912 - 1926
Showa-Zeit / Showa Tenno 1926 -

Bei der Umrechnung ist zu beachten, daß das Jahr des Herrschaftsantritts bereits als Jahr 1 gezählt wird, das darauffolgende als Jahr 2 etc. Eine Zeitangabe wie Showa 50 bezieht sich also nicht auf das Jahr 1976 (als Summe aus 1926, dem Jahr des Herrschaftsantritts + 50) sondern auf 1975.

Neben dieser, an monarchistischer Herrschaftsform und tennoistischer Ideologie sich orientierenden Zeitrechnung setzt sich zunehmend der westliche Kalender durch. Tageszeitungen verwenden bereits beide Formen der Jahresangabe nebeneinander.

Die Datumsangabe selbst folgt in der Anordnung ihrer einzelnen Einheiten dem Prinzip "vom Größeren zum Kleineren": Jahr - Monat - Tag, wobei jede Einheit durch das entsprechende ZEW gekennzeichnet wird:

(1) 1978年6月26日 = 26.6.1978

oder:

(2) 昭和(しょうわ)53年6月26日 = 26.6.1978

NOMINALES ATTRIBUT: RELATIONALE ZEITANGABEN

Zeitangaben, die durch ihr (zeitliches) Verhältnis zu einem Ereignis bestimmt sind, werden analog zu den relationalen Ortsbezeichnungen (s.Lektion 9) als nominales Attribut und teilweise unter Verwendung derselben Begriffe formuliert.

sotsugyō no nochi	nach dem Hochschulabschluß
sotsugyō no mae	vor dem Hochschulabschluß

ZEITMASSE: FRAGEPRONOMINA

Alle Zeitangaben können durch nach Zeiteinheiten differenzierte (und auch hinsichtlich Zeitpunkt / Zeitdauer unterschiedene) Pronomina erfragt werden, die nach dem allgemeinen Muster von Fragepronomina mit ZEW gebildet werden:

nan + ZEW

nan(*nani*) fragt als selbständiges Fragepronomen nach Dingen(*was*), hier aber nach Mengen (*wieviel*) bzw.bei entsprechenden ZEW nach dem Zeitpunkt(*der wievielte...*).

nan.ji	wieviel Uhr
nan.jikan	wieviel Stunden
nan.gatsu	welcher Monat
nan.kagetsu	wieviel Monate
nan.nen	welches Jahr
nan.nenkan	wieviel Jahre

Daneben gibt es zwei allgemeine, Zeiteinheits-unspezifische Fragepronomina für Zeitpunkt bzw. Zeitdauer:

itsu	wann (Zeitpunkt)
dono kurai	wie lange (Zeitdauer)

(*dono kurai*, wörtlich: *welches Ausmaß*, wird auch lokal als Fragepronomen für Strecken benutzt, ist also nicht zeitspezifisch wie *itsu*)

TEMPORALADVERBIAL

Temporaladverbiale sind freie Angaben, ihr Vorkommen ist nicht durch das Prädikatswort geregelt. Sie können daher mit allen Prädikatswörtern, unabhängig auch von deren Wortklassenzugehörigkeit, verbunden werden. Ihre Position im Satz ist relativ flexibel, gewöhnlich (sofern nicht topikalisiert) stehen sie nach dem Subjekt und vor Ortsangaben.

Zeitpunkt

Erfolgt die Angabe des Zeitpunkts durch ein Nomen relativer Zeitbezeichnung (d.h. relativ zum Jetzt-Zeitpunkt wie *kyō: heute, kyonen: vergangenes Jahr,* aber auch: *mainichi: jeden Tag*), so steht keine Partikel:

(1)*Tanaka-san wa mainichi kaisha ni kayoimasu.* Herr Tanaka fährt jeden Tag in die Firma.

(2)*kare wa rainen Nihon e ikimasu.* Er fährt nächstes Jahr nach Japan.

Eine Partikel zur Kennzeichnung des Zeitadverbials wird in der Regel verwendet, wenn es sich um eine absolute Zeitangabe, also eine Datums-, Wochentags- oder Uhrzeitangabe handelt. Diese Partikel ist *ni* :

(3)*Tanaka-san wa doyōbi ni kaisha e ikimasu.* Herr Tanaka fährt am Samstag in die Firma.

(4)*kare wa 1978.nen 8.gatsu 25.nichi ni Nihon e ikimasu.* Er fährt am 25.8.1978 nach Japan.

Bei Topikalisierung oder Verbindung mit *mo* bleibt die Partikel *ni* meist erhalten (vgl.Lektion 8, Distribution von *wa* und *mo*):

(5)*Tanaka-san wa doyōbi ni mo kaisha e ikimasu.* Herr Tanaka fährt auch am Samstag in die Firma.

Relative Zeitbegriffe dagegen werden direkt mit *wa* bzw.*mo* verbunden:

(6)*ashita wa kaisha e ikimasu ka.* Fahren(Sie)morgen in die Firma?

(7)*ashita mo kaisha e ikimasu.* (Ich)fahre auch morgen in die Firma.

Zeitdauer

Ausdrücke der Zeitdauer verwenden keine Partikeln zur Kennzeichnung ihrer syntaktischen Funktion:

(8)*kare wa san.nenkan Ōsaka ni imashita.* Er war drei Jahre lang in Osaka.

Zeitverlauf

Die Bezeichnung des Zeitverlaufs ist grundsätzlich zweiteilig, sie besteht aus der Nennung des Ausgangs- und des Endpunkts eines Geschehens bzw. Zustands. Zur Markierung werden die Partikeln *kara* (Ausgangspunkt:*von, seit*) und *made* (Endpunkt:*bis*) verwendet:

(9)*kare wa ni.gatsu kara go.gatsu made Ōsaka ni imashita.*
Er war von Februar bis Mai in Osaka.

Wie im Deutschen kann auch im Japanischen einer der beiden Begrenzungspunkte des Zeitverlaufs unerwähnt bleiben:

(10) *Tanaka-san wa kyonen kara Tōkyō ni imasu.*
Herr Tanaka ist seit vergangenem Jahr in Tokyo.

Zusätzlich zu Angaben des Zeitverlaufs können solche der Zeitdauer bzw. des Zeitpunkts, sofern dieser regelmäßig wiederkehrend ist (alle Bildungen mit *mai : mainichi, maitoshi* etc.), stehen:

(11) *Tanaka-san wa getsuyōbi kara kinyōbi made mainichi kaisha ni kayoimasu.*
Herr Tanaka fährt von Montag bis Freitag täglich in die Firma.

(12) *kare wa 1975.nen kara 1977.nen made san.nenkan Ōsaka ni imashita.*
Er war von 1975 bis 1977 drei Jahre lang in Osaka.

LOKALKOMPLEMENT: DIREKTIONAL

Konstituente in Sätzen mit verbalen Prädikaten der Bewegung(*nach...gehen*) und an Adressaten gerichteter Handlungen (*an...schicken, jemandem geben*). Sie bezeichnet den Zielpunkt einer Handlung bzw. den Punkt, in dessen Richtung die Handlung erfolgt (*nach, zu* etc). Die Markierung wird durch die Partikeln *ni* (Ziel) bzw. *e* (Richtung, geschrieben mit dem *hiragana* へ) vorgenommen, das Direktional hat also die Form N + *ni* oder N + *e*. In der Gegenwartssprache ist die semantische Differenzierung zwischen den Partikeln für Richtung und Ziel weitgehend aufgehoben, d.h. diese Partikeln sind meist austauschbar.

Das Direktional steht (sofern nicht durch Topikalisierung an den Satzanfang gerückt) unmittelbar vor dem verbalen Prädikat:

Tanaka-san wa Kyōto e ikimasu. Herr Tanaka fährt nach Kyoto.

FLEXIONSFORMEN / VERB

Für die Verben *aru/iru* wurden in Lektion 8 und 9 verschiedene Flexionsformen vorgestellt. Die dort verwendeten modifizierenden Morpheme und Morphemkombinationen finden für alle Verben Anwendung:

- *masu*	Höflichkeit
- *mashi.ta*	Höflichkeit + Vergangenheit
- *mase.n*	Höflichkeit + Negation
- *mase.n deshita*	Höflichkeit + Negation + Vergangenh.

Die Verknüpfung von *masu* (das allen hier aufgeführten Morphemkombinationen gemeinsame Element) mit dem Verb folgt je nach Flexionsklassenzugehörigkeit des Verbs verschiedenen Mustern. Diese werden in Zusammenhang mit einem Überblick über das Flexionssystem in Lektion 12 behandelt. Bis dahin sind alle vorkommenden Verben im Vokabularteil sowohl in der höflichkeitsneutralen als auch der höflichen Variante aufgeführt. Letztere ermöglicht nach obigem Muster die Formulierung weiterer Modifikationen wie Vergangenheit und Negation.

NOMINALVERBEN (NV)

Mittels des Verbs *suru* (*tun, machen*), dem semantisch allgemeinsten Ausdruck einer Handlung, lassen sich bestimmte, meist sino-japanische Nomina[+] in Verben umwandeln, die aufgrund ihres nominalen Stamms Nominalverben (NV) genannt werden. Voraussetzung ist, daß die Bedeutungen dieser Nomina auf ein Geschehen bzw. eine Handlung verweisen. Vgl. im Deutschen:

Transport ↔ *transportieren*
Wachstum ↔ *wachsen*

In dieser Lektion kommt ein Nominalverb vor:

	zangyō.suru	Überstunden machen
aus:	*zangyō*	Überstunden (wörtl.: Resttätigkeit)

Ein weiteres Nominalverb kann aus dem nominalen Begriff *sotsugyō* (*Hochschulabschluß*) abgeleitet werden, da dieser einen Vorgang bezeichnet:

sotsugyō.suru (an einer Hochschule) graduieren

Die abgeleiteten NV weisen aufgrund der Verwendung von *suru* als Ableitungsmorphem alle morphologischen Eigenschaften der Klasse der Verben auf, sie verhalten sich hinsichtlich der Flexion als Ganzes wie *suru* als selbständiges Verb allein.

NOMINALADJEKTIVE (NA)

Bei dem in dieser Lektion vorkommenden Nominaladjektiv handelt es sich um einen in eine idiomatisierte Phrase eingebundenen Einzelfall. Eine allgemeine Beschreibung dieser Unterklasse der Adjektive wird in Lektion 12 gegeben.

[+] Auch verbale Fremdwörter können auf diese Weise mithilfe von *suru* flektierbar gemacht werden:

masutā.suru meistern, von engl. *to master*
doraibu.suru fahren, von engl. *to drive*

KURZREFERENZ

Satz mit verbalem Prädikat
Temporal- und Lokalangaben

Subjekt	Temporaladverbial	Lokalkomplemente: Lokativ/Direktional	Prädikat
N_1 + *ga*	N_2 + *ni* N_2 + ∅ +	N_3 + *ni*/LOK ⟷	V (d.Seins)
	N_{21} + *kara* N_{22} + *made* ++	N_3 + *ni*/*e* ⟷	V (d.Bewegung)

\+ bei Nomina der relativen Zeitangabe und der Zeitdauer

++ kann auch einteilig sein,d.h. eins der beiden Glieder entfällt

ÜBUNGSTEIL

EINFÜHRUNGSÜBUNG

1. あなたはどこへ行きますか。
2. 私は米国の大使館へ行きます。
3. 彼はきのう銀行へ行きました。
4. 私は来年日本へ行きます。
5. 田中さんは今年から東京にいます。
6. 私は毎日午前九時から十一時まで図書館にいます。
7. 私は毎日二時間図書館にいます。
8. 田中さんは三年間大阪にいました。

GRAMMATIKÜBUNGEN

1. Grammatik: Flexionsformen/ Verb : Höflichkeitsform

Aufgabe: Umwandlung der höflichen in die höflichkeitsneutrale Verbform

Muster: T: あります

S: ある

1. 入ります
2. あります
3. 行きます
4. います
5. 勤めます
6. 残業します

2. Grammatik: Flexionsformen/ Verb: Höflichkeitsform

Aufgabe: Umwandlung der höflichkeitsneutralen in die höfliche Verbform

Muster: T: ある

S: あります

1. いる 3. 行く 5. ある

2. 入る 4. 残業する 6. 勤める

3. Grammatik: Flexionsformen/ Verb: Vergangenheitsform (höflich)
Aufgabe: Umwandlung der Präsensform in die Vergangenheitsform bzw. umgekehrt

Muster: T: あります bzw. T: ありました

S: ありました S: あります

1. 行きます 3. いました 5. ありました

2. 残業しました 4. 入ります

4. Grammatik: Flexionsformen/ Verb: Negationsform (höflich)
Aufgabe: Umwandlung der affirmativen in die negative Verbform bzw. umgekehrt

Muster: T: あります bzw. T: ありません

S: ありません S: あります

1. いません 3. 勤めません 5. 残業します

2. 入ります 4. 行きません

5. Grammatik: Lokalkomplement: Direktional
Aufgabe: Beantwortung der Frage mithilfe des Stichworts

Muster: T: あなたはどこへ行きますか。/ zur Schule

S: 私は学校へ行きます。

Frage für alle Sätze: あなたはどこへ行きますか。

1. zur Schule
2. zur Bibliothek
3. zum Historischen Institut
4. zur Firma
5. zum Sprachlabor
6. zur chinesischen Botschaft
7. zur Bank vor dem Tokyo-Bahnhof
8. zur Buchhandlung an der Schule
9. nach Amerika
10. in die Sowjetunion

6. Grammatik: Temporaladverbial: Zeitpunkt

Aufgabe: Beantwortung der Frage mithilfe des Stichworts

Muster: T: あなたはいつ学校へ行きますか。/ morgen

S: 私はあした学校へ行きます。/ jeden Tag

1. あなたはいつ研究所へ行きますか。
2. あなたはいつ銀行へ行きますか。/ übermorgen
3. あなたはいつ本屋へ行きますか。/ Samstag
4. あなたはいつ米国へ行きますか。/ nächstes Jahr
5. あなたはいつ大会へ行きますか。/ am Nachmittag

7. Grammatik: Lokalkomplement: Direktional
Temporaladverbial: Zeitpunkt

Aufgabe: Einfügen der Zeitbestimmung unter Beachtung des Tempus

Muster: T: 私は学校へ行きます。/ きのう
S: 私はきのう学校へ行きました。

1. 彼はアメリカへ行きます。／来年
2. 田中さんは電気製品の会社に入ります。／去年
3. 私は学校に通います。／毎日
4. あなたは残業しますか。／おととい
5. 山田さんは大会へ行きますか。／きのう

8. Grammatik: Temporaladverbial: Zeitverlauf
Zeitmaße

Aufgabe: Beantwortung der Frage mithilfe des Stichworts

Muster: T: あなたはいつから日本にいますか。/ seit Februar

S: 私は二月から日本にいます。

1. 田中さんはいつから東京にいますか。/ seit 1972
2. 日本の首相はいつから北京にいますか。/ seit vorgestern
3. あの人はいつから図書館に勤めていますか。/ seit März
4. 本田さんはいつから外国の銀行に勤めていますか。/ seit letztem Jahr
5. あの中国人の学生はいつからロンドンにいますか。/ seit Juli

9. Grammatik: Temporaladverbial: Zeitverlauf
Zeitmaße

Aufgabe: Beantwortung der Frage mithilfe des Stichworts

Muster: T: あなたは何時から何時まで学校にいますか。/
von 8 bis 10Uhr vormittags

S: 私は午前八時から十時まで学校にいます。

1. 山田さんは何時から何時まで図書館にいますか。/
von 9 bis 11 Uhr vormittags

2. 日本の首相は何時から何時まで自民党の大会にいましたか。/
von 3 bis 4 Uhr nachmittags

3. あなたは何時から何時まで研究所にいますか。/
von 7 bis 12 Uhr vormittags

4. 田中さんは何時から何時まで会社にいますか。/
von 9 Uhr vormittags bis 5 Uhr nachmittags

5. あの学生は毎日何時から何時まで図書館にいますか。/
von 10 bis 15 Uhr

10. Grammatik Temporaladverbial: Zeitdauer
Zeitmaße

Aufgabe: Beantwortung der Frage mithilfe des Stichworts

Muster: T: あなたは何時間学校にいますか。/ 4 Stunden

S: 私は四時間学校にいます。

1. 山田さんは何年間ドイツにいましたか。/ 5 Jahre
2. あの人は何年間銀行に勤めていますか。/ 7 Jahre
3. 前田さんは何時間図書館にいますか。/ 3 Stunden
4. 田中さんは土曜日に何時間残業しましたか。/ 2 Stunden
5. 学生は毎日何時間ラボにいますか。/ 1 Stunde

11. Aufgabe: Übersetzung ins Japanische

1. Wohin fährt diese Bahn? Nach Osaka.
2. Fahren Sie auch bis Nagoya?
3. Seit wann arbeiten Sie in dieser Firma?
4. Wieviele Monate waren Sie in Japan?
5. Bis wieviel Uhr sind Sie in der Bibliothek?
6. Wieviele Inseln hat Japan?
7. Auf welcher Insel liegt Kitakyushu?
8. Was für Probleme finden sich häufig in Industriestaaten?
9. Wie ist das Leben in Tokyo?
10. Welche Großstadt liegt südlich von Tokyo?

12. Grammatik: Satz mit verbalem Prädikat:Fragesatz/Ergänzungsfrage
Aufgabe: Formulierung aller möglichen Ergänzungsfragen zu dem gegebenen Satz

Muster: T: 彼は二月から四月まで東京にいました。

S: だれが二月から四月まで東京にいましたか。

彼は何月から何月まで東京にいましたか。

彼は二月から四月までどこにいましたか。

1. 田中さんは午前十時に銀行へ行きました。
2. 前田さんは大学卒業の後会社に入りました。
3. 彼は月曜日から金曜日まで夜八時まで残業します。
4. あなたはきのう三時間図書館にいました。
5. 外国語の古い教科書は先週まで大学の前の本屋にありました。
6. ラボには学生が15人います。
7. 今年の社会党の大会には外国人が二人いました。

8. ヨーロッパには社会問題の多い国があります。

9. 工場の多い関東には公害などの難しい問題があります。

10. 27歳の田中さんは1972年から東京の電気製品の会社に勤めています。

13.Übungsvorschlag zu: Datum

Material:

	月	火	水	木	金	土	日
先週	一	二	三	四	五	六	七
今週	八	九	十	十一	十二	十三	十四
来週	十五	十六	十七	十八	十九	二十	二十一

Fragetypen:

a. 来週の火曜日は十四日ですか。

b. 先週の水曜日は何日でしたか。

c. 十八日は何曜日ですか。

d. 今日は三日です。あしたは何日ですか。

e. 今日は三日です。五日はいつですか。

etc.

ABSCHLUSSÜBUNGEN

1. Aufgabe: Schreiben der *kanji*, Zusammenstellen zu Komposita
Erschließung der Lesung
begriffliche Deutung

1. 「かよう」+「キンム」の「キン」
2. 「コウツウ」の「ツウ」+「ガッコウ」の「ガク」
3. 「はいる」+「くに」
4. 「はいる」+「ダイガク」の「ガク」
5. 「はいる」+「カイシャ」の「シャ」
6. 「キンム」の「キン」+「ロウドウシャ」の「ロウ」+「ガクシャ」の「シャ」
7. 「ゲッキュウ」の「キュウ」+「デンキ」の「デン」
8. 「ゲッキュウ」の「キュウ」+「セキユ」の「ユ」
9. 「はいる」+「ばあい」の「ば」
10. 「はいる」+「やまぐち」の「ぐち」

2. Aufgabe: Schreiben bzw. Lesen der Wörter in *katakana*
Retranskribieren in das Original

1. バス
2. ベッド
3. タクシー
4. テキスト
5. レストラン
6. ウラン
7. レッスン
8. ロケット
9. キング
10. ドライブ

3. Aufgabe: Übertragung der folgenden Zahlen ins Japanische

13, 35, 56, 72, 99, 125, 360, 810, 666, 955

4. Aufgabe: Übertragung der folgenden Datumsangaben ins Japanische

1. 12.Februar 1977
2. 25.April 1925
3. 18.August 1948
4. 5. Juni 1972
5. 1.Mai 1959

5. Aufgabe: Beantwortung der Frage

1. 田中さんは何歳ですか。
2. いつ電気製品の会社に入りましたか。
3. 何年から東京の本社に勤めていますか。
4. 勤務時間は週に何時間ですか。
5. 彼は毎日残業しますか。
6. 何時から何時まで会社にいますか。
7. 田中さんは日曜日にも会社へ行きますか。
8. 勤務時間は一日に何時間ですか。
9. 田中さんの会社は中小企業ですか。
10. どういう会社ですか。
11. 本社はどこですか。
12. 田中さんの月給は高いですか。

6. Aufgabe: Übersetzung ins Japanische

1. Ich gehe täglich in die Bibliothek
2. Er ist Mittwochs und Freitags zwei Stunden im Sprachlabor.
3. Herr Tanaka arbeitet seit letztem Jahr in einer ausländischen Firma in der Nähe der Bank of Japan .

4. Er war vier Jahre, von 1972 bis 1975,in Europa.
5. Der japanische Ministerpräsident war heute zwei Stunden auf dem Parteitag der Liberaldemokratischen Partei.

TEXTÜBUNG I

Aufgabe: Nachsprechen der einzelnen Expansionsstufen, Beschreiben des jeweiligen grammatischen Prozesses

1. 田中さんは27歳の会社員です。

会社

会社員

田中さんは 会社員です。

27歳

田中さんは27歳です。

田中さんは27歳の会社員です。

2. 大学卒業の後大きな電気製品の会社に入りました。

入る

会社に入ります。

田中さんは 会社に入ります。

卒業

大学卒業

大学卒業の後

田中さんは大学卒業の後 会社に入りました。

大きい

田中さんは大学卒業の後大きな　　　会社に入りました。

製品

電気の製品

電気製品

電気製品の会社

田中さんは大学卒業の後大きな電気製品の会社に入りました。

大学卒業の後大きな電気製品の会社に入りました。

3. 田中さんは1972年から東京の本社に勤めています。

勤めている

勤めています

本社に勤めています

田中さんは　　　本社に勤めています。

1972年

田中さんは1972年から　　　本社に勤めています。

田中さんは1972年から東京の本社に勤めています。

1972年から東京の本社に勤めています。

4. 月給は13万円です。

13万

13万円

13万円です

月給

田中さんの月給

田中さんの月給は13万円です。
月給は13万円です。

5. 田中さんは月曜日から金曜日まで毎日会社に通います。
通う
通います
会社に通います
田中さんは 会社に通います。
月曜日から金曜日まで
田中さんは月曜日から金曜日まで 会社に通います。
毎日
田中さんは月曜日から金曜日まで毎日会社に通います。

6. 勤務時間は午前9時から午後5時まで
8時間です。
8時間です。
勤務
勤務時間
勤務時間は 8時間です。
田中さんの勤務時間は 8時間です。
午前9時から
午後5時まで
午前9時から午後5時まで
田中さんの勤務時間は午前9時から午後5時まで8時間です。

勤務時間は午前9時から午後5時まで8時間です。

7. 週に40時間です。

40時間です

田中さんの勤務時間は　40時間です。

週

田中さんの勤務時間は週に40時間です。

週に40時間です。

8. しかし　時々夜8時まで残業します。

残業する

残業します

田中さんは　残業します

夜8時まで

田中さんは　夜8時まで残業します。

時々

田中さんは時々夜8時まで残業します。

しかし田中さんは時々夜8時まで残業します。

しかし　時々夜8時まで残業します。

9. 必要な場合、土曜日にも会社へ行きます。

行く

行きます

会社へ行きます。

土曜日

田中さんは 土曜日に 会社へ行きます。

場合

必要な 場合

田中さんは必要な 場合 土曜日にも会社へ行きます。

必要な 場合 土曜日にも会社へ行きます。

TEXTÜBUNG II

Aufgabe: Sukzessives Einfügen der gegebenen Begriffe als prädikatsbezogene Konstituenten. Das mit • markierte Nomen soll topikalisiert werden.

1. 入りました	2. 勤めています	3. 通います
会社	本社	会社
∘田中さん	∘彼	田中さん
大学卒業の後	1972年	毎日

4. います	5. 残業します	6. 行きます
そこ	∘彼	会社
∘田中さん	時々	∘彼
午前9時、午後5時	夜8時	土曜日

TEXTÜBUNG III

Aufgabe: Übersetzung ins Japanische

1. Herr Tanaka ist 27 Jahre alt.
   Herr Tanaka ist Angestellter.
   Herr Tanaka ist ein 27jähriger Angestellter.
   Herr Tanaka ist Angestellter bei einer Elektrogerätefirma.
   Der 27jährige Herr Tanaka ist Angestellter bei einer Elektrogerätefirma.

2. Er trat in diese Firma ein.
   Er trat nach dem Hochschulabschluß in diese Firma ein.

3. Er arbeitet in der Zentrale.
   Er arbeitet in der Tokyoter Zentrale.
   Er arbeitet seit 1972 in der Tokyoter Zentrale.

4. Er geht arbeiten.
   Er geht täglich arbeiten.
   Er geht von Montag bis Freitag täglich arbeiten.

5. Seine Arbeitszeit beträgt 40 Stunden.
   Seine Arbeitszeit beträgt in der Woche 40 Stunden.

6. Er macht Überstunden.
   Er macht gelegentlich Überstunden.
   Er macht aber gelegentlich Überstunden.
   Er macht aber gelegentlich bis 8 Uhr abends Überstunden.

7. Er fährt in die Firma.
   Er fährt am Samstag in die Firma.
   Er fährt auch am Samstag in die Firma.
   Wenn erforderlich, fährt er auch am Samstag in die Firma.

歳	SAI	Lebensjahre	179 N 2434 R 77/9	歳 歴 企 成
止		anhalten	R 77	何歳
戈		Lanze	R 62	万歳
小		klein	R 42	

卒	SOTSU	vollenden	180 N 294 R 24/6	卒 南 午 早
亠		Deckel	R 8	卒業
人		Mensch	R 9	卒業生
人				
十		zehn	R 24	卒業論文

気	KI KE	Geist	181 N 2480 R 84/2	気	
气		Luft	R 84	電気	活気
メ		katakana me		電気製品	平気
				人気	気分

製	SEI	herstellen	182 N 4249 R 145/8	製	
制		(kein Graphem)		製品	製図法
刂 (刀)		Schwert	R 18	日本製	木製品
衣		Kleidung	R 145	製油所	

品	HIN shina	Ware	183 N 923 R 30/6	品 問 合	
口		Mund	R 30	工業製品	下品
				国産品	
				上品	

入	NYŪ hairu ireru	eintreten hineintun	184 N 574 R 11	入 人 八
ノ	入	eintreten	R 11	入社 / 入口 入学 / 東京入り 入国

年	NEN toshi	Jahr	185 N 188 R 51/3	年 平 幹
ノ 𠂉 ⺧ 𠂒 年	干	Schild	R 51	生年月日 / 平年 年金 / 新年 少年

勤	KIN tsutomeru	beschäftigt sein	186 N 732 R 19/10	勤 力 働 難
一 十	艹	Gräser	R 140	通勤(者) / 勤務
丨 冂	口	Mund	R 30	勤労者
丨 十 ‡	圭	(kein Graphem)		勤め先
㇇	力	Kraft	R 19	

給	KYŪ	gewähren	187 N 3538 R 120/6	給 経 線
〈 幺	幺	kurzer Faden R 52	糸 Faden R 120	月給 / 給油
亅 小	小	klein R 42		週給 / 給源
ノ	入(人)	Mensch R 9	合 übereinstimmen	給水
	一	eins R 1		
丨 冂	口	Mund R 30		

円	EN	Yen	188 N 617 R 13/2	円 南 週
丨	冂	dreiseitige Einfassung R 13		円高
丨	丄	(kein Graphem)		

務	MU tsutomeru	seine Pflicht tun	189 N 167 R 19/9	務 勤 男 分	
フ マ ヌ 予	矛	Hellebarde	R 110	勤務時間	国務
ノ ㇀ ケ	夂	schlagen	R 66	労務者	外務
フ	力	Kraft	R 19	公務員	雑務

時	JI toki	Zeit	190 N 2126 R 72/6	時 曜 易	
丨 冂 日	日(日)	Sonne	R 72	時間	時価
一 十	土	Erdboden R 32 } 寺 Tempel		時々	一時
一 寸	寸	Zoll (Maßeinheit) R 41 }		何時	一時間

午	GO	12 Uhr Mittag	191 N 162 R 24/2	午 千 卒	
	ノ	katakana no	R 4	午前	
	一	eins	R 1	午後	
一	十	zehn	R 24	午前中	

週	SHŪ	Woche	192 N 4707 R 162/8	週 道 通 遠	
丨	冂	dreiseitige Einfassung R 13 } 周 Umgebung		週間	先週
一 十	土	Erdboden R 32 }		今週	毎週
丨 冂	口	Mund R 30 }		来週	週給
丶 ⻌	⻌	voranschreiten	R 162		

夜	YA yoru	Nacht	193 N 298 R 36/5	夜 外 多 交	
丶	亠	Deckel	R 8	夜間勤務	
ノ	イ(人)	Mensch	R 9	夜学校	
ノ ク	夕	Abend	R 36	夜行	
	㇏	(kein Graphem)			

残	ZAN nokoru übrigbleiben	194 N 2445 R 78/6	残 成
	一	eins R 1 } 歹 Gebeine R 78	残業
ノ ク	夕	katakana ta	
一 二 三	戈	Lanze R 62	
戋 戋 戋			

必	HITSU kanarazu unbedingt	195 N 129 R 61/1	必 悪 億 性
丶 ソ 义	心	Herz R 61	必要
必 必	ノ	katakana no R 4	必要性

要	YŌ iru benötigen	196 N 4274 R 146/3	要 西 価 安
一 亍 襾			必要
襾 襾	西 (覀)	Westen R 146	要人
く 女	女	Frau R 38	

合	GŌ au übereinstimmen	197 N 383 R 30/3	合 右 員 中
ノ	人 (𠆢)	Mensch R 9	場合 / 連合会
	一	eins R 1	合法 / 連合国
丨 冂	口	Mund R 30	合成 / 合図

去	KYO KO saru verlassen	198 N 1051 R 28/3	去 広 私 公 法
一 十	土	Erdboden R 32	去年
∠	ム	katakana mu R 28	

分	BUN Teil 199 FUN ZEW: Minute N 578 wakeru teilen R 18/2		分前公労	
ノ	八	acht R 12	成分	部分
フ	刀	Schwert R 18	自分	分野
			多分	分業

LEKTION 11

TEXT

田中さん（二）

田中さんは東京の郊外の団地に住んでいます。それは家賃の安い社宅です。通勤時間は片道二時間です。往復四時間です。田中さんは朝六時半に起きます。そして七時に家を出ます。近くの国電の駅まで歩きます。そこで東京行きの電車に乗ります。その電車で新宿まで行きます。そこから会社まで地下鉄で行きます。会社に九時五分前に着きます。勤務の後家へ帰ります。毎日四時間、つまり勤務時間の半分ぐらい電車や地下鉄の中にいます。これは例外ではありません。

田中さん　㈡

田中さんは東京の郊外の団地に住んでいます。それは家賃の安い社宅です。通勤時間は片道二時間です。往復四時間です。田中さんは朝六時半に起きます。そして七時に家を出ます。近くの国電の駅まで歩きます。そこで東京行きの電車に乗ります。その電車で新宿まで行きます。そこから会社まで地下鉄で行きます。会社に九時五分前に着きます。勤務の後家へ帰ります。毎日四時間、つまり勤務時間の半分ぐらい電車や地下鉄の中にいます。これは例外ではありません。

VOKABULAR

郊外	コウガイ	N	Vorort
団地	ダンチ	N	(Mietshaus-)Wohnsied-lung
住んでいます	すんでいます	V	*Aspekt- +Höflichkeits-form von* → sumu
住む	すむ	V_k	*N+ni/LOK___:*wohnen, leben in...
家賃	ヤチン	N	Miete
社宅	シャタク	N	Betriebswohnung
通勤時間	ツウキンジカン	N	Fahrzeit zur Arbeits-stelle
通勤	ツウキン	N	das(regelmäßige) Fahren zur Arbeits-stelle
片道	かたみち	N	einfacher Weg, eine Fahrt *auch adverbial - ohne Partikel - gebraucht*
往復	オウフク	N	Hin-und Rückfahrt *auch adverbial - ohne Partikel - gebraucht*
朝	あさ	N	der Morgen
半	ハン	SUF/N	*nach Mengenangaben:* halb
起きます	おきます	V	*Höflichkeitsform von* → okiru
起きる	おきる	V_v	aufstehen
そして		KS	(und)dann, danach
家	いえ	N	Haus,Heim

を		P	*bezeichnet Ausgangspunkt einer trennenden Bewegung(o/LOK)*
出る	でる	V_v	*N+o/LOK___:* weggehen von...
出ます	でます	V	*Höflichkeitsform von* → deru
国電	コクデン	N	(staatliche)Stadtbahn
歩きます	あるきます	V	*Höflichkeitsform von* → aruku
歩く	あるく	V_k	(zu Fuß)gehen, laufen
そこで			dort (s.Lektion 13: *de* als Bezeichnung des Orts einer Handlung)
行き	ゆき	SUF/N	*nach Ortsangaben:Fahrtzielangabe bei Verkehrsmitteln*
乗ります	のります	V	*Höflichkeitsform von* → noru
乗る	のる	V_k	*N+ni/DIR___:* fahren mit...
で		P	*bezeichnet Mittel einer Handlung*
新宿	シンジュク	N	(Stadtteil von Tokyo)
地下鉄	チカテツ	N	U-Bahn
前	まえ	SUF/N	*bei Uhrzeitangaben:* vor(z.B. fünf Minuten vor neun Uhr)
着きます	つきます	V	*Höflichkeitsform von* → tsuku
着く	つく	V_k	*N+ni/e___:* ankommen in...
帰ります	かえります	V	*Höflichkeitsform von* → kaeru
帰る	かえる	V_k	zurückkehren

つまり		KS	d.h., nämlich
半分	ハンブン	N	Hälfte
ぐらい	位	SUF/N	*nach Mengenangaben* etwa
例外	レイガイ	N	Ausnahme

ÜBUNGSTEIL

バス		N	Bus
バー		N	Bar
来ます	きます	V	*Höflichkeitsform von* → kuru
来る	くる	V_i	kommen
外相	ガイショウ	N	Außenminister
船	ふね	N	Schiff
飛行機	ヒコウキ	N	Flugzeug
自動車	ジドウシャ	N	Auto
モスクワ		N	Moskau
どのくらい		ADV	wie viel,wie lange (fragt allgemein nach Mengen,bes. temporal und lokal)

GRAMMATIK

LOKALKOMPLEMENT: AUSGANGSPUNKT EINER BEWEGUNG

Diese Konstituente steht ihrem Inhalt entsprechend bei verbalen Prädikaten der Bewegung und wird durch die Partikel *kara* (*von, aus*) markiert (vgl. Temporaladverbial: Zeitverlauf):

Tanaka-san wa	*kaisha kara*	*kaerimasu.*	Herr Tanaka kommt aus der Firma zurück.
Subjekt-Thema	Ausgangspkt.	Prädikat	

Als Ausgangspunkt kann auch Material verstanden werden, aus dem etwas hergestellt wird (vgl. im Deutschen: *aus Wolle einen Pullover stricken*), ferner die Ursache, aus der etwas resultiert. Beide Fälle werden im Japanischen ebenfalls durch *kara* bezeichnet.

LOKALKOMPLEMENT: ENDPUNKT EINER BEWEGUNG

Diese Konstituente steht ihrem Inhalt entsprechend bei verbalen Prädikaten der Bewegung und wird durch die Partikel *made* (*bis*) markiert (vgl. Temporaladverbial: Zeitverlauf):

(1)	*watakushi wa*	*Shinjuku made*	*ikimasu.*	Ich fahre bis Shinjuku.
	Subjekt-Thema	Endpunkt	Prädikat	

Die Lokalkomplemente des Ausgangs- und Endpunkts einer Bewegung können bei Angaben zur räumlichen Erstreckung einer Bewegung gemeinsam auftreten:

(2) *Tōkyō kara Shinjuku made chikatetsu de ikimasu.* (Ich) fahre von Tokyo bis Shinjuku mit der U-Bahn.

LOKALKOMPLEMENT: AUSGANGSPUNKT EINER TRENNENDEN BEWEGUNG

Diese Konstituente steht bei verbalen Prädikaten der Bewegung, die das Verlassen eines Orts (*verlassen, weggehen von*) zum Inhalt haben. Dieser Ort wird durch die Partikel *o* (geschrieben を) markiert:

(1) *ie o deru* aus dem Haus gehen, das Haus verlassen

Die Angabe des Ausgangspunkts einer trennenden Bewegung kann auch durch die Partikel *kara* erfolgen, allerdings mit leichter Bedeutungsverschiebung:

(1) *ie o deru* das Haus verlassen, fortgehen

(2) *ie kara deru* aus dem Haus herauskommen

(2) bezeichnet den konkreten Vorgang der Bewegung weg von dem genannten Ort, während (1) eher den Bedeutungsanteil des Hintersichlassens betont.

(Beachte: das Lokalkomplement N + *o* ist aufgrund unterschiedlicher Bedeutung und Distribution nicht gleichzusetzen mit dem gleichlautend formulierten Objekt, s.Lektion 12.)

ADVERBIAL DES MITTELS(INSTRUMENTAL)

Steht bei verbalen Prädikaten ohne Einschränkung auf eine bestimmte semantische Unterklasse der Verben und bezeichnet das Instrument oder Mittel, mit dem eine Handlung ausgeführt wird(*mit*). Kennzeichnende Partikel ist *de*. Die Stellung dieser Konstituente im Satz ist relativ frei, im Rahmen der bisher behandelten prädikatsbezogenen Konstituenten ist ihr Platz meist zwischen den Strukturstellen von Temporaladverbial und Lokalkomplement, auch wenn diese nicht ausgeführt sind:

kare wa	*ashita*	*basu de*	*Ōsaka e*	*ikimasu.*	Er fährt morgen mit dem Bus nach O.
kare wa	*ashita*	*basu de*	–	*ikimasu.*	Er fährt morgen mit dem Bus.
kare wa		*basu de*	*Ōsaka e*	*ikimasu.*	Er fährt mit dem Bus nach Osaka.
kare wa		*basu de*		*ikimasu.*	Er fährt mit dem Bus.
		basu de		*ikimasu.*	(Er)fährt mit dem Bus.
Subj.-Thema	Temp'-adv.	Instrumental	Direktional	Prädikat	

NOMINALE WORTBILDUNG

Unter den vielfältigen Modellen nominaler Wortbildung soll hier auf eines hingewiesen werden, das für zweimorphemige sino-japanische Nomina von besonderer Wichtigkeit ist. Es handelt sich um Nomina mit einer zugrundeliegenden syntaktischen Figur des Chinesischen, in der beide Morpheme (graphisch repräsentiert durch je ein *kanji*) in einer Prädikat - Komplement - Beziehung zueinander stehen. Die Art des Komplements ist nicht festgelegt, es kann Direktional, Objekt und anderes, in bestimmten Fällen auch Subjekt sein:

chinesisch	入 国	Einreise
Funktionen	↑ Prädikat ↑ Direktional	
japanisch	国に入る	(in ein Land) einreisen

Andere Beispiele sind:

入学 → 学校に入る

nyūgaku Schuleintritt — *gakkō ni hairu* in die Schule kommen; sich immatrikulieren

出国 → 国を出る

shukkoku *kuni o deru*

Ausreise (aus einem Land) ausreisen

Dieses Muster dient lediglich der Erklärung von Nomina, es kann nicht frei für die Erzeugung neuer Begriffe angewandt werden.

KURZREFERENZ

Satz mit verbalem Prädikat

Übersicht über die Grundreihenfolge der Konstituenten sowie über deren möglichen Formen:

Subjekt	Temporaladverbial	Instrumental	Lokalkomplement	Prädikat
N_1 + *ga*	N_2 + *ni*	N_3 + *de*	N_4 + *ni*/LOK	Verb
	N_2 + ∅		N_4 + *ni/e*	
	N_2 + *kara*		N_4 + *kara*	
	N_2 + *made*		N_4 + *made*	
	N_{21} + *kara* N_{22} + *made*		N_{41} + *kara* N_{42} + *made*	
			N_4 + *o*	

Komplemente bei verbalen Prädikaten der Bewegung und des Seins:

Subjekt	Lokativ	Ausgangspkt.	Direktional	Endpunkt	Ausgangsp./ Trennung	Verb
N + *ga*	(N + *ni*)					*aru*
N + *ga*		(N + *kara*)	(N + *ni/e*) ↔	(N + *made*)		*aruku*
N + *ga*					N + *o*	*deru*
N + *ga*		(N + *kara*)	N + *ni/e*			*hairu*
N + *ga*		(N + *kara*)	(N + *ni/e*) ↔	(N + *made*)		*iku*
N + *ga*	(N + *ni*)					*iru*
N + *ga*		(N + *kara*)	(N + *ni/e*)			*kaeru*
N + *ga*		(N + *kara*)	(N + *ni/e*)			*kayou*
N + *ga*		(N + *kara*)	(N + *ni/e*) ↔	(N + *made*)		*kuru*
N + *ga*			N + *ni*			*noru*
N + *ga*	N + *ni*					*sumu*
N + *ga*		(N + *kara*)	N + *ni/e*			*tsuku*
N + *ga*			N + *ni/e*			*tsutomeru*

Diese Liste folgt - vereinfacht und bezogen auf die bisher vorkommenden Verbbedeutungen - Rickmeyer, a.a.O. Zusätzlich ist das Lokalkomplement des Endpunkts einer Bewegung, N + *made*, hier aufgenommen worden. Dieses steht in Konkurrenz zum Direktional, gekennzeichnet durch den Doppelpfeil. Geklammerte Konstituenten sind fakultativ, ihr Vorkommen ist zwar durch das Prädikat festgelegt, doch können sie weggelassen werden.

ÜBUNGSTEIL

EINFÜHRUNGSÜBUNG

1. 本田さんは東京の郊外に住んでいます。
2. 彼は毎日電車で東京駅まで行きます。
3. このバスは大阪へ行きますか。
4. あなたは何時に会社から帰りますか。
5. このバスは何時に名古屋駅に着きますか。
6. 前田さんは大学卒業の後銀行に入りました。
7. あなたは地下鉄で会社へ行きますか。
8. 日本の首相は飛行機でソ連から東京に帰りました。
9. 東京に夜十時に着きました。
10. 山田さんは1955年から21年間名古屋に住んでいました。

GRAMMATIKÜBUNGEN

1. Grammatik: (Flexionsformen/ Verb: Höflichkeitsform)
   Aufgabe: Umwandlung der höflichen in die höflichkeitsneutrale Verbform

   Muster: T: あります

   S: ある

1. 歩きます 2. 着きます 3. 行きます
4. 起きます 5. 出ます 6. 勤めます

7. 乗ります 8. 帰ります 9. 住みます

10. 来ます

2. Grammatik: (Flexionsformen/ Verb: Vergangenheitsform (höflich))
Aufgabe: Umwandlung der Präsens- in die Vergangenheitsform bzw. umgekehrt

Muster: T: あります bzw. T: ありました
S: ありました S: あります

1. 起きました 2. 来ました 3. 帰ります

4. 出ました 5. 乗ります 6. 着きました

7. 通います 8. 入りました 9. 行きます

10. 残業します

3. Grammatik: (Flexionsformen/ Verb: Negationsform(höflich))
Aufgabe: Umwandlung der affirmativen in die negative Verbform bzw. umgekehrt

Muster: T: あります bzw. T: ありません
S: ありません S: あります

1. 歩きます 2. 通います 3. 行きません

4. 着きます 5. 帰りません

4. Grammatik: Flexionsformen/ Verb: Negations- + Vergangenheitsform (höflich)
Aufgabe: Umwandlung der affirmativen in die negative Verbform bzw. umgekehrt

Muster: T: ありました bzw. T: ありませんでした

S: ありませんでした S: ありました

1. 乗りませんでした 2. 行きました 3. 乗りませんでした

4. 残業しました 5. 起きました

5. Grammatik: Lokalkomplement: Ausgangs- und Endpunkt einer Bewegung
(Lokalkomplement: Direktional)
(Lokalkomplement: Lokativ)

Aufgabe: Beantwortung der Frage mithilfe des Stichworts

Muster: T: あなたはどこへ行きますか。 / in die Schule

S: 私は学校へ行きます。

1. 田中さんはどこに住んでいますか。 / in Tokyo

2. 彼はどこに勤めていますか。 / in einer Elektrogeräte-Firma

3. 電車でどこまで行きますか。 / bis nach Shinjuku

4. 日本の首相は今日どこから帰りましたか。 / aus England

5. このバスはどこへ行きますか。 / nach Osaka

6. このバスでどこまで行きますか。 / bis nach Kyoto

7. この電車は東京のどの駅に着きますか。 / in Shinjuku

8. 田中さんは今日会社からどこへ行きましたか。 /in eine Bar

9. 漢字はどこから来ましたか。 /aus China

10. あなたはどの電車に乗りますか。 / die Bahn nach Shinjuku

6. Grammatik: Adverbial des Mittels (Instrumental)
(Mehrfachtopikalisierung (1))

Aufgabe: Verneinung und richtigstellende Beantwortung der Frage mithilfe des Stichworts

Muster: T: あなたは電車で学校へ行きますか。／バス

S: いいえ，電車では行きません。バスで行きます。

1. 田中さんはバスで家へ帰りますか。／地下鉄
2. 日本の外相は船で中国へ行きましたか。／飛行機
3. 学生は自動車で大学に通いますか。／バスや電車
4. 彼は飛行機で日本に来ましたか。／船や鉄道
5. あなたは新幹線で京都へ行きますか。／自動車

7. Grammatik: Lokalkomplemente,Temporaladverbiale,Adverbial des Mittels

Aufgabe: Einfügen des Stichworts mit der jeweils erforderlichen Partikel

Muster: T: 田中さんは ... 勤めています。／電気製品の会社

S: 田中さんは電気製品の会社に勤めています。

1. 田中さんは ... 住んでいます。／郊外の団地
2. 彼は会社に通います。／地下鉄
3. 日本の外相は帰りました。／米国
4. この電車は午後一時に着きます。／東京駅
5. 私は毎日起きます。／朝七時

8. Grammatik: Lokalkomplemente, Temporaladverbien
Aufgabe: Einfügen des Stichworts

Muster: T: 田中さんは ... 勤めています。/ in einer Elektrogeräte-Firma

S: 田中さんは電気製品の会社に勤めています。

1. 田中さんは歩きます。 / bis zum Bahnhof
2. あのドイツ人の学生は日本にいます。/ seit März
3. 前田さんは大学卒業の後 ... 入りました。/ Bank
4. 彼女は銀行に勤めていました。/ 3 Jahre lang
5. 先生は大学にいます。/ bis zum Abend

9. Grammatik: (Lokalkomplemente)

Aufgabe: Einsetzen des fehlenden Verbs

Muster: T: 彼は三月まで日本に＿＿。

S: 彼は三月まで日本にいます。

1. 彼は三月に日本へ＿＿。
2. 彼は三月にドイツから日本に＿＿。
3. 彼は三月から日本に＿＿。
4. 彼は三ヵ月日本に＿＿。
5. 彼は三月に日本から＿＿。
6. 彼は三月まで日本に＿＿。

10. Aufgabe: Einfügen des Stichworts mit der jeweils erforderlichen Partikel

1. 田中さんは ... 勤めています。/ Firma

/ Elektrogeräte-Firma

/ Elektrogeräte-Firma in Tokyo

2. 田中さんは___住んでいます。 / in Tokyo

/ in einem Vorort von Tokyo

/ in einer Wohnsiedlung eines Vororts von Tokyo

3. 田中さんは会社へ行きます。 / mit der Bahn

/ mit der Bahn nach Shinjuku

11. Aufgabe: Einfügen des Stichworts mit der jeweils erforderlichen Partikel

1. 田中さんは___通います。／会社

田中さんは会社に通います。／毎日

田中さんは毎日会社に通います。／月曜日から金曜日まで

田中さんは月曜日から金曜日まで毎日会社に通います。／地下鉄

2. 田中さんは___住んでいました。／東京

田中さんは東京に住んでいました。／1972年

田中さんは1972年から東京に住んでいました。／三年間

3. ソ連の外相は___来ます。／東京

ソ連の外相は東京に来ます。／モスクワ

ソ連の外相はモスクワから東京に来ます。／きのう

12. Grammatik: nominale Wortbildung
Aufgabe: Analyse des Begriffs in eine syntaktische Struktur

Muster: T: 入学

S: 学校に入る

1. 帰国　2. 来日　3. 乗車
4. 出国　5. 入国　6. 通学
7. 入社

ABSCHLUSSÜBUNGEN

1. Aufgabe: Schreiben der *kanji*, Zusammenstellen zu Komposita
Einschließung der Lesung
begriffliche Deutung

1. 「おおい」+「ハンブン」の「ブン」
2. 「ジミントウ」の「ジ」+「ハンブン」の「ブン」
3. 「やチン」の「チン」+「キンヨウび」の「キン」
4. 「オウフク」の「フク」+「セイカツ」の「カツ」
5. 「すむ」+「シャタク」の「タク」
6. 「のる」+「コウジョウ」の「ジョウ」
7. 「ハンブン」の「ブン」+「ダイキギョウ」の「ギョウ」
8. 「おきる」+「シゲン」の「ゲン」
9. 「のる」+「たてもの」の「もの」
10. 「かえる」+「シャタク」の「タク」

2. Aufgabe: Schreiben bzw. Lesen der Wörter in *katakana* Retranskribieren in das Original

1. セット
2. デート
3. スタッフ
4. ハンバーグ
5. アルバイト
6. コントロール
7. ドレス
8. シーズン
9. スタジオ
10. スポーツ

3. Aufgabe: Übertragung der folgenden Zahlen ins Japanische

83, 96, 248, 602, 1 300, 3 800, 88 000, 65 000, 120 000, 430 000

4. Aufgabe: Übertragung der folgenden Datumsangaben ins Japanische

1. 1.Februar 1901
2. 8.Dezember 1941
3. 3.Mai 1978
4. 24. März 1868
5. 1. Juli 1960

5.Aufgabe: Beantwortung der Frage

1. 田中さんはどこに住んでいますか。
2. 田中さんの家は国鉄の駅から遠いですか。
3. 通勤時間はどのくらいですか。
4. 朝何時に起きますか。
5. 新宿までは地下鉄で行きますか。
6. 何時に会社に着きますか。

6. Aufgabe: Übersetzung ins Japanische

1. Wann kommt dieser Bus in Kyoto an?
2. Dieses Flugzeug fliegt um 10.35 Uhr in Tokyo ab.
3. Es kommt um 11.15 Uhr in Osaka an.

4. Fliegt dieses Flugzeug nach Peking?
5. Wann kommt es an? Um 14.30 Uhr.
6. Fahren Sie auch nach Kyoto? Nein, ich fahre bis Nagoya. Von dort fahre ich mit dem Schiff nach Osaka.
7. Wohnen Sie in Osaka? Ich wohne in einer kleinen Stadt in der Nähe von Osaka.
8. Seit wann wohnen Sie dort? Seit 1973.
9. Sind dort die Mieten niedrig? Nein, aber ich wohne in einer billigen Werkswohnung.

TEXTÜBUNG I

Aufgabe: Nachsprechen der einzelnen Expansionsschritte
Beschreiben des jeweiligen grammatischen Prozesses

1. 田中さんは東京の郊外の団地に住んでいます。

住む

住んでいる

住んでいます。

団地

団地に住んでいます。

田中さんは　団地に住んでいます。

郊外

東京の郊外

東京の郊外の団地

田中さんは東京の郊外の団地に住んでいます。

2. それは家賃の安い社宅です。

社宅

それは　　　社宅です。

安いです

家賃

家賃は安いです。

その社宅の家賃は安いです。

それは家賃の安い社宅です。

3. 通勤時間は片道二時間です。

二時間です。

通勤

通勤の時間

通勤時間

通勤時間は　　二時間です

片道

通勤時間は片道二時間です。

4. 往復四時間です。

通勤時間は　　四時間です。

往復

通勤時間は往復四時間です。

往復四時間です。

5. 田中さんは朝六時半に起きます。

起きる

起きます

田中さんは　　　起きます。

六時

六時半

朝六時半

田中さんは朝六時半に起きます。

6. <u>そして　　　七時に家を出ます。</u>

出る

出ます

家を出ます

田中さんは　　　家を出ます。

七時

田中さんは七時に家を出ます。

そして　　　七時に家を出ます。

7. <u>近くの国電の駅まで歩きます。</u>

歩く

歩きます

田中さんは　　　歩きます。

駅

田中さんは　　　駅まで歩きます。

近くの　駅

田中さんは近くの　駅まで歩きます。

国電の駅

田中さんは近くの国電の駅まで歩きます。

近くの国電の駅まで歩きます。

8. そこで東京行きの電車に乗ります。

乗る

乗ります

電車に乗ります

田中さんは　電車に乗ります。

近くの国電の駅

そこ

田中さんはそこで　電車に乗ります。

東京へ行く

東京行き

東京行きの電車

田中さんはそこで東京行きの電車に乗ります。

そこで東京行きの電車に乗ります。

9. その電車で新宿まで行きます。

行く

行きます

新宿まで行きます

田中さんは　新宿まで行きます。

東京行きの電車

その電車
田中さんはその電車で新宿まで行きます。
その電車で新宿まで行きます。

10. そこから会社まで地下鉄で行きます。

行く
行きます
地下鉄で行きます
田中さんは地下鉄で行きます。
新宿から会社まで
そこから会社まで
田中さんはそこから会社まで地下鉄で行きます。
そこから会社まで地下鉄で行きます。

11. 会社に九時五分前に着きます。

着く
着きます
会社に着きます
田中さんは会社に着きます。
九時
九時五分前
田中さんは会社に九時五分前に着きます。
会社に九時五分前に着きます。

12. 勤務の後家へ帰ります。

帰る

帰ります

家へ帰ります

田中さんは 家へ帰ります。

勤務

勤務の後

田中さんは勤務の後家へ帰ります。

勤務の後家へ帰ります。

13. 毎日四時間、つまり勤務時間の半分ぐらい
電車や地下鉄の中にいます。

いる

います

電車や地下鉄の中にいます

田中さんは 電車や地下鉄の中にいます。

田中さんは 四時間 電車や地下鉄の中にいます。

田中さんは毎日四時間 電車や地下鉄の中にいます。

毎日四時間 電車や地下鉄の中にいます。

半分

半分ぐらい

勤務時間の半分ぐらい

毎日四時間、つまり勤務時間の半分ぐらい
電車や地下鉄の中にいます。

14. これは例外ではありません。

例外
例外です
例外ではありません
これは例外ではありません。

TEXTÖBUNG II

Aufgabe: Sukzessives Einfügen der gegebenen Begriffe als prädikatsbezogene Konstituenten. Das mit ∘ markierte Nomen soll topikalisiert werden.

1. 住んでいます
団地
∘田中さん

2. 起きます
∘田中さん
朝六時半

3. 出ます
家
∘彼
七時

4. 歩きます
∘田中さん
近くの国電の駅

5. 乗ります
電車
∘彼

6. 行きます
電車
∘田中さん
新宿

7. 着きます
会社
↓∘彼

8. 帰ります
家
∘田中さん

9. います
電車や地下鉄の中
∘彼

九時五分前　　勤務の後　　四時間

毎日

TEXTÜBUNG III

Aufgabe: Übersetzung ins Japanische

1. Herr Tanaka wohnt in Tokyo.
   Herr Tanaka wohnt in einem Vorort von Tokyo.
   Herr Tanaka wohnt in einer Siedlung.
   Herr Tanaka wohnt in einer Siedlung eines Vororts von Tokyo.
   Herr Tanaka wohnt seit letztem Jahr in einer Siedlung eines Vororts von Tokyo.

2. Er wohnt in einer Firmenwohnung.
   Die Miete dieser Wohnung ist niedrig.
   Er wohnt in einer Firmenwohnung mit niedriger Miete.

3. Er steht auf.
   Er steht um 6 Uhr morgens auf.
   Er steht jeden Tag um 6 Uhr morgens auf.
   Er steht von Montag bis Freitag jeden Tag um 6 Uhr auf.

4. Herr Tanaka geht zu Fuß.
   Herr Tanaka geht zu Fuß zum Bahnhof.
   Herr Tanaka geht zu Fuß bis zum Bahnhof.
   Herr Tanaka geht zu Fuß bis zum nahegelegenen Bahnhof.

5. Er besteigt einen Zug.
   Er besteigt den Zug nach Tokyo.
   Er besteigt dort den Zug nach Tokyo.

6. Er fährt in die Firma.
   Er fährt mit der U-Bahn in die Firma.
   Er fährt mit der S-und U-Bahn zur Firma.

7. Er kommt dort an.
   Er kommt dort um 9.15 Uhr an.

8. Herr Tanaka fährt nach Hause.
   Herr Tanaka fährt nach dem Dienst nach Hause.

郊	KŌ	Vorstadt	200 N 4761 R 163/6	郊 都 部 校	
丶	亠	Deckel R 8 }	交 sich kreuzen	郊外	
ノハ㇒	父	Vater R 88 }			
㇇了	阝	Siedlung	R 163		

団	DAN	Gruppe	201 N 1027 R 31/3	団 国 図 村	
丨 冂	口	vierseitige Einfassung	R 31	団地	少年団
冂 冂	寸	Zoll (Maßeinheit)	R 41	団長	
冂 団				団員	

住	JŪ sumu	wohnen	202 N 404 R 9/5	住 使 価 往	
ノ	亻(人)	Mensch	R 9	住宅	住民
	丶	Punkt R 3 }	主 wichtig	住宅地	住所
一 丅 千	王	König /(王) } Edelstein	R 96	住宅問題	

家	KA, KE ie, ya	Haus, Familie Person Haus	203 N 1311 R 40/7	家 宅 宿 安	
丶 丷	宀	Dach	R 40	家屋	家業
一 ア ろ 豸				国家	小説家
豸 豕	豕	Schwein	R 152	国家公務員	資本家

賃	CHIN	Lohn, Gebühr	204 N 4509 R 154/6	賃 資 員	
ノ	亻(人)	Mensch R 9 }	任 Dienstpflicht	家賃	
	ノ	katakana no R 4 }		賃金(←賃銀)	
一 十	士	Ritter R 33 }			
丨 冂 月 月 目 貝	貝	Muschel	R 154	賃金労働	

宅	TAKU Haus (Anrede 2.Pers.)	205 N 1279 R 40/3	宅 室 害 字	
丶丶	宀	Dach R 40	社宅	宅地
	ノ	katakana no R 4	住宅	自宅
一	七	sieben	お宅	帰宅

片	HEN Bruchstück; kata eins von zweien	206 N 2842 R 91	片	
丿 丿			片道	
片	片	Bruchstück R 91	片言	

往	Ō gehen	207 N 1605 R 60/5	往 彼 行 住	
ノ 彡	彳	gehender Mensch R 60	往復	
	丶	Punkt R 3 } 主 wichtig		
一 T 干	王	König		

復	FUKU zurückkehren wiederholen	208 N 1627 R 60/9	復 往	
ノ 彡	彳	gehender Mensch R 60	復古	
	ノ	katakana no R 4	復活	
	一	eins R 1		
丨 冂 日	日	Sonne R 72		
ノ ク	夂	schlurfen R 34		

半	HAN halb	209 N 132 R 24/3	半 十 卒 千	
丶 丷	十	zehn R 24	半分	半島
丷 䒑			半円	
半			半年	

起	KI okoru entstehen okiru aufstehen	210 N 4541 R 156/3	起 題	
	走 rennen	R 156	起源	
	己 ich	R 49	早起き	

出	SHUTSU dasu hinauslassen deru hinausgehen	211 N 97 R 17/3	出 山	
	凵 oben offene dreiseitige Einfassung	R 17	出国	出力
			外出	出勤(時間)
			出産	出口

歩	HO aruku zu Fuß gehen	212 N 2433 R 77/4	歩 歳 歴 少	
	止 anhalten	R 77	歩道	
	小 klein R 1 ノ katakana no R 4	少 wenig	歩行者	

乗	JŌ noru besteigen	213 N 223 R 4/8	乗 千 来	
	ノ katakana no	R 4	乗車	乗数
	木 Baum	R 75	乗り場	
			乗り物	

宿	SHUKU yado Herberge	214 N 1317 R 40/8	宿 家 宅	
	宀 Dach	R 40	新宿	宿題
	イ(人) Mensch	R 9	下宿する	
	一 eins R 1 白 weiß R 106	百 hundert	民宿	

着	CHAKU kiru — sich kleiden tsuku — ankommen	215 N 3665 R 123/6	着 洋 鮮 相
丶 丷 䒑 𦍌	𦍌(羊)	Schaf R 123	着陸 / 着物
ノ	ノ	katakana no R 4	土着 / 水着
丨 冂 月 目	目	Auge R 109	船着き場

帰	KI kaeri — Rückkehr kaeru — zurückkehren	216 N 1582 R 50/7	帰 市
丨	リ	katakana ri	帰宅
㇇ ヨ	ヨ	Schweinekopf R 58	帰国
丶	冖	katakana wa R 14	帰り道
丨 冂	巾	Tuch R 50	

例	REI Beispiel; üblich tatoeba — z.B.	217 N 428 R 1/6	例 住 億 残
ノ	亻(人)	Mensch R 9	例外
一 ㇇ 歹	歹	Gebeine R 78	先例
丨	刂(刀)	Schwert R 18	例会

船	SEN funa fune — Schiff	218 N 3873 R 137/5	舟 八 口
ノ 丿 凢 凢 舟	舟	Schiff R 137	乗船 / 船長
ノ	八	acht R 12	大船 / 船員
丨 冂	口	Mund R 30	船着き場

飛	HI tobu — fliegen	219 N 5152 R 183	飛
乁 ⺄ ⺄ 飞 飞 飞 飞 飞 飛	飛	fliegen R 183	飛行機
			飛行時間
			飛行場

機	KI	Maschine; Anlaß	220 N 2379 R 75/12	機 校
一十オ	木(木)	Baum	R 75	機長 / 動機
くㄠ	幺幺	kurzer Faden R 52		ジェット機 / 機会
一厂下 戌戍	戈	(幺) 幾 wieviel Lanze R 62		自動機 / 立法機関
動	DŌ ugoku	s.bewegen	221 N 730 R 19/9	動 力 勤 働
ノ一千	schwer: ノ	katakana no	R 4	動力 / 活動家
白白白	車	Rad	R 159	動物(学) / (自由)行動
重重重	一	eins	R 1	
フ	力	Kraft	R 19	(火山)活動 / 動員

LEKTION 12

TEXT

日本の工業

日本には資源が少ない。しかし工業には原料が必要である。特に日本には主な原料のうち、石油や鉄がほとんどない。石炭も少ない。だから、これらの必要な原料をほぼ100%輸入する。その原料から工業製品を作る。日本はその工業製品を米国、ヨーロッパ諸国、東南アジア諸国などに輸出する。それは電気製品、カメラ、自動車、機械である。

日本の工業

日本には資源が少ない。しかし工業には原料が必要である。特に日本には主な原料のうち、石油や鉄がほとんどない。石炭も少ない。だから、これらの必要な原料をほぼ100％輸入する。その原料から工業製品を作る。日本はその工業製品を米国、ヨーロッパ諸国、東南アジア諸国などに輸出する。それは電気製品、カメラ、自動車、機械である。

VOKABULAR

必要である	ヒッヨウである	NA	notwendig
特に	トクに	ADV	besonders
主な	おもな	NA	*Attributivform* wichtige/-r/-s
原料	ゲンリョウ	N	Rohstoff
うち	内	N	*N+no___:* innerhalb(einer bestimmten Menge), unter
鉄	テツ	N	Eisen
ない	無い	V	*höflichkeitsneutrale Negationsform von* aru
石炭	セキタン	N	Steinkohle
だから		KS	deshalb
ほぼ		ADV	*vor Mengenangaben:* nahezu
%	パーセント	ZEW	*Zahl+___*:Prozent
輸入する	ユニュウする	NV	*N_1+o(N_2+kara)___:* (etwas)$_1$(aus...)$_2$ importieren
輸入	ユニュウ	N	Import
作る	つくる	V_k	*N_1+o(N_2+kara)___:* (etwas)$_1$(aus...)$_2$ herstellen
諸国	ショコク	N	die Staaten(Plural)
諸	ショ	PRÄF/N	*Pluralbezeichnung für*

			die Gesamtheit der Elemente einer Menge; fakultativ
輸出する	ユシュツする	NV	N_1*+o(*N_2*+ni/e)___:* (etwas)$_1$(nach...)$_2$ exportieren
輸出	ユシュツ	N	Export
カメラ		N	Fotoapparat
機械	キカイ	N	Maschine

ÜBUNGSTEIL

勉強する	ベンキョウする	NV	*N+o___:*(etwas)studieren
勉強		N	Studium, das Lernen
書く	かく	N_k	*N+o___:*(etwas)schreiben
買う	かう	V_k	*N+o___:*(etwas)kaufen
読む	よむ	V_k	*N+o___:*(etwas)lesen
始まる	はじまる	V_k	beginnen
教える	おしえる	V_v	N_1*+o(*N_2*+ni)___:* (jemandem)$_2$(etwas)$_1$ beibringen *N+o___:* (etwas)unterrichten
集まる	あつまる	V_k	*N+ni___:*sich(an einem Ort) versammeln
終わる	おわる	V_k	enden
今	いま	N	jetzt
手紙	てがみ	N	Brief

谷口	たにぐち	N	Taniguchi(Familienname)
山口	やまぐち	N	Yamaguchi(Familienname)
もう		ADV	schon, bereits
国連	コクレン	N	Vereinte Nationen
卒業する	ソツギョウする	NV	(Hochschul-)Examen machen
昭和	ショウワ		(Jahresdevise,1926 -)
台	ダイ	ZEW	*Zahl+* ___(für Autos,Maschinen, feststehende Geräte)

GRAMMATIK

OBJEKT

Das Objekt ist Komplement der meisten zwei- und mehrwertigen verbalen Prädikate, es bezeichnet den Gegenstand, auf den die im Verb ausgedrückte Handlung direkt gerichtet ist. Im Deutschen steht das (direkte) Objekt im Akkusativkasus, im Japanischen wird es mit der Partikel *o*,geschrieben を , markiert. Seine Position in einem Satz mit zweiwertigem Prädikat ist - ohne Berücksichtigung etwaiger Umstellungen durch Topikalisierung - zwischen Subjekt und Prädikat:

(1)

kare ga	*kono hon o*	*kaimashita.*
Subjekt	Objekt	Prädikat

Er kaufte dieses Buch.

Zeit- und Ortsbestimmungen können vor oder nach dem Objekt stehen, wobei die Entscheidung über die Position solcher Konstituenten abhängig ist vom Grad ihres Mitteilungswerts: je näher sie beim Prädikat stehen, desto höher ist ihr Mitteilungswert:

(2)

kare ga	*chikaku no honya de*	*kono hon o*	*kaimashita.*
Subjekt	Lokaladverbial	Objekt	Prädikat

Er kaufte bei einem nahegelegenen Buchhändler dieses Buch.

(3)

kare ga	*kono hon o*	*chikaku no honya de*	*kaimashita.*
Subjekt	Objekt	Lokaladverbial	Prädikat

Er kaufte dieses Buch bei einem nahegelegenen Buchhändler.

Bei Topikalisierung des Objekts wird die Kasuspartikel *o* getilgt und das Objekt rückt an den Satzanfang:

Topikalisierung des Subjekts:

(4)

kare wa	*kono hon o*	*kaimashita.*
Subjekt	Objekt	Prädikat
Thema	Kommentar	

Er kaufte dieses Buch.
(Was ihn betrifft, so kaufte er dieses Buch)

Topikalisierung des Objekts:

(5)

kono hon wa	*kare ga*	*kaimashita.*
Objekt	Subjekt	Prädikat
Thema	Kommentar	

Dieses Buch kaufte ér.
(Was dieses Buch betrifft, so kaufte er es)

DIREKTIONAL: BEZUGSPUNKT EINER AUSSAGE

Die direktionale Konstituente N + *ni* (s.Lektion 10) bezeichnet in Sätzen mit bestimmten nicht-verbalen, d.h. statischen Prädikaten wie *hitsuyō de aru* (*notwendig sein*) den personalen oder nicht-personalen Bezugspunkt der Aussage, etwa im Sinne der deutschen Präposition *für* mit finalem Einschlag (*zum Zwecke von*):

genryō ga	*kōgyō ni*	*hitsuyō de aru.*
N_1 + *ga*	N_2 + *ni*	NA + KOP
Subjekt	Direktional	Prädikat

Rohstoffe sind für die Industrie notwendig.

(In diesem Fall ist die Kasuspartikel *ni* nicht mit *e* austauschbar.)

NOMINALADJEKTIV

Neben den japanischen Adjektiven (A) besitzt das Japanische eine zweite, semantisch gleichartige, morphologisch aber abweichende Gruppe von Adjektiven. Diese wird von überwiegend (zweimorphemigen) sino-japanischen Stämmen (daher auch sino-japanische Adjektive genannt)gebildet,die unflektierbar sind und daher zur Ableitung von Flexionsformen auf die Kopula angewiesen sind:

genryō wa	*hitsuyō*	*de aru.*	Rohstoffe sind notwendig (höfl' neutral)
	Stamm	Kopula	
	hitsuyō	*desu*	... sind notwendig (höflich)

(genryō wa)hitsuyō	*de wa arimasen*	... sind nicht notwendig
hitsuyō	*deshita*	... waren notwendig
hitsuyō	*de wa arimasen deshita*	... waren nicht notwendig

In attributiver Stellung wird die Kopula durch das unflektierbare grammatische Morphem *na*, in einigen Fällen auch durch *no* ersetzt+:

hitsuyō na	*genryō*	notwendige Rohstoffe
Attribut	Bezugswort	

shiritsu no	*gakkō*	private Schulen
Attribut	Bezugswort	

AUFZÄHLUNG / INTERPUNKTIONSZEICHEN

In Texten wird bei Aufzählungen offener Mengen häufig auf die Partikel *ya* verzichtet und stattdessen lediglich ein Interpunktionszeichen (meist ein Komma oder ein Punkt in Mittelhöhe der Zeile) gesetzt:

(1) *Nihon wa denki seihin ya kamera ya jidōsha nado o yushutsu.suru.*

(2) *Nihon wa denki seihin, kamera, jidōsha nado o yushutsu.suru.*
Japan exportiert Elektrogeräte, Fotoapparate, Autos u.a.

FLEXIONSSYSTEM

Definition und Geltungsbereich

Die Flexion ist eine festen Regeln folgende Formveränderung, im Japanischen nur der Prädikatswörter Verb, Adjektiv (A) und der Kopula (mit deren Hilfe die unflektierbaren Nomina und Nominaladjektive (NA) in Prädikatsfunktion verwendet werden können).Flektierbar ist ferner ein Teil der grammatischen Morpheme zur Bezeichnung von Prädikatsmodifikationen.

Die Flexion dient im Japanischen der Bildung von Formen, die hinsichtlich verschiedener grammatischer Kategorien wie Tempus, Modus, Aspekt, Passiv oder Kausativ markiert sind. Dagegen spielen die Kategorien Numerus und Person, die für die Konjugation deutscher Verben außerordentlich wichtig sind, im japanischen Flexionssystem keine Rolle, sie werden, wenn überhaupt, nur mit lexikalischen Mitteln realisiert.

+Sollen Modifikationen beim NA-Attribut markiert werden, bleibt die übliche Kopulaform, allerdings höflichkeitsneutral, erhalten. Die jeweils zutreffende Attributivpartikel ist im Vokabular vermerkt.

Struktur und Ordnung

Das dem japanischen Flexionssystem zugrundeliegende Strukturprinzip läßt sich folgendermaßen beschreiben: die Bezeichnung der verschiedenen relevanten grammatischen Kategorien (s.o.) erfolgt durch einzelne grammatische Morpheme, die mit dem Prädikatswort, das die Hauptbedeutung trägt, verbunden werden. Diese Verbindung kann in der Regel nur über bestimmte Formvarianten des Prädikatsworts erfolgen, die hier eine Art "Steckdosenfunktion" ausüben. So wird das Verb *iku* (*gehen*) mit dem Morphem der Höflichkeit *masu* über seine Formvariante *iki* verbunden:

iku + masu → iki.masu

Diese Formvarianten heißen F l e x i o n s g r u n d f o r m e n , kurz: G r u n d f o r m e n, die Verbindung von Prädikatswort und grammatischem Morphem über eine solche Grundform wird F l e x i o n s f o r m genannt (z.B. *iki.masu*).

Die japanische Grammatik unterscheidet traditionell sechs Grundformen, für die jeweils festgelegt ist, welche grammatischen Morpheme angeschlossen werden können. Einige dieser Grundformen treten auch selbständig auf.

Bezeichnung+	anschließbare Morpheme (Auswahl)
I. Grundform *(mizenkei)*	Negation / Passiv / Kausativ
II. Grundform *(renyōkei)*	(a) Höflichkeit / Wunsch (b) selbständiger Gebrauch
III. Grundform *(shūshikei)*	selbständiger Gebrauch (Nennform)
IV. Grundform *(rentaikei)*	(heute mit III. Grundform identisch, ursprünglich Attributivform++)
V. Grundform *(izenkei)*	Konditional
VI. Grundform *(meireikei)*	selbständig bzw. Morpheme des Befehls

+ Die Reihenfolge der Grundformen folgt der japanischen Schulgrammatik, als Namen wurden numerische Begriffe gewählt (die japanischen Bezeichnungen sind in Klammern vermerkt).

++ Die IV.Grundform als eigenständige Einheit wird aus zwei Gründen dennoch beibehalten:
- Anwendbarkeit dieses Modells auch auf vormoderne Sprachformen, einschließlich der Schriftsprache bis zum Ende des Zweiten Weltkriegs
- Vorkommen historischer Formen auch in modernen Texten im Einzelfall.

Dieses Schema folgt bei der Bestimmung der Grundformen konsequent morphologischen Gesichtspunkten (sieht man einmal davon ab, daß sich die Unterscheidung von III. und IV.Grundform historisch überlebt hat), es differenziert nicht hinsichtlich der Art der anzuschließenden Morpheme, d.h. es enthält sowohl solche der Prädikatsmodifikationen als auch solche der Kennzeichnung von Nebensätzen (z.B. V.Grundform + Morphem des Konditional).Es wird auf alle flektierbaren Wortklassen bezogen, auch wenn z.B. für Adjektive die Imperativform, deren Bildung die einzige Funktion der VI.Grundform ist, nicht besteht. Überdies treten bestimmte grammatische Morpheme wie des Passivs u.a. nur bei Verben auf.

Bildung der Grundformen

Die Bildung der Grundformen folgt für die einzelnen Klassen der Prädikatswörter verschiedenen Mustern, sie werden daher im folgenden gesondert behandelt.

Verben

Die Verben gliedern sich ihrerseits in zwei Flexionsklassen, die auf unterschiedliche Weise die Grundformen ableiten. Daneben bestehen zwei unregelmässige Verben, *kuru* (*kommen*)und *suru* (*tun*), einschließlich aller mit *suru* gebildeten Nominalverben.

(a) konsonantische Verben

Der Stamm dieser Verben endet auf einen Konsonanten, die Endung besteht aus einem Vokal, der für die meisten der Grundformen verschieden ist+:

Bsp.: *tsukuru* (*herstellen*)

Grundform	Stamm	Endung
I.	*tsukur-*	*-a*
II.	*tsukur-*	*-i*
III./IV.	*tsukur-*	*-u*
V.	*tsukur-*	*-e*
VI.	*tsukur-*	*-e*

Zu der konsonantischen Flexionsklasse zählt auch eine Gruppe von Verben, deren Stamm zwar nicht auf einen Konsonanten endet, die aber ansonsten mit dem

+ Aufgrund der vier verschiedenen Vokalendungen dieser Klasse wird sie in Japan "vierstufige Flexionsklasse" (*yodan katsuyō*) genannt.

hier dargestellten Bildungsmechanismus übereinstimmt, wie z.B. *kau* (*kaufen*). Bei diesen Verben ist der ursprüngliche Stammauslautkonsonant /f/ bzw. /h/ (in der Orthographie noch bis zum Ende des Zweiten Weltkriegs berücksichtigt) verloren gegangen:

Grundform	ursprüngliche Form	heutige Form
I.	*kah.a*	*kaw.a*
II.	*kah.i*	*ka .i*
III./IV.	*kaf.u*	*ka .u*
V.	*kah.e*	*ka .e*
VI.	*kah.e*	*ka .e*

Im Falle der konsonantischen Verben sind im Laufe der Sprachgeschichte bei der Verbindung einzelner Grundformen mit bestimmten Morphemen nicht mehr trennbare Einheiten entstanden. Aus solchen Verschmelzungsprozessen hervorgegangen sind die Potentialform (für Ausdrücke des Könnens), die Intentionalform (für Ausdrücke der Absicht u.a.) sowie die Assimilationsform, die einem einheitlichen Muster folgende Verbindung von Verben mit vier semantisch unterschiedlichen Morphemen mit dem Anlautkonsonanten /t/, wie z.B. das konjunktionale Morphem *te* (s.u. Flexionsformen / Verb:*te*-Form + *iru*) oder das Vergangenheitsmorphem *ta* (s.Lektion 15).

(b) vokalische Verben

Der Stamm der Verben dieser Flexionsklasse endet auf den Vokal /e/ oder /i/,[+] die Endung besteht aus den Silben *ru*, *re* oder entfällt (ø):

	tsutome.ru (*angestellt werden*)		*oki.ru* (*aufstehen*)	
Grundform	Stamm	Endung	Stamm	Endung
I.	*tsutome-*	ø	*oki-*	ø
II.	*tsutome-*	ø	*oki-*	ø
III./IV.	*tsutome-*	*-ru*	*oki-*	*-ru*
V.	*tsutome-*	*-re*	*oki-*	*-re*
VI.	*tsutome-*	ø	*oki-*	ø

Äußeres Kennzeichen der vokalischen Verben ist die Lautfolge *-iru* bzw. *-eru*

[+] In Japan werden bei den vokalischen Verben zwei Unterklassen differenziert entsprechend dem Stammauslaut auf /i/ ("obere einstufige Flexionsklasse", *kami ichidan katsuyō*) bzw. auf /e/ ("untere einstufige Flexionsklasse", *shimo ichidan katsuyō*).

am Wortende der Nennform (= III./IV. Grundform). Dieses Kriterium ist zwar ein notwendiges, d.h. nur solche Verben können der Flexionsklasse der vokalischen Verben angehören, die auf *-iru* oder*-eru* enden, aber kein hinreichendes, d.h. es gibt Verben, die auf *-iru* oder*-eru* enden, gleichwohl aber konsonantisch flektiert werden, z.B. *hair.u* (*eintreten*)und *kaer.u* (*zurückkehren*).

(c) unregelmäßige Verben

Die Unregelmäßigkeit der beiden Verben *suru* (*tun*)und *kuru* (*kommen*) besteht im wesentlichen darin, daß der Stamm in die Grundformbildung einbezogen wird, so daß meist keine eindeutige Trennung zwischen Stamm und Endung möglich ist:

Grundform	*suru*	*kuru*
I.	*shi*+ / *sa*	*ko*
II.	*shi*	*ki*
III./IV.	*suru*	*kuru*
V.	*sure*	*kure*
VI.	*shi*+ / *se*	*koi*

+ Alternativformen für den Anschluß verschiedener Morpheme

Adjektive (A)

Das Endungsmorphem der Adjektive ist *i* , es wird bei der Bildung der einzelnen Grundformen durch andere Endungsmorpheme ersetzt:

Bsp.: *takai (hoch)*

Grundform	Stamm	Endung
I.	*taka-*	*-ku*
II.	*taka-*	*-ku*
III./IV.	*taka-*	*-i*
V.	*taka-*	*-kere*
VI.	-	-

Daneben existieren Assimilationsformen wie z.B. die Vergangenheitsform, gebildet aus Stamm + *katta* (*taka.katta*; s.Lektion 6).

Kopula

Die Kopula weist für ihre einzelnen Varianten weitgehend selbständige Flexionsparadigmen auf, deren Grundformen oft unter Zuhilfenahme des Formenbebestands anderer flektierbarer Wörter wie z.B. *aru* gebildet werden.Die folgende Übersicht beschränkt sich auf die Darstellung der Formen der für diesen Kurs wichtigen Kopulavarianten *desu* und *de aru*:

Grundform	höflichkeitsneutral	höflich
I.	*de (wa) nai*+	*de wa arimasen*+
II.	*de (ari)*	*deshi* *de*++
III./IV.	*de aru*	*desu*
V.	*de are*	-
VI.	-	-

+ hier die Flexionsform der Negation als einzige Funktion der I.Grundform

++ beim selbständigen Gebrauch der II.Grundform

Morpheme der Prädikatsmodifikation

Die Morpheme der Prädikatsmodifikation lassen sich in zwei Gruppen einteilen: in flektierbare und unflektierbare. Die Flektierbarkeit einer relativ hohen Zahl von Morphemen ermöglicht ihre Kombination untereinander und damit Mehrfachmodifikationen:

i-	*-naku-*	*-nari-*	*-mashi-*	*-ta*
iru/I.Grf.	*nai*/II.Grf.	*naru*/II.Grf.	*masu*/II.Grf.	*ta*/unflektierbar
Prädikatswort	Verneinung	Entwicklung	Höflichkeit	Vergangenheit
anwesend sein				
nicht anwesend sein				
es kommt dazu, daß (er) nicht anwesend ist				
es kommt dazu, daß (er) nicht anwesend ist(höfl.)				
es kam dazu, daß (er) nicht anwesend ist				

= (er) verschwand

Während im Deutschen die beiden Bedeutungen *anwesend sein* und *verschwinden* durch zwei verschiedene lexikalische Morpheme wiedergegeben werden, kann im Japanischen die Bedeutung *verschwinden* aus *anwesend sein* mithilfe grammatischer (bzw. grammatisch verwendeter lexikalischer) Morpheme abgeleitet werden, ist also Produkt einer Modifikationsverknüpfung.

Sind die modifizierenden Morpheme flektierbar, so folgen sie den Paradigmen der Prädikatswörter, bilden also Grundformen nach dem Muster der vokalischen bzw. konsonantischen (s.o. *naru* : "Entwicklung") Verben oder der Adjektive (s.o. *nai*: "Negation"). Das Höflichkeitsmorphem *masu* verhält sich dagegen in der Formbildung unregelmäßig (s.u.).

Die Reihenfolge der modifizierenden Morpheme untereinander ist festgelegt (s. Anhang). Unflektierbare Morpheme stehen naturgemäß am Ende einer Kette von Morphemen (s.o. *ta*:"Vergangenheit"), doch gibt es Fälle, in denen auch eine auf eine unmodifizierbare Form endende Kette fortgeführt werden kann, z.B. bei der Vergangenheitsform der höflichen Verneinung:

taka.ku.arimasen + *deshita* — war nicht hoch
↓
unflektierbar

ik.i.masen + *deshita* — ging nicht

Das Morphem der Vergangenheit *ta* kann in diesem Fall allerdings nicht direkt angeschlossen werden, sondern bedient sich eines Trägerworts, der Kopula *desu*. Ebenso erfolgt auch die Kennzeichnung der Höflichkeit bei der (nicht-flektierbaren) Vergangenheitsform von Adjektiven mithilfe der Kopula *desu*:

taka.katta + *desu*
↓
unflektierbar

(In den obigen Beispielen ist die Verbindung von Stamm und Endungsmorphem zu einer Grundform ebenso wie die Verknüpfung modifizierender Morpheme mit der Grundform durch einen Punkt markiert. Die Kennzeichnung des Anschlusses von Morphemen an unflektierbare Formen erfolgt mittels des Symbols der Addition.)

Übersicht über die bisher behandelten Morpheme der Prädikatsmodifikation

(a) einfache Morpheme

masu: bezeichnet die höfliche Aussageweise bei Verben. Anschluß an die II. Grundform von Verben. Es bildet folgende Flexionsformen:

	Grundform	+Morphem	Bedeutung
I.	*mase-*	*-n*	Negation
II.	*mashi-*	*-ta*	Vergangenheit
III./IV.	*masu*		Präsens
V.	(*masure-*	*-ba*	Konditional)
VI.	*mase*		Imperativ

ta : Morphem der Vergangenheit, wird an die II.Grundform der vokalischen Verben angefügt, bei konsonantischen Verben und Adjektiven bildet *ta* (unterschiedliche) Assimilationsformen. *ta* wurde bei Verben bisher nur in Verbindung mit dem Höflichkeitsmorphem *masu* verwendet (*mashita*), wo solche Assimilationsformen nicht auftreten. Zur höflichkeitsneutralen Vergangenheitsform s.Lektion 15. *ta* ist unflektierbar.

n : Morphem der Negation, steht nach der I.Grundform. Wird in der Gegenwartssprache nur in Verbindung mit *masu* (*masen*) sowie in bestimmten, meist idiomatischen Formen gebraucht. Das Standardmorphem der Negation im modernen Japanisch ist *nai* (s.Lektion 15).Die Verbindung *masen* ist unflektierbar.

desu : Neben der syntaktischen Funktion der Kopula in Sätzen mit nominalem oder nominaladjektivischem Prädikat dient *desu* zur Kennzeichnung der Höflichkeit bei adjektivischen Prädikaten, nach deren Nennform (*takai + desu*) oder höflichkeitsneutraler Vergangenheitsform (*taka.katta + desu*) es steht.

(b) Morphemkombinationen

arimasen : zusammengesetzt aus dem Trägerwort *aru* (II.Grundform), dem Morphem der Höflichkeit bei Verben *masu* (I.Grundform) und dem Negationsmorphem *n*. Wird bei der Bildung höflicher Verneinungen von Adjektiven verwendet, angefügt an die II.Grundform: *taka.ku.arimasen* . Ist nicht flektierbar.

deshita: (←*desu + ta*), dient der Bildung von Vergangenheitsformen bei vorausgehender höflicher Verneinung von Verben und Adjektiven mit *masen*. Die Kopula fungiert hier als formales Hilfswort mit Trägerfunktion für das Vergangenheitsmorphem *ta*.

katta: als Assimilationsform aus der Endungssilbe *ku* und der Vergangenheitsform des Hilfsworts *aru* (→*atta*) entstanden. Es bildet, angefügt an den Adjektivstamm, die höflichkeitsneutrale Vergangenheitsform von Adjektiven .Die Verbindung mit nachfolgendem *desu* ergibt die höfliche Vergangenheitsform.

In Lektion 12 werden neu eingeführt:

te : konjunktionales Morphem ohne spezifische Eigenbedeutung. Wird zum Anschluß von Hilfswörtern (z.B. *iru*), aber auch zur subordinierenden Verbindung von Sätzen (Nebensatzbildung) verwendet. Ist unflektierbar, aber offen für den Anschluß bestimmter anderer Morpheme.

iru: als Vollverb bedeutet *iru: sich befinden*, bezogen auf sich aus eigener Kraft fortbewegende Lebewesen. Als Morphem der Prädikatsmodifikation dient es der Bildung der Aspektform bei Verben(s.u.).Gehört zu den vokalischen Verben und wird entsprechend flektiert.

PRÄDIKATSMODIFIKATIONEN: ASPEKT

Aspektive Modifikationen differenzieren die Bezeichnung eines Geschehens hinsichtlich seiner Stellung im Zeitablauf. Sie gehören damit im weiteren Sinn zum Tempussystem. Das Japanische kennt einen Aspekt der Andauer, der der aspektiv unmarkierten Form verbaler Prädikate gegenübersteht. Während letztere die Gewohnheitsmäßigkeit (*ich pflege Zeitung zu lesen*) oder Gesetzmäßigkeit (*Pferde fressen Hafer*) einer Handlung ausdrückt bzw. deren zukünftige Ausführung(bei subjektiver Sicherheit des Sprechers hinsichtlich des Eintreffens, bezeichnet die Aspektform entweder das Andauern des Handlungsakts (durativer Aspekt):*ich lese gerade, ich schwimme gerade* , oder das Andauern des Handlungsresultats (perfektiver Aspekt): *ich bin aufgestanden, ich bin eingetreten*. Vergleichbar ist der durative Aspekt mit der progressive form im Englischen. Der perfektive Aspekt findet eine Entsprechung im Perfekt des Deutschen(in dessen ursprünglichen Gebrauch): *er ist gekommen*, d.h. er kam zu einem früheren Zeitpunkt, das Resultat seines Kommens, sein Hiersein aber besteht zum Zeitpunkt der Aussage fort. Diese stellt also in der Sache fest- *er ist da*, bezieht aber den Vorgang, der zu seinem Hiersein führte, sein Kommen,mit ein. Die Interpretation der Aspektform im Japanischen als perfektiv oder durativ ist abhängig von der semantischen Zugehörigkeit des jeweiligen Verbs zu den punktuellen oder perfektiven Verben mit einer auf ihren Abschluß gerichteten Handlung(*aufstehen, eintreten*) bzw. zu den durativen Verben, deren Handlung nicht unmittelbar zielgerichtet ist (*lesen, schwimmen*).
Für die Darstellung sowohl des durativen als auch perfektiven Aspekts wird dasselbe sprachliche Mittel verwendet, die *te*-Form + *iru*, kurz Aspektform genannt. Das bedeutet, daß die Bestimmung des Inhalts einer Aspektform im Einzelfall sich nicht an formalen Kriterien orientieren kann, sondern den Bedeutungsgehalt des jeweiligen Verbs einbeziehen muß:

Nennform	Bedeutung/semant.Klasse	Aspektform	Bedeutung
yomu	*lesen* /durativ	*yonde.iru*	(ich) lese gerade
hairu	*eintreten*/punktuell	*haitte.iru*	(ich) bin eingetreten

FLEXIONSFORMEN / VERB

te-Form + *iru* (Aspektform)

Die Aspektform wird als Kombination zweier Morpheme gebildet: dem semantisch leeren *te*, das konjunktionale Funktion hat, und dem Verb *iru* (urspr.: *da sein*). Die Verknüpfung des Hauptverbs mit dem Morphem *te* erfolgte ursprünglich über die II.Grundform des Verbs:

yomu + te → yomi.te

doch haben sprachhistorische Assimilationsprozesse bei den meisten Verben der konsonantischen Flexionsklasse zu festen Verbindungsformen in der Gegenwartssprache geführt, der Assimilationsform/*te*, kurz: *te*-Form.

yomi.te → yonde

Das Ergebnis dieses Prozesses bei den konsonantischen Verben ist im einzelnen abhängig vom Auslautkonsonanten des Verbstamms. Die folgende Übersicht ist paradigmatisch, jede Klasse von Verben mit demselben Auslautkonsonanten wird durch ein Beispiel vertreten (in der Reihenfolge der Konsonanten der Fünfzig-Laute-Tafel):

Bedeutung	Nennform (III.Grf.)	II.Grundform	*te*-Form
kaufen	*ka.u*	*ka.i*	*katte*
schreiben	*kak.u*+	*kak.i*	*kaite*
schwimmen	*oyog.u*	*oyog.i*	*oyoide*
sprechen	*hanas.u*	*hanash.i*	*hanashite*
haben	*mots.u*	*moch.i*	*motte*
sterben	*shin.u*	*shin.i*	*shinde*
rufen	*yob.u*	*yob.i*	*yonde*
lesen	*yom.u*	*yom.i*	*yonde*
herstellen	*tsukur.u*	*tsukur.i*	*tsukutte*

\+ Abweichend bildet das Verb *iku* (*gehen*) die Assimilationsform / *te* :*itte*.

Aus der Tabelle ist ersichtlich, daß Verben mit unterschiedlichen Stammauslautkonsonanten auf gleiche Weise die *te*-Form bilden:

-tte:	*katte → kau*	*-nde:*	*shinde → shinu*
	motte → motsu		*yonde → yobu*
	tsukutte → tsukuru		*yonde → yomu*

Diese Tatsache erschwert das Auffinden der richtigen Nennform eines Verbs in der *te*-Form und damit seine bedeutungsmäßige Identifizierung, wenn nicht andere Momente wie Verschriftung (*kanji*) oder Kontext eine eindeutige Einordnung ermöglichen.

Verben mit dem Stammauslaut /s/ (*hanasu*) haben das alte Bildungsmuster II. Grundform + *te* bewahrt: *hanashi + te* → *hanashite*.

Das gilt auch für alle vokalischen Verben:

Bedeutung	Nennform(III.Grf.)	II.Grundform	*te*-Form
aufstehen	*oki.ru*	*oki*	*oki.te*
angestellt werden	*tsutome.ru*	*tsutome*	*tsutome.te*

Die beiden unregelmäßigen Verben schließlich bilden folgende Verbindungen mit *te*:

suru (*tun*) → *shite*
kuru (*kommen*) → *kite*

Zur Herstellung der Aspektform werden die so gebildeten *te*-Formen unmittelbar mit *iru* verbunden:

kau → *katte.iru*
yomu → *yonde.iru*
okiru → *okite.iru*
suru → *shite.iru* etc.

FLEXIONSFORMEN / VERB

te-Form + *iru* + Modifikationen

Das Verb *iru* als Bestandteil der Aspektform ist - nach dem Paradigma der vokalischen Verben - voll flektierbar. So wird z.B. die höfliche Variante der Aspektform mittels der Höflichkeitsform von *iru* (→*imasu*) gebildet:

yonde.iru höflichkeitsneutral
yonde.imasu höflich

Über *masu* können nach dem bekannten Muster weitere Modifikationen formuliert werden:

yonde.imasen Negation
yonde.imashita Vergangenheit
yonde.imasen deshita Negation + Vergangenheit

KURZREFERENZ

Satz mit verbalem Prädikat

Komplemente der in Lektion 12 eingeführten Verben:

Subjekt	Objekt	Lokalkomplemente	Verb
N + *ga*		(N + *kara*) (N + *ni/e*)	*atsumaru*
N + *ga*	N + *o*		*benkyō.suru*
N + *ga*		(N + *kara*)[1]	*hajimaru*
N + *ga*	N + *o*	(N + *ni/e*)[2]	*kaku*
N + *ga*	N + *o*	(N + *kara*)	*kau*
N + *ga*	N + *o*	(N + *ni*/DIR)	*oshieru*
N + *ga*		(N + *ni*/DIR)[3]	*owaru*
N + *ga*		(N + *o*/LOK)[4]	*sotsugyō.suru*
N + *ga*	N + *o*	(N + *kara*)	*tsukuru*
N + *ga*	N + *o*		*yomu*
N + *ga*	N + *o*	(N + *kara*)	*yunyū.suru*
N + *ga*	N + *o*	(N + *ni/e*)	*yushutsu.suru*

[1] *beginnen mit ...*

[2] *jemandem schreiben / in etwas hineinschreiben*

[3] *enden mit ... (hinauslaufen auf ...)*

[4] *an (einer Hochschule) Examen machen*

Übersicht über die Verwendung der Morpheme der Prädikatsmodifikationen

	Höflichkeit	Verneinung (höflich)	Vergangenheit (höflich)	Verneinung +Vergangenheit (höflich)
Verb	II.*masu*+	II.*masen*	II.*mashita*	II.*masen+deshita*
Adjektiv	III + *desu*	II.*arimasen*	Stamm.*katta*	II.*arimasen+deshita*
Kopula	*desu*	*de wa arimasen*	*deshita*	*de wa arimasen+deshita*

+Die römischen Zahlen bezeichnen die Grundformen der Verben und Adjektive.

Die Modifikationen der Aspektform

höfl'-neutral	höflich	Verneinung (höflich)	Vergangenheit (höflich)	Verneinung-+Vergangenheit (höflich)
V.*te.iru*	V.*te.imasu*	V.*te.imasen*	V.*te.imashita*	V.*te.imasen + deshita*

ÜBUNGSTEIL

EINFÜHRUNGSÜBUNG

1. 私は毎日新聞を読みます。
2. たくさんの日本人は外国語を勉強します。
3. 田中さんは外国人に日本語を教えます。
4. 彼は東京の郊外に住んでいます。
5. 1972年から大きな会社に勤めています。
6. 私は今新聞を読んでいます。
7. あなたは今何を勉強していますか。
8. 彼は何時に起きますか。
9. もう起きています。
10. あなたはいつから大学に通っていますか。
11. 田中さんはもう帰りましたか。
12. いいえ，まだ帰っていません。

GRAMMATIKÜBUNGEN

1. Grammatik: (Flexionsformen: Höflichkeitsform)
   Aufgabe: Umwandlung der höflichen in die höflichkeitsneutrale Form

Muster: T: あります

S: ある

1. 大学に入ります。 2. 日本語を勉強します。

3. 家へ帰ります。 4. 論文を書きます。

5. 新聞を買います。 6. この山は高いです。

7. 日本には資源が少ないです。

8. 工業には原料が必要です。

9. 東京は人口の多い都市です。

10. 公害は大きな問題です。

2. Grammatik: (Flexionsformen: Vergangenheitsform (höflich))

Aufgabe: Umwandlung der Präsens- in die Vergangenheitsform bzw. umgekehrt

Muster: T: あります bzw. T: ありました

S: ありました S: あります

1. 新聞を読みます。 2. 大会は始まりました。

3. 英語を教えました。 4. 原料を輸入します。

5. 学生は集まります。 6. 田中さんは会社員です。

7. 彼は政治家でした。 8. あそこの道は悪かったです。

9. 経済成長は著しいです。 10. 物価は高いです。

3. Grammatik: (Flexionsformen: Negationsform (höflich))

Aufgabe: Umwandlung der affirmativen in die negative Form bzw. umgekehrt

Muster: T: あります bzw. T: ありません

S: ありません S: あります

1. 七時に起きます。
2. 自動車を作りません。
3. 会社へ行きません。
4. 地下鉄に乗ります。
5. 小説を読みます。
6. この建物は図書館です。
7. その本は私のではありません。
8. この山は高いです。
9. 問題は少なくありません。
10. 成長は著しいです。

4. Grammatik: (Flexionsformen: Negations- + Vergangenheitsform (höflich))
Aufgabe: Umwandlung der affirmativen in die negative Form bzw. umgekehrt

Muster: T: ありました bzw. T: ありませんでした

S: ありませんでした S: ありました

1. 名古屋まで行きました。
2. 飛行機で帰りました。
3. 東京駅に着きませんでした。
4. 英国の外相は来ませんでした。
5. 歴史学を勉強しました。
6. あの人は学校の先生でした。
7. あれは日本銀行ではありませんでした。

8. 新幹線は必要でした。

9. 駅は近くありませんでした。

10. カタカナは難しかったです。

5. Grammatik: Flexionsformen/ Verb:*te*-Form + *iru*
Aufgabe: Bildung der Nennform aus der *te*-Form + *iru* bzw. umgekehrt

Muster: (a) T: 読んでいる
S: 読む

(b) T: 読む
S: 読んでいる

(a) 1. 作っている
2. 集まっている
3. 始まっている
4. 通っている
5. 買っている
6. 書いている
7. 着いている
8. 住んでいる
9. 読んでいる
10. 出ている

(b) 1. 始まる
2. 作る
3. 終わる
4. 帰る
5. 乗る
6. 入る
7. 出る
8. 教える
9. 勤める
10. 勉強する

6. Grammatik: Flexionsformen/ Verb: *te*-Form + *iru* + Modifikationen

Aufgabe: Bildung der höflichen, negativen und der Vergangenheits-Modifikation der Aspektform

Muster: T: 読んでいる

S: 読んでいます
読んでいません
読んでいました

1. 住んでいる
2. 書いている
3. 起きている
4. 来ている
5. 勉強している

7. Grammatik: Objekt

Aufgabe: Beantwortung der Frage mithilfe des Stichworts

Muster: T: 彼は何を読みましたか。／新聞

S: 彼は新聞を読みました。

1. 田中さんは何を勉強しましたか。／歴史学
2. 日本は何を輸入しますか。／原料
3. 原料から何を作りますか。／工業製品
4. 米国は日本から何を輸入しますか。／電気製品
5. あなたは何を買いましたか。／新しい小説

8. Grammatik: Objekt
Lokalkomplemente, Temporaladverbiale

Aufgabe: Erweiterung (Expansion) des Satzes durch sukzessives Einfügen der Stichwörter

1. フランスは輸入します。/ Erdöl

フランスは石油を輸入します。/ aus dem Nahen Osten

2. 日本は輸出します。/ Autos

日本は自動車を輸出します。/in die USA

日本は自動車を米国に輸出します。/ seit 1960

日本は1960年から自動車を輸出します。/ sowohl in die USA als auch nach Europa

3. この図書館は___買います。/ Zeitschriften und Zeitungen

この図書館は雑誌と新聞を買います。/ die wichtigsten Zeitschriften und Zeitungen

この図書館は主な雑誌と新聞を買います。/ aus Japan

4. 私は勉強しました。/ Japanisch

私は日本語を勉強しました。/ seit März vergangenen Jahres

私は去年の三月から日本語を勉強しました。/ bis Juli dieses Jahres

9. Grammatik: Prädikatsmodifikationen: durativer Aspekt
Flexionsformen/ Verb: *te*-Form + *iru*

Aufgabe: Umwandlung in eine Aussage über das Andauern der Tätigkeit, verstärkt durch den Austausch der Temporalbestimmung *mainichi* gegen *ima*

Muster: T: 私は毎日本を読みます。

S: 私は今本を読んでいます。

1. 本田さんは毎日漢字を勉強します。

2. 彼は毎日朝日新聞を読みます。

3. 山田さんは毎日手紙を書きます。

4. 谷口先生は毎日日本語を教えます。

10. Grammatik: Prädikatsmodifikationen: perfektiver Aspekt
Flexionsformen/ Verb: *te*-Form + *iru*

Aufgabe: Umwandlung in eine Aussage über das Andauern des Zustands nach Abschluß der curch das Verb bezeichneten Handlung

Muster: T: 京都行きのバスは着きました。

S: 京都行きのバスは着いています。

1. 山口さんは起きました。
2. 学生は集まりました。
3. 田中さんは家に帰りました。
4. 英国の外相は日本に来ました。

11. Grammatik: Prädikatsmodifikationen: perfektiver Aspekt
Flexionsformen/ Verb: *te*-Form + *iru* + Modifikationen
(Kontextbezug:Subjekttilgung)

Aufgabe: Beantwortung der "schon"-Frage mit einer "noch nicht"-Aussage

Muster: T: 京都行きのバスはもう着きましたか。

S: いいえ，まだ着いていません。

1. 田中さんはもう起きましたか。
2. ヨーロッパ諸国の外相はもう集まりましたか。
3. 国連の大会はもう終りましたか。
4. 山田さんはもう卒業しましたか。

12. Grammatik: Prädikatsmodifikationen: Tempus, Aspekt

Aufgabe: Einfügen der Temporalbestimmung und entsprechende Modifikation des Prädikats

Muster: T: 田中さんは会社へ行きます。／きのう

S: 田中さんはきのう会社へ行きました。

1. 日本の外相は外国から帰ります。／まだ
2. 今年の社会党大会は始まります。／来週
3. 本田さんは大学に入ります。／去年の四月
4. 前田さんは卒業論文を書きます。／今
5. 私はこの小説を読みます。／まだ
6. 山村さんは朝日新聞を読みます。／毎日
7. 日本は石油をほとんど100％輸入します。／去年
8. 田中さんは外国の企業に勤めます。／十年間

ABSCHLUSSÜBUNGEN

1. Aufgabe: Schreiben der *kanji*, Zusammenstellen zu Komposita
Erschließung der Lesung
begriffliche Deutung

1. 「ギンコウ」の「コウ」＋「ジドウシャ」の「ドウ」
2. 「ゲンリョウ」の「ゲン」＋「モジ」の「モン」
3. 「つくる」＋「セイヒン」の「ヒン」
4. 「おも」＋「ジンコウ」の「ジン」
5. 「ゲンリョウ」の「リョウ」＋「キンョウビ」の「キン」

6. 「ジドウシャ」の「ドウ」+「たてもの」の「もの」
7. 「あつまる」+「ダンチ」の「ダン」
8. 「セイヒン」の「セイ」+「つくる」
9. 「ゲンリョウ」の「ゲン」+「はじまる」+「ひと」
10. 「トクに」の「トク」+「レイガイ」の「レイ」

2. Aufgabe: Schreiben bzw. Lesen der Wörter in *katakana*
Retranskribieren in das Original

1. サービス
2. バイオリン
3. ジレンマ
4. ボルテージ
5. ラジオ
6. エンジン
7. スチール
8. ウーマン
9. ワールド
10. ウッド

3. Aufgabe: Transkription ins Japanische

1. Frankfurt
2. Berlin
3. Köln
4. Hamburg
5. München

4. Aufgabe: Übertragung der folgenden Zahlen ins Japanische

23, 609, 133, 701, 567, 1 047, 15 000, 1 Million, 236 000, 3,2 Millionen

5. Aufgabe: Lesen der folgenden japanischen Zahlen

1. 二十三
2. 七十一
3. 百三十三
4. 五百六十七
5. 一万五千
6. 六百万

6. Aufgabe: Übertragung der folgenden Datumsangaben ins Japanische bzw. Deutsche

1. 1.März 1978
2. 24.August 1891
3. 3.Mai 1904
4. 26.Februar 1936
5. 昭和二十年
6. 昭和五十三年
7. 昭和三年
8. 昭和三十三年

7. Aufgabe: Beantwortung der Frage

1. 田中さんは会社の近くに住んでいますか。
2. 毎日会社に通いますか。
3. 通勤時間は一日に何時間ですか。
4. 日本は資源の多い国ですか。
5. 特にどの原料が少ないですか。
6. 石炭は日本にありませんか。
7. その原料は何に必要ですか。
8. 石油はどこに多いですか。
9. ヨーロッパにも石油がありますか。
10. 日本は工業に必要な原料をどこから輸入しますか。
11. その原料から何を作りますか。
12. 鉄から何から作りますか。
13. 石油からも製品を作りますか。

14. その製品はどこへ輸出しますか。

15. ヨーロッパへは特にどの製品を輸出しますか。

8. Aufgabe: Übersetzung ins Deutsche

水野さんは自動車会社に勤めています。その本社は東京にあります。工場は五つあります。九州や関西などにあります。二万五千人ぐらいの人はそこに勤めています。その大部分は社宅に住んでいます。
水野さんの会社は年に五十万台の自動車を作ります。その40%ぐらいは米国やヨーロッパ諸国へ輸出します。自動車工業に必要な原料は日本がオーストラリアなどの外国から輸入します。

9. Aufgabe: Übersetzung ins Japanische

Osaka liegt im Kansai,in der Nähe von Kyoto.Es ist eine Stadt mit 5 Millionen Einwohnern.In der Stadt sind zahlreiche ausländische Unternehmen ansässig.Auch viele japanische Großunternehmen befinden sich dort. Seit 1960 gibt es auch in kleinen Städten Fabriken von Großunternehmen. Die Arbeiter dieser Betriebe wohnen in preisgünstigen Werkswohnungen in der Nähe der Fabrik.Die Miete beträgt etwa 5 000 Yen .Die Arbeiter fahren täglich mit Firmenbussen in den Betrieb.Die Fahrzeit beträgt hin und zurück 20 Minuten.Sie arbeiten 40 Stunden in der Woche,das Wochenende ist frei.

TEXTÜBUNG I

Aufgabe: Nachsprechen der einzelnen Expansionaschritte
Beschreiben des jeweiligen grammatischen Prozesses

1. 日本には資源が少ないです。

少ない

少ないです

資源は少ないです。

日本には資源が少ないです。

2. しかし工業には原料が必要です。

必要である

必要です

原料は必要です。

工業には原料が必要です。

しかし工業には原料が必要です。

3. 特に日本には主な原料のうち、石油や鉄がほとんどありません。

ない

ありません

石油は ありません。

鉄は ありません。

石油や鉄は ありません。

日本には　　　石油や鉄は　　　ありません。

原料

主な原料

主な原料のうち

日本には主な原料のうち石油や鉄が　　　ありません。

特に日本には主な原料のうち石油や鉄が　　　ありません。

特に日本には主な原料のうち石油や鉄がほとんどありません。

4. 石炭も少ないです。

少ない

少ないです

石炭は少ないです。

日本には石炭が少ないです。

日本には石炭も少ないです。

石炭も少ないです。

5. だから　これらの必要な原料をほぼ100%輸入します。

輸入する

輸入します

原料を　　　輸入します

日本は　　　原料を　　　輸入します。

必要な原料

これらの必要な原料

日本はこれらの必要な原料を　　　輸入します。

100%

ほぼ100%

日本はこれらの必要な原料をほぼ100%輸入します。

だから　これらの必要な原料をほぼ100%輸入します。

6. その原料から工業製品を作ります。

作る

作ります

製品

工業の製品

工業製品

工業製品を作ります

日本は　工業製品を作ります。

日本はその原料から工業製品を作ります。

その原料から工業製品を作ります。

7. 日本はその工業製品を米国、ヨーロッパ諸国、東南アジア諸国などに輸出します。

輸出する

工業製品を　輸出します

日本は　工業製品を　輸出します。

日本はその工業製品を　輸出します。

日本はその工業製品を米国に　輸出します。

日本はその工業製品を　ヨーロッパ諸国に輸出します。

日本はその工業製品を　東南アジア諸国に　輸出します。
日本はその工業製品を米国、ヨーロッパ諸国、
東南アジア諸国などに輸出します。

8. それは電気製品、カメラ、自動車です。

電気製品　　である
電気製品　　です。
その工業製品は電気製品　　です。
それは電気製品　　です。
それは　カメラ　です。
それは　自動車です。
それは電気製品、カメラ、自動車です。

TEXTÜBUNG II

Aufgabe: Sukzessives Einfügen der gegebenen Begriffe als prädikatsbezogene Konstituenten. Das mit ∘ markierte Nomen soll topikalisiert werden.

1. 少ないです	2. 必要です	3. ありません
資源	原料	石油や鉄
∘日本	∘工業	日本
		ほとんど
		主な原料のうち

4. 輸入します	5. 作ります	6. 輸出します
その原料	工業製品	その工業製品
・日本	・日本	・日本
ほぼ100%	その原料	米国など

TEXTÜBUNG III

Aufgabe: Übersetzung ins Japanische

1a. Es gibt wenig Rohstoffe.
Japan hat wenig Rohstoffe.

1b. Rohstoffe sind notwendig.
Rohstoffe sind für die Industrie notwendig.

1a/b. Japan hat wenig für die Industrie notwendige Rohstoffe.

2. Eisen ist kaum vorhanden.
Auch Erdöl ist kaum vorhanden.
Es gibt weder Eisen noch Erdöl.

3. Erdöl einführen
Japan führt Erdöl ein.
Japan führt Erdöl aus dem Nahen Osten ein.
Japan führt Erdöl aus dem Nahen Osten, Indonesien u.a. ein.

4. Rohstoffe einführen
Japan führt Rohstoffe ein.
Japan führt Rohstoffe zu nahezu 100% ein.

5. Industriegüter herstellen
Japan stellt Industriegüter her.
Japan stellt aus diesen Rohstoffen Industriegüter her.
Japan stellt aus diesen Rohstoffen Industriegüter wie Maschinen, Autos u.a. her.

6. Japan exportiert.
Japan exportiert diese Güter.
Japan exportiert diese Güter in die USA u.a.
Japan exportiert diese Güter besonders in die USA.

特	TOKU	besonders	222 N 2860 R 93/6	特 物 時
ノ ㇒ 牛	牛(牛)	Rind	R 93	特例
一 十	土	Erdboden R 32	} 寺 Tempel	特長
一 寸	寸	Zoll R 41 (Maßeinheit)		特集

主	SHU nushi omo	wichtig Besitzer wichtig	223 N 285 R 3/4	主 住 往	
	丶	Punkt	R 3	主人	主要(工業)
一 丅 干	王	König/(王) Edelstein	R 96	民主国	主語
				自由民主党	主題

原	GEN hara	Ursprung <u>Ödland</u>	224 N 825 R 27/8	原 歴 源 阪	
一	厂	Klippe	R 27	原料	原始社会
ノ 亻 冂 白	白	weiß	R 106	原語	原論
亅 小	小	klein	R 42	原文	高原

料	RYŌ	Gebühr	225 N 3468 R 68/6	料 科 米	
丶 丷 䒑 半 米	米(米)	Reis	R 119	原料	入場料
丶 丶 ⺀	斗	Scheffel	R 68	料金	
				電気料金	

炭	TAN sumi	 <u>Holzkohle</u>	226 N 1418 R 86/5	炭 秋 崎	
丨 山	山	Berg	R 46	石炭	
一	厂	Klippe	R 27		
丶 丷 火	火	Feuer	R 86		

輸	YU	transportieren	227 N 4634 R 159/9	輸 車 連
一 百 亘	車	Rad	R 159	輸出入 / 輸入車
ノ	入(人)	Mensch	R 9	輸入国
一	一	eins	R 1	
ノ 几 月	月	Mond	R 74	
亅	刂(刀)	Schwert	R 18	輸出品

作	SAKU SA tsukuru	herstellen wirken herstellen	228 N 407 R 9/5	作 例 住
ノ	亻(人)	Mensch	R 9	製作 / 原作
ノ 𠂉 𠂉 乍	乍	während		作品 / 作文 著作者 / 作家

諸	SHO	alle	229 N 4393 R 149/8	諸 読 都 者
丶 亠 亖 言 言 言	言	Wort	R 149	アジア諸国
一 十 土	耂(老)	alt	R 125	諸問題
丨 冂 日	日	Sonne	R 72	諸島

械	KAI	Maschine	230 N 2264 R 75/7	械 機 成
一 十 才	木(木)	Baum	R 75	機械
一 二 チ 开 戒 戒 戒	戈	Lanze	R 62	機械工業
	廾	gekreuzte Arme	R 55	機械工学

勉	BEN	sich bemühen	231 N 228 R 19/8	勉 務 労
ノ	ク	katakana ku	免 be-freit werd.	勉強
丨 冂 罒	罒	(kein Graphem)		
ノ	儿	knieender R 10 Mensch		
フ	力	Kraft	R 19	

買	BAI kau kaufen	232 N 3637 R 154/5	買 資 賃 員
丶冂 罒罒	罒	Netz R 122	買物
丨冂冃 冃目貝	貝	Muschel R 154	

読	DOKU TOKU yomu lesen	233 N 4375 R 149/7	読 説 誌
丶亠亠 言言言	言	Wort R 149	読書力
一十	士	Ritter R 33	読者
丶	冖	katakana wa R 14	
丿	儿	kniender Mensch R 10	
		売 verkaufen	

始	SHI hajimeru etw.beginnen hajimaru beginnen	234 N 1208 R 38/5	始 女 安 数
く 女	女	Frau R 38	原始人
ム	厶	katakana mu R 28	始動機
丨冂	口	Mund R 30	始原

集	SHŪ atsumaru etw.sammeln atsumeru s.versammeln	235 N 5031 R 172/4	集 雑 難 曜
丿亻亻亻 亻亻隹	隹	kleiner Vogel R 172	集会(場) 論文集
			集団 問題集
一十才	木	Baum R 75	作品集 集中

終	SHŪ owaru enden	236 N 3521 R 120/5	終 経 給 線
く 幺	幺	kurzer Faden R 52	糸 Faden R 120
丨小	小	klein R 42	
丿ク	夂	schlurfen R 34	冬 Winter
丶	冫 (⺀)	Eis R 15	

手	SHU te Hand, (Person)		237 N 1827 R 64	手	
ノ 二 三	手	Hand	R 64	片手	相手(国)
				上手	手紙
				下手	手数(料)

紙	SHI kami Papier		238 N 3510 R 120/4	紙 終 民	
く 幺	幺	kurzer R 52 Faden	糸 Faden	手紙	製紙工場
丨 小	小	klein R 41	R 120	半紙	
ノ 亻 F	氏	Clan	R 83	和紙	

谷	KOKU tani Tal		239 N 4458 R 150	谷 合	
ノ ハ ク 八 仌 谷	谷	Tal	R 150	谷口	

昭	SHŌ hell		240 N 2114 R 72/5	昭 時 曜 易	
丨 冂 日	日	Sonne	R 72	昭和	
フ	刀	Schwert	R 18		
丨 冂	口	Mund	R 30		

和	WA Friede; Japan		241 N 3268 R 30/5	和 私 秋 科	
ノ 二 千 禾	禾(禾)	Ähre	R 115	平和	英和
				共和国	漢和
丨 冂	口	Mund	R 30	人民共和国	ドイツ民主共和国

LEKTION 13

TEXT

自動車生産

日本の自動車工業は最近著しく成長した。1972年現在の自動車生産高は六百万台以上に上がった。日本は米国に次いで世界で第二の自動車生産国である。全生産の約三分の二は国内で販売する。残りの30%ほどは外国へ輸出する。自動車企業には12社がある。しかしそのうちの8社は豊田（トヨタ）または日産系である。これらの大企業は全自動車生産の約60%を占めている。

自動車生産

日本の自動車工業は最近著しく成長した。１９７２年現在の自動車生産高は六百万台以上に上がった。日本は米国に次いで世界で第二の自動車生産国である。全生産の約三分の二は国内で販売する。残りの３０％ほどは外国へ輸出する。自動車企業には１２社がある。しかしそのうちの８社は豊田（トヨタ）または日産系である。これらの大企業は全自動車生産の約６０％を占めている。

VOKABULAR

生産	セイサン	N	Produktion
最近	サイキン	N	die jüngste Zeit *als Adverbialbestimmung ohne Partikel* kürzlich
著しく	いちじるしく		*Adverbialform von* ichijirushii
成長する	セイチョウする	NV	wachsen;(*seichō shita:* Vergangenheitsform/höflichkeitsneutral)
現在	ゲンザイ	N	Gegenwart(nach Datumsangaben:) Stand vom...
生産高	セイサンだか	N	Produktion (shöhe)
台	ダイ	ZEW	*Zahl+*___(für Maschinen, Autos, feststehende Geräte)
以上	イジョウ	SUF/N	(nach Mengenangaben:) mehr als,über(einschließlich der genannten Menge,z.B. *futari ijō:*zwei Personen und mehr)
上がる	あがる	V_k	*N+ni*___*:*steigen auf...
に次いで	について	Ps	nach, folgend auf
世界	セカイ	N	Welt
で		P	*bezeichnet Ort einer Handlung* in
第二	ダイニ	NA	*Ordnungszahl* der/die/das zweite
全生産	ゼンセイサン	N	Gesamtproduktion
全	ゼン	PRÄF/N	Gesamt

約	ヤク	ADV	etwa(steht vor der Mengenangabe)
分	ブン	ZEW	*Zahl+*___(für Bruchzahlen, Grundbedeutung: "Teil")
国内	コクナイ	N	Inland
販売する	ハンバイする	NV	*N+o*___*:*(etwas) verkaufen
販売	ハンバイ	N	Verkauf
残り	のこり	N	Rest
ほど	程	ADV	etwa(steht *nach* Mengenangaben)
社	シャ	ZEW	*Zahl+*___(für Firmen)
トヨタ		N	Toyota(Eigenname)
または	又は	P	oder
日産	ニッサン	N	Nissan(Eigenname)
系	ケイ	SUF/N	*bezeichnet Herkunft oder Zugehörigkeit* von...abstammend, zugehörig zu...
これら		N	*Pluralform von* kore
占める	しめる	V_v	*N+o*___*:*(etwas) besetzen,(eine Position etc.)einnehmen

ÜBUNGSTEIL

入学する	ニュウガクする	NV	*N+ni/DIR*___*:* sich an...immatrikulieren
覚える	おぼえる	V_v	*N+o*___*:* sich (etwas) einprägen,lernen

ニュース		N	Nachricht
聞く	きく	V_k	*N+o___:*(etwas)hören
働く	はたらく	V_k	arbeiten
独立	ドクリツ	N	Unabhängigkeit
求める	もとめる	V_v	*N_1+o.N_2+ni/DIR___:* (etwas)$_1$(von jemandem)$_2$ fordern
説明する	セツメイする	NV	*N_1+o.N_2+ni/DIR___:* (etwas)$_1$(jemandem)$_2$ erklären
説明	セツメイ	N	Erklärung
話す	はなす	V_k	*N+de/INSTR___:* in (einer) Sprache)sprechen, auf ...sprechen *N+o___:*(etwas) erzählen
たち		SUF/N	*Pluralsuffix, nur nach Bezeichnungen von Menschen*
賃金	チンギン	N	Lohn, Gehalt
低い	ひくい	A	niedrig
西ドイツ	にしドイツ	N	(übliche Kurzbezeichnung der)Bundesrepublik Deutschland
ひどい		A	schlimm
入国	ニュウコク	N	Einreise
制限	セイゲン	N	Beschränkung
スペイン語		N	spanische Sprache Spanisch
ポルトガル語		N	portugiesische Sprache

Portugiesisch

工学部	コウガクブ	N	Ingenieurswissenschaftlicher Fachbereich (an Universitäten)

GRAMMATIK

ADJEKTIV : ADVERBIALFORM

Beide Unterklassen der Adjektive bilden spezielle Formen für die syntaktische Verwendung als Adverbial (Adverbialform).

(a) Adjektive (A) : an den Stamm wird das Endungsmorphem *ku* angefügt:

	Stamm	Endung
Nennform	*ichijirushi-*	*-i*
Adverbialform	*ichijirushi-*	*-ku*

(beträchtlich)

Beispielsatz:

keizai wa <u>*ichijirushiku*</u> *seichō shita.* Die Wirtschaft wuchs beträchtlich.

(b) Nominaladjektive bilden die Adverbialform mithilfe der Partikel *ni*, die dem sino-japanischen Stamm nachgestellt wird.

SEKUNDÄRE PARTIKELN

Präpositionale Ausdrücke des Deutschen werden im Japanischen - sofern nicht durch eine Partikel hinreichend gekennzeichnet (z.B.*in: ni, nach: ni/e*) - z.T. durch Attributivkonstruktionen relationaler Orts- oder Zeitbezeichnung wiedergegeben (s.Lektion 9 und 10). Vielfach aber entsprechen ihnen Verbindungen nominaler Begriffe mit sogenannten sekundären Partikeln. Die sekundären Partikeln sind Zusammensetzungen bestimmter Kasuspartikeln (*ni,o,to*) mit Verben in nicht-satzschlußbildender Form, meist der *te*-Form. Diese Verbindungen sind verkürzte Nebensätze, die allerdings weitgehend ihren Satzcharakter eingebüßt haben (vgl. Partizipialkonstruktionen im Deutschen) und nominale Satzkonstituenten bilden.

als Satz:

N + *ni*	*tsugu*
Komplement	Prädikat
{*auf* N / N/Dativ}	*folgen*

als nominale Konstituente mit sekundärer Partikel:

N	*ni*	*tsuide*	
	Kasus-part.	*te*-Form	
{*auf* N / N/Dativ}		*folgend*	→ nach N

Ōsaka wa Tōkyō ni tsuide Nihon de daini no toshi desu.
Osaka ist nach Tokyo die zweit(größte) Stadt in Japan.

Weitere sekundäre Partikeln, die in diesem Kursteil behandelt werden, sind:

N + *o irete* = N einschließend → einschließlich N
N + *ni taishite* = N gegenüberstehend → gegenüber N

LOKALADVERBIAL

Die Partikel *de* in lokaler Bedeutung bezeichnet in Sätzen mit verbalem Prädikat den Ort eines Geschehens oder einer Handlung, im Gegensatz zu *ni*, das als Lokativpartikel den Ort des (Vorhanden-)Seins angibt.

(1) *kono hon wa toshokan ni arimasu.*
Dieses Buch ist in der Bibliothek (vorhanden).

(2) *kare wa sono hon o Tōkyō de kaimashita.*
Er kaufte das Buch in Tokyo.

Weiterhin steht die Partikel *de* mit Nomina, die den Geltungsbereich der Aussage hinsichtlich Raum, Person oder Sachverhalt bezeichnen. In diesem Fall ist das Vorkommen eines Lokaladverbial nicht auf Sätze mit verbalem Prädikat beschränkt:

(3) *Nihon de wa bukka ga takai desu.*
In Japan sind die Preise hoch.

DISTRIBUTION VON *WA* UND *MO* (2)

Wird eine prädikatsbezogene Satzkonstituente mit den Partikeln *wa* (Topikalisierung) bzw. *mo* (Kontextbezug, Aufzählung) markiert, so gelten für das Vorkommen der die syntaktische Funktion der Konstituente bezeichnenden Kasuspartikeln folgende Regeln:

- *ga* (Subjekt) und *o* (Objekt)+ werden getilgt
- *ni* (Lokativ) kann wegfallen
- alle anderen Partikeln werden nicht getilgt,d.h. sie treten gemeinsam mit *wa/mo* auf und stehen dann vor diesen:

Nihon de wa...

Tōkyō kara wa ...

MEHRFACHTOPIKALISIERUNG (2)

Bereits in Lektion 9 wurde auf die Möglichkeit hingewiesen, unter bestimmten Kontext- oder Situationsbedingungen mehrere prädikatsbezogene Konstituenten zu topikalisieren, besonders wenn das Prädikat verneint ist und diese Aussage des Nicht-Seins oder Nicht-Tuns den Mitteilungskern (Kommentar) bildet:

(1)

kyōshitsu ni wa	*gakusei wa*	*hitori mo imasen.*
Thema 1	Thema 2	Kommentar

Im Hörsaal ist kein einziger Student.

In Subjekt-Objekt-Sätzen entfällt bei Topikalisierung für beide Konstituenten die Kasuspartikel, so daß ihre syntaktische Funktion lediglich durch die Stellung und ihre inhaltliche Beziehung zum Verb ausgewiesen ist:

(2)

kare wa	*kyō no shinbun wa*	*yonde.imasen.*
Subjekt	Objekt	Prädikat
N + *ga*	N + *o*	Verb/Negation d.Aspektform
Thema 1	Thema 2	Kommentar

Er hat die heutige Zeitung nicht gelesen.

Wird zusätzlich das Subjekt getilgt, ergibt sich eine Struktur der Form N + *wa* V, die nunmehr allein aufgrund ihrer Semantik als Objekt-Prädikat-Relation erkennbar ist:

(3)

kyō no shinbun wa	*yonde.imasen.*
Objekt	Prädikat
Thema	Kommentar

Bei der Übertragung ins Deutsche muß das getilgte Subjekt wieder eingesetzt werden:

+ Als(selten gebrauchte) betonende Variante ist in der Gegenwartssprache auch ein gemeinsames Vorkommen von *o mo* möglich.

Die heutige Zeitung habe ich nicht gelesen.

AUFZÄHLUNG MIT *MATA WA*

Ähnlich wie das Deutsche trennt auch das Japanische nicht immer scharf zwischen disjunktiver (ausschließendes *oder*) und alternativer (einschließendes *oder*) Aufzählung. So werden bestimmte Fügungsmittel für beide Aufzählungsformen verwendet, u.a. *mata wa* (geschrieben: または). Dieses steht wie *ya* und *to* zwischen den nominalen Aufzählungsgliedern, deren letztes von einer Kasuspartikel gefolgt ist:

Suisu de wa	*Doitsugo mata wa Furansugo*	*o*	*hanashimasu.*
	N_1 *bzw.* N_2		
	N	*o*	
	Objekt		

In der Schweiz spricht (man) Deutsch oder Französisch.

MENGENANGABEN: BRUCHZAHLEN

Zur sprachlichen Darstellung von Bruchzahlen bedient sich das Japanische des Zähleinheitsworts *bun* (geschrieben: 分) mit der Bedeutung *Teil* (beachte die Bedeutungsveränderung bei Lesung desselben Zeichens als *fun = Minute*!), das den Nenner bezeichnet. Dieser bildet ein nominales Attribut zu dem Zähler, der ohne ZEW formuliert ist:

san.bun	*no*	*ichi*
Zahl + *bun*		Zahl
Nenner		Zähler
Attribut		Bezugswort
3 Teile	von ←	1

1 von 3 Teilen = ein Drittel

Ebenso:	*yon.bun no san*	drei Viertel
	roku.bun no ichi	ein Sechstel
aber:	*han.bun*	ein halb

Grundsätzlich werden alle partitiven Mengenangaben als attributive Beziehungen formuliert, wobei gilt: Gesamtmenge = Attribut, Teilmenge = Bezugswort:

hyaku.nin no	*futari*
Attribut	Bezugswort
Gesamtmenge	Teilmenge

2 von 100 Personen

Gebräuchlich ist auch die Verbindung der Gesamtmengenangabe mit dem Nomen *uchi* (*innerhalb*, s.Lektion 9), wobei die attributive Verknüpfung durch *no* entfallen kann:

hyaku.nin no uchi (no) futari	2 von 100 Personen
12.sha no uchi (no) 8.sha	8 von 12 Firmen
→ *sono uchi (no) 8.sha*	8 Firmen von diesen 8 Firmen davon

ZAHLEN / ORDNUNGSZAHLEN

Für die Bildung von Ordnungszahlen, d.h. Zahlen, die eine bestimmte Reihenfolge angeben (*der erste, zweite* etc.), verfügt das Japanische über verschiedene Muster bei gleicher Bedeutung, aber z.T. unterschiedlicher Verwendung:

1. *dai* + Zahl	第一	*dai'ichi*	der erste
	第二	*daini*	der zweite
2. Zahl + *ban*	一番	*ichiban*	der erste
	二番	*niban*	der zweite
3. Zahl + *banme*	一番目	*ichibanme*	der erste
	二番目	*nibanme*	der zweite
4. *dai* + Zahl + *ban(me)*	第一番目	*dai'ichibanme*	der erste
	第二番目	*dainibanme*	der zweite

Anstelle des allgemeinen Zähleinheitsworts der Reihenfolge *ban*, insbesondere in Muster (3) aber auch in (4), können spezifische ZEW stehen, z.B.*kai* (ZEW für Häufigkeit: *mal*) oder *nen* (ZEW für Jahre):

ikkaime *dai'ikkaime*	} das erste Mal	*ichinenme* *dai'ichinenme*	} das erste Jahr

ÜBUNGSTEIL

EINFÜHRUNGSÜBUNG

1. 田中さんは会社に勤めています。
2. 彼は大学で英語を勉強しました。
3. 日本には資源が少ないです。
4. 日本では経済成長が激しかったです。
5. 西ドイツでは物価が高いです。
6. 米国でも最近激しく上がりました。
7. 私は今日の新聞はまだ読んでいません。
8. カタカナはまだ覚えていません。
9. 図書館へはバスと地下鉄で行きます。
10. 図書館へはバスまたは地下鉄で行きます。
11. スイスではドイツ語やフランス語を話します。
12. スイス人はドイツ語またはフランス語を話します。

GRAMMATIKÜBUNGEN

1. Grammatik: (Flexionsformen/ Verb: Höflichkeitsform)
   Aufgabe: Umwandlung der höflichen in die höflichkeitsneutrale Verbform bzw. umgekehrt

   Muster: (a) T: あります (b) T: ある
   S: ある S: あります

(a)1. 大学に入ります。
2. 東京大学に入学します。
3. 漢字を覚えます。
4. 小説を読みます。
5. 物価が上がります。
6. ニュースを聞きます。
7. 工場で働きます。
8. 自由を求めます。
9. 経済が成長します。
10. 文法を説明します。

(b) 1. 手紙を書く。
2. 駅まで歩く。
3. 大阪に着く。
4. 十時間働く。
5. 家へ帰る。
6. 電車に乗る。
7. 会社に入る。
8. 自動車を作る。
9. 独立を求める。
10. 日本語を教える。

2. Grammatik: (Flexionsformen/ Verb, Adjektiv: Vergangenheitsform(höflich))
Aufgabe: Umwandlung der Präsens- in die Vergangenheitsform bzw. umgekehrt

Muster: T: あります bzw. T: ありました
S: ありました S: あります

1. 十時まで働きます。
2. 自動車を販売します。
3. 論文を書きました。
4. 毎日残業しました。
5. 新しい教科書が出ました。
6. 日本語で話します。
7. 物価が上がります。
8. 学生たちが集まりました。

9. 成長が激しいです。 10. 賃金が低いです。

3. Grammatik: (Flexionsformen/ Verb, Adjektiv: Negationsform(höflich))
   Aufgabe: Umwandlung der affirmativen in die negative Form bzw. umgekehrt

Muster: T: あります bzw. T: ありません
S: ありません S: あります

1. 土曜日に行きません。 2. 日本語を話します。
3. 夜十時まで働きます。 4. 新聞を買いません
5. 賃金が低くありません。

4. Grammatik: (Flexionsformen/ Verb: Negations- + Vergangenheitsform (höflich))
   Aufgabe: Umwandlung der affirmativen in die negative Form bzw. umgekehrt

Muster: T: ありました bzw. T: ありませんでした
S: ありませんでした S: ありました

1. このニュースを聞きました。 2. 会社へ行きました。
3. 手紙を書きませんでした。 4. 物価が上がりました。
5. 文法を説明しませんでした。

5. Grammatik: (Flexionsformen/ Verb: *te*-Form + *iru*)
   Aufgabe: Bildung der Nennform aus der Aspektform bzw. umgekehrt

Muster: (a) T: 読んでいる (b) T: 読む
S: 読む S: 読んでいる

(a) 1. 勤めている
2. 出ている
3. 求めている
4. 占めている
5. 覚えている
6. 残業している
7. 輸入している
8. 説明している
9. 聞いている
10. 働いている

(b) 1. 住む
2. 読む
3. 聞く
4. 書く
5. 着く
6. 歩く
7. 作る
8. 終わる
9. 帰る
10. 上がる

6. Grammatik: (Flexionsformen/ Verb:*te*-Form + *iru* + Modifikationen)

Aufgabe: Bildung der Aspektform unter Einschluß der in der gegebenen Form vorhandenen sonstigen Modifikationen

Muster: T: 読みません

S: 読んでいません

1. 聞きません
2. 書きました
3. 着きました
4. 作りませんでした
5. 入りました
6. 始まりませんでした
7. 帰りません
8. 話しました

9. 説明しました　　　10. 来ませんでした

7. Grammatik: Lokaladverbial
(Lokalkomplement:Lokativ)
(Lokalkomplement: Direktional)

Aufgabe: Einfügen des Stichworts mithilfe der erforderlichen Partikel

Muster: T: 私は...います。／日本

S: 私は日本にいます。

1. 山本さんは働いています。／工場
2. 学生たちは勉強します。／図書館
3. 田中さんは...勤めています。／外国の会社
4. 彼は...住んでいました。／東京の郊外
5. 私はこの本を買いました。／大学の前の本屋
6. 彼女は日本語を教えています。／大学
7. 私は三年間...いました。／物価の高い東京
8. 彼は本を読んでいます。／電車の中
9. 前田さんは卒業論文を書いています。／研究所
10. 学生たちはベトナムの独立を求めました。／1968年の大会
11. 飛行機は午後2時着きました。／大阪
12. 田中さんはバスで通っています。／会社

8. Grammatik: Lokaladverbial
(Kontextbezug: Thema-Kommentar)
Distribution von *wa* und *mo* (2)

Aufgabe: Einfügen und Topikalisieren der Ortsbestimmung

Muster: T: 山は高いです。／日本

S: 日本では山が高いです。

1. 交通は激しいです。／大都市
2. 労働者の賃金は低いです。／東南アジア諸国
3. 経済成長は著しかったです。／日本と西ドイツ
4. 公害はひどいです。／西ドイツ
5. 道は狭いです。／日本の都市
6. 入国製限は厳しいです。／中国
7. 物価は上がっています。／米国
8. 自動車工業の生産高は600万台以上に上がりました。／日本

9. Grammatik: (Aufzählung mit *mo*)
Distribution von *wa* und *mo* (2)

Aufgabe: Bildung einer Aufzählung mithilfe des Stichworts

Muster: T: ヨーロッパには交通の激しい都市が多いです。／日本

S: ヨーロッパにも日本にも交通の激しい都市が多いです。

1. 日本には工業に必要な原料が少ないです。／西ドイツ
2. 私はまだ今日の新聞を読んでいません。／きのうの新聞
3. 日本では物価が上がりました。／米国

4. 日本は大きな自動車生産国です。／フランス
5. 学生たちはひらがなを覚えました。／易しい漢字
6. 日本は自動車を米国へ輸出します。／オーストラリア
7. 日本は石油をインドネシアから輸入します。／中東
8. 図書館はバスで遠いです。／地下鉄
9. トヨタは日本の自動車企業です。／日産
10. 彼は英語を話します。／スペイン語

10. Grammatik: Mehrfachtopikalisierung(2)
Distribution von *wa* und *mo* (2)

Aufgabe: Umwandlung des Satzes in eine "noch nicht"-Aussage, in der sowohl Subjekt als auch Objekt topikalisiert sind

Muster: T: 私は今日の新聞を読みました。

S: 私は今日の新聞はまだ読んでいません。

1. 彼は新しい漢字を覚えました。
2. 田中さんは卒業論文を書きました。
3. 彼女はこのニュースを聞きました。
4. 先生は日本語の文法を説明しました。
5. 私は今日の朝日新聞を買いました。

11. Grammatik: Mehrfachtopikalisierung (2)
Distribution von *wa* und *mo* (2)
(Kontextbezug:Subjekttilgung)

Aufgabe: Topikalisierung des Objekts bei gleichzeitiger Tilgung des Subjekts

Muster: T: 私はこの教科書を本屋で買いました。

S: この教科書は本屋で買いました。

1. 私はこのニュースを外国で聞きました。
2. 私は日本語の文法を大学で勉強しました。
3. 私は今日の新聞を電車の中で読みました。
4. 私はこの自動車を先月買いました。

12. Grammatik: Aufzählung mit *mata wa*

Aufgabe: Umformung in eine Aufzählung mit *mata wa*

Muster: T: 自動車工業の八社はトヨタ系です。／日産系

S: 自動車工業の八社はトヨタ系または日産系です。

1. 南米ではスペイン語を話します。／ポルトガル語
2. そこまではバスが行っています。／電車
3. 一年には365日があります。／366日
4. 学生はラボに集まりました。／教室
5. 来週の金曜日は5日です。／6日
6. 学生の半分以上は工学部に入学しています。／経済学部
7. あの人は朝鮮人です。／中国人
8. 日本の企業は製品を米国で販売します。／東南アジア

Zusatzübung: In welchen Sätzen kann *mata wa* auch durch *ya* ersetzt werden?

13. Grammatik: Adjektiv/ Adverbialform
Aufgabe: Einfügen des Adjektivs als Adverb

Muster: T: 彼は読みました。／はやい

S: 彼ははやく読みました。

1. あなたはカタカナを覚えました。／よい
2. 私はきのう起きました。／はやい
3. 田中さんは最近残業します。／よい
4. 彼はその本を買いました。／安い
5. 彼女はこの問題を説明しました。／よい
6. 自動車生産は最近上がりました。／激しい

ABSCHLUSSÜBUNGEN

1. Aufgabe: Schreiben der *kanji*, Zusammenstellen zu Komposita
Erschließung der Lesung
begriffliche Deutung

1. 「チュウトウ」の「トウ」+「ドクリツ」の「ドク」
2. 「ゲンザイ」の「ゲン」+「チンギン」の「ギン」
3. 「イジョウ」の「イ」+「ガイコク」の「ガイ」
4. 「チカテツ」の「チ」+「ブッカ」の「カ」
5. 「ゲンザイ」の「ゲン」+「ばあい」の「ば」

6. 「マイニチ」の「ニチ」+「ドクリツ」の「ドク」

7. 「もとめる」+「ひと」

8. 「ゲンザイ」の「ザイ」+「ニチヨウび」の「ニチ」

9. 「セイゲン」の「ゲン」+「セカイ」の「カイ」

10. 「ゼンセイサン」の「ゼン」+「コクリツ」の「コク」

2. Aufgabe: Schreiben bzw. Lesen der Wörter in *katakana*

1. チーム
2. スチーム
3. ジャズ
4. メーカー
5. メンバー
6. チャンネル
7. キャンパス
8. ワンマン
9. チェンジ
10. ザ・ビートルズ

3. Aufgabe: Transkription ins Japanische

1. drama
2. national
3. soup
4. class
5. page

4. Aufgabe: Lesen und Übertragen ins Deutsche

1. 二十万
2. 百万
3. 三百五十二万
4. 千四百万
5. 五万五千
6. 十五万三千五百

5. Aufgabe: Übertragen ins Japanische unter Beachtung der Zähleinheitswörter

1. 15 Jahre alt (Mensch)
2. 30 Jahre alt (Mensch)
3. 6 Firmen
4. 8 Firmen

5. 40 Firmen
6. 10%
7. 56%
8. 100%
9. 1 Million Yen
10. 14 Millionen Menschen

6. Aufgabe: Übertragen in westliche Zeitrechnung(auf Japanisch)

1. 昭和二十年
2. 昭和二年
3. 昭和二十八年
4. 昭和五十年
5. 昭和百年

7. Aufgabe: Beantwortung der Frage

1. 日本の自動車生産高は1972年に何台に上がりましたか。
2. どの国が世界第一の自動車生産国ですか。
3. 日本の自動車企業は自動車をどこへ輸出しますか。
4. 日本の自動車企業には何という会社がありますか。
5. どの会社が日本第一ですか。
6. トヨタと日産は日本の自動車全生産の何%を占めていますか。
7. 自動車生産には主な原料のうち特にどれが必要ですか。
8. 日本はそれをどこから輸入しますか。
9. 日本の経済はいつからいつまで著しく成長していましたか。
10. 日本は自動車全生産の何%を国内で販売しますか。

8. Aufgabe: Übersetzung ins Japanische

1. In Japan wie in der BRD steigen die Preise.
2. Sowohl Japan als auch die BRD sind Länder mit hoher Autoproduktion.
3. Japan importiert Rohstoffe aus den an Bodenschätzen reichen Ländern Südostasiens.
4. Ich habe seinen neuen Roman noch nicht gelesen.
5. Weder in Japan noch in der BRD gibt es viel Erdöl.
6. Tanaka arbeitet seit 1972 in der Hauptverwaltung eines großen Automobilunternehmens in Tokyo.
7. Japan exportiert Autos in die ganze Welt.
8. In der Schweiz spricht man Deutsch oder Französisch.
9. In Ländern mit hohem Wirtschaftswachstum ist die Umweltzerstörung schlimm.
10. Die Produktion von Autos ist in Japan seit 1968 erheblich gestiegen.

TEXTÜBUNG I

Aufgabe: Nachsprechen der einzelnen Expansionsschritte
Beschreiben des jeweiligen grammatischen Prozesses

1. 日本の自動車工業は最近著しく成長しました。

成長する
成長します

工業
自動車の工業
自動車工業
自動車工業は　成長します。
自動車工業は最近　成長しました。
日本の自動車工業は最近　成長しました。
著しい
日本の自動車工業は最近著しく成長しました。

2. 1972年現在の自動車生産高は六百万台以上に上がりました。

上がる

上がります

生産

自動車の生産

自動車生産

自動車生産高

自動車生産高は　上がります

六百万

六百万台

六百万台以上

自動車生産高は六百万台以上に上がります。

1972年

1972年現在

1972年現在の自動車生産高

1972年現在の自動車生産高は六百万台以上に上がりました。

3. 日本は米国に次いで世界で第二の自動車生産国です。

生産

自動車生産

自動車生産国

自動車生産国である

自動車生産国です

日本は　自動車生産国です。

日本は 第二の自動車生産国です。
日本は 世界で第二の自動車生産国です。
日本は米国に次いで世界で第二の自動車生産国です。

4. 全生産の約三分の二は国内で販売します。

販売する
販売します

三分の二
約三分の二
生産
全生産
全生産の約三分の二
全生産の約三分の二を 販売します
全生産の約三分の二を国内で販売します。
日本は全生産の約三分の二を国内で販売します。
全生産の約三分の二は国内で販売します。

5. 残りの30%ほどは外国へ輸出します。

輸出する
輸出します

30%
30%ほど
30%ほどを 輸出します
日本は 30%ほどを 輸出します。

日本は残りの30%ほどを　　輸出します。

日本は残りの30%ほどを外国へ輸出します。

残りの30%ほどは外国へ輸出します。

6. 自動車企業には12社があります。

ある

あります

企業

自動車の企業

自動車企業

自動車企業はあります。

12社の自動車企業はあります。

自動車企業は　12社　あります。

自動車企業には12社があります。

7. しかしそのうちの8社はトヨタまたは日産系です。

日産

日産系

トヨタ

トヨタ系

トヨタ系または日産系

トヨタまたは日産系

トヨタまたは日産系である

トヨタまたは日産系です

8社はトヨタまたは日産系です。

12社のうち
そのうち
そのうちの8社はトヨタまたは日産系です。
しかしそのうちの8社はトヨタまたは日産系です。

8. これらの大企業は全自動車生産の約60%を占めています。

占める
占めている
占めています
約60%を占めています
これらの大企業は 約60%を占めています。

生産
全生産
自動車の全生産
全自動車生産
これらの大企業は全自動車生産の約60%を占めています。

TEXTÜBUNG II

Aufgabe: Sukzessives Einfügen der gegebenen Begriffe als prädikatsbezogene Konstituenten. Das mit ∘ markierte Nomen soll topikalisiert werden.

1. 成長しました	2. 上がりました	3. 販売します
自動車工業	∘生産高	全生産の三分の二

日本　　六百万台　　・日本
最近　　1972年　　国内
著しい

4. 輸出します
残りの30%
・日本
米国、ヨーロッパ諸国などの外国

5. あります
12社
自動車企業

6. 占めています
全生産の60%
トヨタまたは日産系の大企業

TEXTÜBUNG III

Aufgabe: Übersetzung ins Deutsche

1. Die Autoindustrie wuchs.
   Die japanische Autoindustrie wuchs.
   Die japanische Autoindustrie wuchs beträchtlich.
   Die japanische Autoindustrie wuchs in letzter Zeit beträchtlich.

2. die Produktion von Autos
   Autoproduktion
   Autoproduzent (=Autos produzierendes Land)
   Japan ist ein Autoproduzent.
   Japan ist der zweitgrößte Autoproduzent.
   Japan ist der zweitgrößte Autoproduzent der Welt.
   Japan ist nach den USA der zweitgrößte Autoproduzent der Welt.

3. Unternehmen
   Automobilunternehmen
   Die japanischen Automobilunternehmen verkaufen.
   Die japanischen Automobilunternehmen verkaufen zwei Drittel ihrer Gesamtproduktion.
   Die japanischen Automobilunternehmen verkaufen zwei Drittel ihrer Gesamtproduktion im Inland.

4. Sie exportieren etwa 30%.
   Sie exportieren die restlichen etwa 30%.
   Die restlichen etwa 30% exportieren sie.
   Die restlichen etwa 30% exportieren sie in die USA u.a. ausländische Staaten.
   Die restlichen etwa 30% exportieren sie vor allem in die USA.

5. zu Toyota gehören
   zu Nissan gehören
   zu Toyota oder Nissan gehören
   Zwei Drittel gehören zu Toyota oder Nissan.
   Zwei Drittel der japanischen Automobilunternehmen gehören zu Toyota oder Nissan.

6. 60% innehaben
   60% der Autoproduktion innehaben
   Acht Unternehmen haben 60% der Autoproduktion inne.

最	SAI mottomo am meisten		242 N 2146 R 73/8	最 書	
丨冂日	日	sprechen	R 73	最近	最新
一丅 FE	耳(耳)	Ohr	R 128	最大(限)	最前部
フ	又	wieder	R 29	最高(速)	

現	GEN arawareru erscheinen		243 N 2943 R 96/7	現 全 国 主	
一丅干	王(王)	König / Edelstein	R 96	現在	現行(法)
丨冂月	目	Auge R 109	見 sehen R 147	出現	現場
ノ	儿	knieender Mensch R 10		現金	現住所

在	ZAI	sich befinden	244 N 1055 R 32/3	在 地 場 経	
一	ナ(十)	zehn	R 24	在日(外国人)	在学(年限)
	丨	senkrechter Strich	R 2	在日米国大使館	
一十	土	Erdboden	R 32	所在地	

台	DAI TAI	Podest	245 N 848 R 30/2	台 名 始 船 昭	
ㄥ	ム	katakana mu	R 28	台所	
丨冂	口	Mund	R 30	台数	
				台地	

以	I	von, her	246 N 348 R 9/3	以	
[illegible]	𠂉	(kein Graphem)		以上	以後
ノ	人	Mensch	R 9	以下	以来
				以前	以外／以内

次	JI,SHI tsugi folgender tsugu folgen	247 N 638 R 76/2	次 資
、	冫 Eis	R 15	次男
ノ𠂊ケ	欠 fehlen	R 76	次女

界	KAI Welt; Gruppe,Kreis	248 N 2998 R 102/4	界 男	
丨冂田	田 Reisfeld	R 102	世界(史)	政界
ノ人个	介 vermitteln		限界	
			学界	

第	DAI Reihenfolge	249 N 3385 R 118/5	第 強	
ノ𠂉⺮	⺮(竹) Bambus	R 118	第一次	安全第一
㇇コ	弓 Bogen	R 57	第三者	
丨	丿 (kein Graphem)		次第	

全	ZEN mattaku vollständig	250 N 385 R 11/4	全 入 内 現	
ノ	入(入) eintreten	R 11	全部	安全
一丅干	王 König /(玉) Edelstein	R 96	全国	全学連
			全世界	全労働力人口

約	YAKU etwa,verspre-chen,redu-zieren	251 N 3499 R 120/3	約 紙 終 系	
㇛幺	幺 kurzer Faden R 52	糸 Faden R 120	公約	
丨小	小 klein R 42		要約する	
ノ	勹 umarmen R 20	勺 (altes Maß)	制約	
	丶 Punkt R 3			

内	NAI uchi innerhalb	252 N 82 R 11/2	内
丨	冂	dreiseitige Einfassung R 13	以内 · 内海
ノ	人	Mensch R 9	都内 · 内面
			内地 · 内科

販	HAN handeln	253 N 4491 R 154/4	販 買 貨 阪
丨冂月 月目貝	貝	Muschel R 154	販売
一	厂	Klippe R 27 } 反 Anti-	自動販売機
フ	又	wieder R 29	

売	BAI uru verkaufen	254 N 1067 R 33/4	売 読 誌
一 十	士	Ritter R 33	売買
丶	冖	katakana wa R 14	売品
ノ	儿	knieender Mensch R 10	売上

系	KEI Herkunft Zugehörigkeit	255 N 195 R 120/1	系 線 経
	ノ	katakana no R 4	系図
く 幺	幺	kurzer Faden R 52 } 糸 Faden R 120	共産党系
亅 小	小	klein R 42	日系人

占	SEN shimeru besetzen	256 N 799 R 25/3	占 上 下 古
丨	卜	katakana to R 25	買い占め · 独占資本
丨冂	口	Mund R 30	独占
			独占企業

覚	KAKU 257 N 4288 oboeru sich merken R 147/5	覚 学 労 現	
ヽ ヾ	ツ	katakana tsu	自覚
丶	ワ	katakana wa R 14	覚え書き
丨 冂 月 月 目 貝	見	sehen R 147	

独	DOKU allein; Deutschland 258 N 2884 hitori allein R 94/6	独 狭 強	
ノ 犭	犭(犬)	Hund R 94	独立 | 東独/西独
丨 冂 口 中 虫	虫	Insekt R 142	独特 | 和独 独自 | 日独

求	KYŪ 259 N 137 motomeru fordern R 85/2	求 水 海 法	
	一	eins R 1	要求
丨 丬 氺 氺	氺(水)	Wasser R 85	求人
	丶	Punkt R 3	

明	MEI 260 N 2110 akarui hell R 72/4	明 昭 時 早	
丨 冂 日	日	Sonne R 72	説明 | 究明する
ノ 冂 月	月	Mond R 74	説明書 | 鮮明
			文明

話	WA 261 N 4358 hanashi Erzählung hanasu sprechen R 149/6	話 語 諸 活	
丶 亠 言	言	Wort R 149	電話 | 会話
	ノ	katakana no R 4 } 舌 Zunge R 135	(市外)通話 | 話題
一	十	zehn R 24	
丨 冂	口	Mund R 30	電話料 | 話し合い

低	TEI 262 N 406 hikui niedrig R 9/5	低 例 作 紙
ノ	イ(人) Mensch R 9	低賃金 / 最低
ノイ仁	氏 Clan R 83	低価
	一 eins R 1	低下する

制	SEI System; herstellen; beherrschen 263 N 683 R 18/6	制 前 分 例 製
ノ 𠂉 𠂉		制限 / 低賃金制
午 缶	朱 (kein Graphem)	全日制高校
丨	刂(刀) Schwert R 18	年金制

限	GEN 264 kagiri Grenze, Ende N 4987 kagiru begrenzen R 170/6	限 阪 陸 銀
㇇ 了	阝 Festland R 170	限界
㇇ ヨ ヨ		最大限
㫐 艮	艮 Grenze R 138	最小限

厳	GEN 265 N 253 kibishii streng R 66/13	厳 覚 学 労
丶 丷	ツ katakana tsu	
一	厂 Klippe R 27	
一	丅 (kein Graphem)	
一 T F E	耳 Ohr R 128 } 敢 wagen	
ノ 𠂉 午	攵 schlagen R 66	

LEKTION 14

TEXT

日本の国土

日本はアジア大陸の東の長い列島である。沖縄を入れて全長は約 3,800 Km である。東には太平洋、西には日本海がある。国土は四つの大きな島と 3,000 以上の小さな島から成り立っている。大きな島には北から北海道・本州・四国・九州がある。

日本の国土は狭い。その面積は東西ドイツの全面積より少し大きい。しかし日本には山地が多い。全面積の 76% を占めている。2,000 m 以上の山が 5・60 位ある。ふじ山は一番高い山である。3,776 m である。30 以上の山は活火山である。

国土の残りの 24% には国民の大部分が住んでいる。だから人口密度はきわめて高い。

日本の国土

日本はアジア大陸の東の長い列島である。沖縄を入れて全長は約3,800kmである。東には太平洋、西には日本海がある。国土は四つの大きな島と3,000以上の小さな島から成り立っている。大きな島には北から北海道・本州・四国・九州がある。

日本の国土は狭い。その面積は東西ドイツの全面積より少し大きい。しかし日本には山地が多い。全面積の76％を占めている。2,000 m以上の山が5・60位ある。ふじ山は一番高い山である。3,776 mである。30以上の山は活火山である。

国土の残りの24％には国民の大部分が住んでいる。だから人口密度はきわめて高い。

VOKABULAR

列島	レットウ	N	Inselkette
沖縄	おきなわ	N	Okinawa
を入れて	をいれて	Ps	einschließlich
全長	ゼンチョウ	N	Gesamtlänge
km	キロメートル	ZEW	*Zahl+___*:Kilometer
成り立つ	なりたつ	V_k	*N+kara___*:bestehen aus
東西ドイツ	トウザイドイツ	N	(Ost-und Westdeutschland) DDR und BRD
より		P	*Partikel des Vergleichs*
少し	すこし	ADV	ein wenig
m	メートル	ZEW	*Zahl+___*:Meter
一番	イチバン	ADV	*Superlativadverb*
活火山	カッカザン	N	ktiver Vulkan
国民	コクミン	N	Bevölkerung(eines Staates)
大部分	ダイブブン	N	der größte Teil
密度	ミッド	N	Dichte

ÜBUNGSTEIL

きわめて	極めて	ADV	äußerst

資本	シホン	N	Kapital
労働力	ロウドウリョク	N	Arbeitskraft
厳しい	きびしい	A	scharf, streng
奈良	ナラ	N	Nara
明治	メイジ		(Jahresdevise,1868 - 1912)
大正	タイショウ		(Jahresdevise,1912 - 1926)

GRAMMATIK

VERGLEICH

Bei der Beschreibung der Adjektive (Lektion 6) wurde darauf hingewiesen, daß das Japanische zwar eine Flexion der Adjektive kennt, nicht aber eine Komparation. Im Gegensatz dazu realisiert das Deutsche zwar die Komparationsformen der Adjektive durch Veränderungen am Wort selbst, muß aber für die Bildung von Flexionsformen auf die Kopula *sein* zurückgreifen. Das Japanische bedient sich zur Bildung von Aussagen des Vergleichs anderer, überwiegend syntaktischer Mittel.

Komparativ

Unter den zahlreichen Möglichkeiten der Formulierung von Vergleichsaussagen soll hier die grundlegendste behandelt werden. Sie verwendet eine Partikel des Vergleichs, *yori*, zur Bezeichnung der Größe, die als Standard gesetzt wird, d.h. relativ zu der ein höherer (oder geringerer) Grad einer Eigenschaft festgestellt wird:

$$N_1 + \textit{wa}\ N_2 + \textit{yori}\ A$$

N_2 ist die Standardgröße, N_1 die Größe, die mit der Standardgröße verglichen wird. Das Adjektiv bleibt unverändert.

Die Partikel *yori* deckte im vormodernen Japanisch den semantisch-syntaktischen Bereich ab, den in der Gegenwartssprache *kara* übernommen hat, d.h. sie bezeichnete den Ursprungs- oder Ausgangspunkt und hat erst nach der Verdrängung durch *kara* eine Einschränkung auf die Bildung von Vergleichsausdrücken erfahren. Die oben gegebene Strukturformel kann also im ursprünglichen Sinne von *yori* folgendermaßen verstanden werden:

N_1 ist von N_2 her (gesehen) A

(1)	*Honshū wa*	*Shikoku yori*	*ōkii desu.*
	N_1 + *wa*	N_2 + *yori*	A

Honshu ist größer als Shikoku.

Verkürzte Formulierung

Werden attributive Ausdrücke miteinander verglichen, in denen das Bezugswort identisch ist, so können bei der Standardgröße entweder das Bezugswort oder Attributivpartikel und Bezugswort getilgt werden:

(2)	*Tōkyō no jinkō wa*	*Ōsaka no jinkō yori*	*ōi desu.*
(2')	*Tōkyō no jinkō wa*	*Ōsaka no yori*	*ōi desu.*
(2")	*Tōkyō no jinkō wa*	*Ōsaka yori*	*ōi desu.*
	N_1 + *wa*	N_2 + *yori*	A

Die Bevölkerung von Tokyo ist größer als die von Osaka.

Sprachtypisch ist die letzte Form (2").

Superlativ

Auch die Bildungsmittel des Superlativs sind vielfältig, am häufigsten werden Gradadverbien verwendet wie:

ichiban der/die/das erste
mottomo äußerst, am meisten

(1) *Tōkyō wa* {*ichiban* / *mottomo*} *ōkii desu.* Tokyo ist am größten.

(2) *Tōkyō wa* {*ichiban* / *mottomo*} *ōki na toshi desu.* Tokyo ist die größte Stadt.

Der lokale Geltungsbereich einer Superlativaussage wird als Lokaladverbial formuliert (N + *de*):

(3) *Tōkyō wa <u>Nihon de</u>* {*ichiban* / *mottomo*} *ōki na toshi desu.*

Tokyo ist <u>in Japan</u> die größte Stadt.

Wird die Eigenschaft in dem Superlativausdruck in Form eines Relativsatzes des in Lektion 7 behandelten Typs ausgedrückt, so steht das Gradadverb des Superlativs vor dem Subjekt-Prädikat-Komplex:

(4) *Tōkyō wa [Nihon de {ichiban / mottomo} jinkō no ōi] toshi desu.*

Tokyo ist die Stadt [mit den meisten Einwohnern in Japan].

ÜBUNGSTEIL

EINFÜHRUNGSÜBUNG

1. 日本の国土は狭いです。
2. しかし西ドイツより広いです。
3. 日本には平地があります。
4. しかし山地より少ないです。
5. 日本は四つの大きな島から成り立っています。
6. そのうち，四国は一番小さな島です。
7. 北海道は九州より大きいです。
8. 本州は一番大きな島です。
9. 東京は日本で一番人口の多い都市です。
10. 世界で一番大きな都市はどこですか。

GRAMMATIKÜBUNGEN

1. Grammatik: (Flexionsformen/ Verb: Höflichkeitsform)
   Aufgabe: Umwandlung der höflichen in die höflichkeitsneutrale Verbform bzw. umgekehrt

Muster: (a) T: あります　　(b) T: ある
　　　　　　S: ある　　　　　　S: あります

(a) 1. 東京に着きます。　　(b) 1. 家へ帰る。
2. 銀行まで歩きます。　　2. 英語で話す。

3. たくさんの島から成り立っています。 3. 京都に住んでいる。

4. 図書館に勤めています。 4. 社会党に入っている。

5. 国土の60%を占めています。 5. 教室に集まっている。

2. Grammatik: (Flexionsformen/ Verb, Adjektiv: Vergangenheitsform (höflich))

Aufgabe: Umwandlung der Präsens- in die Vergangenheitsform bzw. umgekehrt

Muster: T: あります bzw. T: ありました

S: ありました S: あります

1. 物価が上がります。 2. 郊外に住んでいます。

3. 大学に入っています。 4. カタカナは覚えていません。

5. 論文を書きました。 6. 自由を求めます。

7. 電車に乗りました。 8. 賃金は低いです。

9. 成長は著しかったです。 10. 駅は近くありません。

3. Grammatik: (Flexionsformen/ Verb, Adjektiv: Negationsform(höflich))

Aufgabe: Umwandlung der affirmativen in die negative Form bzw. umgekehrt

Muster: T: あります bzw. T: ありません

S: ありません S: あります

1. フランスへ行きます。 2. 彼は残業しません。

3. このニュースを聞きませんでした。 4. カタカナは易しかったです。

4. Grammatik: (Flexionsformen/ Verb: *te*-Form + *iru*)
Aufgabe: Bildung der Nennform aus der Aspektform bzw. umgekehrt

Muster: (a) T: 読んでいる (b) T: 読む
S: 読む S: 読んでいる

(a)
1. 話している
2. 説明している
3. 残業している
4. 入っている
5. 書いている
6. 帰っている
7. 買っている
8. 聞いている
9. 来ている
10. 起きている

(b)
1. 勤める
2. 出る
3. 帰る
4. 覚える
5. 起きる
6. 入る
7. 成り立つ
8. 話す
9. 着く
10. 行く

5. Grammatik: (Flexionsformen/ Verb: *te*- Form + *iru* + Modifikationen)
Aufgabe: Modifikation der Aussage mithilfe der Aspektform

Muster: T: 読みました
S: 読んでいます

1. 物価が上がりました。
2. 漢字を覚えました。
3. 政党に入りました。
4. 日本へ帰りました。

5. 大会が始まりました。 6. 電車が着きました。

7. 彼女が起きました。 8. 新しい教科書が出ました。

9. 学生たちが集まりました。 10. バスに乗りました。

6. Grammatik: Vergleich: Komparativ

Aufgabe: Formulierung eines Vergleichssatzes mithilfe des Stichworts, das die Rolle des Bezugsobjekts einnimmt

Muster: T: この建物は大きいです。/それ

S: この建物はそれより大きいです。

1. 北海道は大きいです。/九州

2. 中国語は難しいですか。/日本語

3. 石油は工業に必要です。/石炭

4. 私立大学は多いです。/国立大学

5. 資本は企業に必要ですか。/労働力

7. Grammatik: Vergleich: Komparativ (Relativsatz (1))

Aufgabe: Formulierung eines Vergleichssatzes mithilfe des Stichworts, das die Rolle des Bezugsobjekts einnimmt

Muster: T: ソ連は国土の広い国です。/ als China

S: ソ連は中国より国土の広い国です。

1. 米国は自動車輸出の少ない国です。/ als Japan

2. 日本は経済力の強い国です。/ als die südostasiatischen Staaten

3. しかし、日本は資源の少ない国です。/ als die südostasiatischen Staaten

4. 日本は輸入制限の厳しい国です。/ als die BRD

5. 西ドイツは物価の高い国ではありません。/ als Japan

8. Grammatik: Vergleich: Komparativ/verkürzte Formulierung (nominales Attribut: Attributivphrase ohne direktes Beziehungswort) (Nominalisierung)

Aufgabe: Bildung von je drei Vergleichssätzen mithilfe des Stichworts, wobei schrittweise der Grad der Explizitheit in der Formulierung des Bezugsobjekts reduziert werden soll

Muster: T: 米国の自動車生産は多いです。/ als die Japans

S: (a) 米国の自動車生産は日本の自動車生産より多いです。

(b) 米国の自動車生産は日本のより多いです。

(c) 米国の自動車生産は日本より多いです。

1. 日本の経済力は強いです。/ als die der südostasiatischen Staaten

2. 東京の人口は多いです。/ als die von Osaka

3. 男性の賃金は高いです。/ als der der Frauen

4. 日本の入学制度は厳しいです。/ als in der BRD

5. 日本語の文法は易しいです。/ als die des Chinesischen

6. 日本の公害はひどいです。/ als in den europäischen Staaten

9. Grammatik: Vergleich: Superlativ

Aufgabe: Bildung einer Superlativaussage mit *ichiban*

Muster: T: ふじ山は高い山です。/ der höchste in Japan

S: ふじ山は日本で一番高い山です。

1. 本州は長い島です。/ die längste in Japan
2. 米国は大きな自動車生産国です。/ das größte in der We
3. 自民党は強い政党です。/ die stärkste in Japan
4. 公害は難しい社会問題です。/ das schwierigste in Japa

10. Grammatik: Vergleich: Superlativ
(Relativsatz (1))

Aufgabe: Bildung einer Superlativaussage mit *ichiban*

Muster: T: 東京は人口の多い都市です。/ in Japan

S: 東京は日本で一番人口の多い都市です。

1. ソ連は面積の広い国です。/ in der Welt
2. 奈良は歴史の古い都市です。/ in Japan
3. 西ドイツは外国人労働者の多い国です。/ in Europa
4. フランクフルトは銀行の多い都市です。/ in der BRD

ABSCHLUSSÜBUNGEN

1. Aufgabe: Schreiben der *kanji*, Zusammenstellen zu Komposita
Erschließung der Lesung
begriffliche Deutung

1. 「セイゲン」の「セイ」+「ミッド」の「ド」

2. 「レットウ」の「レツ」＋「デンシャ」の「シャ」

3. 「ゼンセイサン」の「ゼン」＋「カイシャイン」の「イン」

4. 「コウツウ」の「コウ」＋「イチバン」の「バン」

5. 「コウギョウ」の「ギョウ」＋「セカイ」の「カイ」

6. 「ことし」の「とし」＋「ミッド」の「ド」

7. 「イジョウ」の「イ」＋「コクナイ」の「ナイ」

8. 「ドクリツ」の「ドク」＋「ジユウ」の「ジ」

9. 「ゲンザイ」の「ゲン」＋「ギンコウ」の「コウ」

10. 「ジユウ」の「ジ」＋「おぼえる」

2. Aufgabe: Übertragen ins Japanische unter Beachtung der Zähleinheitswörter

1. 10 km
2. 30 %
3. 2 Autos
4. 1 Million Einwohner
5. 6 Firmen
6. 15 000 Yen
7. 18 Jahre alt (Mensch)
8. 100 m
9. 600 km

3. Aufgabe: Übertragen in westliche Zeitrechnung (auf Japanisch)

1. 昭和五十三年
2. 大正十年
3. 大正三年
4. 明治三年
5. 明治三十三年
6. 昭和十五年

4. Aufgabe: Schreiben bzw. Lesen der Wörter in *katakana*
Retranskribieren in das Original

1. ツーリスト
2. ゼネラル
3. チェック
4. イヤホーン
5. クイズ
6. プロ
7. スト
8. レジ
9. デモ
10. ゲバ

5. Aufgabe: Transkription ins Japanische

1. Schmidt
2. Carter
3. Beethoven
4. Goethe
5. Giscard d'Estaing

6. Aufgabe: Beantwortung der Frage

1. 日本はどこにありますか。
2. 日本の西には何という海がありますか。
3. 沖縄は本州に近いですか。
4. 大きな島には何というのがありますか。
5. 小さな島はいくつぐらいありますか。
6. 西ドイツの国土は日本より大きいですか。

7. Aufgabe: Übersetzung ins Japanische

1. Die Fläche von Honshu ist größer als die von Kyushu.
2. In Japan gibt es mehr private als staatliche Universitäten.
3. Das japanische Territorium besteht aus mehr Inseln als das englische.
4. Die Bevölkerungsdichte ist auf Hokkaido niedriger als im Kanto.
5. Tokyo ist die Stadt mit den höchsten Preisen in Japan.
6. Japan war von 1960 bis 1970 das Land mit dem höchsten Wirtschaftswachstum in der Welt.
7. Kawasaki ist die Stadt mit der schlimmsten Umweltverschmutzung in Japan.

5. Aufgabe: Übertragen in westliche bzw. japanische Zeitrechnung

1. 1945年　　3. 明治10年　　5. 大正5年

2. 昭和30年　　4. 1922年　　6. 1978年

6. Aufgabe: Beantwortung der Frage

1. 日本は世界総人口の何%を占めていますか。
2. 日本の人口密度は朝鮮より高いですか。
3. 日本人口の大部分はどこに住んでいますか。
4. 日本の実際の人口密度はなぜ高いですか。
5. 日本で一番大きな工業地帯はどこにありますか。
6. 日本国土の山地の割合はスイスより高いですか。
7. 日本人口の増加率は現在高いですか。
8. 東京と大阪の間には日本人口の半分以上が集中しています。なぜですか。

7. Aufgabe: Bildung jeweils eigenständiger Sätze aus Relativ- und Hauptsatz der folgenden komplexen Sätze

1. 東京の近くにある川崎は公害のひどい工業都市です。
2. 電気製品の会社に勤めている田中さんは社宅に住んでいます。
3. 田中さんの勤めている会社は日本第一の大企業です。
4. 国民の大部が住んでいる平地は全面積の約24%を占めています。

TEXTÜBUNG I

Aufgabe: Nachsprechen der einzelnen Expansionsschritte
Beschreiben des jeweiligen grammatischen Prozesses

1. 日本はアジア大陸の東の長い列島です。

列島である
列島です
日本は　列島です。
アジア大陸
アジア大陸の東
日本はアジア大陸の東にあります。
日本はアジア大陸の東の　列島です。
日本は　長い列島です。
日本はアジア大陸の東の長い列島です。

2. 沖縄を入れて全長は約 3,800 Km です。

3,800 Km
3,800 Km です
全長は　3,800 Km です。
全長は約 3,800 Km です。
沖縄
沖縄を入れて
沖縄を入れて全長は約 3,800 Km です。

3. 東には太平洋、西には日本海があります。

ある

あります

太平洋が　あります

東には太平洋が　あります。

日本海があります

西には日本海があります。

東には太平洋、西には日本海があります。

4. 国土は四つの大きな島と3,000以上の小さな島から成り立っています。

成り立つ

成り立っている

成り立っています

島から　成り立っています

国土は　島から　成り立っています。

国土は　大きな島から　成り立っています。

国土は四つの大きな島から　成り立っています。

国土は　小さな島から成り立っています。

国土は　3,000以上の小さな島から成り立っています。

国土は　大きな島と　小さな島から成り立っています。

国土は四つの大きな島と3,000以上の小さな島から成り立っています。

5. 大きな島には北から北海道・本州・四国・九州があります。

ある

ありります

北海道が ありります。

大きな島には 北海道が ありります。

大きな島には 北海道や本州などが ありります。

大きな島には 北海道と本州と四国と九州がありります。

大きな島には 北海道・本州・四国・九州がありります。

大きな島には北から北海道・本州・四国・九州がありります。

6. 日本の国土は狭いです。

狭い

狭いです

国土は狭いです。

日本の国土は狭いです。

7. その面積は東西ドイツの全面積より少し大きいです。

大きい

大きいです

日本の国土の面積

その面積

その面積は 大きいです。

東ドイツの面積

西ドイツの面積

東西ドイツの全面積

その面積は東西ドイツの全面積より 大きいです。

その面積は東西ドイツの全面積より少し大きいです。

8. しかし日本には山地が多いです。

多い

多いです

山地は多いです。

日本には山地が多いです。

しかし日本には山地が多いです。

9. 全面積の76%を占めています。

占める

占めている

占めています

76%を占めています

全面積の76%を占めています。

山地は全面積の76%を占めています。

10. 2,000m以上の山が5-60位あります。

ある

あります

山は あります

日本には 山が あります。

日本には2,000m以上の山が あります。

50または60位

5-60位

日本には2,000m以上の山が5-60位あります。

2,000m以上の山が5-60位あります。

11. ふじ山は一番高い山です。

山である

山です

ふじ山は 山です。

ふじ山は 高い山です。

ふじ山は一番高い山です。

12. 3.776mです。

3.776mである

3.776mです

ふじ山は3.776mです。

3.776mです。

13. 30以上の山は活火山です。

火山

活火山

活火山である

活火山です

30以上の山は活火山です。

14. <u>国土の残りの24％には国民の大部分が住んでいます。</u>

住む

住んでいる

住んでいます

大部分

国民の大部分が住んでいます

24％

国土の 24％

国土の残りの24％

国土の残りの24％には国民の大部分が住んでいます。

15. <u>だから人口密度はきわめて高いです。</u>

高い

高いです

密度

人口の密度

人口密度

人口密度

人口密度は 高いです。

人口密度はきわめて高いです。

だから人口密度はきわめて高いです。

TEXTÜBUNG II

Aufgabe: Sukzessives Einfügen der gegebenen Begriffe als prädikatsbezogene Konstituenten. Das mit ∘ markierte Nomen soll topikalisiert werden.

1. ありますアジア大陸の東
∘日本列島

2. 成り立っています
四つの大きな島
たくさんの小さな島
∘日本列島

3. 大きいです
∘日本の面積
東西ドイツの全面積
少し

4. 占めています
国土の76%
∘山地

5. 山です
∘ふじ山
一番高い
日本

6. 住んでいます
国土の24%
∘国民の大部分

TEXTÜBUNG III

Aufgabe: Übersetzung ins Deutsche

1. Japan ist eine Inselkette.
   Die japanische Inselkette ist lang.
   Japan liegt östlich vom asiatischen Festland.
   Japan ist eine lange Inselkette östlich vom asiatischen Festland.

2. Die Gesamtlänge beträgt etwa 4.000 km.
   Die Gesamtlänge Japans beträgt etwa 4.000 km.
   Die Gesamtlänge Japans beträgt einschließlich Okinawa etwa 4.000 km.
   Einschließlich Okinawa beträgt die Gesamtlänge Japans etwa 4.000 km.

3. Der Pazifik liegt östlich von Japan.
   Östlich von Japan liegt der Pazifik.
   Westlich von Japan liegt das Japanische Meer.
   Östlich liegt der Pazifik, westlich das Japanische Meer.

4. Japan besteht aus Inseln.
   Japan besteht aus zahlreichen Inseln.
   Japan besteht aus großen und kleinen Inseln.
   Japan besteht aus vier großen und zahlreichen kleinen Inseln.

5. Kyushu ist größer als Shikoku.
   Aber es ist kleiner als Hokkaido.
   Die Insel mit der größten Fläche ist Honshu.

6. 76% der Gesamtfläche Japans sind bergig.
   Die Berge nehmen 76% der Gesamtfläche Japans ein.
   76% der Gesamtfläche Japans nehmen Berge ein.

7. Die Bevölkerung lebt auf 24% des Territoriums.
   Der größte Teil der Bevölkerung lebt auf 24% des Territoriums.
   Der größte Teil der Bevölkerung lebt auf den restlichen 24% des Territoriums.
   Auf den restlichen 24% des Territoriums lebt der größte Teil der Bevölkerung.

8. Die Dichte ist hoch.
   Die Bevölkerungsdichte ist hoch.
   Die Bevölkerungsdichte ist außerordentlich hoch.
   Deshalb ist die Bevölkerungsdichte außerordentlich hoch.

列	RETSU	Reihe	266 N 2438 R 18/4	列 制 例 残
一ア歹	歹	Gebeine	R 78	列島 / 系列
丨	刂(刀)	Schwert	R 18	列車
				行列

沖	oki	offenes Meer	267 N 2505 R 85/4	沖 海 求 中
丶 丶	氵(水)	Wasser	R 85	沖縄
丨 冂	口	Mund R 30	中 Mitte	沖合
	丨	senkrechter Strich R 2		

縄	JO nawa	Schnur	268 N 3617 R 120/9	縄 線 系 電
く ㄠ	幺	kurzer Faden R 52	糸 Faden R 120	
丨 小	小	klein R 42		
日 昌	黾	(Kurzform für: 黽)		

番	BAN	Nummer	269 N 4811 R 102/7	番 界 福
	ノ	katakana no R 4	釆 teilen R 165	番人 / 110番する
丶 丷 䒑 半 米	米	Reis R 118		交番
冂 田	田	Reisfeld	R 102	番地

密	MITSU	dicht; geheim	270 N 1316 R 40/8	密 家 宿 心
丶 冖	宀	Dach	R 40	密度 / 密約
丶 ソ 义 必	必	unbedingt		交通密度 / 密輸(団)
丨 山	山	Berg	R 46	厳密

度	DO	Grad; Häufigkeit; Gesetz	271 N 1511 R 53/6	度 広	
丶亠	广	Unterstand	R 53	制度	速度
一廿	廿	zwanzig		(最小)限度	度数
フ	又	wieder	R 29	年度	一度

奈	NA	(phonetisch)	272 N 1174 R 37/5	奈 大 太	
一ナ	大	groß	R 37	奈良	
一	二	zwei R 7	示 zeigen R 113		
亅小	小	klein R 42			

治	JI CHI osameru	regieren	273 N 2528 R 85/5	治 法 台 始	
丶丶	氵(水)	Wasser	R 85	政治(学)	自治
ム	ム	katakana mu	R 28	政治家	治水
丨冂	口	Mund	R 30	民主政治	

正	SEI SHŌ tadashii	richtig	274 N 27 R 77/1	正 歩 歳 歴	
	一	eins	R 1	正会員	正面
丨卜止	止	anhalten	R 77	正書法	正月
				校正	

LEKTION 15

TEXT

日本の人口

一億人以上の人口のある日本は、世界で七番目に人口の多い国である。世界総人口の2.9%を占めている日本の人口密度は、台湾・朝鮮・オランダ・ベルギーなどに次いで高い。しかし西ヨーロッパ諸国はほとんど国土の平坦な国である。それに対して日本には山地が多い。国土の約20%を占めている平地には総人口の約80%が住んでいる。だから実際の人口密度は世界で最高である。特に関東と関西の間にある工業地帯には総人口の半分ぐらいが集中している。日本人口は過去にきわめて高い増加率を示した。しかし現在は毎年約1%の割合で増えている。

日本の人口

一億人以上の人口のある日本は、世界で七番目に人口の多い国である。世界総人口の2.9％を占めている日本の人口密度は、台湾・朝鮮・オランダ・ベルギーなどに次いで高い。しかし西ヨーロッパ諸国はほとんど国土の平坦な国である。それに対して日本には山地が多い。国土の約２０％を占めている平地には総人口の約８０％が住んでいる。だから実際の人口密度は世界で最高である。特に関東と関西の間にある工業地帯には総人口の半分ぐらいが集中している。日本人口は過去にきわめて高い増加率を示した。しかし現在は毎年約１％の割合で増えている。

VOKABULAR

億	オク		*numerische Einheit* 100 Millionen
番目	バンめ	ZEW	*Zahl+___:* für Ordnungszahlen
総	ソウ	PRÄF/N	Gesamt-
台湾	タイワン	N	Taiwan
オランダ		N	Holland
ベルギー		N	Belgien
ほとんど	殆ど	ADV	*bei affirmativem Prädikat* nahezu alle
平坦な	ヘイタンな	NA	*Attributivform* eben, flach
に対して	にタイして	Ps	gegenüber
実際の	ジッサイの	NA	*Attributivform* tatsächliche/-r/-s
最高である	サイコウである	NA	am höchsten
地帯	チタイ	N	(Land-)Gürtel, Zone
集中する	シュウチュウする	NV	*N+ni/DIR___:* (auf etwas/in einem Ort) sich konzentrieren
集中	シュウチュウ	N	Konzentration
過去	カコ	N	Vergangenheit
増加率	ゾウカリツ	N	Zuwachsrate

増加	ゾウカ	N	Zuwachs
率	リツ	SUF/N	-rate
示す	しめす	V_k	*N+o*___: (etwas)zeigen
割合	わりあい	N	Prozentsatz

ÜBUNGSTEIL

増える	ふえる	V_v	zunehmen
中心	チュウシン	N	Zentrum
社会学	シャカイガク	N	Soziologie
産業	サンギョウ	N	Industrie
なぜ		FP	weshalb

GRAMMATIK

RELATIVSATZ (2)

Relativsätze sind Attribute in Satzform; die Aussagen über Funktion und Position von Attributen(s.Lektion 2) gelten entsprechend auch für Relativsätze.

Der Unterschied zwischen Relativsätzen im Deutschen und im Japanischen ist ausschließlich formal:

- im Gegensatz zum Deutschen steht im Japanischen der Relativsatz vor dem Bezugswort
- das Japanische kennt kein Relativpronomen

Der Prozeß, durch den Relativsätze gebildet werden, wird im folgenden synoptisch dargestellt, um die Gemeinsamkeiten bzw. Unterschiede beider Sprachen deutlich zu machen.

Es gelten dieselben Voraussetzungen für die Einbettung+ von Relativsätzen:

1. Vorhandensein zweier Aussagen in Satzform
2. beide Sätze weisen in beliebiger (auch abweichender) syntaktischer Funktion denselben nominalen Begriff auf
3. der Sprecher trifft die Entscheidung, welcher der beiden Sätze Hauptsatz und welcher Nebensatz (Relativsatz) sein soll. Diese Entscheidung ist in der Regel willkürlich und umkehrbar, sie wird nur durch Faktoren wie Redezusammenhang, Äußerungsabsicht u.a. eingeschränkt. Hier soll jeweils Satz (b) Hauptsatz und Satz (a) Relativsatz werden. Damit wird das beiden Sätzen gemeinsame Nomen in Satz (b) Beziehungswort für Satz (a), der ihm als Attribut zugewiesen wird.

Ausgangssätze:

Deutsch: (a) *Herr Tanaka arbeitet in einer Firma.*
(b) *Diese Firma stellt Autos her.*

Japanisch: (a) *Tanaka-san wa kaisha ni tsutomete imasu.*
(b) *Sono kaisha wa jidōsha o tsukurimasu.*

+ Der Begriff E i n b e t t u n g bezeichnet das Einfügen eines Satzes als Konstituente (Nebensatz) in einem übergeordneten (Haupt-)Satz.

PROZESSCHRITTE		AUSFÜHRUNG
1. Der als Relativsatz vorgesehene Satz (a) wird in die sprachspezifisch festgelegte Position zum Bezugswort eingebettet.(Eingebetteter Satz in eckigen Klammern):	D nach dem Bezugswort	*Diese Firma[Herr Tanaka arbeitet in einer Firma] stellt Autos her.*
	J vor dem Bezugswort	*[Tanaka-san wa kaisha ni tsutomete.imasu] sono kaisha wa jidōsha o tsukurimasu.*
2. Sofern ein rückverweisendes Element (Demonstrativpronomen) im Hauptsatz die inhaltliche Verbindung der beiden Sätze (a) und (b) über den gemeinsamen Begriff anzeigt,wird es:	D durch einen bestimmten Artikel ersetzt	*Diese* ↓ *Die Firma[Herr Tanaka arbeitet in einer Firma] stellt Autos her.*
	J (in der Regel) getilgt	*[Tanaka-san wa kaisha ni tsutimete.imasu]* *sono* ↓ *ø kaisha wa jidōsha o tsukurimasu.*
3. Das mit dem Bezugswort identische Nomen des eingebetteten Satzes wird getilgt,einschließlich seiner abhängigen Glieder:	D jedoch mit Ausnahme von Präpositionen.An seine Stelle tritt ein Relativpronomen, das einerseits die Verbindung zum Bezugswort herstellt und andererseits - ggf.in Verbindung mit der nicht getilgten Präposition - Träger der Kasusmarkierung ist.	*in einer Firma* ↓ *Die Firma[Herr T. arbeitet in der] stellt Autos her.*
	J auch der Kasus-,Thema- oder Aufzählungspartikel.Ein Relativpronomen wird nicht an seine Stelle gesetzt.	*kaisha ni* ↓ *[Tanaka-san wa ø tsutomete.imasu] kaisha wa jidōsha o tsukurimasu.*

4. Eine Umstellung der Konstituenten im eingebetteten Satz erfolgt	D entsprechend der für das Deutsche geltenden Stellungsregeln für Nebensätze J nicht,da die Stellungsregeln für Haupt- und Nebensätze gleich sind	*in der* ↓ *Die Firme[in der Herr T. arbeitet] stellt Autos her.* *[Tanaka-san wa tsutomete.imasu]kaisha wa jidōsha o tsukurimasu.*
weiterhin werden nur für das Japanische ausgeführt:		
5. Weist der eingebettete Satz eine topikalisierte Konstituente auf, wird die Topikalisierung in der Regen rückgängig gemacht		*wa* ↓ *[Tanaka-san ga tsutomete.imasu]kaisha wa jidōsha o tsukurimasu.*
6. Das Höflichkeitsmorphem beim Prädikat des eingebetteten Satzes wird getilgt.		*tsutomete.imasu* ↓ *[Tanaka-san ga tsutomete.iru]kaisha wa jidōsha o tsukurimasu.*
7. Die Subjektpartikel *ga* kann durch *no* ersetzt werden (fakutativ).		*ga* ↓ *[Tanaka-san no tsutomete.iru]kaisha wa jidōsha o tsukurimasu*

Im Deutschen ist der Ableitungsprozeß mit Schritt (4) abgeschlossen, im Japanischen erst mit (6) bzw. (7).

Im Japanischen gelten darüberhinaus für einzelne Prädikatstypen zusätzlich folgende Regeln:

Ausgangssätze: (a) *genryō wa kōgyō ni hitsuyō desu.* Rohstoffe sind für die Industrie notwendig.
(b) *Nihon wa sono genryō o yunyū shimasu.* Japan importiert diese Rohstoffe. (a)→ (b)

Prozeßschritte		Ausführung
1.- 6. s.o.	1.	*Nihon wa[genryō wa kōgyō ni hitsuyō desu]sono genryō o yunyū shimasu.*
	2.	*Nihon wa[genryō wa kōgyō ni hitsuyō desu] ∅ genryō o yunyū shimasu.*
	3.	*Nihon wa[∅ kōgyō ni hitsuyō desu] genryō o yunyū shimasu.*
	6.	*Nihon wa[kōgyō ni hitsuyō de aru] genryō o yunyū shimasu.*
8a. In eingebetteten Sätzen mit nominaladjektivischem Prädikat wird die Kopula, sofern sie unmodifiziert ist, je nach NA durch die Morpheme *na* oder *no* ersetzt. (s.Lektion 12: Nominaladjektive)	8a	*Nihon wa[kōgyō ni hitsuyō na] genryō o yunyū shimasu.*

(8a) bildet die Endstufe. Übersetzung: Japan importiert die Rohstoffe, die für die Industrie notwendig sind/ die für die Industrie notwendigen Rohstoffe.

Ausgangssätze: (a) *Ōsaka wa kōgyō toshi desu.* Osaka ist eine Industriestadt.
(b) *Ōsaka ni wa chūshō kigyō ga ōi desu.* In Osaka gibt es viele Klein-Mittelbetriebe. (a)→ (b)

1.- 6. s.o.	1.	*[Ōsaka wa kōgyō toshi desu]Ōsaka ni wa chūshō kigyō ga ōi desu.*
	3.	*[∅ kōgyō toshi desu]Ōsaka ni wa chūshō kigyō ga ōi desu.*
	6.	*[kōgyō toshi de arū]Ōsaka ni wa chūshō kigyō ga ōi desu.*
8b. In eingebetteten Sätzen mit nominalem Prädikat kann die Kopula, sofern sie unmodifiziert ist, fakultativ durch die Partikel *no* ersetzt werden.	8b	*[kōgyō toshi no Ōsaka]ni wa chūshō kigyō ga ōi desu.*

(6) bzw. (8b) bilden die Endstufe. Übersetzung:
- In Osaka, das eine Industriestadt ist, gibt es viele Klein-Mittelbetriebe
- In der Industriestadt Osaka gibt es viele Klein-Mittelbetriebe.

Beispiele für Relativsätze mit adjektivischem Prädikat:

(1) Ausgangssätze

(a) *Nihon ni wa yama ga arimasu.* In Japan gibt es Berge.

(b) *sono yama wa takai desu.* Diese Berge sind hoch.

(b) wird in (a) eingebettet, welches Hauptsatz sein soll:

Prozeß-schritte	Ausführung
1.	*Nihon ni wa [sono yama wa takai desu] yama ga arimasu.*
3.	*Nihon ni wa [∅ takai desu] yama ga arimasu.*
6.	*Nihon ni wa [takai ∅] yama ga arimasu.*

mit (6) ist die Endform erreicht: In Japan gibt es Berge, die hoch sind.
→ In Japan gibt es hohe Berge.

(2) (a) *kare wa Tōkyō ni sunde imasu.* Er lebt in Tokyo.

(b) *Tōkyō de wa kōtsu ga hidoi desu.* In Tokyo ist der Verkehr schlimm.

(b) wird in (a) eingebettet, welches Hauptsatz sein soll:

Prozeß-schritte	Ausführung
1.	*kare wa [Tōkyō de wa kōtsu ga hidoi desu] Tōkyō ni sunde imasu.*
3.	*kare wa [∅ kōtsu ga hidoi desu] Tōkyō ni sunde imasu.*
6.	*kare wa [kōtsu ga hidoi ∅] Tōkyō ni sunde imasu.*
7.	*kare wa [kōtsu no hidoi] Tōkyō ni sunde imasu.*

mit (6) bzw.(7) ist die Endform erreicht: Er lebt in Tokyo, wo der Verkehr schlimm ist.

FLEXIONSFORMEN

Negationsform (höflichkeitsneutral)

I.Grundform + *nai* (Morphem der Negation)

	Nennform	I. Grundform	Negationsform
kons.Verben[2]	*tsukur.u*	*tsukur.a*[1]	*tsukur.a.nai*
vokal.Verben	*oboe.ru*	*oboe.*	*oboe.nai*
unregelm. Verben	*suru* *kuru*	*shi* *ko*	*shi.nai* *ko.nai*
Adjektive	*taka.i*	*taka.ku*	*taka.ku.nai*
Kopula	*de aru*	-	*de wa nai*

(1) Konsonantische Verben wie *ka.u*("kaufen"), *kayo.u*(" regelmäßig aufsuchen"), usw., deren Stammauslautkonsonant sprachhistorisch bedingt entfällt, weisen in dessen Position nur bei der I.Grundform ein *w* auf: *kaw.a.nai, kayow.a.nai* etc.(s.Lektion 12: Flexionssytem)

(2) Das Verb *aru*("vorhanden sein" etc.) wird nicht nach obigem Muster verneint, sondern *nai* als eigenständige lexikalische Form mit negativer Bedeutung ("nicht vorhanden sein") übernimmt die Funktion der Negativform von *aru*.

Vergangenheitsform (höflichkeitsneutral)

II.Grundform + *ta* (Morphem der Vergangenheit) bzw. Assimilationsform/*ta*

	Nennform	II.Grundform	Assimilationsform/*ta*(1)
kons.Verben	*tsukur.u*	-	*tsukutta*
vokal.Verben	*oboe.ru*	*oboe.ta*	-
unregelm. Verben	*suru* *kuru*	*shi.ta* *ki.ta*	- -
Adjektiv	*taka.i*	-	*taka.katta*
Kopula	*de aru*	-	*de atta*

(1) Die Bildung von Assimilationsformen für konsonantische Verben, Adjektive und die Kopula folgt verschiedenen Mustern; eine Beziehung besteht über den Adjektiven und der Kopula gemeinsamen verbalen Bestandteil - *atta*(von *aru*).

(2) Die Assimilationsform des Vergangenheitsmorphems *ta* bei konsonantischen Verben fällt je nach Auslautkonsonant unterschiedlich aus, s.folgende Tabelle (vgl. auch Lektion 12: Flexionsformen/Verb:*te*-Form + *iru*).

Assimilationsform/*ta* der konsonantischen Verben:

Verb/Nennform	Assimilationsform/*ta*	Assimilationsform/*te + iru*
ka.u	*katta*	*katte.iru*
kak.u	*kaita*	*kaite.iru*
oyog.u	*oyoida*	*oyoide.iru*
hanas.u	*hanashita*	*hanashite.iru*

mots.u	*motta*	*motte.iru*
shin.u	*shinda*	*shinde.iru*
yob.u	*yonda*	*yonde.iru*
yom.u	*yonda*	*yonde.iru*
tsukur.u	*tsukutta*	*tsukutte.iru*

Negations- + Vergangenheitsform (höflichkeitsneutral) wird gebildet mit der Assimilationsform/ *ta* des Negationsmorphems *nai=nakatta* Der Anschluß erfolgt wie bei *nai* an die I.Grundform:

	Nennform	Negationsform	Negations-+Vergangenheitsform
konsonantische Verben	*tsukur.u*	*tsukur.a.nai*	*tsukur.a.nakatta*
vokalische Verben	*oboe.ru*	*oboe.nai*	*oboe.nakatta*
unregelmäßige Verben	*suru* *kuru*	*shi.nai* *ko.nai*	*shi.nakatta* *ko.nakatta*
Adjektiv	*taka.i*	*taka.ku.nai*	*taka.ku.nakatta*
Kopula	*de aru*	*de wa nai*	*de wa nakatta*

ÜBUNGSTEIL

EINFÜHRUNGSÜBUNG

1. 日本は列島です。
2. 日本は四つの大きな島から成り立っています。
3. 日本は四つの大きな島から成り立っている列島です。
4. 平地は全面積の約24%を占めています。
5. その平地には国民の大部分が住んでいます。
6. 全面積の約24%を占めている平地には国民の大部分が住んでいます。
7. 日本には山地が多いです。
8. 日本の人口密度はきわめて高いです。
9. 山地の多い日本の人口密度はきわめて高いです。
10. 日本は列島です。
11. 日本はアジア大陸の東にあります。
12. アジア大陸の東にある日本は列島です。
13. 列島の日本はアジア大陸の東にあります。

GRAMMATIKÜBUNGEN

1. Grammatik: Flexionsformen/ Verb: Vergangenheitsform(höflichkeitsneutral)

   Aufgabe: Bildung der höflichkeitsneutralen Vergangenheitsform aus der Aspektform

   Muster: T: 読んでいる S: 読んだ

1. 住んでいる
2. 作っている
3. 集まっている
4. 着いている
5. 書いている
6. 成り立っている
7. 通っている
8. 買っている
9. 話している
10. 示している

2. Grammatik: Flexionsformen/ Verb: Vergangenheitsform (höflichkeitsneutral)

Aufgabe: Bildung der Nennform aus der höflichkeitsneutralen Vergangenheitsform

Muster: T: 読んだ

S: 読む

1. 勤めた
2. 覚えた
3. 増えた
4. 始まった
5. 上がった
6. 乗った
7. 入った
8. 書いた
9. 買った
10. 行った

3. Grammatik: Flexionsformen/ Verb: Negationsform (höflichkeitsneutral)

Aufgabe: Umwandlung der höflichkeitsneutralen in die höfliche Negationsform

Muster: T: 読まない S: 読みません

1. 行かない
2. 働かない
3. 作らない
4. 買わない
5. 通わない
6. 求めない
7. いない
8. ない
9. 来ない

4. Grammatik: Flexionsformen/ Verb: Negationsform(höflichkeitsneutral)
Aufgabe: Umwandlung der höflichen in die höflichkeitsneutrale Negationsform

Muster: T: 読みません S: 読まない

1. 出ません
2. 増えません
3. 起きません
4. 働きません
5. 聞きません
6. 話しません
7. 示しません
8. 入りません
9. 買いません
10. 来ません

5. Grammatik: Flexionsformen/ Verb: Negations- + Vergangenheitsform (höflichkeitsneutral)
Aufgabe: Umwandlung der höflichen in die entsprechende höflichkeitsneutrale Verbform

Muster: T: 読みませんでした S: 読まなかった

1. 話しませんでした
2. 説明しませんでした
3. 入学しませんでした
4. 終わりませんでした
5. ありませんでした
6. 帰りませんでした
7. 歩きませんでした
8. 行きませんでした
9. 来ませんでした
10. 買いませんでした

6. Grammatik: Flexionsformen/ Verb: höflichkeitsneutrale Formen
Aufgabe: Umwandlung der höflichen in die entsprechende höflichkeitsneutrale Verbform

Muster: T: 読んでいません

S: 読んでいない etc.

1. 入ります
2. 入りません
3. 入りました
4. 入りませんでした
5. 入っています
6. 入っていません
7. 入っていました
8. 入っていませんでした

Diese Übung kann mit allen Verben durchgeführt werden.

7. Grammatik: Relativsatz (2)
Aufgabe: Umwandlung der Relativsatzphrase in einen Satz

Muster: T: 私が買った本

S: 私が本を買いました。

1. 大企業に勤めている田中さん
2. 外国人がたくさん住んでいる東京
3. 人口が集中している工業地帯
4. 外国へ行った首相
5. 卒業論文を書いた彼女
6. 駅から遠い図書館
7. 社会問題の多い工業国
8. 工業に必要な原料
9. 工業都市の名古屋
10. 会社員の田中さん

8. Grammatik: Relativsatz (2)
Aufgabe: Umwandlung der Relativsatzphrase in einen eigenständigen Satz, Topikalisierung der Ortsbestimmung

Muster: T: 山の多い日本はアジア大陸の東にあります。

S: 日本には山が多いです。

1. 平地の少ない日本では人口密度が高いです。
2. 経済成長の著しかった西ドイツでは物価が上がりました。
3. 国土の広くない日本には一億人以上の人口があります。
4. 国土の平坦なソ連では人口密度は低いです。
5. 日本は工業に必要な原料を輸入します。
6. 山田さんは新宿駅に近い銀行に勤めています。

9. Grammatik: Relativsatz (2)
Aufgabe: Umwandlung der Relativsatzphrase in einen eigenständigen Satz, Topikalisierung des Subjekts

Muster: T: 電気製品の会社に勤めている田中さんは27歳です。

S: 田中さんは電気製品の会社に勤めています。

1. 京都大学で勉強している私は毎日大阪から電車で行きます。
2. 彼の覚えた漢字はまだ少ないです。
3. 四つの大きな島から成り立っている日本は長い列島です。
4. 経済が著しく成長した西ドイツでも公害はひどいです。
5. 国民の大部分が住んでいる平地は国土の約20%を占めています。

10. Grammatik: Relativsatz (2)
Aufgabe: Einbettung des Satzes (b) als Relativsatz in den Satz (a)

Muster: T:(a) 川崎は工業都市です。
(b) 川崎は東京の南にあります。
S: 東京の南にある川崎は工業都市です。

1.(a) 東京は日本の首都です。
(b) 東京は関東の中心にあります。

2.(a) 田中さんは会社員です。
(b) 田中さんは東京の郊外に住んでいます。

3.(a) 名古屋は日本で三番目に人口の多い都市です。
(b) 名古屋は東京と大阪の間にあります。

4.(a) 日本はアジア大陸の東にあります。
(b) 日本はたくさんの島から成り立っています。

5.(a) 西ドイツの大学では入学制限が厳しいです。
(b) 西ドイツでは学生が増えました。

6.(a) 自動車工業は日本で第二の産業です。
(b) 自動車工業は最近著しく成長しました。

7.(a) 田中さんは電車で行きました。
(b) その電車は午後三時二十分東京駅に着きます。

11. Grammatik: Relativsatz (2)

Aufgabe: Ersetzen der Relativsatz-Verknüpfung *no* durch *dearu* bzw. *ni aru*

Muster: T: 大阪は関西の中心の工業都市です。

S: 大阪は関西の中心にある工業都市です。

bzw. T: 工業都市の大阪は関西の中心にあります。

S: 工業都市である大阪は関西の中心にあります。

1. 田中さんは東京の郊外の団地に住んでいます。
2. 大阪の外国語大学には東南アジアの学生が多いです。
3. 工業都市の川崎は東京の南にあります。
4. 関東と関西の間の工業地帯では公害は特にひどいです。
5. 会社員の田中さんは1972年から東京の本社に勤めています。

ABSCHLUSSÜBUNGEN

1. Aufgabe: Schreiben der *kanji*, Zusammenstellen zu Komposita
Erschließung der Lesung
begriffliche Deutung

1. 「ジッサイ」の「ジツ」+「ケイザイリョク」の「リョク」
2. 「ゾウカリツ」の「カ」+「コウガイ」の「ガイ」+「ロウドウシャ」の「シャ」
3. 「サイキン」の「サイ」+「ちいさい」
4. 「ソウジンコウ」の「ソウ」+「ながい」
5. 「にタイして」の「タイ」+「なりたつ」の「たつ」

6. 「ジッサイ」の「ジツ」+「ギンコウ」の「コウ」

7. 「ダイガク」の「ガク」+「ジッサイ」の「サイ」

8. 「サイキン」の「サイ」+「ひくい」

9. 「しまぐに」の「くに」+「ジッサイ」の「サイ」

10. 「ふえる」+「セイサン」の「サン」

2. Aufgabe: Schreiben bzw. Lesen der Wörter in *katakana*
Retranskribieren in das Original

1. メンバーシップ
2. ラッシュアワー
3. ガソリンスタンド
4. ジェネレーションギャップ
5. シュラーフザック
6. ベルトコンベヤー
7. ツァイトガイスト
8. ツーピース
9. タイプライター
10. オイルショック

3. Aufgabe: Transkription ins Japanische

1. special
2. vocabulary
3. service
4. popular
5. business

4. Aufgabe: Übertragen ins Japanische unter Beachtung der Zähleinheitswörter

1. 13 Stunden
2. 13 Uhr
3. 60 000 Yen
4. 80 km
5. 100 Millionen Einwohner
6. ein 50jähriger Arbeiter
7. 15 000 Autos
8. eine 4 000 km lange Inselkette
9. eine 10%ige Zuwachsrate
10. 8 Großunternehmen

5. Aufgabe: Übertragen in westliche bzw. japanische Zeitrechnung

1. 1945年
2. 昭和30年
3. 明治10年
4. 1922年
5. 大正5年
6. 1978年

6. Aufgabe: Beantwortung der Frage

1. 日本は世界総人口の何%を占めていますか。
2. 日本の人口密度は朝鮮より高いですか。
3. 日本人口の大部分はどこに住んでいますか。
4. 日本の実際の人口密度はなぜ高いですか。
5. 日本で一番大きな工業地帯はどこにありますか。
6. 日本国土の山地の割合はスイスより高いですか。
7. 日本人口の増加率は現在高いですか。
8. 東京と大阪の間には日本人口の半分以上が集中しています。なぜですか。

7. Aufgabe: Bildung jeweils eigenständiger Sätze aus Relativ- und Hauptsatz der folgenden komplexen Sätze

1. 東京の近くにある川崎は公害のひどい工業都市です。
2. 電気製品の会社に勤めている田中さんは社宅に住んでいます。
3. 田中さんの勤めている会社は日本第一の大企業です。
4. 国民の大部分が住んでいる平地は全面積の約18%を占めています。

5. 最近著しく成長した日本の自動車工業は毎年600万台以上の自動車を生産します。

8. Aufgabe: Übersetzung ins Japanische:

1. Die Länder mit der höchsten Bevölkerungsdichte in der Welt sind Taiwan, Korea u.a.
2. Es gibt kein Industrieland ohne Umweltprobleme.
3. Es gibt in Japan keine Stadt mit stärkerem Verkehr als Tokyo.
4. Japan verkauft den größten Teil der Industrieprodukte, die es aus Rohstoffen fertigt, in die USA und nach Südostasien.
5. Die insgesamt etwa 4 000 km lange, östlich des asiatischen Festlandes gelegene japanische Inselkette hat eine Fläche, die größer ist als die der BRD und der DDR zusammen.

TEXTÜBUNG I

Aufgabe: Nachsprechen der einzelnen Expansionsschritte
Beschreiben des jeweiligen grammatischen Prozesses

1. 一億人以上の人口のある日本は、世界で七番目に人口の多い国です。

国である
国です
日本は　国です。
多いです
人口が多いです
日本には　人口が多いです。
日本は　人口の多い国です。
日本は　七番目に人口の多い国です。
日本は世界で七番目に人口の多い国です。

ある

ありります

人口があります

日本には　人口があります。

日本には一億人以上の人口があります。

一億人以上の人口のある日本

一億人以上の人口のある日本は、世界で七番目に人口の多い国です。

2. 世界総人口の2,9%を占めている日本の人口密度は

台湾・朝鮮・オランダ・ベルギーなどに次いで高いです。

高い

高いです

密度

人口の密度

人口密度

人口密度は　高いです。

日本の人口密度は　高いです。

日本の人口密度は台湾・朝鮮・オランダ・ベルギーなどに次いで高いです。

占める

占めている

占めています

2,9%を占めています

人口

総人口

世界の総人口

世界総人口

世界総人口の2.9%を占めています

日本は世界総人口の2.9%を占めています。

世界総人口の2.9%を占めている日本

世界総人口の2.9%を占めている日本の人口密度は
台湾・朝鮮・オランダ・ベルギーなどに次いで高いです。

3. しかし西ヨーロッパ諸国はほとんど国土の平坦な国です。

平坦である

平坦です

国土は平坦です。

西ヨーロッパ諸国では　国土が平坦です。

西ヨーロッパ諸国は　国土の平坦な国です。

西ヨーロッパ諸国はほとんど国土の平坦な国です。

しかし西ヨーロッパ諸国はほとんど国土の平坦な国です。

4. それに対して日本には山地が多いです。

多い

多いです

山地は多いです

日本には山地が多いです。

それに対して日本には山地が多いです。

5. 国土の約20％を占めている平地には
総人口の約80％が住んでいます。

住む
住んでいる
住んでいます
平地に 住んでいます
平地には総人口の約80％が住んでいます。
占める
占めている
占めています
国土の約20％を占めています
平地は国土の約20％を占めています
国土の約20％を占めている平地
国土の約20％を占めている平地には
総人口の約80％が住んでいます。

6. だから実際の人口密度は世界で最高です。

高い
一番高い
最高である
最高です
人口密度は 最高です。
人口密度は世界で最高です。
実際の人口密度は世界で最高です。

だから実際の人口密度は世界で最高です。

7. 特に関東と関西の間にある工業地帯には
総人口の半分ぐらいが集中しています。

集中する
集中している
集中しています

地帯
工業の地帯
工業地帯
工業地帯に 集中しています

半分
総人口の半分
総人口の半分ぐらい
工業地帯には総人口の半分ぐらいが集中しています。

ある
あります
関東と関西の間にあります
関東と関西の間に工業地帯があります。
関東と関西の間にある工業地帯
関東と関西の間にある工業地帯には
総人口の半分ぐらいが集中しています。

特に関東と関西の間にある工業地帯には
総人口の半分ぐらいが集中しています。

8. 日本人口は過去にきわめて高い増加率を示しました。

示す

示します

増加率を示します

日本人口は 増加率を示します。

日本人口は 高い増加率を示します。

日本人口は きわめて高い増加率を示します。

日本人口は過去にきわめて高い増加率を示しました。

9. しかし 現在は毎年1%の割合で増えています。

増える

増えている

増えています

日本人口は 増えています。

割合

1%の割合

毎年1%の割合

日本人口は 毎年1%の割合で増えています。

日本人口は現在は毎年1%の割合で増えています。

しかし日本人口は現在は毎年1%の割合で増えています。

しかし 現在は毎年1%の割合で増えています。

TEXTÜBUNG II

Aufgabe: Sukzessives Einfügen der gegebenen Begriffe als prädikatsbezogene Konstituenten. Das mit ∘ markierte Nomen soll topikalisiert werden.

1. ありります
   一億人以上の人口
   ∘日本

2. 多いです
   ∘日本の人口
   七番目
   世界

3. 占めています
   世界総人口の2.9%
   ∘日本

4. 住んでいます
   国土の20%
   ∘国民の80%

5. 集中しています
   工業地帯
   ∘人口の半分ぐらい

6. 示しました
   きわめて高い増加率
   日本人口
   過去

7. 増えています
   ∘日本人口
   約1%の割合
   毎年

TEXTÜBUNG III

Aufgabe: Übersetzung ins Deutsche

1. Die Bevölkerung Japans ist groß.
   Die Bevölkerung Japans ist die siebentgrößte.
   Die Bevölkerung Japans ist die siebentgrößte in der Welt.
   Japan ist ein Land mit der siebentgrößten Bevölkerung in der Welt.

2. Die Bevölkerungsdichte ist hoch.
   Die Bevölkerungsdichte Japans ist hoch.
   Die Bevölkerungsdichte Japans ist die sechzehnthöchste.
   Die Bevölkerungsdichte Japans ist die sechzehnthöchste in der Welt.

3. Japan hat einen Anteil von 2,9%.
   Japan hat einen Anteil von 2,9% an der Gesamtbevölkerung der Welt.
   Japan hat mit mehr als 100 Millionen Einwohnern einen Anteil von 2,9% an der Gesamtbevölkerung der Welt.

4. Japan ist bergig.
   Japan ist ein bergiges Land.
   Japan ist ein bergigeres Land als die Länder Europas.

5. Etwa 80% der japanischen Bevölkerung lebt im Flachland.
   Etwa 80% der japanischen Bevölkerung lebt auf etwa 20% des Territoriums.
   Etwa 80% der japanischen Bevölkerung lebt im Flachland, das etwa 20% des Territoriums einnimmt.

6. In Industriegebieten konzentriert sich die Bevölkerung.
   In dem Industriegebiet zwischen Tokyo und Osaka konzentriert sich die Bevölkerung.
   Besonders in dem Industriegebiet zwischen Tokyo und Osaka konzentriert sich die Bevölkerung.
   Besonders in dem Industriegebiet zwischen Tokyo und Osaka konzentriert sich mehr als die Hälfte der Bevölkerung.

7. Die japanische Bevölkerung nimmt zu.
   Die japanische Bevölkerung nimmt jährlich zu.
   Die japanische Bevölkerung nimmt jährlich um etwa 1% zu.
   Die japanische Bevölkerung nimmt gegenwärtig jährlich um etwa 1% zu.

目	MOKU / BOKU / me — Auge	275 / N 3127 / R 109	目相着
丨冂 / 月月	目	Auge — R 109	目下 · 目次
			面目 · 題目
			科目 · 目立つ

総	SŌ — Gesamt-	276 / N 3567 / R 120/8	総 終 給
〈 幺	幺	kurzer Faden R52 } 糸 Faden R 120	総人口 · 総合大学
亅 小	小	klein R 42	総会 · 総動員
丿	八	acht R 12	総長 · 国民総生産
ㄥ	厶	katakana mu R 28	
丶八心	心	Herz R 61	

湾	WAN — Bucht	277 / N 2627 / R 85/9	湾 求 水 強
丶 丶	氵(水)	Wasser — R 85	台湾
丶 亠 亣 / 亦 亦	亦	wieder	東京湾
㇆ ㇆	弓	Bogen — N 57	

坦	TAN — flach	278 / N 1071 / R 32/5	坦 場 土 在
一 十	土(土)	Erdboden — R 32	平坦
丨冂日	日	Sonne — R 72	
	一	eins — R 1	

対	TAI — gegenüber	279 / N 2067 / R 41/4	対 団 村 特
丶	亠	Deckel R 8 } 文(文) Text R 67	対立
丿	メ	katakana me	対面(交通)
一 寸	寸	Zoll (Maßeinheit) R 41	

実	JITSU mi	tatsächlich Frucht	280 N 1297 R 40/5	実 家 宅
丶 ⺍	宀	Dach	R 40	実力 / 現実
一 二	三	drei		実例 / 実家
ノ	人	Mensch	R 9	実現する

際	SAI kiwa	Zeitpunkt verkehren Grenze	281 N 5018 R 170/11	際 限 奈
㇇ 阝	阝	Festland	R 170	実際 / 国際労働機関
ノ ク 夕	夕(月←肉)	Fleisch R 130	祭 Fest	国際(線) / 学際
フ	又	wieder R 29		
二 亍 示	示	zeigen R 113		国際連合 / 交際

帯	TAI obi	Gürtel	282 N 1474 R 50/7	帯 市 帰
十 卄	卌	dreißig		工業地帯 / 火山帯
	一	eins	R 1	
丨	冖	katakana wa	R 14	安全地帯
丨 冂	巾	Tuch	R 50	連帯

過	KA sugiru	vorbeigehen überschreiten	283 N 4723 R 162/9	過 通 道 連
丨 冂 冂 冎 咼	咼	(kein Graphem)		過去 / 過小生産
丶 ⻌	辶	voranschreiten	R 162	通過 / 過半数
				過度 / 経過

増	ZŌ fueru masu	zunehmen zunehmen	284 N 1137 R 32/ 11	増 坦 地 陸
一 十	土(土)	Erdboden	R 32	増加
丶 ソ	ソ	katakana so		
丨 冂 田	田	Reisfeld	R 102	増産
丨 冂 日	日	Sonne	R 72	激増

加	KA kuwaeru (hin)zufügen	285 N 716 R 19/3	加 動 労 勉
フ	力	Kraft R 19	加工 / 加速度
丨冂	口	Mund R 30	加害者
			加入

率	RITSU Prozentsatz SOTSU vorangehen	286 N 319 R 95/6	率 卒
丶	亠	Deckel R 8 } 玄 tief-gründig R 95	増加率
く幺	幺	kurzer Faden R 52	
玄 [illegible]	[illegible]	(kein Graphem)	成長率
一	十	zehn R 24	百分率

示	SHI JI shimesu zeigen	287 N 3228 R 113	示 社 奈 際
一	二	zwei R 7 } 示 zeigen R 113	示度
亅小	小	klein R 42	

割	KATSU waru teilen	288 N 703 R 18/10	割 制 列 害
丶	宀	Deckel R 40 } 害 Schaden	割合
一十丰	丰	(kein Graphem)	分割
丨冂	口	Mund R 30	
丨	刂(刀)	Schwert R 18	水割り

心	SHIN kokoro Herz	289 N 1645 R 61	心 心 悪 性
ノ八 心	心	Herz R 61	中心 / 安心する
			中心部 / 心中
			中心人物

ANHANG

LAUT- UND SCHRIFTSYSTEM

Übung 2

1d	6n	11f	16n	21g	26f	31i	36d	39g	44f
2e	7c	12g	17e	22d	27i	32e	37i	40e	45c
3e	8h	13i	18g	23f	28b	33f	38j	41f	46g
4j	9d	14e	19c	24j	29c	34c		42b	
5d	10c	15i	20f	25d	30a	35h		43g	

Übung 4

1. a: あ
   ki: -
   o: お
   e: え
   ku: く
   -: こ

2. i: い
   sa: さ
   chi: ち
   ko: -
   se: せ
   to: と
   ki: き
   so: そ
   u: う
   -: た

3. hi: ひ
   to: と
   nu: ぬ
   ki: き
   tsu: つ
   ka: か
   ha: -
   ne: ね
   ni: に
   shi: し
   -: あ

4. mu: む
   yo: よ
   nu: ぬ
   to: と
   e: え
   ho: ほ
   su: す
   se:
   ke: け
   me: め
   -: ま

5. re: れ
   so: そ
   (w)o: を
   fu: -
   no: の
   wa: わ
   yu: ゆ
   ni: に
   ro: ろ
   e: え
   ri: り
   -: み

Übung 7

1. ふたつ
2. ひと
3. すこし
4. ざしき
5. すてる
6. ちかい
7. してき
8. すてき
9. つくる

Übung 8

kein Vokalschwund bei: 3,4,6,10,13,14,20

Übung 13

1. hatten はってん
2. isshin いっしん
3. tekkaku てっかく
4. kappatsu かっぱつ
5. getsumatsu げつまつ
6. missetsu みっせつ
7. hatchō はっちょう
8. kokka こっか
9. gekka げっか
   gekika げきか

10. tekitō	てきとう	11.kakushin	かくしん	12.ritchi	りっち
13. roppun	ろっぷん	14.jisshitsu	じっしつ	15.jitsujō	じつじょう
16. nikkei	にっけい	17.gekkyū	げっきゅう	18.akka	あっか
19. happyō	はっぴょう	20.kokusai	こくさい		

Übung 15

1.	2.	3.	4.	5.
24	58	107	350	398
56	827	120	1031	716
409	1528	3 8	3909	1136
911	2332	3330	4323	2222
2217		3980	4493	2237
2422		4389	5092	2930
2530		4570		3038
2927		5133		3914
3776		5207		4673
3868				
3925				
3956				
4328				
4616				

6.	7.	8.	9.	10.
1249	3272	964	1105	2152
1311	4166	2337	2629	2958
3301		3955	3254	3204
			3333	3994
			4170	4172
			4723	4712
			4892	5063
			Z 1	5309
				Z 2

Übung 16 (Die Ziffern beziehen sich auf die "Stricharten" S.52f)

1.
2.

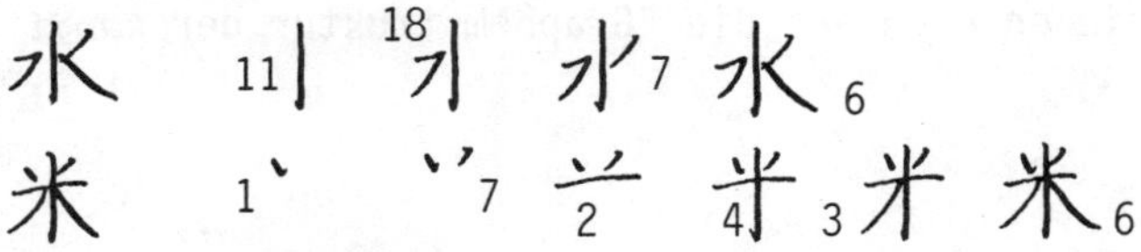

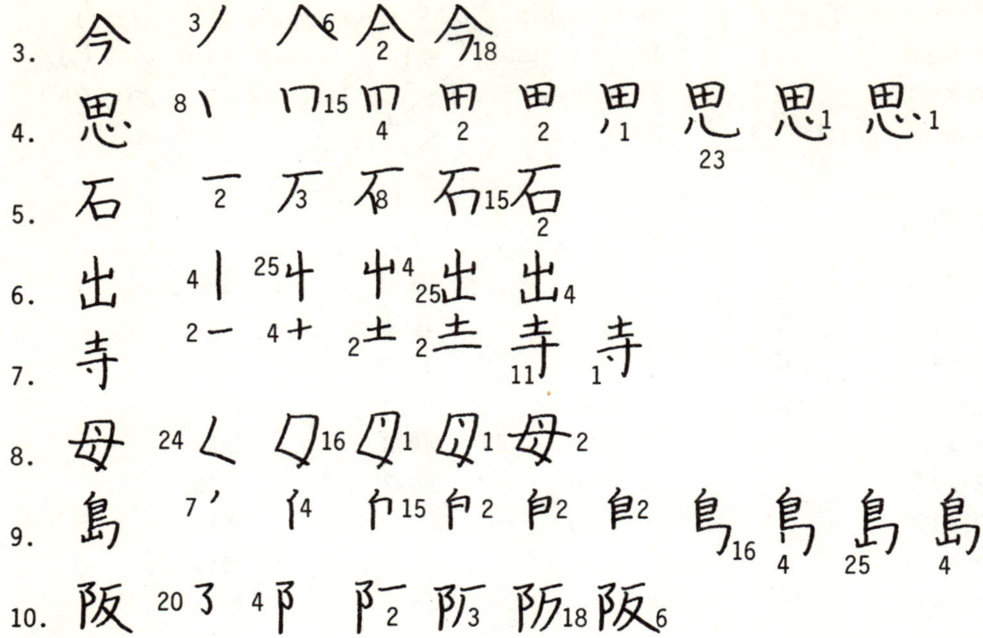

Übung 17 (Die Ziffern beziehen sich auf die "Grundprinzipien der Strichfolge" S.54f)

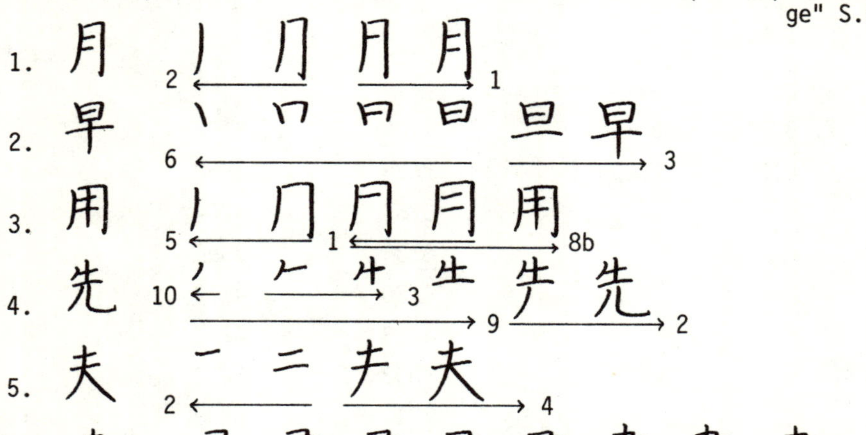

Übung 18 (Die Ziffern beziehen sich auf die "Graphemstruktur der *kanji*" S.58f)

1. 地 土 也 2a
2. 海 氵 𠂉 母 2c

3. 数 米 女 攵 2d
4. 早 日 十 1a
5. 整 束 攵 正 1c
6. 道 首 辶 3b
7. 曜 日 习 习 隹 2c + 1c

LEKTION 1

GRAMMATIKÜBUNGEN

(1) 1.ここはあじあです。2.ここは日本です。3.ここはどいつです。4.ここはようろっぱです。5.ここは東京です。6. ここは京都です。7.ここはあめりかです。8.ここは中国です。9.ここはあふりかです。10.ここは米国です。11.ここはおうすとらりあです。12. ここは広島です。13.ここはふじ山です。14.ここは九州です。15. ここは北海道です。

(2) 1.広島はここです。2.中国はそこです。3.名古屋はここです。4.京都はあそこです。5.九州はそこです。6.ここは米国です。7.そこは大阪です。8.四国はここです。9.あそこはふじ山です。10.日本はそこです。

(3) 1.あめりかはここです。2.朝鮮はここです。3.ソ連はここです。4.大阪はここです。5.本州はここです。

(4) 1.(a)そこは四国です。(b)そこは四国ですか。2.(a)ここは名古屋です。(b)ここは名古屋ですか。3.(a)そこは広島です。(b)そこは広島ですか。4.(a)あそこは大西洋です。(b)あそこは大西洋ですか。5.(a)ここは朝鮮です。(b)ここは朝鮮ですか。

(5) 1. いいえ,そこは朝鮮ではありません。2.いいえ,そこは米国ではありません。3.いいえ,ここは九州ではありません。4.いいえ,ここは北海道ではありません。5.いいえ,あそこはふじ山ではありません。6.いいえ,あそこは長野ではありません。7.いいえ,ここは名古屋ではありません。8.いいえ,そこは日本海ではありません。9. いいえ,そこは太平洋ではありません。10.いいえ,ここはソ連ではありません。

(6) 1.いいえ、そこはあふりかではありません。そこはあじあです。2.いいえ,ここはおうすとらりあではありません。ここはあめりかです。3.いいえ,あそこはどいつではありません。あそこはふらんすです。4.いいえ,そこは中国ではありません。そこは日本です。5. いいえ そこは太平洋ではありません。そこは大西洋です。6.いいえ,あそこは四国ではありません。あそこは本州です。7.いいえ,ここは大阪ではありません。ここは名古屋です。8.いいえ,そこは山口ではありません。そこは秋田です。9.いいえ,そこは広島ではありません。そこは長野です。10.いいえ,ここは日本海ではありません。ここは太平洋です。

(7) 1.東京はあそこです。2.ここは北海道です。3.中国はそこですか。4.いいえ,ここはソ連です。5.中国はどこですか。6.あそこは太平洋ですか。7.いいえ,あそこは日本海です。8.太平洋はどこですか。

ABSCHLUSSÜBUNGEN

(1) 1.いえ 2.いいえ 3.こい 4.うごく 5.ちず 6.あたらしい 7.そしき 8. れきし 9.ふたつ 10.ゆめ 11.ゆうめい 12.ごけい 13.ごうけい 14.しんあい 15.しない 16.はね 17.はんえい 18.こうか 19.こっか 20.はたす

21.はったつ22.しばい23.しっぱい24.はっぴょう

(2) 1.はっけん2.はつめい3.いっしん4.ろっぷん5.はっぴょう6.はっさい7.こくさい8.じっしつ9.しゅくはく10.りっち

(3) 1.東京はそこです。2.大阪はここです。3.いいえ,ここは中国です。4.いいえ,そこは大西洋です。5.九州はあそこです。6.いいえ,ここは本州です。

(4) 1.ここはソ連です。2.そこは京都です。3.東京はあそこです。4.日本海はここですか。5.いいえ,ここは太平洋です。

LEKTION 2

GRAMMATIKÜBUNGEN

(1) 1.それは山です。2.あれは都市です。3.これは道です。4.これは川です。5.それは平地です。6.あれは大陸です。7.それは山地です。8.これは村です。9.それは島です。10.あれは海です。

(2) 1.いいえ,それは村ではありません。それは都市です。2.いいえ,あれは川ではありません。あれは海です。3.いいえ,これは島ではありません。これは山です。4.いいえ,これは平地ではありません。これは山地です。5.いいえ,それは島ではありません。それは大陸です。

(3) 1.本州は島です。2.太平洋は海です。3.ふじ山は山です。4.あじあは大陸です。5.関東は平地です。

(4) 1.東京は日本の都市です。2.どいつはようろっぱの国です。3.らいんはようろっぱの川です。4.あるぷすはようろっぱの山地です。5.北海道は日本の島です。

(5) 1.いいえ,大阪は朝鮮の都市ではありません。大阪は日本の都市です。2.いいえ,いんどはあふりかの国ではありません。いんどはあじあの国です。3.いいえ,あるぷすは米国の山地ではありません。あるぷすはようろっぱの山地です。4.いいえ,らいんは中国の川ではありません。らいんはようろっぱの川です。5.いいえ,四国はいんどねしあの島ではありません。四国は日本の島です。

(6) 1.これは都市です。2.太平洋は海です。3.ようろっぱは島ではありません。4.ようろっぱは何ですか。5.ようろっぱは大陸です。6.大阪は日本の都市です。7.九州はいんどねしあの島ではありません。8.中国はあふりかの国ではありません。9.山口はどこの都市ですか。10.北海道はどこの島ですか。

ABSCHLUSSÜBUNGEN

(1) 1.だいとうりょう2.しゅっぱんしゃ3.だいひょうしゃ4.しちょう5.まいにちしんぶん6.とうかいどう7.じゅうみんうんどう8.ちつじょ9.しょうりゃく10.けんきゅうじょ

(2) 1.ろっぷん2.せっけん3.あっか4.はっちょう5.かっぱつ6.にっけい7.せきにん8.ざっし9.しきてん10.にっちゅう

(3) 1.九州は島です。2.九州は日本の島です。3.べるりんは都市です。4.べるりんはどいつの都市です。5.あるぷすはあじあの山地ではありません。あるぷすはようろっぱの山地です。6.らいんはソ連の川ではありません。らいんはようろっぱの川です。
(4) 1.ここは名古屋です。2.名古屋は日本の都市です。3.名古屋は本州の都市です。4.名古屋は関東の都市ではありません。5.ようろっぱは国ですか。6.いいえ,ようろっぱは国ではありません。ようろっぱは大陸です。7.関東は何ですか。8.関東は平地です。9.関東はどこですか。10.関東は本州の平地です。

LEKTION 3

GRAMMATIKÜBUNGEN

(1) 1.今日は月曜日です。2.今日は木曜日です。3.今日は土曜日です。4.今日は火曜日です。5.今日は日曜日です。6.今日は月曜日です。7.今日は日曜日です。8.今日は木曜日です。9.今日は金曜日です。10.今日は水曜日です。
(2) 1.あしたは土曜日です。2.あしたは火曜日です。3.あさっては木曜日です。4.あさっては月曜日です。
(3) 1.きのうは水曜日でした。2.きのうは土曜日でした。3.おとといは水曜日でした。4.おとといは日曜日でした。
(4) 1.あさっては水曜日です。2.きのうは金曜日でした。3.おとといは火曜日でした。4.あしたは木曜日です。
(5) 1.水曜日はきのうでした。2.月曜日はあさってです。3.日曜日はおとといでした。4.月曜日はあしたです。5.月曜日はおとといでした。6.日曜日はあさってです。7.火曜日はあしたです。8.火曜日はおとといでした。
(6) 1.いいえ,今日は土曜日ではありません。今日は木曜日です。2.いいえ,今日は木曜日ではありません。今日は金曜日です。3.いいえ,今日は月曜日ではありません。今日は日曜日です。4.いいえ,あしたは水曜日ではありません。あしたは火曜日です。5.いいえ,きのうは木曜日ではありませんでした。きのうは水曜日でした。

ABSCHLUSSÜBUNGEN

(1) 1.れきし2.たいしかん3.ひとつ4.さんぎょう5.けんさ6.けんきゅうじょ7.としょかん8.きょうかしょ9.みっせつ10.けっきょく
(2) 1.けっこん2.みっせつ3.ちゃくりく4.りっち5.ろっぴゃく
(3) 1.ふじ山は山です。2.ふじ山は日本の山です。3.日本はあじあの国です。4.わしんとんは都市です。5.わしんとんは米国の都市です。6.米国はあめりかの国です。7.日本海は海です。8.日本海はあじあの海です。9.いいえ,九州は日本の川ではありません。九州は日本の島です。10.いいえ,関東は村ではありません。関東は平地です。11.いいえ,名古屋は中国の都市ではありません。名古屋は日本の都市です。12.いいえ,朝鮮はあふりかの島ではありません。朝鮮はあじあの国です。13.いいえ,ふじ山は海ではありません。ふじ山は山です。14.きのうは火曜日でした。15.いいえ,あさっては木曜日ではありません。あさっては金曜日です。16.木曜日はあしたです。17.月曜日はおとといでした。18.今日は水曜日です。19.あさっては木曜日です。20.月曜日はきのうでした。

(4) 1.あしたは金曜日ですか。2.いいえ,あしたは木曜日です。3.金曜日はいつですか。4.金曜日はあさってです。5.今日は水曜日ですか。6.はい,今日は水曜日です。7.月曜日はいつでしたか。8.月曜日はおとといでした。9.木曜日はきのうでしたか。10.いいえ,木曜日はあしたです。

LEKTION 4

GRAMMATIKÜBUNGEN

(1) 1.いいえ,それは本ではありません。それは新聞です。2.いいえ,あれは雑誌ではありません。あれは教科書です。3.いいえ,これは小説ではありません。これは論文です。4.いいえ,それは文字ではありません。それは数字です。

(2) 1.いいえ,教科書ではありません。小説です。2.いいえ,数字ではありません。文字です。3.いいえ,本ではありません。雑誌です。4.いいえ,小説ではありません。論文です。

(3) 1.上海は中国の大都市です。しかし,中国の首都ではありません。2. Japan Times は日本の新聞です。しかし,日本語の新聞ではありません。3.田中さんは学生です。しかし,東京大学の学生ではありません。4.これは教科書です。しかし,日本語の教科書ではありません。

(4) 1.中国もあじあの国です。2.九州も日本の島です。3.かたかなも日本語の文字です。4.毎日新聞も日本の新聞です。

(5) 1.いいえ,北京は日本の都市ではありません。中国の都市です。2.いいえ,英国はあじあの島国ではありません。ようろっぱの島国です。3.いいえ,ろうま字は日本の文字ではありません。ようろっぱの文字です。4.いいえ,The Times は日本の新聞ではありません。英国の新聞です。

(6) 1.四国も九州も日本の島です。2.名古屋も京都も日本の大都市です。3.北京も上海も中国の大都市です。4.朝日新聞も毎日新聞も日本の新聞です。

(7) 1.大阪も名古屋も日本の首都ではありません。2.中国も朝鮮もようろっぱの国ではありません。3.朝日新聞も毎日新聞も中国語の新聞ではありません。4.ひらがなもかたかなも中国の文字ではありません。

(8) 1.日本は島国です。しかし,朝鮮は島国ではありません。2.ひらがなは日本の文字です。しかし,ろうま字は日本の文字ではありません。3.あるぷすはようろっぱの山地です。しかし,ひまらやはようろっぱの山地ではありません。4.あしたは金曜日です。しかし,あさっては金曜日ではありません。

(9) 1.教科書も小説も本です。2.朝日新聞も毎日新聞も日本の新聞です。3.ひらがなもかたかなも中国の文字ではありません。4.大阪も名古屋も日本の首都ではありません。5.これは小説ではありません。日本語の教科書です。6.これは教科書です。しかし,日本語の教科書ではありません。7.大阪は日本の大都市です。しかし,日本の首都ではありません。8.ひらがなは文字です。しかし,中国の文字ではありません。日本の文字です。

ABSCHLUSSÜBUNGEN

(1) 1.てきとう 2.きょういく 3.ぎょぎょう 4.もんだいせってい 5.ちいきかいはつ 6.さっそく 7.ざせつ 8.せざる 9.きそく 10.かぞく

(2) 1.ほっかい 2.こくさい 3.がっこう 4.はくちょう 5.ろっぽう 6. こくほう 7.さっきょく

(3) 1.東海道 とうかいどう (Region zw.Tokyo u.Osaka) 2.東北 とうほく (Nordteil von Honshu) 3.国道 こくどう Netionalstraße 4.大国 たいこく Großmacht 5.陸地 りくち Festland 6.火山 かざん Vulkan 7.国土 こくど Staatsgebiet 8.書道 しょどう Kalligraphie 9.日数 にっすう Anzahl an Tagen 10.新書 しんしょ Taschenbuch

(4) Die Beantwortung der Fragen 1-4 ist vom aktuellen Datum abhängig: 1.(今日は)水曜日です。2.(おとといは)月曜日でした。3. z.B. 木曜日:(木曜日は) あしたです。4. z.B. 火曜日:(火曜日は)きのうでした。5.(いんどは)あじあの国です。6.いいえ,(英国は)あじあの国ではありません。7.ようろっぱの国です。8.(京都は)日本の都市です。9.いいえ,日本の首都ではありません。10.(日本の首都は)東京です。11.大阪は日本の大都市です。しかし,上海は日本の大都市ではありません。12.(上海は)中国の大都市です。

(5) 1.朝日新聞も毎日新聞も日本の新聞です。2.大阪も名古屋も日本の首都ではありません。3.これは日本語の本です。しかし,日本語の教科書ではありません。小説です。4.Japan Times は日本の新聞です。しかし,日本語の新聞ではありません。

LEKTION 5

GRAMMATIKÜBUNGEN

(1) 1.彼はいんど人です。2.本田さんは米国人です。3.彼女は中国人です。4.私はどいつ人です。5.あなたはふらんす人です。

(2) 1.これはきのうの新聞です。2.あれは私の本です。3.これは日本語の教科書です。4.自由大学はべるりんの大学です。5.あれは月曜日の新聞です。6.私の教科書はこの本です。

(3) 1.その建物はソ連の大使館です。2.あの建物は工場です。3.この建物は日本銀行です。4.その建物は図書館です。5.あの建物は研究所です。

(4) 1.あの教科書は田中さんのです。2.あの英語の教科書は田中さんのです。3.この本はあなたのです。4.その雑誌はだれのですか。5.この新聞は月曜日のです。6.あの新聞はどこのですか。

(5) 1.いつが木曜日ですか 2.どこが中国の首都ですか。3.どれが日本語の教科書ですか。4.どの建物が日本銀行ですか。5.どれが大学の図書館ですか。6.だれが英国の首相ですか。

(6) 1.あさってが水曜日です。2.福田が日本の首相です。3.それが日本語の教科書です。4.あの建物が英国の大使館です。5.この部屋が教室です。6.それがきのうの毎日新聞です。7.北京が中国の首都です。

(7) 1.この建物がどいつ語の学校です。2.私の研究所はそこです。3.Japan Timesが英語の新聞です。4.大学の図書館はあの建物です。5.おとといが月曜日でした。

(8) 1.だれが日本の首相ですか。／日本の首相はだれですか。2.どれがきのうの新聞ですか。／きのうの新聞はどれですか。3.どこが中国の首都ですか。／中国の首都はどこですか。4.どの建物が日本銀行ですか。／日本銀行はどの建物ですか。5.いつが金曜日ですか。／金曜日はいつですか。6.それは何ですか。7.それは何の本ですか。8.これはだれの教科書ですか。9.この雑誌はどこのですか。10.あれは何の建物ですか。

ABSCHLUSSÜBUNGEN

(1) 1.たんい 2.さんぎょう 3.さぎょう 4.かんがえる 5.かがみ 6.しちょう 7.くやくしょ 8.くさい 9.れきし 10.りれきしょ

(2) 1.えきちょう 2.しきてん 3.せっけん 4.てきせい 5.けっか 6.しきしゃ 7.てっかく

(3) 1.地図 ちず Landkarte 2.広場 ひろば Platz 3.名物 めいぶつ spezielles Produkt (eines Orts) 4.日中 にっちゅう japanisch-chinesisch 5.日ソ にっそ japanisch-sowjetisch 6.行使 こうし Anwendung,Einsatz 7.銀山 ぎんざん Silbermine 8.工科 こうか technische Wissenschaften 9.市場 しじょう／いちば Markt 10.新人 しんじん Neuling

(4) 1.(いんどは)あじあの国です。2.いいえ,(英国は)あじあの国ではありません。3.ようろっぱの国です。4.(さっぽろは)日本の都市です。5.北海道の都市です。6.いいえ,日本の首都ではありません。7.東京が日本の首都です。8.いいえ,(私は)米国人ではありません。9.どいつ人です。10.はい,学生です。11. . . 大学の学生です。12.福田が日本の首相です。13.北京が中国の首都です。

(5) Tanaka ist ein Student. Er studiert an der Universität Osaka (Er ist Student der Universität Osaka).Osaka ist eine japanische Stadt,aber es ist nicht die Hauptstadt Japans. Dies hier ist Tanaka's Buch.Es ist ein Lehrbuch.Was für ein Lehrbuch? Ein Chinesisch-Lehrbuch. Ist dies dort auch ein Chinesisch-Lehrbuch? Nein,das ist kein Chinesisch-Lehrbuch,sondern eins der französischen Sprache. Gehört diese Zeitung ebenfalls Tanaka? Nein sie gehört nicht Tanaka, sondern Honda.Von wann ist sie? Von vorgestern.

LEKTION 6

GRAMMATIKÜBUNGEN

(1) 1.この建物は大きいです。2.その漢字は難しいです。3.あの道は狭いです。4.その電車ははやいです。5.その部屋は広いです。6.この外国の雑誌は安いです。7.あの歴史学の論文は新しいです。

(2) 1.いいえ,難しくありません。易しいです。2.いいえ,良くありません。悪いです。3.いいえ,広くありません。狭いです。

4.いいえ,近くありません。遠いです。5.いいえ,新しくありません。古いです。

(3) 1.物価は高かったてす。2.図書館は遠かったてす。3.その漢字は易しかったてす。4.日本の都市の交通は激しかったてす。5.日本の経済成長は著しかったてす。

(4) 1.日本語は難しいてす。2.大都市の交通は激しいてす。3.ソ連の国土は広いてす。4.物価は安くありません。5.彼の論文は悪くありません。6.外国の生活は難しかったてす。7.日本の経済成長は著しかったてす。8.そこの道は良くありませんでした。9.あの電車ははやくありませんでした。10.その部屋は広くありませんでした。

(5) 1.ひらがなが易しいです。2.漢字が難しいてす。3.大学図書館が遠いてす。4.日本の物価が高いてす。5.日本の大都市の交通が激しいてす。

(6) 1.ぱりやろうまはようろっぱの首都てす。2.日本や英国は島国てす。3.朝日新聞や毎日新聞は日本の新聞てす。4.大阪や名古屋は日本の工業都市てす。5.自民党や社会党は日本の政党てす。6.ひらがなやかたかなは難しくありません。7.中国や日本は遠いてす。8.研究所や図書館は近いてす。9.外国の新聞や雑誌は安くありません。10.ソ連や中国の国土は広いてす。

(7) 1.この漢字は易しいてすか。いいえ,難しいてす。その漢字はどうてすか。これも難しいてす。どの漢字が易しいてすか。それが難しくありません。2.ひらがなは難しいてすか。いいえ,難しくありません。かたかなは難しいてすか。いいえ,ひらがなもかたかなも難しくありまてん。どの文字が難しいてすか。漢字が難しいてす。漢字はどこの文字てすか。中国の文字てす。
3.大都市の生活はどうてすか。難しいてす。交通は激しいてす。道は遠いてす。物価は高いてす。

ABSCHLUSSÜBUNGEN

(1) 1.本土 ほんど Mutterland 2.水道 すいどう Wasserleitung 3.数日 すうにち mehrere Tage 4.数学 すうがく Mathematik 5.学説 がくせつ Lehrmeinung 6.国語 こくご Landessprache 7.工学 こうがく Ingenieurwissenschaften 8.場所 ばしょ Ort,Stelle 9.高校 こうこう (Abk.) Sekundärstufe II d.jap.Schulsystems 10.国電 こくでん (staatliche) Stadtbahn

(2) 1.いいえ,日本の首都ではありません。2.東京が日本の首都てす。3.いいえ,英語の新聞てはありません。4.Japan Times が英語の新聞てす。5.いいえ,日本の政党てはありません。6.自民党や社会党が日本の政党てす。

(3) 1.いいえ,易しくありません。難しいてす。2.いいえ,狭くありません。広いてす。3.いいえ,近くありません。遠いてす。4.いいえ,安くありませんてした。高かったてす。5.いいえ,悪くありませんてした。良かったてす。

(4) a. abhängig vom aktuellen Datum,z.B. Mittwoch:
火曜日のです。
b.東京が日本の首都です。
(5) 1.日本の物価はどうですか。高いです。外国の新聞は安いですか。いいえ,高いです。本は安いですか。いいえ,本も高いです。何が安いですか。2.京都はどうですか。京都は工業都市ではありません。京都の歴史は古いです。しかし,その都市の交通も激しいです。物価は安くありません。3.ひらがなは難しいですか。いいえ,易しいです。しかし,漢字は難しいです。漢字はどこの文字ですか。中国の文字です。しかし,中国語や日本語の文字です。かたかなも中国の文字ですか。いいえ,ひらがなもかたかなも日本(語)の文字です。

LEKTION 7
GRAMMATIKÜBUNGEN

(1) 1.あれははやい電車です。2.これは古い雑誌です。3.あれは良い道です。4.これは易しい漢字です。5.それは狭い部屋です。
(2) 1.それは良い論文です。2.あそこは悪い道でした。3.かたかなは易しい文字です。4.東京は大きな都市です。5.図書館は高い建物です。
(3) 1.これははやい電車ではありません。2.それは難しい漢字ではありません。3.あれは広い部屋ではありません。4.あれは大きな都市ではありません。5.それは新しい教科書ではありません。
(4) 1.あれは狭い道でした。2.これは安い新聞でした。3.あれは長い論文でした。4.あれは広い川でした。5.それは古い建物でした。
(5) 1.あれは外国の高い雑誌です。2.漢字は中国の古い文字です。3.これは経済学の新しい論文です。4.京都は日本の古い都市です。5.新幹線は日本のはやい鉄道です。
(6) 1.ひらがなは日本の易しい文字です。／ひらがなは易しい日本の文字です。2.漢字は中国の難しい文字です。／漢字は難しい中国の文字です。3.これは日本語の新しい教科書です。／これは新しい日本語の教科書です。4.日本の経済成長は著しかったです。5.大きな都市の交通は激しいです。6.京都は日本の古い都市です。7.朝日新聞は日本の大きな新聞です。
(7) 1.日本は国土の狭い国です。2.日本は経済成長の著しい国です。3.日本は経済力の強い国です。4.東京は生活の難しい都市です。5.東京は人口の多い都市です。6.東京は道の狭い都市です。7.日本語は文字の難しい言語です。8.日本語は歴史の古い言語です。9.日本語は文法の易しい言語です。
(8) 1.東京と大阪は人口の多い都市です。2.日本と<u>どいつ</u>は国土の狭い国です。3.中国語と<u>らてん</u>語は歴史の古い言語です。4.日本と<u>すいす</u>は平地の少ない国です。5.日本語と英語は文法の易しい言語です。6.日本と<u>どいつ</u>は経済成長の著しい国でした。
(9) 1.工業都市でもあります。2.日本語の文字でもあります。3.小説でもありません。4.大西洋でもありません。5.京都でもありません。6.毎日新聞でもありません。

(10) 1.易しいのは英語です。2.近いのは図書館です。3.安いのは雑誌です。4.国土の狭いのは日本です。5.人口の少ないのはすいすです。

ABSCHLUSSÜBUNGEN

(1) 1.電力 でんりょく elektrische Energie 2.法人 ほうじん juristische Person 3.漢語 かんご sino-japanisches Wort 4.文通 ぶんつう Briefwechsel 5.力車 りきしゃ Rikscha 6.力学 りきがく Dynamik 7. 本社 ほんしゃ Zentrale,Hauptverwaltung 8.外交 がいこう Diplomatie 9.悪業 あくぎょう schlechte Tat 10.言論 げんろん Rede,Meinungsäußerung

(2) 1.(東京は)日本の都市です。2.(東京は)大きな都市です。3.(漢字は)中国の文字です。4.(漢字は) 難しい文字です。5.(日本語の文法は)易しいです。6.(日本語は)文法の易しい言語です。7.(東京の生活は)難しいです。8.(東京は)生活の難しい都市です。9.(京都は)歴史の古い都市です。10.(ソ連は)人口の多い国です。

(3) 1. *Kanji* sind alte chinesische Schriftzeichen. 2.Tokyo ist eine Stadt mit hoher Bevölkerungszahl. 3.Dies ist Tanaka's Aufsatz. 4.Kyoto ist eine Stadt mit wenig Fabriken. 5.Japan ist kein Land mit niedrigen Preisen. 6.Das ist nicht die neue Universitätsbibliothek.

(4) 1.東京は日本の都市です。しかし,北京は日本の都市ではありません。中国の都市です。2.漢字は中国の文字です。しかし,かたかなは中国の文字ではありません。日本の文字です。3.名古屋は日本の工業都市です。しかし,京都は日本の工業都市ではありません。工場の少ない都市です。4.日本はあじあの島国です。しかし,朝鮮は島国ではありません。あじあ大陸の国です。5.社会党は日本の政党です。しかし,SPDは日本の政党ではありません。どいつの政党です。

LEKTION 8

GRAMMATIKÜBUNGEN

(1) 1.日本には平地が少ないです。2.今日の大会には学生が多かったです。3.どいつには資源が少ないです。4.ようろっぱの言語には外来語が多いです。5.工科大学には外国人の学生が多いです。6.東南あじあには日本の企業が多いです。7.この図書館には日本の雑誌が少ないです。8.日本には交通の激しい大都市が多いです。9.ようろっぱには文法の難しい言語が少なくありません。10.経済成長の著しい国には外国人労働者が多いです。

(2) 1.日本語には外来語が多いです。2.あの研究所には教室が少ないです。3.米国には大企業が多いです。4.中国には資源が多いです。5.名古屋には古い建物が少ないです。6.日本の首都には外国の企業が多いです。

(3) 1.工業都市は関東に多いです。2.外来語はふらんす語に多いです。3.石油は中東に多いです。4.文字の難しい言語はあじあに多いです。5.社会問題は工業国に多いです。6.私立大学は日本や米国に多いです。7.歴史の古い都市はようろっぱに多いです。8.外国人労働者は経済力の強い国に多いです。

(4) 1.日本にもどいつにも資源が少ないです。2.ふらんす語にも日本語にも外来語が多いです。3.日本にもどいつにも中小企業が多いです。4.米国にも日本にも私立大学が多いです。5.あめりかにもあじあにも国土の広い国が多いです。6.あふりかにもあじあにも経済力の強い国が少ないです。7.あじあにもあふりかにも人口問題の難しい国が多いです。

(5) 1.日本や米国には私立大学が多いです。2.中東やソ連には石油が多いです。3.日本やすいすには平地が少ないです。4.大阪やべるりんには歴史の古い建物が少ないです。5.関東や関西には工業都市が多いです。6.工業国や人口の多い国には社会問題が少なくありません。

(6) 1.東京には外国の企業がたくさんあります。2.この教科書には難しい漢字がほとんどありません。3.東南あじあには資源がたくさんあります。4.この大学の図書館には日本の雑誌がほとんどありません。5.そこには中世の建物がたくさんあります。6.南米には経済力の強い国がほとんどありません。

(7) 1.日本の大学には東南あじあの学生がたくさんいます。2.どいつには外国人労働者がたくさんいます。3.中国の大学にはどいつ人の学生がほとんどいません。4.この大会には学生がほとんどいません。5.日本には朝鮮人がたくさんいます。

(8) 1.日本には資源が少ないです。2.どいつにも資源がほとんどありません。3.日本語には外来語が多いです／たくさんあります。4.日本の大学には外国人がほとんどいません。5.人口の多い国には社会問題が多いです／たくさんあります。6.外国人の少ない日本には英語の新聞が多いです／たくさんあります。

ABSCHLUSSÜBUNGEN

(1) 1.学問 がくもん Wissenschaft 2.来日 らいにち Japanbesuch 3.中立 ちゅうりつ Neutralität 4.南海 なんかい Südsee 5.労相 ろうしょう Arbeitsminister 6.近世 きんせい Neuzeit 7.語源 ごげん Wortwurzel 8.多数 たすう Mehrheit 9.成立 せいりつ Entstehung 10.資本 しほん Kapital

(2) 1.いいえ,(日本には)資源が多くありません。少ないです。2.いいえ,(東京は)外国の企業の少ない都市ではありません。外国の企業の多い都市です。3.いいえ,(日本には)外国人労働者がたくさんいません。少ないです。4.いいえ,(南米には)経済力の強い国が多くありません。少ないです。5.いいえ,(日本語は)外来語の少ない言語ではありません。外来語の多い言語です。

(3) 1.(石油は)中東／ソ連／中国に多いです。2.(外来語は)日本語／ふらんす語/どいつ語に多いです。3.(社会問題は)工業国／人口の多い国　に多いです。4.(外国人労働者は)工業国／経済力の強い国　に多いです。

(4) 1.大阪は都市です。大阪は大きな都市です。大阪は大都市です。大阪は日本の大きな都市です。大阪は日本の大都市です。
2.大阪は日本の工業都市です。大阪は日本の大きな工業都市です。大阪は関西の工業都市です。大阪は人口の多い工業都市です。
3.英国は国です。英国はようろっぱの国です。英国には資源が少ないです。英国は資源の少ない国です。英国は資源の少ないようろっぱの国です。

(5) 1.工場はどこに多いですか。工業都市に多いです。2.日本とどいつには何がほとんどありませんか。資源がほとんどありません。
3.石油はどの国に多いですか。米国やソ連や中国に多いです。4.社会問題はどういう国に多いですか。人口の多い国に多いです。
5.日本にはどういう大学が多いですか。私立大学が多いです。

LEKTION 9

GRAMMATIKÜBUNGEN

(1) 1.太平洋は日本の東にあります。2.京都は大阪の北にあります。
3.日本はあじあ大陸の東にあります。4.ふじ山は東京の西にあります。5.川崎は東京の近くにあります。

(2) 1.本州の北には北海道があります。2.東京の西にはふじ山があります。3.日本の東には太平洋があります。4.あじあ大陸の東には日本があります。5.京都の近くには大阪があります。

(3) 1.大学の近く 2.山の上 3.つくえの下 4.学校の前 5.あの建物の後ろ
6.私の右 7.駅の左 8.電車の中 9.政党の外 10.研究所と図書館の間

(4) 1.日本海は日本の西の海です。2.名古屋は東京と大阪の間の都市です。3.あれは大学の近くの本屋です。4.あれは駅の前の銀行です。
5.ふらんす大使館は学校の右の建物です。

(5) 1.その研究所には大きな教室が八つあります。2.日本には大きな島が四つあります。3.日本には部数の多い新聞が三つあります。
4.このつくえの上には雑誌が六つあります。5.日本には党員の多い政党が五つあります。

(6) 1.この研究所にはらぼが三つあります。2.大学の近くには本屋が六つあります。3.日本には面積の広い島が四つあります。4.駅の前には銀行が五つあります。5.日本には大都市が十あります。

(7) 1.男性は八人います。2.女性は五人います。3.労働者は七人います。4.先生は二人います。5.外国人の学生は一人います。

(8) 1.四つの大きな島はあります。2.三人の学生はいます。3.八つの英語の新聞はありました。4.八人の女性はいました。5.二人の学校の先生はいました。

(9) 1.いいえ,大学の図書館には日本の新聞は一つもありません。2.いいえ,日本には公害の少ない大都市は一つもありません。

3.自民党の大会には外国の政治家は一人もいませんでした。4.駅の前には銀行は一つもありません。5.その学会には日本の学者は一人もいませんでした。

(10) 1.政党には自民党や社会党や共産党などがあります。2.工業都市には北九州や川崎などがあります。3.大きな島には北海道や本州などがあります。4.人口の多い国には中国やいんどやソ連などがあります。5.文字には漢字やひらがなやろうま字などがあります。

(11) 1.漢字には難しいのも易しいのもあります。2.言語には文法の難しいのも易しいのもあります。3.新聞には日本語のも英語のもあります。4.大学には私立のも国立のもあります。

(12) 1.日本の新聞には日本語のも英語のもあります。2.あじあの国には資源の多いのも少ないのもあります。 3.あふりかの国には国土の広いのも狭いのもあります。4.日本の大学には私立のも国立のもあります。

(13) 1.あります 2.あります 3.います 4.あります 5.いません 6.いません 7.ありません 8.あります 9.あります 10.あります

ABSCHLUSSÜBUNGEN

(1) 1.生産 せいさん Produktion 2.会員 かいいん (Vereins-)Mitglied 3.国家 こっか Staat 4.水害 すいがい Wasserschaden 5.中間 ちゅうかん Zwischen- 6.公社 こうしゃ Staatsbetrieb 7.名前 なまえ Name 8.産業 さんぎょう Industrie 9.立地 りっち Standort 10.海産物 かいさんぶつ Meeresprodukt

(2) 1.(日本には)漢字とひらがなとかたかながあります。2.いいえ,(日本には大きな島が)多くありません。3.(大きな島は)四つあります。4.(大きな島には)本州や九州などがあります。／本州と九州と北海道と四国があります。5.はい,(日本には政党が)あります。6.(大きな政党は)五つあります。7.(大きな政党には)自民党や社会党や共産党などがあります。8.はい,(日本には英語の新聞が)あります。9.いいえ,(どいつには日本語の新聞が)ありません。10.(日本の部数の多い新聞には)朝日新聞や毎日新聞などがあります。11.いいえ,(日本は)あじあ大陸の東にあります。12.いいえ,(日本の西の海は)太平洋ではありません。日本海です。13.(東京の近くには)川崎などがあります。14.いいえ,(朝鮮は)日本の東ではありません。日本の西です。15.(学生は)三人います。16.三人の学生がいます。17.(東京駅の前には)たくさんの銀行があります。18.(外国の銀行は)一つもありません。19.(この建物の中には)九つの教室や二つのらぼなどがあります。20.いいえ,(図書館にはらぼは)一つもありません。

(3) 1.川崎は工業都市です。川崎は関東の工業都市です。川崎は大企業の多い工業都市です。川崎は外国の大企業の少ない工業都市です。川崎は外国の大企業の少ない関東の工業都市です。
2.太平洋や日本海などの海があります。日本の近くには太平洋や日本海などの海があります。日本の近くの海には太平洋や日本海などがあります。
3.図書館にはだれがいますか。二人の先生がいます。教室にも先生がいますか。いいえ,そこには学生がいます。学生は何人いますか。25人います。らぼには学生は何人いますか。一人もいません。

LEKTION 10

GRAMMATIKÜBUNGEN

(1) 1.入る 2.ある 3.行く 4.いる 5.勤める 6.残業する
(2) 1.います 2.入ります 3.行きます 4.残業します 5.あります 6.勤めます
(3) 1.行きました 2.残業します 3.います 4.入りました 5.あります
(4) 1.います 2.入りません 3.勤めます 4.行きます 5.残業しません
(5) 1.私は学校へ行きます。2.私は図書館へ行きます。3.私は歴史学研究所へ行きます。4.私は会社へ行きます。5.私はラボへ行きます。6.私は中国の大使館へ行きます。7.私は東京駅の前の銀行へ行きます。8.私は学校の近くの本屋へ行きます。9.私は米国へ行きます。10.私はソ連へ行きます。
(6) 1.私は毎日研究所へ行きます。2.私はあさって銀行へ行きます。3.私は土曜日に本屋へ行きます。4.私は来年米国へ行きます。5.私は午後大会へ行きます。
(7) 1.彼は来年アメリカへ行きます。2.田中さんは去年電気製品の会社に入りました。3.私は毎日学校に通います。4.あなたはおととい残業しましたか。5.山田さんはきのう大会へ行きましたか。
(8) 1.田中さんは1972年から東京にいます。2.日本の首相はおとといから北京にいます。3.あの人は三月から図書館に勤めています。4.本田さんは去年から外国の銀行に勤めています。5.あの中国人の学生は七月からロンドンにいます。
(9) 1.山田さんは午前九時から十一時まで図書館にいます。2.日本の首相は午後三時から四時まで自民党の大会にいました。3.私は午前七時から十二時まで研究所にいます。4.田中さんは午前九時から午後五時まで会社にいます。5.あの学生は毎日午前十時から午後三時まで図書館にいます。
(10) 1.山田さんは五年間ドイツにいました。2.あの人は七年間銀行に勤めています。3.前田さんは三時間図書館にいます。4.田中さんは土曜日に二時間残業しました。5.学生は毎日一時間ラボにいます。
(11) 1.この電車はどこへ行きますか。大阪へ行きます。2.あなたも名古屋まで行きますか。3.あなたはいつからこの会社に勤めていますか。4.あなたは何カ月日本にいましたか。5.あなたは何時まで図書館にいますか。6.日本には島はいくつありますか。7.北九州はどの島にありますか。8.工業国にはどういう問題が多いですか。9.東京の生活はどうですか。10.東京の南には何という大都市がありますか。
(12) 1.だれが午前十時に銀行へ行きましたか。田中さんは何時に銀行へ行きましたか。田中さんは午前十時にどこへ行きましたか。

2.だれが大学卒業の後会社に入りましたか。前田さんはいつ会社に入りましたか。前田さんは大学卒業の後どこに入りましたか。
3.だれが月曜日から金曜日まで夜八時まで残業しますか。彼はいつ/何曜日から何曜日まで/夜八時まで残業しますか。彼は月曜日から金曜日まで何時まで残業しますか。4.だれがきのう三時間図書館にいましたか。あなたはいつ三時間図書館にいましたか。あなたは きのう何時間図書館にいましたか。あなたはきのう三時間どこにいましたか。5.何が先週まで大学の前の本屋にありましたか。どういう教科書が先週まで大学の前の本屋にありましたか。何の古い教科書が先週まで大学の前の本屋にありましたか。外国語の古い教科書はいつまで大学の前の本屋にありましたか。外国語の古い教科書は先週までどこにありましたか。外国語の古い教科書は先週までどこの本屋にありましたか。6.ラボにはだれがいますか。ラボには学生が何人いますか。15人の学生はどこにいますか。7.今年の社会党の大会にはだれがいましたか。今年の社会党の大会には外国人は何人いましたか。二人の外国人はどこにいましたか。二人の外国人はいつの社会党の大会にいましたか。二人の外国人は今年のどの政党の大会にいましたか。8.ヨーロッパには何がありますか。ヨーロッパにはどういう国がありますか。社会問題の多い国はどこにありますか。
9.工場の多い関東には何がありますか。工場の多い関東にはどういう問題がありますか。工場の多い関東には何の難しい問題がありますか。公害などの難しい問題はどこにありますか。10.だれが1972年から東京の電気製品の会社に勤めていますか。田中さんはいつから/何年から/東京の電気製品の会社に勤めていますか。田中さんは1972年からどこに勤めていますか。田中さんは1972年から何の会社に勤めていますか。田中さんは1972年からどこの電気製品の会社に勤めていますか。

ABSCHLUSSÜBUNGEN

(1) 1.通勤 ツウキン zur Arbeit gehen 2.通学 ツウガク zur Schule gehen, Schulbesuch 3.入国 ニュウコク Einreise 4.入学 ニュウガク Eintritt in eine Schule, Immatrikulation 5.入社 ニュウシャ Eintritt in eine Firma 6.勤労者 キンロウシャ Arbeitnehmer 7.給電 キュウデン Stromversorgung 8.給油 キュウユ Ölversorgung 9.入場 ニュウジョウ Eintritt (bei Veranstaltungen) 10.入口 いりぐち Eingang

(2) 1.bus 2.bed 3.taxi 4.text 5.restaurant 6.Uran 7.lesson 8.rocket 9.king 10.drive

(3) 1.十三 ジュウサン 2.三十五 サンジュウゴ 3.五十六 ゴジュウロク 4.七十二 なな(シチ)ジュウニ 5.九十九 キュウジュウキュウ 6.百二十五 ヒャクニジュウゴ 7.三百六十 サンビャクロクジュウ 8.八百十 ハッピャクジュウ 9.六百六十六 ロッピャクロクジュウロク 10.九百五十五 キュウヒャクゴジュウゴ

(4) 1.1977年2月12日 センキュウヒャクななジュウななネン・ニガツ・ジュウニニチ 2.1925年4月25日 センキュウヒャクニジュウゴネン・シガツ・ニジュウゴニチ 3.1948年8月18日 センキュウヒャクよんジュウハチネン・ハチガツ・ジュウハチニチ 4.1972年6月5日センキュウヒャクななジュウニネン・ロクガツ・いつか 5.1959年5月1日 センキュウヒャクゴジュウキュウネン・ゴガツ・ついたち

(5) 1.(田中さんは)27歳です。2.大学卒業の後電気製品の会社に入りました。3.1972年から東京の本社に勤めています。4.(勤務時間は)週に40時間です。 5.いいえ,時々残業します。6.午前9時から午後5時まで会社にいます。7.いいえ,(田中さんは)日曜日には会社へ行きません。8.(勤務時間は)1日に8時間です。9.いいえ,(田中さんの会社は)中小企業ではありません。10.大企業です。11.(本社は)東京です。12.いいえ,(田中さんの月給は)高くありません。

(6) 1.私は毎日図書館へ行きます。2.彼は水曜日と金曜日に二時間ラボにいます。3.田中さんは去年から日本銀行の近くの外国の会社に勤めています。4.彼は1972年から1975年まで四年間ヨーロッパにいました。5.日本の首相は今日二時間自.民党の大会にいました。

TEXTÜBUNG II

1. 会社に入りました。田中さんは会社に入りました。田中さんは大学卒業の後会社に入りました。
2. 本社に勤めています。彼は本社に勤めています。彼は1972年から本社に勤めています。
3. 会社に通います。田中さんは会社に通います。田中さんは毎日会社に通います。
4. そこにいます。田中さんはそこにいます。田中さんは午前9時から午後5時までそこにいます。
5. 彼は残業します。彼は時々残業します。彼は時々夜8時まで残業します。
6. 会社へ行きます。彼は会社へ行きます。彼は土曜日に会社へ行きます。彼は必要な場合,土曜日にも会社へ行きます。

TEXTÜBUNG III

1. 田中さんは27歳です。田中さんは会社員です。田中さんは27歳の会社員です。田中さんは電気製品(の)会社の会社員です。27歳の田中さんは電気製品(の)会社の会社員です。
2. (彼は)その会社に入りました。(彼は)大学卒業の後その会社に入りました。
3. (彼は)本社に勤めています。(彼は)東京の本社に勤めています。(彼は)1972年から東京の本社に勤めています。
4. (彼は)会社に通います。(彼は)毎日会社に通います。(彼は)月曜日から金曜日まで毎日会社に通います。
5. (彼の)勤務時間は40時間です。(彼の)勤務時間は週に40時間です。
6. (彼は)残業します。(彼は)時々残業します。しかし(彼は)時々残業します。

しかし(彼は)時々夜8時まで残業します。

7. (彼は)会社へ行きます。(彼は)土曜日に会社へ行きます。(彼は)土曜日にも会社へ行きます。(彼は)必要な場合、土曜日にも会社へ行きます。

LEKTION 11

GRAMMATIKÜBUNGEN

(1) 1.歩く 2.着く 3.行く 4.起きる 5.出る 6.勤める 7.乗る 8.帰る 9.住む 10.来る(くる)

(2) 1.起きます 2.来ます 3.帰りました 4.出ます 5.乗りました 6.着きます 7.通いました 8.入ります 9.行きました 10.残業しました

(3) 1.歩きません 2.通いません 3.行きます 4.着きません 5.帰ります

(4) 1.乗りました 2.行きませんでした 3.来ました 4.残業しませんでした 5.起きませんでした

(5) 1.田中さんは東京に住んでいます。2.彼は電気製品の会社に勤めています。3.電車で新宿まで行きます。4.日本の首相は今日英国から帰りました。5.このバスは大阪へ行きます。6.このバスで京都まで行きます。7.この電車は東京の新宿駅に着きます。8.田中さんは今日会社からバーへ行きました。9.漢字は中国から来ました。10.私は新宿行きの電車に乗ります。

(6) 1.いいえ、バスでは帰りません。地下鉄で帰ります。
2.いいえ、船では行きませんでした。飛行機で行きました。
3.いいえ、自動車では通いません。バスや電車で通います。
4.いいえ、飛行機では来ませんでした。船や鉄道で来ました。
5.いいえ、新幹線では行きません。自動車で行きます。

(7) 1.田中さんは郊外の団地に住んでいます。2.彼は地下鉄で会社に通います。3.日本の外相は米国から帰りました。4.この電車は午後一時に東京駅に着きます。5.私は毎日朝七時に起きます。

(8) 1.田中さんは駅まで歩きます。2.あのドイツ人の学生は三月から日本にいます。3.前田さんは大学卒業の後銀行に入りました。4.彼女は三年間銀行に勤めていました。5.先生は夜まで大学にいます。

(9) 1.行きます 2.来ます/帰ります/行きます 3.います 4.います 5.帰ります/来ます 6.います

(10) 1.田中さんは会社に勤めています。田中さんは電気製品の会社に勤めています。田中さんは東京の電気製品の会社に勤めています。
2.田中さんは東京に住んでいます。田中さんは東京の郊外に住んでいます。田中さんは東京の郊外の団地に住んでいます。
3.田中さんは電車で会社へ行きます。田中さんは新宿行きの電車で会社へ行きます。

(11) Lösung des jeweils letzten Satzes:
1.田中さんは月曜日から金曜日まで毎日地下鉄で会社に通います。
2.田中さんは1972年から三年間東京に住んでいました。
3.ソ連の外相はきのうモスクワから来ました。

(12) 1.国に帰る 2.日本に来る 3.(電)車/(自動)車 etc.に乗る 4.国を出る 5.国に入る 6.学(校)に通う 7.(会)社に入る

ABSCHLUSSÜBUNGEN

(1) 1.多分 タブン möglicherweise 2.自分 ジブン selbst 3.賃金 チンキン Lohn 4.復活 フッカツ Wiederaufleben 5.住宅 ジュウタク Wohnung 6.乗場 ノリバ Haltestelle (von Verkehrsmitteln) 7.分業 ブンギョウ Arbeitsteilung 8.起源 キゲン Ursprung 9.乗物 ノリモノ Fahrzeug 10.帰宅 キタク Heimkehr

(2) 1.set 2.date 3.staff 4.hamburger 5.Arbeit 6.control 7.dress 8.season 9.studio 10.sports

(3) 1.八十三 ハチジュウサン 2.九十六 キュウジュウロク 3.二百四十八 ニヒャクよんジュウハチ 4.六百二 ロッピャクニ 5.(一)千三百(イッ)センサンビャク 6.三千八百 サンゼンハッピャク 7.八万八千 ハチマンハッセン 8.六万五千 ロクマンゴセン 9.十二万 ジュウニマン 10.四十三万 よんジュウサンマン

(4) 1.1901年2月1日 センキュウヒャクイチネン・ニガツ・ついたち 2.1941年12月8日 センキュウヒャクよんジュウイチネン・ジュウニガツ・ようか 3.1978月5月3日 センキュウヒャクななジュウハチネン・ゴガツ・みっか 4.1868年3月24日 センハッピャクロクジュウハチネン・サンガツ。ニジュウよっか 5.1960年7月1日 センキュウヒャクロクジュウネン・シチガツ・ついたち

(5) 1.(田中さんは)東京の郊外の団地に住んでいます。2.いいえ、(田中さんの家は国電の駅から) 遠くありません。近いです。3.(通勤時間は)4時間です。4.朝6時半に起きます。5.いいえ、(新宿までは)地下鉄では行きません。国電で行きます。 6.9時5分前に会社に着きます。

(6) 1.このバスは何時に京都に着きますか。2.この飛行機は午前10時35分東京を出ます。3.午前11時15分に大阪に着きます。4.この飛行は北京へ行きますか。5.何時に/いつ/着きますか。午後2時半/2時30分に着きます。6.あなたも京都へ行きますか。いいえ、名古屋まで行きます。そこから船で大阪へ行きます。7.大阪に住んでいますか。大阪の近くの小さな都市に住んでいます。8.いつからそこに住んでいますか。1973年からそこに住んでいます。9.そこの家賃は安いですか。いいえ、安くありません。しかし、家賃の安い社宅に住んでいます。

TEXTÜBUNG II

1. 団地に住んでいます。田中さんは団地に住んでいます。
2. 田中さんは起きます。田中さんは朝六時半に起きます。
3. 家を出ます。彼は家を出ます。彼は七時に家を出ます。
4. 田中さんは歩きます。田中さんは近くの国電の駅まで/へ/歩きます。
5. 電車に乗ります。彼は電車に乗ります。
6. 電車で行きます。田中さんは電車で行きます。田中さんは新宿まで

/へ/電車で行きます。7.会社に着きます。彼は会社に着きます。彼は九時五分前に会社に着きます。8.家へ帰ります。田中さんは家へ帰ります。田中さんは勤務の後家へ帰ります。9.電車や地下鉄の中にいます。彼は電車や地下鉄の中にいます。彼は四時間電車や地下鉄の中にいます。彼は毎日四時間電車や地下鉄の中にいます。

TEXTÜBUNG III

1. 田中さんは東京に住んでいます。田中さんは東京の郊外に住んでいます。田中さんは団地に住んでいます。田中さんは東京の郊外の団地に住んでいます。田中さんは去年から東京の郊外の団地に住んでいます。
2. 彼は社宅に住んでいます。その社宅の家賃は安いです。彼は家賃の安い社宅に住んでいます。
3. 彼は起きます。彼は朝六時に起きます。彼は毎日朝六時に起きます。彼は月曜日から金曜日まで毎日朝六時に起きます。
4. 田中さんは歩きます。田中さんは駅へ歩きます。田中さんは駅まで歩きます。田中さんは近くの駅まで歩きます。
5. 彼は電車に乗ります。彼は東京行きの電車に乗ります。彼はそこで東京行きの電車に乗ります。
6. 彼は会社へ行きます。彼は地下鉄で会社へ行きます。彼は電車と地下鉄で会社へ行きます。
7. 彼はそこに着きます。彼は九時十五分にそこに着きます。
8. 田中さんは家へ帰ります。田中さんは勤務の後家へ帰ります。

LEKTION 12

GRAMMATIKÜBUNGEN

(1) 1.大学に入る。2.日本語を勉強する。3.家へ帰る。4.論文を書く 5.新聞を買う。6.この山は高い。7.日本には資源が少ない 8.工業には原料が必要である。9.東京は人口の多い都市である。10.公害は大きな問題である。

(2) 1.新聞を読みました。2.大会は始まります。3.英語を教えます。4.原料を輸入しました。5.学生は集まりました。6.田中さんは会社員でした。7.彼は政治家です。8.あそこの道は悪いです。9.経済成長は著しかったです。10.物価は高かったです。

(3) 1.七時に起きません。2.自動車を作ります。3.会社へ行きます。4.地下鉄に乗りません。5.小説を読みません。6.この建物は図書館ではありません。7.その本は私のです。8.この山は高くありません。9.問題は少ないです。10.成長は著しくありません。

(4) 1.名古屋まで行きませんでした。2.飛行機で帰りませんでした。3.東京駅に着きました。4.英国の外相は来ました。5.歴史学を勉強しませんでした。6.あの人は学校の先生ではありませんでした。7.あれは日本銀行でした。8.新幹線は必要ではありませんでした。9.駅は近かったです。10.カタカナは難しくありませんでした。

(5a) 1.作る 2.集まる 3.始まる 4.通う 5.買う 6.書く 7.着く 8.住む 9.読む 10.出る

(5b) 1.始まっている 2.作っている 3.終っている 4.帰っている 5.乗っている 6.入っている 7.出ている 8.教えている 9.勤めている 10.勉強している

(6) 1.住んでいます、住んでいません、住んでいました 2.書いています、書いていません、書いていました 3.起きています、起きていません、起きていました 4.来ています、来ていません、来ていました 5.勉強しています、勉強していません、勉強していました

(7) 1.田中さんは歴史学を勉強しました。2.日本は原料を輸入します。3.原料から工業製品を作ります。4.米国は日本から電気製品を輸入します。5.私は新しい小説を買いました。

(8) Lösung des jeweils letzten Satzes:

1.フランスは中東から石油を輸入します。2.日本は1960年から米国にもヨーロッパにも自動車を輸出します。3.この図書館は日本から主な雑誌と新聞を買います。4.私は去年の三月から今年の七月まで日本語を勉強しました。

(9) 1.本田さんは今漢字を勉強しています。2.彼は今朝日新聞を読んでいます。3.山田さんは今手紙を書いています。4.谷口先生は今日本語を教えています。

(10) 1.山口さんは起きています。2.学生は集まっています。3.田中さんは家に帰っています。4.英国の外相は日本に来ています。

(11) 1.いいえ、まだ起きていません。2.いいえ、まだ集まっていません。3.いいえ、まだ終っていません。4.いいえ、まだ卒業していません。

(12) 1.日本の首相はまだ外国から帰っていません。2.今年の社会党の大会は来週始まります。3.本田さんは去年の四月に大学に入りました。4.前田さんは今卒業論文を書いています。5.私はまだこの小説を読んでいません。6.山村さんは毎日朝日新聞を読みます。7.日本は去年石油をほとんど100%輸入しました。8.田中さんは十年間外国の企業に勤めています。

ABSCHLUSSÜBUNGEN

(1) 1.行動 コウドウ Handlung,Tat 2.原文 ゲンブン Originaltext 3.作品 サクヒン (Kunst)Werk 4.主人 シュジン Ehemann 5.料金 リョウキン Gebühr 6.動物 ドウブツ Tier 7.集団 シュウダン Gruppe 8.製作 セイサク Herstellung 9.原始人 ゲンシジン Urmensch 10.特例 トクレイ Sonderfall

(2) 1.service 2.violin 3.dilemma 4.voltage 5.radio 6.engine 7.steel 8.woman 9.world 10.wood

(3) 1.フランクフルト 2.ベルリン 3.ケルン 4.ハンブルク 5.ミュンヘン

(4) 1.二十三 ニジュウサン 2.六百九 ロッピャクキュウ 3.百三十三 ヒャクサンジュウサン 4.七百一 ななヒャクイチ 5.五百六十七 ゴヒャクロクジュウシチ(なな) 6.(一)千四十七 (イッ)センよんジュウシチ(なな) 7.一万五千 イチマンゴセン 8.百万ヒャクマン

9.二十三万六千 ニジュウサンマンロクセン 10.三百二十万 サンビャクニジュウマン

(5) 1.ニジュウサン 2.ななジュウイチ 3.ヒャクジュウサン 4.ゴヒャクロクジュウなな(シチ) 5.イチマンゴセン 6.ロッピャクマン

(6) 1.1978年3月1日 センキュウヒャクななジュウハチネン・サンガツ・ついたち 2.1891年8月24日 センハッピャクキュウジュウイチネン・ハチガツ・ニジュウよっか 3.1904年5月3日 センキュウヒャクよネン・ゴガツ・みっか 4.1936年2月26日 センキュウヒャクサンジュウロクネン・ニガツ・ニジュウロクニチ 5.1945 6.1978 7.1928 8.1958

(7) 1.いいえ、(田中さんは)会社の近くに(は)住んでいません。2.いいえ、土曜日と日曜日に(は)会社へ行きません。3.(勤務時間は)一日に8時間です。4.いいえ、(日本は)資源の多い国ではありません。5.特に鉄や石油が少ないです。6.(石炭は日本に)あります。しかし、少ないです。7.(その原料は)工業に必要です。8.(石油は)中東やインドネシアやソ連などに多いです。9.ヨーロッパにも石油があります。10.(日本は工業に必要な原料を)オーストラリアやインドネシアなどから輸入します。11.(その原料から)工業製品を作ります。12.(鉄から)自動車や機械などを作ります。13.石油からはプラスチックなどの製品を作ります。14.(その製品は)米国や東南アジアやヨーロッパなどへ輸出します。15.(ヨーロッパへは)特にカメラを輸出します。

(8) Herr Mizuno arbeitet in einer Autofirma.Ihr Hauptsitz befindet sich in Tokyo. Sie besitzt etwa fünf Fabriken. Diese liegen u.a. auf Kyushu und im Kansai. Etwa 25.000 Menschen arbeiten dort. Der größte Teil von ihnen wohnt in betriebseigenen Wohnungen.
Die Firma von Herrn Mizuno stellt pro Jahr 500.000 Autos her.Etwa 40% davon exportiert sie in die USA und die europäischen Staaten.Die für die Autoindustrie erforderlichen Rohstoffe importiert Japan aus Australien u.a. Ländern.

(9) 大阪は関西にあります。京都の近くです。500万の人口の都市です。そこには/その都市には/外国の企業は多いです。日本の大企業もたくさんあります。1960年から小さな都市にも大企業の工場があります。その労働者は工場の近くの家賃の安い社宅に住んでいます。家賃は五千円ぐらいです。労働者は毎日会社のバスで工場へ行きます。通勤時間は往復20分です。勤務時間は週に40時間です。土曜日と日曜日は会社へ行きません。

TEXTÜBUNG II

1.資源が少ないです。日本には資源が少ないです。
2.原料が必要です。工業には原料が必要です。
3.石油や鉄がありません。日本には石油や鉄がありません。日本には石油や鉄がほとんどありません。日本には主な原料のうち石油や鉄がほとんどありません。
4.その原料を輸入します。日本はその原料を輸入します。日本はその原料をほぼ100%輸入します。
5.工業製品を作ります。日本は工業製品を作ります。日本はその原料から工業製品を作ります。
6.その工業製品を輸出します。日本はその工業製品を輸出します。日本はその工業製品を米国などに輸出します。

TEXTÜBUNG III

1a.原料は少ないです。日本には原料が少ないです。
1b.原料は必要です。原料は工業に必要です。
1a／b. 日本には工業に必要な原料が少ないです。
2.鉄はほとんどありません。石油もほとんどありません。石油や鉄はほとんどありません。石油も鉄もありません。
3.石油を輸入します。日本は石油を輸入します。日本は石油を中東から輸入します。日本は石油を中東、インドネシアなどから輸入します。
4.原料を輸入します。日本は原料を輸入します。日本は原料をほぼ100%輸入します。
5.工業製品を作ります。日本は工業製品を作ります。日本はその原料から工業製品を作ります。日本はその原料から機械、自動車などの工業製品を作ります。
6.日本は輸出します。日本はその製品を輸出します。日本はその製品を米国などに輸出します。日本はその製品を特に米国に輸出します。

LEKTION 13

GRAMMATIKÜBUNGEN

(1a) 1.大学に入る。2.東京大学に入学する。3.漢字を覚える。4.小説を読む。5.物価が上がる。6.ニュースを聞く。7.工場で働く。8.自由を求める。9.経済が成長する。10.文法を説明する。

(1b) 1.手紙を書きます。2.駅まで歩きます。3.大阪に着きます。4.十時間働きます。5.家へ帰ります。6.電車に乗ります。7.会社に入ります。8.自動車を作ります。9.独立を求めます。10.日本語を教えます。

(2) 1.十時まで働きました。2.自動車を販売しました。3.論文を書きます。4.毎日残業します。5.新しい教科書が出ます。6.日本語で話しました。7.物価が上がりました。8.学生たちが集まります。9.成長が激しかったです。10.賃金が低かったです。

(3) 1.土曜日に行きます。2.日本語を話しません。3.夜十時まで働きません。4.新聞を買います。5.賃金が低いです。

(4) 1.このニュースを聞きませんでした。2.会社へ行きませんでした。3.手紙を書きました。4.物価が上がりませんでした。5.文法を説明しました。

(5a) 1.勤める 2.出る 3.求める 4.占める 5.覚える 6.残業する 7.輸入する 8.説明する 9.聞く 10.働く

(5b) 1.住んでいる 2.読んでいる 3.聞いている 4.書いている 5.着いている 6.歩いている 7.作っている 8.終っている 9.帰っている 10.上がっている

(6) 1.聞いていません 2.書いていました 3.着いていました 4.作っていませんでした 5.入っていました 6.始まっていませんでした 7.帰っていません 8.話していました 9.説明していました 10.来ていませんでした

(7) 1.山本さんは工場で働いています。2.学生たちは図書館で勉強します。3.田中さんは外国の会社に勤めています。4.彼は東京の郊外に住んでいました。5.私はこの本を大学の前の本屋で買いました。6.彼女は日本語を大学で教えています。7.私は三年間物価の高い東京にいました。8.彼は電車の中で本を読んでいます。9.前田さんは研究所で卒業論文を書いています。10.学生たちは1968年の大会でベトナムの独立を求めました。11.飛行機は午後2時大阪に着きました。12.田中さんはバスで会社に通います。

(8) 1.大都市では交通が激しいです。2.東南アジア諸国では労働者の賃金が低いです。3.日本と西ドイツでは経済成長が著しかったです。4.西ドイツでは公害がひどいです。5.日本の都市では道が狭いです。6.中国では入国制限が厳しいです。7.米国では物価が上っています。8.日本では自動車工業の生産高が600万台以上に上がりました。

(9) 1.日本にも西ドイツにも工業に必要な原料が少ないです。2.私はまだ今日の新聞もきのうの新聞も読んでいません。3.日本でも米国でも物価が上がりました。4.日本もフランスも大きな自動車生産国です。5.学生たちはひらがなも易しい漢字も覚えました。6.日本は自動車を米国へもオーストラリアへも輸出します。7.日本は石油をインドネシアからも中東からも輸入します。8.図書館はバスでも地下鉄でも遠いです。9.トヨタも日産も日本の自動車企業です。10.彼は英語もスペイン語も話します。

(10) 1.彼は新しい漢字はまだ覚えていません。2.田中さんは卒業論文はまだ書いていません。3.彼女はこのニュースはまだ聞いていません。4.先生は日本語の文法はまだ説明していません。5.私は今日の朝日新聞はまだ買っていません。

(11) 1.このニュースは外国で聞きました。2.日本語の文法は大学で勉強しました。3.今日の新聞は電車の中で読みました。4.この自動車は先月買いました。

(12) 1.南米ではスペイン語またはポルトガル語を話します。2.そこまではバスまたは電車が行っています。3.一年には365日または366日があります。4.学生はラボまたは教室に集まりました。5.来週の金曜日は5日または6日です。6.学生の半分以上は工学部または経済学部に入学しています。7.あの人は朝鮮人または中国人です。8。日本の企業は製品を米国または東南アジアで販買します。

Zusatzübung: 1,2,4,6,8

(13) 1.あなたはカタカナをよく覚えました。2.私はきのうはやく起きました。3.田中さんは最近よく残業します。4.彼はその本を安く買いました。5.彼女はこの問題をよく説明しました。6.自働車生産は最近激しく上がりました。

ABSCHLUSSÜBUNGEN

(1) 1.東独 トウドク DDR 2.現金 ゲンキン Bargeld 3.以外 イガイ außerhalb 4.地価 チカ Bodenpreis 5.現場 ゲンバ Ort eines Geschehens 6.日独 ニチドク japanisch-deutsch 7.求人 キュウジン Stellenangebot 8.在日 ザイニチ in Japan befindlich/ansässig 9.限界 ゲンカイ Grenze 10.全国 ゼンコク das ganze Land

(2) 1.team 2.steam 3.jazz 4.maker 5.member 6.channel 7.campus 8.one man 9.change 10.The Beatles

(3) 1.ドラマ 2.ナショナル 3.スープ 4.クラス 5.ページ

(4) 1.ニジュウマン 200,000 2.ヒャクマン 1Million 3.サンビャクゴジュウニマン 3,52 Million 4.センよんヒャクマン 14 Million 5.ゴマンゴセン 55,000 6.ジュウゴマンサンゼンゴヒャク 153,500

(5) 1.十五歳 ジュウゴサイ 2.三十歳 サンジッサイ 3.六社 ロクシャ 4.八社 ハッシャ 5.四十社 よんジッシャ 6.10% ジッパーセント 7.56% ゴジュウロクパーセント 8. 100% ヒャクパーセント 9.百万円/100万円 ヒャクマンエン 10.千四百万人/1,400万人 センよんヒャクマンニン

(6) 1。1945年 センキュウヒャクよんジュウゴネン 2。1927年 センキュウヒャクニジュウななネン 3。1953年 センキュウヒャクゴジュウサンネン 4。1975年 センキュウヒャクななジュウゴネン 5。2025年 ニセンニジュウゴネン

(7) 1.(日本の自動車生産高は1972年に)600万台以上に上がりました。2.米国が世界第一の自動車生産国です。3.(日本の自動車企業は自動車を)米国やヨーロッパ諸国やオーストラリアなどへ輸出します。4.(日本の自動車企業には)トヨタや日産や本田など(の会社)があります。5.トヨタが日本第一です。6.(トヨタと日産は)日本の自動車全生産の60%を占めています。7.(自動車生産には主な原料のうち)特に鉄が必要です。8.(日本はそれを)オーストラリアから輸入します。9.(日本の経済は)1960年から1973年まで著しく成長していました。10.(日本は)自動車全生産の65%ほど国内で販売します。

(8) 1.日本でも西ドイツでも物価が上がります。2.日本も西ドイツも自動車生産の高い国です。3.日本は資源の多い東南アジア諸国から原料を輸入します。4.私は彼の新しい小説はまだ読んでいません。5.日本にも西ドイツにも石油が多くありません。

6.田中さんは1972年から大きな自動車会社の東京の本社に勤めています。7.日本は自動車を全世界へ輸出します。8.スイスではドイツ語またはフランス語を話します。9.経済成長の著しい国では公害はひどいです。10.自動車生産は日本で1968年から著しく上がりました。

TEXTÜBUNG II

1.自動車工業が成長しました。日本では自動車工業が成長しました。日本では自動車工業が最近成長しました。日本では自動車工業が最近著しく成長しました。
2.生産高は上がりました。生産高は六百万台に上がりました。生産高は1972年に六百万台に上がりました。
3.全生産の三分の二を販売します。日本は全生産の三分の二を販売します。日本は全生産の三分の二を国内で販売します。
4.残りの30%を輸出します。日本は残りの30%を輸出します。日本は残りの30%を米国、ヨーロッパ諸国などの外国に/へ/輸出します。
5.12社があります。自動車企業には12社があります。
6.全生産の60%を占めています。トヨタまたは日産系の大企業は60%を占めています。

TEXTÜBUNG III

1.自動車工業は成長しました。日本の自動車工業は成長しました。日本の自動車工業は著しく成長しました。日本の自動車工業は最近著しく成長しました。
2.自動車の生産。自動車生産。自動車生産国。日本は自動車生産国です。日本は第二の自動車生産国です。日本は世界で第二の自動車生産国です。日本は米国に次いで世界で第二の自動車生産国です。
3.企業。自動車企業。日本の自動車企業は販売します。日本の自動車企業は全生産の三分の二を販売します。日本の自動車企業は全生産の三分の二を国内で販売します。
4.約30%を輸出します。残りの約30%を輸出します。残りの約30%は輸出します。残りの約30%は米国などの外国へ輸出します。残りの約30%は特に米国へ輸出します。
5.トヨタ系です。日産系です。トヨタまたは日産系です。三分の二はトヨタまたは日産系です。日本の自動車企業の三分の二はトヨタまたは日産系です。
6.60%を占めています。自動車生産の60%を占めています。8社は自動車生産の60%を占めています。

LEKTION 14

GRAMMATIKÜBUNGEN

(1a) 1.東京に着く。2.銀行まで歩く。3.たくさんの島から成り立っている。4.図書館に勤めている。5.国土の60%を占めている。

(1b) 1.家へ帰ります。2.英語で話します。3.京都に住んでいます。4.社会党に入っています。5.教室に集まっています。

(2) 1.物価が上がりました。2.郊外に住んでいました。3.大学に入っていました。4.カタカナは覚えていませんでした。5.論文を書きます。6.自由を求めました。7.電車に乗ります。8.賃金は低かったです。9.成長は著しいです。10.駅は近くありませんでした。

(3) 1.フランスへ行きません。2.彼は残業します。3.このニュースを聞きました。4.カタカナは易しくありませんでした。

(4a) 1.話す 2.説明する 3.残業する 4.入る 5.書く 6.帰る 7.買う 8.聞く 9.来る 10.起きる

(4b) 1.勤めている 2.出ている 3.帰っている 4.覚えている 5.起きている 6.入っている 7.成り立っている 8.話している 9.着いている 10.行っている

(5) 1.物価が上がっています。2.漢字を覚えています。3.政党に入っています。4.日本へ帰っています。5.大会が始まっています。6.電車が着いています。7.彼女が起きています。8.新しい教科書が出ています。9.学生たちが集まっています。10.バスに乗っています。

(6) 1.北海道は九州より大きいです。2.中国語は日本語より難しいですか。3.石油は石炭より工業に必要です。4.私立大学は国立大学より多いです。5.資本は労働力より企業に必要ですか。

(7) 1.米国は日本より自動車輸出の少ない国です。2.日本は東南アジア諸国より経済力の強い国です。3.しかし、日本は東南アジア諸国より資源の少ない国です。4.日本は西ドイツより輸入制限の厳しい国です。5.西ドイツは日本より物価の高い国ではありません。

(8) (a) = volle Fassung,einschließlich aller Klammern, (b),(c) = jeweils nach Fortfall der entsprechend gekennzeichneten geklammerten Teile:

1.日本の経済力は東南アジア諸国($_c$の($_b$経済力)$_b$)$_c$より強いです。2.東京の人口は大阪($_c$の($_b$人口)$_b$)$_c$ より多いです。3.男性の賃金は女性($_c$の($_b$賃金)$_b$)$_c$ より高いです。4.日本の入学制限は西ドイツ($_c$の($_b$入学制限)$_b$)$_c$より厳しいです。5.日本語の文法は中国語($_c$の($_b$文法)$_b$)$_c$より易しいです。6.日本の公害はヨーロッパ諸国($_c$の($_b$公害)$_b$)$_c$よりひどいです。

(9) 1.本州は日本で一番長い島です。2.米国は世界で一番大きな自動車生産国です。3.自民党は日本で一番強い政党です。4.公害は日本で一番難しい社会問題です。

(10) 1.ソ連は世界で一番面積の広い国です。2.奈良は日本で一番歴史の古い都市です。3.西ドイツはヨーロッパで一番外国人労働者の多い国です。4.フランクフルトは西ドイツで一番銀行の多い都市です。

ABSCHLUSSÜBUNGEN

(1) 1.制度 セイド System 2.列車 レッシャ(Eisenbahn-)Zug 3.全員 ゼンインalle Mitglieder 4.交番 コウバンPolizeibox 5.業界 ギョウカイ Wirtschaftskreise 6.年度 ネンド (Geschäfts-) Jahr 7.以内 イナイ innerhalb 8.独自 ドクジ eigenständig 9.現行 ゲンコウ gültig 10.自覚 ジカク subjektive Einsicht

(2) 1. 10km ジッキロメートル 2. 30% サンジッパーセント 3.2台(ニダイ)の自動車 4. 100万人(ヒャクマンニン)の人口 5.六社 ロクシャ 6. 1万5千円 イチマンゴセンエン 7. 18歳 ジュウハッサイ 8. 100m ヒャクメートル 9. 600km ロッピャクキロメートル

(3) 1. 1978年 センキュウヒャクななジュウハチネン 2. 1921年 センキュウヒャクニジュウイチネン 3. 1914年 センキュウヒャクジュウよネン 4. 1870年 センハッピャクななジュウネン 5. 1900年 センキュウヒャクネン 6. 1940年 センキュウヒャクよんジュウネン

(4) 1.tourist 2.general 3.check,cheque 4.earphone 5.quiz 6.pro(fessional) 7.st(rike) 8.regi(ster = cash register) 9.demo(nstration) 10.Gewa(lt)

(5) 1.シュミット 2.カーター 3.ベートーヴェン 4. ゲーテ 5.ジスカールデスタン

(6) 1.(日本は)アジア大陸の東にあります。2.(日本の西には)日本海があります。3.いいえ、(沖縄は)本州から遠いです。4.(大きな島には)北海道と本州と四国と九州があります。5.(小さな島は)3000以上あります。6.いいえ、(西ドイツの国土は)日本より小さいです。

(7) 1.本州の面積は九州(の)より大きいです。2.日本には私立大学は国立大学より多いです。3.日本の国土は英国(の)よりたくさんの島から成り立っています。4.北海道の人口密度は関東より低いです。5.東京は日本で一番物価の高い都市です。6.日本は1960年から1970年まで世界で一番経済成長の著しい国でした。7.川崎は日本で一番公害のひどい都市です。

TEXTÜBUNG II

1. アジア大陸の東にあります。日本列島はアジア大陸の東にあります。
2. 四つの大きな島から成り立っています。四つの大きな島とたくさんの小さな島から成り立っています。日本列島は四つの大きな島とたくさんの小さな島から成り立っています。
3. 日本の面積は大きいです。日本の面積は東西ドイツの全面積より大きいです。日本の面積は東西ドイツの全面積より少し大きいです。
4. 国土の76%を占めています。山地は国土の76%を占めています。
5. ふじ山は山です。ふじ山は一番高い山です。ふじ山は日本で一番高い山です。
6. 国土の24%に住んでいます。国民の大部分は国土の24%に住んでいます。

TEXTÜBUNG III

1.日本は列島です。日本列島は長いです。日本はアジア大陸の東にあります。日本はアジア大陸の東の長い列島です。
2.全長は約4,000Kmです。日本の全長は約4,00Kmです。日本の全長は沖縄を入れて約4,000Kmです。沖縄を入れて日本の全長は約4,000Kmです。
3.太平洋は日本の東にあります。日本の東には太平洋があります。日本の西には日本海があります。東には太平洋、西には日本海があります。
4.日本は島から成り立っています。日本はたくさんの島から成り立っています。日本は大きな島と小さな島から成り立っています。日本は四つの大きな島とたくさんの小さな島から成り立っています。
5.九州は四国より大きいです。しかし北海道より小さいです。一番面積の大きい島は本州です。
6.日本の全面積の76%は山地です。山地は日本の全面積の76%を占めています。日本の全面積の76%は山地が占めています。
7.国民は国土の24%に住んでいます。国民の大部分は国土の24%に住んでいます。国民の大部分は国土の残りの24%に住んでいます。国土の残りの24%には国民の大部分が住んでいます。
8.密度は高いです。人口密度は高いです。人口密度はきわめて高いです。だから人口密度はきわめて高いです。

LEKTION 15

GRAMMATIKÜBUNGEN

(1) 1.住んだ 2.作った 3.集まった 4.着いた 5.書いた 6.成り立った 7.通った 8.買った 9.話した 10.示した
(2) 1.勤める 2.覚える 3.増える 4.始まる 5.上がる 6.乗る 7.入る 8.書く 9.買う 10.行く
(3) 1.行きません 2.働きません 3.作りません 4.買いません 5.通いません 6.求めません 7.いません 8.ありません 9.来(き)ません
(4) 1.出ない 2.増えない 3.起きない 4.働かない 5.聞かない 6.話さない 7.示さない 8.入らない 9.買わない 10.来(こ)ない
(5) 1.話さなかった 2.説明しなかった 3.入学しなかった 4.終らなかった 5.なかった 6.帰らなかった 7.歩かなかった 8.行かなかった 9.来(こ)なかった 10.買わなかった
(6) 1.入る 2.入らない 3.入った 4.入らなかった 5.入っている 6.入っていない 7.入っていた 8.入っていなかった

(7) Zur Verdeutlichung der syntaktischen Strukturen werden die Lösungen ohne Berücksichtigung etwaiger Topikalisierungen angegeben:

1.田中さんが大企業に勤めています。2.外国人が東京にたくさん住んでいます。3.人口が工業地帯に集中しています。4.首相が外国へ行きました。5.彼女が卒業論文を書きました。6.図書館が駅から遠いです。7.社会問題が工業国に多いです。8.原料が工業国に必要です。9.名古屋が工業都市です。10.田中さんが会社員です。

(8) 1.日本には平地が少ないです。2.西ドイツでは経済成長が著しかったです。3.日本では国土が広くありません。4.ソ連では国土が平坦です。5.工業には原料が必要です。6.新宿駅には銀行が近いです。

(9) 1.私は京都大学で勉強しています。2.彼は漢字を覚えました。3.日本は四つの大きな島から成り立っています。4.経済は西ドイツで著しく成長しました。5.国民の大部分は平地に住んでいます。

(10) 1.関東の中心にある東京は日本の首都です。2.東京の郊外に住んでいる田中さんは会社員です。3.東京と大阪の間にある名古屋は日本で三番目に人口の多い都市です。4.たくさんの島から成り立っている日本はアジア大陸の東にあります。5.学生が増えた西ドイツの大学では入学制限が厳しいです。6.最近著しく成長した自動車工業は日本で第二の産業です。7.田中さんは午後三時二十分東京駅に着く電車で行きました。

(11) 1.田中さんは東京の郊外にある団地に住んでいます。2.大阪にある外国語大学には東南アジアの学生が多いです。3.工業都市である川崎は東京の南にあります。4.関東と関西の間にある工業地帯では公害は特にひどいです。5.会社員である田中さんは1972年から東京にある本社に勤めています。

ABSCHLUSSÜBUNGEN

(1) 1.実力 ジツリョク Gewalt 2.加害者 カガイシャ Schadensverursacher
3.最小 サイショウ Minimum 4.総長 ソウチョウ Universitätspräsident
5.対立 タイリツ Gegensatz, Konflikt 6.実行 ジッコウ Durchführung
7.学際 ガクサイ interdisziplinär 8.最低 サイテイ niedrigst
9.国際 コクサイ international 10.増産 ゾウサン Produktionszunahme

(2) 1.membership 2.rush hour 3.gasolin stand (jap. für:gasolin station) 4.generation gap 5.Schlafsack 6.belt conveyor 7.Zeitgeist 8.two-piece (dress) 9.typewriter 10.oil shock

(3) 1.スペシャル 2.ボキャブラリー 3.サービス 4.ポピュラー 5.ビジネス

(4) 1.十三時間 ジュウサンジカン 2.午後一時 ゴゴイチジ 3.六万円 ロクマンエン 4. 80Km ハチジッキロメートル 5.一億人(イチオクニン)の人口 6.五十歳(ゴジッサイ)の労働者 7.一万五千台(イチマン

ゴセンダイ)の自動車 8. 4,000Km(よんセンキロメートル)の列島 9. 10%(ジッパーセント)の増加率 10.八社(ハッシャ)の大企業

(5) 1.昭和20年 2. 1955年 3. 1877年 4.大正11年 5. 1916年 6.昭和53年

(6) 1.(日本は)世界総人口の2,9%を占めています。2.いいえ、(日本の人口密度は朝鮮より)低いです。3.(日本人口の大部分は)平地/大都市や工業地帯/に住んでいます。4.国土の20%には総人口の80%が住んでいます。だから(日本の実際の人口密度は)高いです。5.(日本で一番大きな工業地帯は)関東と関西/東京と大阪/東京と北九州/の間にあります。6.いいえ、(日本国土の山地の割合はスイスより)底いです。7.いいえ、(日本人口の増加率は)過去より低いです。8.東京と大阪の間には日本で一番大きな工業地帯があります。だから日本人口の半分以上はそこに集中しています。

(7) 1.a.川崎は工業都市です。b.川崎では公害がひどいです。c.川崎は東京の近くにあります。2.a.田中さんは社宅に住んでいます。b.田中さんは電気製品の会社に勤めています。3.a.田中さんは会社に勤めています。b.(その)会社は日本第一の大企業です。4.a.平地は全面積の約24%を占めています。b.国民の大部分は平地に住んでいます。5.a.日本の自動車工業は毎年600万台以上の自動車を生産します。b.日本の自動車工業は最近著しく成長しました。

(8) 1.世界で人口密度の一番高い/人口密度の最高の/国は台湾や朝鮮などです。2.公害問題のない工業国はありません。3.東京より交通の激しい都市は日本にありません。4.日本は原料から作る工業製品の大部分を米国と東南アジアへ販売/輸出/します。5.アジア大陸の東にある4,000Kmの日本列島の面積は東西ドイツ(の(面積))より大きいです。

TEXTÜBUNG II

1. 一億人以上の人口があります。日本には一億人以上の人口があります。
2. 日本の人口は多いです。日本の人口は七番目に多いです。日本の人口は世界で七番目に多いです。
3. 世界総人口の2.9%を占めています。日本は世界総人口の2.9%を占めています。
4. 国土の20%に住んでいます。国民の80%は国土の20%に住んでいます。
5. 工業地帯に集中しています。人口の半分ぐらいは工業地帯に集中しています。
6. きわめて高い増加率を示しました。日本人口はきわめて高い増加率を示しました。日本人口は過去にきわめて高い増加率を示しました。
7. 日本人口は増えています。日本人口は約1%の割合で増えています。日本人口は毎年約1%の割合で増えています。

TEXTÜBUNG III

1. 日本の人口は多いです。日本の人口は七番目に多いです。日本の人口は世界で七番目に多いです。日本は世界で七番目に人口の多い国です。
2. 人口密度は高いです。日本の人口密度は高いです。日本の人口密度は16番目に高いです。日本の人口密度は世界で16番目に高いです。
3. 日本は2.9%を占めています。日本は世界総人口の2.9%を占めています。日本は一億人以上の人口で世界総人口の2.9%を占めています。
4. 日本には山地が多いです。日本は山地の多い国です。日本はヨーロッパ諸国より山地の多い国です。
5. 日本人口の約80%は平地に住んでいます。日本人口の約80%は国土の約20%に住んでいます。日本人口の約80%は国土の約20%を占めている平地に住んでいます。
6. 工業地帯には人口が集中しています。東京と大阪の間の／にある／工業地帯には人口が集中しています。特に東京と大阪の間の工業地帯には人口が集中しています。特に東京と大阪の間の工業地帯には人口の半分以上が集中しています。
7. 日本人口は増えています。日本人口は毎年増えています。日本人口は毎年約1%で増えています。日本人口は現在毎年1%で増えています。

KANJI-ARBEITSBÖGEN

LEKTION 1 (Großbuchstaben = sino-japanische Lesung)

1	NIHON	Japan (EN)
	NIHONKAI	Japanisches Meer(EN)
	asahi	Morgensonne (EN:jap.Tageszeitung)
	NICHIBEI	japanisch-amerikanisch
	NITCHŪ	japanisch-chinesisch
	NISso	japanisch-sowjetisch
2	NIHON	Japan(EN)
	NIHONKAI	Japanisches Meer(EN)
	HONSHŪ	Honshu (EN)
	HONJITSU	heute; dieser Tag
	HONya	Buchhandlung,Buchhändler
3	TŌKYŌ	Tokyo (EN)
	TŌYŌ	Orient
	TŌHOKU	Nordostjapan(EN)
	higashi-doitsu	DDR
	TŌZAI	Ost-West
	TŌMEI	Tokyo-Nagoya(z.B. Bezeichnung der Autobahnverbindung)
4	KYŌTO	Kyoto(EN)
	TŌKYŌ	Tokyo(EN)
	PEKIN	Peking(EN)
	KEIHAN	Kyoto-Osaka
	KYŌTO	Kyoto(EN)
	TŌKYŌTO	Hauptstadtpräfektur Tokyo
	KOTO	alte Hauptstadt (Titel eines Romans von Kawabata)
6	CHŪGOKU	China
	CHŪBEI	chinesisch-amerikanisch
	CHŪTŌ	Mittlerer Osten (Nahost)
	CHŪNICHI	chinesisch-japanisch
	CHŪKO	Altertum
7	BEIKOKU	Amerika, USA
	TAIKOKU	Großmacht
	KOKUDŌ	Nationalstraße
	KOKUREN	UN
	shimaguni	Inselstaat
8	BEIKOKU	Amerika, USA
	HOKUBEI	Nordamerika
	NICHIBEI	japanisch-amerikanisch
	BEICHŪ	amerikanisch-chinesisch
9	hiroshima	Hiroshima(EN)
	KŌDAI	ausgedehnt, groß
10	hiroshima	Hiroshima(EN)
	shimaguni	Inselstaat
	ōshima	Oshima(EN)
11	yamaguchi	Yamaguchi(EN)
	yamada	Yamada(EN)
	yamamoto	Yamamoto (EN)
	yamanaka	Yamanaka(EN)
	fujiSAN	Fuji(EN)
12	KYŪSHŪ	Kyushu(EN)
	kitaKYŪSHŪ	Kitakyushu(EN)
13	HONSHŪ	Honshu(EN)
	KYŪSHŪ	Kyushu(EN)
14	naGOya	Nagoya(EN)
	TŌMEI	Tokyo-Nagoya
	HONMYŌ	der eigentliche Name
	DAIMYŌ	(Feudalfürsten)
15	furuHON	antiquarisches Buch
	KOTO	alte Hauptstadt
	CHŪKO	Altertum
	naGOya	Nagoya(EN)
16	naGOya	Nagoya(EN)
	HONya	Buchhandlung,Buchhändler
	furuHONya	Antiquariat
17	ōsaka	Osaka(EN)
	TAISEIYŌ	Atlantik
	TAIKOKU	Großmacht
	DAIMYŌ	(Feudalfürsten)
18	ōsaka	Osaka(EN)
	KEIHAN	Kyoto-Osaka
19	CHŌSEN	(Nord-)Korea
	CHŌNICHI	koreanisch-japanisch
20	CHŌSEN	(Nord-)Korea
	kita-CHŌSEN	Nord-Korea

21 soREN Sowjetunion
KOKUREN UN
RENCHŪ, RENJŪ Gruppe
RENJITSU tagtäglich (aufeinanderfolgende Tage)

22 HOKKAIDŌ Hokkaido(EN)
TŌHOKU Nordostjapan(EN)
HOKUBEI Nordamerika
HOKKAI Nordsee(EN)
PEKIN Peking(EN)

23 HOKKAIDŌ Hokkaido(EN)
NIHONKAI Japanisches Meer(EN)
KAIYŌ Meeres-
TŌKAIDŌ Ostmeerregion (zwischen Tokyo und Kyoto, EN)

24 KAICHŪ (im Meer),Unterwasser-

24 HOKKAIDŌ Hokkaidō(EN)
TŌKAIDŌ Ostmeerregion(EN)
KOKUDŌ Nationalstraße

25 nagano Nagano(EN)

26 nagano Nagano(EN)
HEIYA Tiefebene

27 TAIHEIYŌ Pazifik

28 TAIHEIYŌ Pazifik
HEIYA Tiefebene
HEIJITSU Werktag

29 TAIHEIYŌ Pazifik
TAISEIYŌ Atlantik
KAIYŌ Meeres-
TŌYŌ Orient
SEIYŪ Okzident

30 TAISEIYŌ Atlantik
SEIYŌ Okzident
nishi doitsu BRD

31 SHIKOKU Shikoku(EN)
HONSHŪ Honshu(EN)

32 yamaguchi Yamaguchi(EN)
taguchi Taguchi(EN)

33 akita Akita(EN)

34 akita Akita(EN)
taguchi Taguchi(EN)
yamada Yamada(EN)
HONda Honda(EN)

LEKTION 2

35 nanNICHI der wievielte Tag

36 TOSHI Stadt
SHICHŌ Bürgermeister
osakaSHI Stadt Osaka
KYŌTOSHI Stadt Kyoto
kitaKYŪSHŪSHI Stadt Kitakyushu
DAITOSHI Großstadt

37 kawamura Kawamura(EN)
yamakawa Yamakawa(EN)
rain-gawa der Rhein

38 HEICHI Ebene(allgemein)
SANCHI Gebirge
CHICHŪKAI Mittelmeer(EN)
CHIMEI Ortsname

39 TAIRIKU Kontinent
RIKUCHI Festland
KAIRIKU Meer und Festland; (Heer und Marine)

40 yamamura Yamamura(EN)
SANSON Bergdorf
SONCHŌ Dorfbürgermeister

41 KANTŌ (Gebiet um Tokyo,EN)
KANSAI (Gebiet um Kyoto/Osaka)
KANREN Zusammenhang

LEKTION 3

42 GETSUYŌbi Montag
SHIGATSU April
KUGATSU September
KONGETSU dieser Monat
GESSUIKIN Montag-Mittwoch-Freitag

43 nanYŌbi welcher Wochentag

44 KAYŌbi Dienstag
KAZAN Vulkan
KAZANTŌ Vulkaninsel
KAICHŪ KAZAN unterseeischer Vulkan

45 SUIYŌbi Mittwoch
SUIDŌ Wasserleitung, Wasserstraße
SUIDEN Naßfeld
omizu Hochwasser

	SANSUI	Berge und Wasser (traditionelles Tuschezeichenmotiv)
	KAISUI	Meerwasser
46	MOKUYŌbi	Donnerstag
	DOBOKU	Tiefbau
47	KINYŌbi	Freitag
	KINZAN	Goldmine
	TAIKIN	hohe Geldsumme
	o-kane	Geld
48	DOYŌbi	Samstag
	DOBOKU	Tiefbau
	KOKUDŌ	Nationalstraße
	HONDO	Mutterland
	TOCHI	Land, Grundstück
49	KONGETSU	dieser Monat
	kyō	heute
	KONNICHI	heutzutage
	KONNICHI wa	Guten Tag!
	kesa	heute morgen

LEKTION 4

50	SHINBUN	Zeitung
	SHINMAI	neuer Reis
	SHINKYŌ	protestantische Kirche
	SHINSHO	Taschenbuch
	SHINSEN	frisch
	SHINGO	neues Wort, Neologismus
51	SHINBUN	Zeitung
52	ZASSHI	Zeitschrift
53	ZASSHI	Zeitschrift
	SHIJŌ	in einer Zeitschrift
	CHISHI	Topographie
	NISSHI	Logbuch, Journal
54	KYŌKASHO	Lehrbuch
	kirisuto-KYŌ	christliche Kirche
	SHINKYŌ	protestantische Kirche
	DŌKYŌ	Taoismus
	SEKKYŌ	Predigt
55	KYŌKASHO	Lehrbuch
	KAGAKU	(Natur-)Wissenschaft
	GAKKA	(Unterrichts-)Fach
56	KYŌKASHO	Lehrbuch
	SHINSHO	Taschenbuch
	SHODŌ	Kalligraphie
	SHOMEI	Buchtitel
	YŌSHO	westliches Buch
	SHOSHIGAKU	Bibliothekswissenschaft
57	MOJI	Schriftzeichen
	RONBUN	Aufsatz
	BUNSHO	amtliches Dokument
	HONBUN	Haupttext(im Gegensatz zu Vorwort, Kommentar..)
	BUNGAKU	Literatur
	BUNGO	(ältere)Schriftsprache
58	MOJI	Schriftzeichen
	rōmaJI	lateinische Buchstaben
	SŪJI	Ziffern
	YOSŪJI	arabische Ziffern
	KOKUJI	in Japan erdachte *kanji*
59	SŪJI	Ziffern
	SŪGAKU	Mathematik
	kazu	Zahl
	YŌSŪJI	arabische Ziffern
	SŪJITSU	einige Tage
	NISSŪ	Anzahl von Tagen
60	SHŌSETSU	Roman
	SHŌSŪ	Dezimalbruch
	CHŪSHŌ TOSHI	Mittel-und Kleinstädte
	SHŌSEI	ich(bescheidener Briefstil)
61	SHŌSETSU	Roman
	SEKKYŌ	Predigt
	GAKUSETSU	Lehrmeinung
62	RONBUN	Aufsatz
	KŌRON	Wortwechsel, Streit
	NIHONJINRON	(Diskussion über das Selbstverständnis des Japaners)
63	SHUTO	Hauptstadt
	SHUCHŌ	Chef
64	SUIJŌ	auf dem Wasser
	RIKUJŌ	auf dem Lande;Leichtathletik
	JŌRIKU	an Land gehen, Landung
	OKUJŌ	auf dem Gebäude, Dach(-garten)
	ueno	Ueno(EN)
65	NIHONGO	japanische Sprache

EIGO englische Sprache
BUNGO (ältere)Schriftsprache
KŌGO Umgangssprache
SHINGO neues Wort
KOKUGO Landessprache

66 GAKUSEI Student
DAIGAKU Universität
SŪGAKU Mathematik
KAIYŌGAKU Meereswissenschaft
NIHON BUNGAKU japanische Literatur
GAKUSETSU Lehrmeinung

67 (DAI)GAKU-SEI (Universitäts-)Student
namamizu frisches Wasser
namanama-shii frisch

68 MAINICHI täglich
MAIGETSU monatlich
MAIasa jeden Morgen

69 EIKOKU England
EIGO englische Sprache
EIBUNGAKU englische Literatur
NICHIEI japanisch-englisch

LEKTION 5

70 NIHONJIN Japaner
MEIJIN berühmte Person,Meister
JINKŌ Bevölkerungszahl
JINSEI Leben
hitobito Menschen
JINBUN KAGAKU Geisteswissenschaften

71 kanoJO sie(weibl.)
karera sie(Plural)

72 kanoJO sie(weibl.)
JOKŌ Fabrikarbeiterin
onna MOJI Frauenschrift(=*hiragana*)

73 SHIRON Privatmeinung
watakushi SHŌSETSU Ich-Roman(Gattung der modernen japanischen Literatur)

74 tatemono Gebäude
KENKOKU Reichsgründung
KENKOKU no hi (Gedenktag der Reichsgründung, japanischer Feiertag)

75 tatemono Gebäude
SHOMOTSU Buch
MEIBUTSU Spezialität eines Orts
HONmono Original
JINBUTSU Person

76 TAISHIKAN Botschaft
TAISHI Botschafter
KŌSHI Einsatz, Anwendung

77 TAISHIKAN Botschaft
TOSHOKAN Bibliothek
HONKAN Hauptgebäude
SHINKAN Neubau
YŌKAN Gebäude im westlichen Stil

78 KŌJŌ,KŌba Fabrik
JOKŌ Fabrikarbeiterin
HONKŌ Stammarbeiter
KŌKA DAIGAKU Technische Universität
KŌGAKU Ingenieurswissenschaften
JINKŌ künstlich, kunst-

79 KŌJŌ,KŌba Fabrik
baSHO Ort, Stelle
SHIJŌ (Wirtschafts-)Markt,
ichiba Wochenmarkt
DŌJŌ (buddistischer)Meditationsraum
hiroba (Straßen-)Platz

80 GINKŌ Bank
GINZAN Silbermine
SUIGIN Quecksilber
KINGIN Gold und Silber

81 GINKŌ Bank
HEIKŌ parallel
KŌSHI Einsatz, Anwendung
GYŌSHO Kursivschrift(*kanji*-Schrifttyp)

82 TOSHOKAN Bibliothek
TOSHO Bücher
CHIZU Landkarte
ZUSETSU Illustration

83 KENKYŪJO Forschungsinstitut
KENKYŪSHITSU (Dienstraum für wissenschaftliches Personal)
KENGAKU Studium

84	KENKYŪJO	Forschungsinstitut
	KENKYŪSEI	Forschungsstipendiat
85	KENKYŪJO	Forschungsinstitut
	SHOCHŌ	Institutsdirektor
	MEISHO	Sehenswürdigkeit
	baSHO	Ort, Stelle
	CHŌSHO	starke Seite, Stärke
86	SHUSHŌ	Ministerpräsident
	BUNSHŌ	Kultusminister
	NINSŌ	Gesichtsausdruck
	SŌba	(Börsen)Kurs
87	FUKUda	Eigenname
88	heya	Zimmer
	BUSŪ	Auflage(v.Druckwerken)
	BUSHU	Klassenzeichen,Radikal(der *kanji*)
	GAKUBU	Fakultät, Fachbereich (einer Universität)
	HONBU	Hauptquartier,Zentrale
	BUCHŌ	Abteilungsleiter
89	KYŌSHITSU	Unterrichtsraum
	KENKYŪ-SHITSU	(Dienstraum für wissenschaftliches Personal)
	YŌSHITSU	Raum in westlichem Stil
90	GAKKŌ	Schule
	SHŌGAKKŌ	Grundschule
	CHŪGAKKŌ	Mittelschule
91	JIYŪ	Freiheit
	JIYŪ TOSHI	Freistadt
	JIYŪ SHIJŌ	Freimarkt
	JIYŪ KOKU	Freistaat
	JIKOKUGO	Muttersprache
92	JIYŪ	Freiheit

LEKTION 6

93	nadakai	berühmt
	KŌKŌ	Oberschule
	KŌKŌSEI	Oberschüler
	KŌSOKU	Hochgeschwindigkeits-
	KŌKA	hohe Preise
94	KANJI	chinesische Schriftzeichen
	KANBUN	chinesischer Text
	KANGO	sino-japanisches Wort
96	KŌSOKU	Hochgeschwindigkeits-
97	SŌCHŌ	der frühe Morgen
	asa hayaku	frühmorgens
98	DENSHA	(Nahverkehrs-)Bahn
	KOKUDEN	(staatliche)Stadtbahn
	SHIDEN	Straßenbahn
	DENJŌ	elektrisches Feld
99	DENSHA	(Nahverkehrs-)Bahn
	SUISHA } mizuguruma	Wassermühle
	CHŪKOSHA	Gebrauchtwagen
100	GAIKOKU	Ausland
	GAIKOKU-GO	Fremdsprache
	GAIKOKU-JIN	Ausländer
	KAIGAI	Ausland, Übersee
	GAISHŌ	Außenminister
	GAIKŌ	Diplomatie
101	HEIAN	Frieden(alt)
	HEIANKYŌ	(alter Name für Kyoto)
102	REKISHI	Geschichte
	REKISHI GAKU	Geschichtswissenschaft
	REKISHI SHOSETSU	historischer Roman
	GAKUREKI	Ausbildungsgang,formale Qualifikation
103	NIHONSHI	japanische Geschichte
	SHIJŌ	historisch
104	NAN'I	Schwierigkeit(sgrad)
	NANMIN	Flüchtling
	KAINAN	Seenot
105	HEI'I	einfach, schlicht
106	AKUNIN	Bösewicht
	AKUBUN	schlechter Stil
	waruguchi	üble Nachrede
108	KINJO	Nachbarschaft
	KINKAI	Küstennähe
	KINTŌ	Nahost

	chikamichi	Abkürzung(sweg)
109	ENYŌ	Hochsee
110	BUKKA	Preise
	CHIKA	Bodenpreise
	KŌKA	hohe Preise
	BEIKA	Reispreis
	HEIKA	(Devisen)Parität
111	KŌTSŪ	Verkehr
	GAIKŌ	Diplomatie
	GAIKŌ BUNSHO	diplomatisches Schriftstück
	SHAKŌ	gesellschaftlicher Verkehr
112	KŌTSŪ	Verkehr
	TSŪKŌ	Durchgang
	BUNTSŪ	Briefwechsel
	TSŪGAKU	Schulbesuch
113	GEKIRON	hitzige Debatte
114	SEIKATSU	Leben
	KAKKAZAN	aktiver Vulkan
	KATSUJI	Druckletter
115	KEIZAI	Wirtschaft
	KEIZAIGAKU	Wirtschaftswissenschaft
	KEIYU	via
	KEIREKI	Lebensgeschichte
	GEKKEI	Menstruation
	SEIKEI	Politik und Wirtschaft
116	KEIZAI	Wirtschaft
	KEIZAI SEICHŌ	Wirtschaftswachstum
117	SEICHŌ	Wachstum
	SEIJIN	Erwachsener
	SEIIN	Mitglied
	nariKIN	Neureicher
118	CHOMEI	namhaft
	CHOSHO	Schrift, Veröffentlichung
119	KŌGYŌ	Industrie
	KŌGYŌ TOSHI	Industriestadt
	KŌGYŌ KOKU	Industrieland
120	KOKUMIN	(Staats-)Volk
	SHIMIN	Bürger
	SHŌSHIMIN	Kleinbürger
	JINMIN	Volk
	HEIMIN	(alt:)Bürgertum(im Gegensatz zum Adel)
	SHINHEIMIN	"neues Bürgertum" (diskriminierende Bezeichnung der Burakumin vor dem Zweiten Weltkrieg)
121	SEITŌ	politische Partei
	YATŌ	Oppositionspartei
	JIMINTŌ	Liberaldemokratische Partei
	SHAKAITŌ	Sozialistische Partei
	MINSHATŌ	Demokratisch-sozialistische Partei
122	SHAKAI	Gesellschaft
	KAISHA	Firma
	SHAKAIGAKU	Soziologie
	SHINBUNSHA	Zeitungsverlag
	SHAKŌ	gesellschaftlicher Verkehr
123	KAISHA	Firma
	KYŌKAI	Kirche
	KOKKAI	Nationalversammlung
	KOKKAI TOSHOKAN	Parlamentsbibliothek (EN)
	SHIMIN KAIKAN	Stadthalle
	GAKKAI	wissenschaftlicher Kongreß
124	SEITŌ	politische Partei
	GYŌSEI	Verwaltung
	SEIKEI GAKUBU	Fachbereich für Politik und Wirtschaft
	SEIKYŌ	Staat und Kirche
	SEITŌSHI	Parteiengeschichte

LEKTION 7

125	SHINKANSEN	Neue (Eisenbahn-)Hauptlinie
	KANSEN	(Eisenbahn-)Hauptlinie
	KANBU	Führungsgruppe,Stab
	KANBUKAI	Versammlung der Führungsgruppe
	GOKAN	Wortstamm
126	SHINKANSEN	Neue (Eisenbahn-)Hauptlinie
	HONSEN	(Eisenbahn-)Hauptlinie

	HONSEN	Haupteisenbahnlinie
	TŌKAIDŌ HONSEN	Tokaido-Linie
	DENSEN	elektrisches Kabel
	CHIHEISEN	Horizont(linie)
	HEIKŌSEN	Parallele
127	TETSUDŌ	Eisenbahn
	KOKUTETSU	Japanese National Railways,JNR(EN)
	SHITETSU	Privateisenbahn
	TESSEN	Eisendraht
128	KEIZAIRYOKU	Wirtschaftsmacht
	DENRYOKU	elektrische Energie
	SUIRYOKU	Wasserkraft
	KYŌRYOKU	stark,mächtig
	RIKIGAKU	Dynamik
	(JIN)RIKISHA	Rikscha
129	TASHŌ	mehr oder weniger
	TASŪ	große Zahl,Mehrheit
	ZATTA	mannigfaltig
130	GENGO	Sprache
	GENGOGAKU	Linguistik
	GENRON no JIYŪ	Redefreiheit
131	BUNPŌ	Grammatik
	HŌGAKU	Rechtswissenschaft
	HŌSHŌ	Justizminister
	HŌJIN	juristische Person
	MINPŌ	bürgerliches Recht
	ENKINHŌ	Perspektive
132	TASHŌ	mehr oder weniger
	SHŌSŪ	kleine Zahl,Minderheit
133	KYŌRYOKU	stark,mächtig
	KYŌKŌ	(gewaltsam)durchsetzen
134	SHIGEN	natürliche Ressourcen
	SHIHON	Kapital
	SHIHONRON	"Das Kapital" (EN)
	SHIKIN	Geldmittel
	RŌSHI	Arbeit und Kapital
135	SHIGEN	natürliche Ressourcen
	DENGEN	Stromquelle
	SUIGEN	Wasserressourcen
	GOGENGAKU	Ethymologie
136	GAIRAIGO	Fremdwort
	RAIGETSU	kommender Monat
	RAINICHI. suru	nach Japan kommen
	HONRAI	ursprünglich, eigentlich
	YURAI	Herkunft
137	KIGYŌ	Unternehmen, Betrieb
	CHŪSHŌ KIGYŌ	Klein-Mittelbetriebe
	KITO	Plan,Absicht
138	RŌDŌSHA	Arbeiter
	RŌSHI	Arbeitnehmer und Arbeitgeber
	RŌSHI	Arbeit und Kapital
	RŌSHŌ	Arbeitsminister
	RŌDŌTŌ	Labour Party(Engl.)
	RŌDŌ SHIJŌ	Arbeitsmarkt
139	RŌDŌSHA	Arbeiter
	RŌDŌRYOKU	Arbeitskraft
	RŌDŌHŌ	Arbeitsrecht
140	RŌDŌSHA	Arbeiter
	GAKUSHA	Wissenschaftler
	BUNGAKUSHA	Literat
	CHOSHA	Autor
	GYŌSHA	Unternehmer
141	SEKIYU	Erdöl
	SEKIEI	Quarz
142	SEKIYU	Erdöl
	YUDEN	Erdölfelder
143	MONDAI	Problem,Frage
	GAKUMON	Wissenschaftsdisziplin
	NANMON	schwieriges Problem
	NANBOKU MONDAI	Nord-Süd-Problem
	SHAKAI MONDAI	soziale Probleme
	JINKŌ MONDAI	Bevölkerungsprobleme
144	MONDAI	Problem,Frage
	RŌDŌ MONDAI	Arbeitsprobleme
	DAIMEI	Titel
145	SHIRITSU DAIGAKU	Privatuniversität

	CHŪRITSU	Neutralität
	CHŪRITSU	neutraler
	KOKU	Staat
	SEITRITSU	Entstehung
	naritatsu	entstehen
	tachiba	Position; Standpunkt
	hitachi	(EN)
146	TŌZAINAN-BOKU	die vier Himmelsrichtungen
	NANBOKU MONDAI	Nord-Süd-Problem
	TŌNAN ajia	Südostasien
	NANBU	Südteil
	NANBEI	Lateinamerika
147	CHŪSEI	Mittelalter
	KINSEI	Neuzeit
	SERON (yoRON)	öffentliche Meinung
148	CHIKATETSU	U-Bahn
	GESUIDŌ	Kanalisation
	GESHA	das Aussteigen (aus einem Fahrzeug)
149	ZENSHA	ersteres
	ZENKA	Vorstrafe
	ZENGO	um, gegen(zeitlich)
	tatemae	Prinzip
	ZEN SHICHŌ	ehemaliger Bürgermeister
150	ZENGO	um, gegen (zeitlich)
	KŌSHA	letzteres
	KONGO	künftig
151	SAYŪ	links und rechts
152	TŌKYŌ-EKI	Bahnhof Tokyo
	EKICHŌ	Bahnhofsvorsteher
	EKImae	Bahnhofsvorplatz
153	SAYŪ.suru	beherrschen
154	CHŪKAN	Zwischen-
	SEKEN	Öffentlichkeit
	NINGEN	Menschen
	MINKAN KIGYŌ	Privatunternehmen
	MINKAN SHIHON	Privatkapital
155	TŌIN	Parteimitglied
	KAIIN	Vereinsmitglied
	KAISHAIN	Belegschaftsmitglied
156	MENSEKI	(Ober-)Fläche
	SUIMEN	Wasserspiegel
	baMEN	Szene
157	MENSEKI	(Ober-)Fläche
158	DANSEI	Mann
	CHŌNAN	ältester Sohn
	DANJO KYŌGAKU	Koedukation
159	DANSEI	Mann
	JOSEI	Frau
	CHŪSEI	Neutrum
	SEI SEIKATSU	Geschlechtsleben
	SEISANSEI	Produktivität
	YUSEI	fetthaltig
160	SENSEI	Lehrer
	SENJITSU	neulich
	yukusaki	(Reise-)Ziel
161	KŌGAI	Umweltzerstörung
	KŌBUN	amtliches Schriftstück
	KŌKYŌ	Allgemeinheit
	KŌSHA	Staatsbetrieb
	NIHON KŌTSŪ KŌSHA	Japanese Travel Bureau,JTB(EN)
	KŌRITSU GAKKŌ	öffentliche Schulen
162	KŌGAI	Umweltzerstörung
	SUIGAI	Wasserschäden
163	KYŌSANTŌ	Kommunistische Partei
	KŌKYŌ	Allgemeinheit
	DANJO KYŌGAKU	Koedukation
	KYŌTSŪ	Gemeinsamkeit
	KYŌCHŌ	Ko-Autorenschaft
	NIKKYŌ	KPJ(Abk.f. NIHON KYŌSANTŌ)
164	KYŌSAN	gemeinsamer Besitz
	SEISAN	Produktion
	SANGYŌ	Wirtschaft,Gewerbe
	SANCHI	Produktionsgebiet
	SUISANBUTSU	Wasserwirtschaftliche Produkte
	KOKUSAN	Landesprodukt

165	kawasaki	(EN)
	nagasaki	(EN)
166	IKKŌ	Begleitung,Gefolge
	MAN'ICHI no baai	schlimmstenfalls
	hitori	eine Person
	ICHIBU	ein Teil
	NIHON ICHI	Nr.1 in Japan, führend in Japan
	ICHIGATSU	Januar
167	NISEI	2.Generation(besonders im Ausland lebender Japaner)
	futari	zwei Personen
	NIGATSU	Februar
168	mishima	(EN)
	SANGATSU	März
	SANNIN	drei Personen
	SANBYAKUNIN	300 Personen
	SANZENNIN	3000 Personen
169	GOGATSU	Mai
	GOJŪGONIN	55 Personen
170	ROPPŌ	(Kompendium der sechs wichtigsten japanischen Gesetze)
	ROKUNIN	sechs Personen
	ROPPYAKUNIN	600 Personen
	ROKUGATSU	Juni
171	SHICHININ	sieben Personen
	SHICHININ no samurai	"Die sieben Samurai" (jap.Filmtitel)
	SHICHIGATSU	Juli
172	HACHININ	acht Personen
	HAPPYAKUNIN	800 Personen
	HACHIGATSU	August
173	JIPPUN	10 Minuten
	JŪBUN	genügend
	JŪNIN	10 Personen
174	HYAKUNIN	100 Personen
	SANBYAKUNIN	300 Personen
	yonHYAKUNIN	400 Personen
	ROPPYAKUNIN	600 Personen
	HAPPYAKUNIN	800 Personen
175	SENNIN	1000 Personen
	SANZENNIN	3000 Personen
	HASSENNIN	8000 Personen
176	MAN'ICHI no baai	schlimmstenfalls
	HYAKUMANNIN	1 Mio.Personen
177	ICHIOKUNIN no NIHONJIN	100 Mio. Japaner

LEKTION 10

179	nanSAI	wie alt
	BANZAI	10.000 Jahre (nationalistischer Hochruf auf den Tenno)
180	SOTSUGYŌ	Hochschulabschluß
	SOTSUGYŌSEI	Hochschulabsolvent
	SOTSUGYŌ RONBUN	Examensarbeit
181	DENKI	Elektrizität
	DENKI SEIHIN	Elektrogeräte
	NINKI	Popularität
	KAKKI	Lebhaftigkeit
	HEIKI	Sorglosigkeit
	KINBUN	Laune
182	SEIHIN	Produkt
	NIHONSEI	made in Japan
	SEIYUSHO	Erdölraffinerie
	SEIZUHŌ	Kartographie
	MOKUSEIHIN	Holzware
183	KŌGYŌ SEIHIN	Industrieprodukt
	KOKUSANHIN	Landesprodukt
	JŌHIN	vornehm
	GEHIN	ordinär
184	NYŪSHA	Firmeneintritt
	NYŪGAKU	Schuleintritt, Immatrikulation
	NYŪKOKU	Einreise
	iriguchi	Eingang
	TŌKYŌiri	Ankunft in Tokyo
185	SEINEN GAPpi	Geburtsdatum
	NENKIN	Rente
	SHŌNEN	Jugendlicher
	HEINEN	Durchschnittsjahr, normales Jahr
	SHINNEN	Neujahr
186	TSŪKIN(SHA)	Fahrt zur Arbeit(Pendler)
	KINRŌSHA	Arbeiter

tsutomesaki Arbeitsstelle
KINMU Diensttätigkeit, Arbeit

187 GEKKYŪ Monatslohn
SHŪKYŪ Wochenlohn
KYŪSUI Wasserversorgung
KYŪGEN Versorgungsquelle

188 ENdaka hoher Kursstand des Yen

189 KINMU JIKAN Arbeitszeit
RŌMUSHA Tagelöhner
KŌMUIN Beamter
KOKUMU Staatsangelegenheiten
GAIMU auswärtige Angelegenheiten
ZATSUMU mannigfaltige Tätigkeiten

190 JIKAN Zeit
tokidoki gelegentlich
nanJI wieviel Uhr
JIKA Zeitwert
ICHIJI ein Uhr
ICHIJIKAN eine Stunde

191 GOZEN Vormittag
GOGO Nachmittag
GOZENCHŪ im Laufe des Vormittags

192 SHŪKAN Woche
KONSHŪ diese Woche
RAISHŪ kommende Woche
SENSHŪ vergangene Woche
MAISHŪ jede Woche
SHŪKYŪ Wochenlohn

193 YAKAN KINMU Nachtdienst
YAGAKKŌ Abendschule
YAKŌ Nachtzug

194 ZANGYŌ Überstunden

195 HITSUYŌ notwendig
HITSUYŌSEI Notwendigkeit

196 HITSUYŌ notwendig
YŌJIN very important person (VIP)

197 baai Fall
GŌHŌ gesetzeskonform, legal
GŌSEI zusammengesetzt, synthetisch
RENGŌKAI (Dach-)Verband
RENGŌKOKU Alliierte
aiZU Signal

198 KYONEN vergangenes Jahr

199 SEIBUN Bestandteil
JIBUN selbst
TABUN vielleicht
BUBUN Teil
BUNYA (Fach-)Gebiet,Feld
BUNGYŌ Arbeitsteilung

Lektion 11

200 KŌGAI Vorort

201 DANCHI Wohnsiedlung
DANCHŌ Gruppenleiter
DAN'IN Gruppenmitglied
SHŌNENDAN Jugendgruppe

202 JŪTAKU Wohnung
JŪTAKUCHI Wohnviertel
JŪTAKU MONDAI Wohnugsproblem
JŪSHO Wohnort,Adresse

203 KAOKU Haus
KOKKA Staat
KOKKA KŌMUIN Staatsbeamter
KAGYŌ Familiengewerbe
SHŌSETSUKA Romancier
SHIHONKA Kapitalist

204 yaCHIN Miete
CHINGIN Lohn
CHINGIN RŌDŌ Lohnarbeit

205 SHATAKU Werkswohnung
JŪTAKU Wohnung
o-TAKU (Anrede 2.Pers.)Sie
TAKUCHI Grundstück für Hausbau
JITAKU Privatanschrift
KITAKU Heimkehr

206 katamichi Hinweg.eine Strecke
katakoto gebrochene Sprechweise

207 ŌFUKU Hin-und Rückweg

208 FUKKO Restauration
FUKKATSU Wiederaufleben

209	HANBUN	Hälfte
	HAN'EN	Halbkreis
	HANtoshi	halbes Jahr
	HANTŌ	Halbinsel
210	KIGEN	Ursprung
	hayaoki	Frühaufstehen
211	SHUKKOKU	Ausreise
	GAISHUTSU	Ausgehen
	SHUSSAN	Entbindung,Geburt
	SHUTSURYOKU	Ausgangsleistung
	SHUKKIN	Anwesenheit am Arbeitsplatz
	(SHUKKIN JIKAN	Anwesenheitszeit)
	deguchi	Ausgang
212	HODŌ	Fußweg
	HOKŌSHA	Fußgänger
213	JŌSHA	ein Fahrzeug besteigen
	noriba	Haltestelle
	norimono	Fahrzeug
	JŌSŪ	Multiplikator
214	SHINJUKU	(EN)
	GESHUKU.suru	zur Untermiete wohnen
	MINSHUKU	Privatquartier
	SHUKUDAI	Hausaufgaben
215	CHAKURIKU	(Flugzeug-)Landung
	DOCHAKU	bodenständig,einheimisch
	funatsukiba	Schiffsanlegestelle
	kimono	Kimono
	mizugi	Badeanzug
216	KITAKU	Heimkehr
	KIKOKU	Rückkehr aus dem Ausland
	kaerimichi	Heimweg
217	REIGAI	Ausnahme
	SENREI	Präzedenzfall
	REIKAI	ordentliche Versammlung
218	JŌSEN	an Bord gehen
	ōbune	großes Schiff
	funatsukiba	Schiffsanlegestelle
	SENCHŌ	Kapitän
	SEN'IN	Schiffsmannschaft
219	HIKŌKI	Flugzeug
	HIKŌ JIKAN	Flugzeit
	HIKŌJŌ	Flugplatz
220	KICHŌ	Flugkapitän
	jettoKI	Jet
	JIDŌKI	Automat
	DŌKI	Beweggrund,Motiv
	KIKAI	Anlaß.Gelegenheit
	RIPPŌ KIKAN	gesetzgebendes Organ
221	DŌRYOKU	Triebkraft
	DŌBUTSU	Tier
	(KAZAN)KATSUDŌ	(Vulkan-)Tätigkeit
	KATSUDŌKA	Aktivist
	KŌDŌ	Handlung,Tat
	(JIYŪ KŌDŌ	ohne festes Programm,Freizeit)
	DŌIN	Mobilisierung

Lektion 12

222	TOKUREI	Sonderfall
	TOKUCHŌ	Besonderheit
	TOKUSHŪ	Sonderthema (in Zeitschriften)
223	SHUJIN	Ehemann
	MINSHUKOKU	demokratischer Staat,Demokratie
	JIYŪ MINSHUTŌ	Liberaldemokratische Partei (LDP), abk.:JIMINTŌ
	SHUYŌ	Haupt-
	SHUYŌ KŌGYŌ	Hauptindustrie
	SHUGO	Subjekt(Grammatik)
	SHUDAI	Thema
224	GENRYŌ	Rohstoff
	GENGO	Originalsprache
	GENBUN	Originaltext
	GENSHI SHAKAI	Urgesellschaft
	GENRON	Grundzüge
	KŌGEN	Hochland
225	GENRYŌ	Rohstoff
	RYŌKIN	Gebühr
	DENKI RYŌKIN	Stromgebühr
	NYŪJŌRYŌ	Eintrittsgebühr
226	SEKITAN	Steinkohle
227	YUSHUTSUNYŪ	Import - Export
	YUNYŪKOKU	Importland
	YUSHUTSUHIN	Exportartikel
	YUNYŪSHA	ausländischer Wagen

228	SEISAKU	Fertigung
	SAKUHIN	Kunstwerk, op. (Musik)
	CHOSAKUSHA	Autor
	GENSAKU	Originalwerk
	SAKUBUN	(Schul-)Aufsatz
	SAKKA	Schriftsteller
229	ajia SHOKOKU	die asiat.Staaten
	SHOMONDAI	die Probleme
	...SHOTŌ	die ...-Inseln (in EN)
230	KIKAI	Maschine
	KIKAI KŌGYŌ	Maschinenindustrie
	KIKAI KŌGAKU	Maschinenbau
231	BENKYŌ	Lernen
232	kaimono	Einkauf(en)
233	DOKUSHORYOKU	Lesefähigkeit
	DOKUSHA	Leser
234	GENSHIJIN	Urmensch
	SHIDŌKI	Starter (Auto)
	SHIGEN	Beginn
235	SHŪKAI(JŌ)	Versammlung(sort)
	SHŪDAN	Gruppe
	SAKUHINSHŪ	Sammlung von Kunstwerken
	RONBUNSHŪ	Aufsatzsammlung
	MONDAISHŪ	Sammlung von Prüfungsaufgaben
	SHŪCHŪ	Konzentration
237	katate	eine Hand
	JŌZU (!)	geschickt
	heta (!)	ungeschickt
	aite(KOKU)	Partner(staat)
	tegami	Brief
	teSŪ	Mühe,Aufwand
	(teSŪRYŌ	Bearbeitungsgebühr)
238	tegami	Brief
	HANSHI	Reispapier
	WASHI	Japanpapier
	SEISHI KŌJŌ	Papierfabrik
239	taniguchi	(EN)
240	SHŌWA	(Regierungsdevise, 1926 -)
241	HEIWA	Frieden
	KYŌWAKOKU	Republik
	JINMIN KYŌWAKOKU	Volksrepublik
	EIWA	Englisch-Japanisch (nur Wörterbücher!)
	KANWA	Chinesisch-Japan. (nur Wörterbücher!)
	doitsu MINSHU KYŌWAKOKU	DDR

Lektion 13

242	SAIKIN	jüngste Vergangenheit,kürzlich
	SAIDAI	maximale/r/s
	(SAIDAIGEN	Maximum)
	SAIKŌ	höchste/r/s
	(SAIKŌSOKU	Höchstgeschindigkeit)
	SAISHIN	neueste/r/s
	SAIZENBU	vorderster Teil
243	GENZAI	Gegenwart
	SHUTSUGEN	Erscheinen
	GENKIN	Bargeld
	GENKŌ	gültig
	(GENKŌHŌ	geltendes Recht)
	GENba	Ort des Geschehens, vor Ort
	GENJŪSHO	gegenwärtiger Wohnsitz
244	ZAINICHI	in Japan ansässig
	(ZAINICHI GAIKOKUJIN	in Japan lebender Ausländer)
	ZAINICHI BEIKOKU TAISHIKAN	Botschaft der USA in Japan
	SHOZAICHI	Sitz (e.Behörde), Standort
	ZAIGAKU	sich in der(schulischen od. universitären) Ausbildung befinden
	(ZAIGAKU NENGEN	Studiendauer)
245	DAIdokoro	Küche
	DAISŪ	Stückzahl (Maschinen,Autos)
	DAICHI	(geogr.)Plateau
246	IJŌ	mehr als,über
	IKA	weniger als,unter
	IZEN	vor
	IGO	nach

IRAI seit
IGAI/INAI außerhalb / innerhalb

247 JINAN zweiter Sohn
JIJO zweite Tochter

248 SEKAI(SHI) Welt(geschichte)
GENKAI Grenze (abstrakt)
GAKKAI die Akademiker
SEIKAI politische Kreise, die Politiker

249 DAI'ICHIJI erster (in chronologischer Folge)
DAISANSHA Dritter
SHIDAI Reihenfolge; Sachverhalt; ___ *ni*:allmählich
ANZEN DAI' ICHI "safety first"

250 ZENBU alles
ZENKOKU das ganze Land
ZENSEKAI die ganze Welt
ANZEN Sicherheit
ZENGAKUREN Gesamtjapanischer Studentenverband
ZENRŌDŌRYOKU JINKŌ die gesamte arbeitsfähige Bevölkerung

251 KŌYAKU Wahlversprechen
YŌYAKU.suru zusammenfassen
SEIYAKU Einschränkung

252 INAI innerhalb
TONAI innerhalb des Stadtbezirks von Tokyo (Postanschrift)
NAICHI Kernland
NAIKAI Binnenmeer
NAIMEN Innenseite
NAIKA Internist

253 HANBAI Verkauf
JIDŌ HANBAIKI (Verkaufs-)Automat

254 BAIBAI Handel
BAIHIN verkäufliche Ware
uriage Umsatz

255 KEIZU Stammbaum
KYŌSANTŌKEI der KP zugehörig od. nahestehend
NIKKEIJIN Person japanischer Abstammung

256 kaishime Hamsterkauf
DOKUSEN Monopol
DOKUSEN KIGYŌ Monopolunternehmen
DOKUSEN SHIHON Monopolkapital

257 JIKAKU Einsicht,Begreifen
oboegaki Memorandum

258 DOKURITSU Unabhängigkeit
DOKUTOKU spezifisch
DOKUJI eigenständig
TŌDOKU/SEIDOKU DDR/BRD
WADOKU Japanisch-Deutsch (nur Wörterbücher!)
NICHIDOKU Japanisch-Deutsch (außer Wörterbücher)

259 YŌKYŪ Forderung
KYŪJIN Stellenangebot

260 SETSUMEI Erklärung
SETSUMEISHO Erläuterungsschrift
BUNMEI Zivilisation
KYŪMEI.suru ergründen
SENMEI klar,deutlich

261 DENWA Telefon
TSŪWA Telefongespräch
(SHIGAI TSŪWA Ferngespräch)
DENWARYŌ Telefongebühr
KAIWA Konversation
WADAI allgemeines Gesprächsthema
hanashiai Gespräch,Verhandlung

262 TEICHINGIN Niedriglohn
TEIKA Niedrigpreis
TEIKA.suru fallen,abnehmen
SAITEI am niedrigsten

263 SEIGEN Einschränkung
ZENNICHISEI KŌKŌ Ganztags-Oberschule
NENKINSEI Rentensystem
TEICHINGINSEI Niedriglohnsystem

264 GENKAI Grenze (abstrakt)
SAIDAIGEN Maximum
SAISHŌGEN Minimum

Lektion 14

266 RETTŌ Inselkette

	RESSHA	Eisenbahnzug
	GYŌRETSU	Umzug,Demonstrationszug
	KEIRETSU	Unternehmensgruppe
267	okinawa	(EN)
	okiai	offenes Meer
269	BANNIN	Wärter,Wächter
	KŌBAN	Polizeistation
	BANCHI	Hausnummer
	HYAKUtōBAN. suru	diePolizei rufen
270	MITSUDO	Dichte
	KŌTSŪ MITSUDO	Verkehrsdichte
	GENMITSU	exakt
	MITSUYAKU	Geheimversprechen
	MITSUYU	Schmuggel
	(MITSUYUDAN	Schmugglerbande)
271	SEIDO	System
	GENDO	Grenze
	(SAISHŌ GENDO	Minimum)
	NENDO	Rechnungsjahr, Jahrgang
	SOKUDO	Geschwindigkeit
	DOSŪ	Häufigkeit
	ICHIDO	einmal
272	NARA	(EN)
273	SEIJI(GAKU)	Politik(wissenschaft)
	SEIJIKA	Politiker
	MINSHU SEIJI	demokratische Politik
	JICHI	Selbstverwaltung
	JISUI	Gewässerregulierung
274	SEIKAI'IN	ordentliches Mitglied
	SEISHOHŌ	Orthographie
	KŌSEI	Korrektur
	SHŌMEN	Fassade,Vorderseite
	SHŌGATSU	Neujahr

Lektion 15

275	MOKKA	gegenwärtig
	MENBOKU	Ehre,das "Gesicht"
	KAMOKU	Unterrichtsfach
	MOKUJI	Inhaltsverzeichnis
	DAIMOKU	Titel (Buch etc.)
	medatsu	ins Auge fallen
276	SŌJINKŌ	Gesamtbevölkerung
	SŌKAI	Hauptversammlung (einer AG)
	SŌCHŌ	Universitätspräsident
	SŌGŌDAIGAKU	Universität (i.Gegensatz zu Fachhochschule)
	SŌDŌIN	Generalmobilmachung
	KOKUMIN SŌSEISAN	Bruttosozialprodukt
277	TAIWAN	(EN)
	TŌKYŌWAN	Tokyo-Bucht (EN)
278	HEITAN	flach,eben
279	TAIRITSU	Gegensatz,Kontroverse
	TAIMEN	Begegnung
	(TAIMEN KŌTSŪ	Gegenverkehr)
280	JITSURYOKU	Fähigkeit,Können; Gewalt
	JITSUREI	Beispiel
	JITSUGEN.suru	realisieren
	GENJITSU	Realität
	JIKKA	Elternhaus
281	JISSAI	tatsächlich
	KOKUSAI(SEN)	Ausland(s-Linie)
	KOKUSAI RENGŌ	Vereinte Nationen Abk.: KOKUREN
	KOKUSAI RŌDŌ KIKAN	International Labour Organization (ILO)
	GAKUSAI	interdisziplinär
	KŌSAI	Umgang,Verkehr
282	KŌGYŌ CHITAI	Industriezone
	ANZEN CHITAI	Verkehrsinsel (Sicherheitsbereich für Fußgänger)
	RENTAI	Solidarität
	KAZANTAI	Vulkangürtel
283	KAKO	Vergangenheit

	TSŪKA	Transit
	KADO	übermäßig
	KASHŌ SEISAN	Unterproduktion
	KAHANSŪ	Mehrheit
	KEIKA	(zeitl.)Verlauf
284	ZŌKA	Zuwachs
	ZŌSAN	Produktionssteigerung
	GEKIZŌ	sprunghafter Zuwachs
285	KAKŌ	Weiterverarbeitung
	KAGAISHA	Verursacher
	KANYŪ	Beitritt
	KASOKUDO	Beschleunigung
286	ZŌKARITSU	Zuwachsrate
	SEICHŌRITSU	Wachstumsrate
	HYAKUBUNRITSU	Prozentsatz
287	SHIDO	Stand (eines Meßgeräts), Anzeige
288	wariai	Anteil
	BUNKATSU	Teilung
	mizuwari	Whisky mit Wasser (verdünnt)
289	CHŪSHIN	Zentrum
	CHŪSHINBU	Stadtzentrum
	CHŪSHIN JINBUTSU	Zentralfigur
	ANSHIN.suru	sich beruhigen
	SHINJŪ	kollektiver Selbstmord

KANJI - INDEX

Der *kanji* - Index ist,der japanischen Praxis folgend, nach dem Radikalsystem aufgebaut(s.S.62 f.) ,d.h. die einzelnen Schriftzeichen finden sich unter dem graphematischen Bestandteil,der als ihr Radikal gilt.Die Radikale sind nach der Anzahl ihrer Striche geordnet,beginnend mit einem Strich.

Der folgende Index enthält die in den Lektionen 1-15 verwendeten *kanji* und *kanji*-Verbindungen.Die diesen jeweils zugrordneten Ziffern verweisen auf die Lektion des Erstvorkommens. Die Radikale sind durch einen waagerechten Streifen graphisch abgehoben.Dieser Streifen enthält von links nach rechts folgende auf das jeweilige Radikal bezogene Informationen:
- das Radikal-Graphem
- die bevorzugte Position des Radikal-Graphems (s.S.60 f.) ,durch Schraffur kenntlich gemacht (nur soweit eindeutig)
- die deutsche Radikalbezeichnung
- die laufende Nummer im Radikalsystem (große Ziffern)

Weist ein Radikal-Graphem Formvarianten auf,sind diese (soweit für dieses Lehrbuch relevant) gesondert aufgenommen:so sind *kanji* mit dem Radikal "Mensch" (Nr.9) beispielsweise unter drei Formvarianten verzeichnet.

Berücksichtigt wurden die Radikale,die im Zeichenschatz des Kursteils auftreten,sowie einige weitere,die sich dort als sonstige Grapheme finden (mit Beispielen und Verweisungen auf den korrekten Radikal)

Die starken Querstriche markieren die Grenze zwischen Radikal-Graphemen mit unterschiedlicher Strichzahl.

一	**eins**	**1**
一	一(つ)	9
七	七(つ)	9
三	三(つ)	9
万	万	9
上	上海	4
	上	9
	以上	13
	上がる	13
下	下	9
	地下鉄	11
世	中世	8
	世界	13
来	外来語	8
	来週	10
	来月	10
	来年	10
	来る	11
丨	**senkrechter Strich**	**2**
中	中国	1
	田中	4
	中東	8
	中小企業	8
	中世	8
	中	9
	集中する	15
	中心	15
丶	**Punkt**	**3**
主	主な	12
ノ	**katakana *no***	**4**
乗	乗る	11
乙	**gebogene Linie**	**5**
九	九州	1
	北九州	9
	九(つ)	9
亅	**Haken**	**6**
(野)	s.R 166	
二	**zwei**	**7**
二	二(つ)	9
五	五(つ)	9
亠	**Deckel**	**8**
交	交通	6
京	東京	1
	京都	1
	東京大学	4
	北京	4
人	**Mensch**	**9**
人	人	5
	日本人	5
	…人	5
	人口	7
	外国人労働者	8
	何人	9
	…人	9
	あの人	10
	総人口	15
以	以上	13
亻	**Mensch**	**9**
何	何	2
	何曜日	3
	何という	9
	何人	9
住	住む	11
作	作る	12
低	低い	13
使	大使館	5
価	物価	6
例	例外	11
働	外国人労働者	8
	働く	13
	労働力	14
億	億	9
	一億	15
𠆢	**Mensch**	**9**
今	今日	3
	今週	10
	今月	10
	今年	10
	今	12
会	社会党	6
	社会問題	8
	大会	8
	学会	9

Radikal		Bedeutung / Wort	Lektion
		会社	10
		会社員	10
		社会学	15
企		企業	8
		大企業	8
		中小企業	8
儿		kniender Mensch	10
先		先生	9
		先週	10
		先月	10
兆		兆	9
入		eintreten	11
入		入る	10
		輸入する	12
		入学する	13
		入国	13
		を入れて	14
内		国内	13
全		全生産	13
		全長	14
八		acht	12
八		八(つ)	9
公		公害	9
八		acht	12
六		六(つ)	9
共		共産党	9
冂		dreiseitige Einfassung	13
円		...円	10
冖		katakana *wa*	14
(売)		s. R 33	
冫		Eis	15
(次)		s. R 76	
凵		oben offene dreiseitige Einfassung	17
出		出る	11
		輸出する	12
刀		Schwert	18
分		...分(ふん)	10
		半分	11
		...分(ぶん)	13
		大部分	14
刂		Schwert	18
列		列島	14
制		制限	13
前		前	9
		午前	10
		前田	10
		...前	11
割		割合	15
力		Kraft	19
力		経済力	7
		労働力	14
加		増加率	15
労		外国人労働者	8
		労働力	14
勉		勉強する	12
務		勤務時間	10
動		自動車	11
勤		勤める	10
		勤務時間	10
		通勤時間	11
勹		umarmen	20
(約)		s. R 120	
匕		katakana *hi*	21
北		北海道	1
		北京	4
		北	9
		北九州	9
十		zehn	24
十		十	9
千		千	9
午		午前	9
		午後	9
半		...半	11
		半分	11
卒		卒業	10
南		南米	8
		東南アジア	8
		南	9
卜		katakana *to*	25
占		占める	13
厂		Klippe	27

原	原料	12
厶	katakana *mu*	28
去	去年	10
	過去	15
又	wieder	29
(経)	s. R 120	
口	Mund	30
口	山口 (Ortsn.)	1
	人口	7
	谷口	12
	山口 (Familienname)	12
	総人口	15
右	右	9
史	歴史学	6
古	名古屋	1
	古い	6
台	... 台 (ZEW)	12
	台湾	14
合	場合	10
	割合	15
名	名古屋	1
和	昭和	12
品	電気製品	10
員	党員	9
	会社員	10
問	(社会)問題	8
囗	vierseitige Einfassung	31

四	四国	1
	四(つ)	9
団	団地	11
図	図書館	5
国	中国	1
	米国	1
	四国	1
	国	2
	英国	4
	島国	4
	外国	6
	国土	6
	外国人労働者	8
	工業国	8
	国立大学	9
	国電	11
	諸国	12
	国連	12
	国内	13
	入国	13
	国民	14
土	Erdboden	32
土	土曜日	3
	国土	6
在	現在	13
土	Erdboden	32
地	平地	2
	山地	2
	団地	11

	地下鉄	11
	地帯	15
坦	平坦	15
場	工場	5
	場合	10
増	増加率	15
	増える	15
士	Ritter	33
売	販売する	13
夂	schlurfen	34
(後)	s. R 60	
夕	Abend	36
外	外国	6
	外来語	8
	外国人労働者	8
	外	9
	郊外	11
	例外	11
	外相	11
多	多い	7
夜	夜	10
大	groß	37
大	大阪	1
	大西洋	1
	大陸	2
	大都市	4
	東京大学	4
	大学	4

	大使館	5
	大きい	6
	大きな	7
	工科大学	8
	大企業	8
	私立大学	8
	大会	8
	国立大学	9
	大正	14
	大部分	14
太	太平洋	1
奈	奈良	14
女	**Frau**	**38**
女	彼女	5
	女性	9
始	始まる	12
子	**Kind**	**39**
字	文字	4
	数字	4
	ろうま字	4
	漢字	6
学	学生	4
	東京大学	4
	大学	4
	学校	5
	歴史学	6
	--- 学	6
	工科大学	8
	私立大学	8
	学会	9
	学者	9
	国立大学	9
	入学する	13
	工学部	13
	社会学	15
宀	**Dach**	**40**
安	安い	6
宅	社宅	11
実	実際	15
室	教室	5
害	公害	9
家	家賃	11
	家	11
密	密度	14
宿	新宿	11
寸	**Zoll (Maßeinheit)**	**41**
対	に対して	15
小	**klein**	**42**
小	小説	4
	中小企業	8
少	少ない	7
	少し	14
党	自民党	6
	社会党	6
	政党	6
	党員	9
	共産党	9
尸	**Leichnam**	**44**
屋	名古屋	1
	部屋	5
	本屋	9
山	**Berg**	**46**
山	ふじ山	1
	山口 (Ortsn.)	1
	山	2
	山地	2
	山村	7
	山田	10
	山口 (Familienname)	12
	活火山	14
島	広島	1
	島	2
	島国	4
	列島	13
崎	川崎	9
川	**Fluß**	**47**
川	川	2
	川崎	9
州	九州	1
	本州	1
	北九州	9
工	**Arbeit**	**48**
工	工場	5
	工業(都市)	6
	工科大学	8

	工業国	8
	工学部	13
左	左	9
己	ich	49
(起)	s. R 156	
巾	Tuch	50
市	都市	2
	大都市	4
	工業都市	6
帯	地帯	15
帰	帰る	11
干	Schild	51
平	太平洋	1
	平地	2
	平坦	15
年	... 年 (ZEW)	10
	去年	10
	今年	10
	... 年間 (ZEW)	10
幹	新幹線	7
幺	kurzer Faden	52
(機)	s. R 75	
广	Unterstand	53
広	広島	1
	広い	6
度	密度	14
廴	dehnen	54

建	建物	5
廾	gekreuzte Arme	55
(械)	s. R 75	
弓	Bogen	57
強	強い	7
	勉強する	12
ヨ	Schweine-kopf	58
(帰)	s. R 50	
彳	gehender Mensch	60
彼	彼	5
	彼女	5
往	往復	11
後	後ろ	9
	後	10
	午後	10
復	往復	11
心	Herz	61
心	中心	15
必	必要	10
悪	悪い	6
忄	Herz	61
性	男性	9
	女性	9
戈	Lanze	62
成	成長	6
	成り立つ	14
戸	Tür	63
所	研究所	5

手	Hand	64
手	手紙	12
攵	schlagen	66
政	政党	6
教	教科書	4
	教室	5
	教える	12
数	数字	4
	部数	9
厳	厳しい	13
文	Text	67
文	文字	4
	論文	4
	文法	7
斗	Scheffel	68
料	原料	12
斤	Axt	69
新	新聞	4
	朝日新聞	4
	毎日新聞	4
	新しい	6
	新幹線	7
	新宿	11
日	Sonne	72
日	日本	1
	日本海	1
	... 曜日	3
	日曜日	3
	今日	3

	日本語	4
	朝日新聞	4
	毎日新聞	4
	毎日	4
	日本人	5
	--- 日 (ZEW)	10
	--- 日間(ZEW)	10
	日産	13
明	説明する	13
	明治	14
昭	昭和	12
時	勤務時間	10
	--- 時 (ZEW)	10
	時々	10
	通勤時間	11
曜	(月～日)曜日	3
	何曜日	3
日	Sonne	72
早	早い	6
易	易しい	6
曰	sprechen	73
書	教科書	4
	図書館	5
	書く	12
最	最近	13
	最高	15
月	Mond	74
月	月曜日	3
	月給	10

	先月	10
	今月	10
	来月	10
	毎月	10
	--- 月(ZEW)	10
	--- カ月(ZEW)	10
朝	朝鮮	1
	朝日新聞	4
	朝	11
木	Baum	75
木	木曜日	3
本	日本	1
	本州	1
	日本海	1
	本	4
	日本語	4
	日本人	5
	本田	5
	本屋	9
	本社	10
	資本	14
東	東京	1
	関東	2
	東京大学	4
	中東	8
	東南アジア	8
	東	9
	東西ドイツ	14
業	工業(都市)	6
	企業	8

	大企業	8
	工業国	8
	中小企業	8
	卒業	10
	残業する	10
	産業	15
木	Baum	75
村	村	2
	山村	7
校	学校	5
械	械機	12
機	飛行機	11
	機械	12
欠	fehlen	76
次	に次いで	13
止	anhalten	77
正	大正	14
歩	歩く	11
歳	--- 歳(ZEW)	10
歴	歴史学	6
歹	Gebeine	78
残	残業する	10
	残り	13
母 毋	Mutter	80
毎	毎日新聞	4
	毎日	4
	毎週	10

	毎月	10	
	毎年	10	
氏	Clan		83
民	自民党	6	
	国民	14	
气	Luft		84
気	電気製品	10	
水	Wasser		85
水	水曜日	3	
氵	Wasser		85
沖	沖縄	14	
治	明治	14	
油	石油	8	
法	文法	7	
活	生活	6	
	活火山	14	
海	北海道	1	
	日本海	1	
	海	2	
	上海	4	
洋	太平洋	1	
	大西洋	1	
済	経済	6	
	経済力	7	
湾	台湾	15	
源	資源	8	
漢	漢字	6	
激	激しい	6	

氺	Wasser		85
求	求める	13	
火	Feuer		86
火	火曜日	3	
	活火山	14	
炭	石炭	12	
父	Vater		88
(交)	s. R 8		
片	Bruchstück		91
片	片道	11	
牛 / 牜	Rind		93
物	建物	5	
	物価	6	
特	特に	12	
犬 / 犭	Hund		94
独	独立	13	
狭	狭い	6	
玄	tief-gründig		95
率	増加率	15	
玉	Edelstein		96
王	König		96
現	現在	13	
生	Geburt		100
生	学生	4	

	生活	6	
	先生	9	
	生産	13	
	生産高	13	
	全生産	13	
産	共産党	9	
	生産	13	
	生産高	13	
	全生産	13	
	日産	13	
	産業	15	
用	gebrauchen		101
(通)	s. R 162		
田	Reisfeld		102
田	秋田	1	
	田中	4	
	本田	5	
	福田	5	
	山田	10	
	前田	10	
由	自由	5	
男	男性	9	
界	世界	13	
番	一番	14	
	---番目 (ZEW)	15	
白	weiß		106
百	百	9	
皮	Haut		107
(彼)	s. R 60		

目		Auge	109
目	... 番目 (ZEW)		15
相	首相		5
	外相		11
矛		Hellebarde	110
(務)	s. R 19		
石		Stein	112
石	石油		8
	石炭		12
研	研究所		5
示		zeigen	113
示	示す		15
礻		zeigen	113
社	社会党		6
	社会問題		8
	会社		10
	会社員		10
	本社		10
	社宅		11
	... 社 (ZEW)		13
	社会学		15
福	福田		5
禾		Ähre	115
私	私		5
	私立大学		8
科	教科書		4
	工科大学		8
秋	秋田		1
積	面積		9

穴		Loch	116
究	研究所		5
立		stehen	117
立	私立大学		8
	国立大学		9
	独立		13
	成り立つ		14
竹		Bambus	118
⺮			
第	第二		13
米		Reis	119
米	米国		1
	南米		8
糸		Faden	120
系	... 系		13
約	約		13
紙	手紙		12
終	終る		12
経	経済		6
	経済力		7
給	月給		10
総	総人口		15
縄	沖縄		14
線	新幹線		7
网		Netz	122
罒			
(買)	s. R 154		

羊		Schaf	123
(洋)	s. R 85		
⺷		Schaf	123
着	着く		11
羽		Feder	124
(曜)	s. R 72		
老		alt	125
耂			
者	外国人労働者		8
	学者		9
耳		Ohr	128
聞	新聞		4
	朝日新聞		4
	毎日新聞		4
	聞く		13
聿		Pinsel	129
(建)	s. R 54		
自		selbst	132
自	自由		5
	自民党		6
	自動車		11
至		erreichen	133
(室)	s. R 40		
舌		Zunge	135
(活)	s. R 85		
舟		Schiff	137
船	船		11

艮	Grenze	138
良	良い	6
	奈良	14
艸 / 艹	Gräser	140
英	英国	4
	英語	5
著	著しい	6
虫	Insekt	142
(独)	s. R 94	
行	gehen	144
行	銀行	5
	行く	10
	--- 行き	11
	飛行機	11
衣	Kleidung	145
製	電気製品	10
西	Westen	146
西	大西洋	1
	関西	8
	西	9
	西ドイツ	13
	東西ドイツ	14
西	Westen	146
要	必要	10
見	sehen	147
覚	覚える	13
言	Wort	149
言	言語	7
話	話す	13
読	読む	12
語	日本語	4
	--- 語	4
	英語	5
	ラテン語	7
	外来語	8
	スペイン語	13
	ポルトガル語	13
説	小説	4
	説明する	13
誌	雑誌	4
諸	諸国	12
論	論文	4
谷	Tal	150
谷	谷口	12
貝	Muschel	154
販	販売する	13
買	買う	12
賃	家賃	11
	賃金	13
資	資源	8
	資本	14
走	rennen	156
起	起きる	11
車	Rad	159
車	電車	6
	自動車	11
輸	輸入する	12
	輸出する	12
(辵) / 辶	voran-schreiten	162
近	近い	6
	近く	9
	最近	13
連	ソ連	1
	国連	12
速	速い	6
通	交通	6
	通う	10
	通勤時間	11
週	週	10
	先週	10
	今週	10
	来週	10
	--- 週間	10
過	過去	15
道	北海道	1
	道	2
	鉄道	7
	片道	11
遠	遠い	6
(邑) / 阝	Siedlung	163
郊	郊外	11
部	部屋	5

都	部数	9	
	工学部	13	
	大部分	14	
	京都	1	
	都市	2	
	首都	4	
	大都市	4	
	工業都市	6	
釆	teilen		165
(番)	s. R 102		
里	Dorf		166
野	長野	1	
金	Metall		167
金	金曜日	3	
	賃金	13	
金	Metall		167
鉄	鉄道	7	
	地下鉄	11	
	鉄	12	
銀	銀行	5	
長	lang		168
長	長野	1	
	長い	7	
	成長	6	
	全長	14	
門	Tor		169
間	間	9	
	--- 日(間)	10	
	--- 週間	10	
	--- 年間	10	
	勤務時間	10	
	時間	10	
	通勤時間	11	
関	関東	2	
	関西	8	
(阜) / 阝	Festland		170
阪	大阪	1	
限	制限	13	
陸	大陸	2	
際	実際	15	
隹	kleiner Vogel		172
集	集まる	12	
	集中する	15	
雑	雑誌	4	
難	難しい	6	
雨	Regen		173
電	電車	6	
	電気製品	10	
	国電	11	
面	Gesicht		176
面	面積	9	
頁	große Muschel		181
題	(社会)問題	8	
飛	fliegen		183
飛	飛行機	11	
食 / 食	essen		184
館	大使館	5	
	図書館	5	
首	Kopf		185
首	首都	4	
	首相	5	
馬	Pferd		187
駅	駅	9	
高	hoch		188
高	高い	6	
	生産高	13	
	最高	15	
魚	Fisch		195
鮮	朝鮮	1	
鳥	Vogel		196
(島)	s. R 46		

WORTINDEX

in *hiragana* oder *katakana* geschriebener Wörter

Enthalten sind nur die in den Vokabularlisten aufgeführten Wörter. Die Anordnung folgt der "Fünfzig-Laute-Tafel" (s.S.17), wobei die "getrübten" Laute den entsprechenden "ungetrübten" zugeordnet sind. Die Ziffern verweisen auf die Lektion des Erstvorkommens, die Bedeutung ist den betreffenden Vokabellisten zu entnehmen.

だから
だれ

TSU

つくえ
つまり

TE/DE

で
でで
です
ではありません

TO/DO

トヨタ
どいつ/ドイツ
どう
どういう
どこ
どの
どれ

NA

ない
なぜ

NI

に対して
に次いで
ニュース

NO

の

HA/BA/PA

は
はやい
バー
バス
パーセント
ぱり/パリ

HI

ひまらや/ヒマラヤ
ひらがな

FU

ふじ山
ふらんす/フランス

HE/BE

ベルギー
べるりん/ベルリン

HO/BO/PO

ほど
ほとんど
ほぼ
ぼん/ボン
ポルトガル語

MA

または
まで

ME

メートル

MO

も
もう
モスクワ

YO

ようろっぱ/ヨーロッパ
より

RA

らいん/ライン
らてん語/ラテン語

RO

ろうま/ローマ
ろうま字/ローマ字
ろんどん/ロンドン

(W)O

を
をを
を入れて

GRAMMATIK - INDEX

Aufgenommen wurden Stichwörter aus Grammatik- und Übungsteilen der Lektionen 1-15 (kursive Ziffern beziehen sich auf die Übungsteile). Verwiesen ist in der Regel nur auf Erwähnungen mit substantiellen Ausführungen zu dem jeweiligen Stichwort. (K = Kurzreferenz)

A

B

D

REIHENFOLGE DER BEHANDELTEN MORPHEME DER PRÄDIKATSMODIFIKATION

Beispielverb : *yomu* ("lesen")

	Aspekt	Höflichkeit	Negation	Vergangenh.	Bedeutung
Verb	iru	masu	nai/n	ta/katta deshita	
yomu					(er) liest
yonde-	-iru				(er) liest gerade
yonde-	-i-	-masu			(er) liest gerade
yonde-	-i-	-mase-	-n		{(er) liest gerade nicht (er) hat nicht gelesen
yonde-	-i-	-mase-	-n	deshita	{(er) las gerade nicht (er) hatte nicht gelesen
yonde-	-i-		-nai		{(er) liest gerade nicht (er) hat nicht gelesen
yonde-	-i-		-na-	-katta	{(er) las gerade nicht (er) hatte nicht gelesen
yonde-	-i-			-ta	(er) las gerade
yomi-		-masu			(er) liest
yomi-		-mase-	-n		(er) liest nicht
yomi-		-mase-	-n	deshita	(er) las nicht
yomi-		-mashi-		-ta	(er) las
yoma-			-nai		(er) liest nicht
yoma-			-na-	-katta	(er) las nicht
yon-				-da	(er) las

TABELLE DER VERBEN

SUBJEKT	OBJEKT	LOKALKOMPLEMENTE	VERB	BEDEUTUNG	FLEXIONS-KLASSEN	ASPEKT
N_1 + ga		(N_2 + kara)(N_3 + ni/e)	*AGARU*	N_1 steigt (von N_2)(auf N_3)	kons.	durat.
N_1 + ga		(N_2 + ni/LOK)	*ARU*	N_1 existiert (in N_2)	kons.	-
N_1 + ga		(N_2 + kara) {(N_3 + ni/e) (N_3 + made)}	*ARUKU*	N_1 läuft (von N_2) {(nach N_3) (bis N_3)}	kons.	durat.
N_1 + ga		(N_2 + kara)(N_3 + ni/e)	*ATSUMARU*	N_1 versammelt sich (aus N_2)(in N_3)	kons.	perf.
N_1 + ga	(N_2 + o)		*BENKYŌ SURU*	N_1 lernt (N_2)	i.	durat.
N_1 + ga		N_2 + o/LOK	*DERU*	N_1 verläßt N_2	vok.	perf.
N_1 + ga			*FUERU*	N_1 nimmt zu	vok.	perf.
N_1 + ga		(N_2 + kara) N_3 + ni/e	*HAIRU*	N_1 betritt (von N_2 her) N_3	kons.	perf.
N_1 + ga		(N_2 + kara)	*HAJIMARU*	N_1 beginnt (mit N_2)	kons.	perf.
N_1 + ga	N_2 + o	(N_3 + ni/e)	*HANBAI SURU*	N_1 verkauft N_2 (nach N_3)	i.	durat.
N_1 + ga	N_2 + o	(N_3 + ni/DIR)	*HANASU*	N_1 spricht N_2 N_1 erzählt (N_3/Dativ) N_2	kons.	durat.
N_1 + ga			*HATARAKU*	N_1 arbeitet	kons.	durat.
N_1 + ga		(N_2 + kara){(N_3 + ni/e) (N_3 + made)}	*IKU*	N_1 geht (von N_2){(nach N_3) (bis N_3)}	kons.	perf.
N_1 + ga		(N_2 + ni/LOK)	*IRU*	N_1 ist anwesend N_1 befindet sich in N_2	vok.	-
N_1 + ga		(N_2 + kara)(N_3 + ni/e)	*KAERU*	N_1 kehrt zurück (aus N_2)(nach N_3)	kons.	perf.
N_1 + ga	N_2 + o	(N_3 + ni/e)	*KAKU*	N_1 schreibt N_2 (an N_3)	kons.	durat.
N_1 + ga	N_2 + o	(N_3 + kara)	*KAU*	N_1 kauft N_2 (von N_3)	kons.	(durat.)
N_1 + ga		(N_2 + kara)(N_3 + ni/e)	*KAYOU*	N_1 pendelt (von N_2)(nach N_3)	kons.	durat.
N_1 + ga	N_2 + o	(N_3 + kara,ni/DIR)	*KIKU*	N_1 hört N_2 (von N_3)	kons.	perf.
N_1 + ga		(N_2 + kara) {(N_3 + ni/e) (N_3 + made)}	*KURU*	N_1 kommt (von N_2) {(nach N_3) (bis N_3)}	i.	perf.

N_1 + ga	N_2 + o	(N_3 + ni/DIR,kara)	*MOTOMERU*	N_1 fordert N_2 (von N_3)	vok.	durat.
N_1 + ga		N_2 + kara	*NARITATSU*	N_1 wird gebildet aus N_2	kons.	perf.
N_1 + ga		N_2 + ni/DIR	*NORU*	N_1 fährt mit N_2	kons.	perf.
N_1 + ga		(N_2 + ni/e)	*NYŪGAKU SURU*	N_1 immatrikuliert sich (an N_2)	i.	perf.
N_1 + ga	N_2 + o		*OBOERU*	N_1 merkt sich N_2	vok.	perf.
N_1 + ga			*OKIRU*	N_1 steht auf	vok.	perf.
N_1 + ga	N_2 + o	(N_3 + ni/DIR)	*OSHIERU*	N_1 lehrt N_2 N_1 bringt N_3 /Dativ N_2 bei	vok.	durat.
N_1 + ga		(N_2 + ni/DIR)	*OWARU*	N_1 endet (mit N_2)	kons.	perf.
N_1 + ga			*SEICHŌ SURU*	N_1 wächst	i.	durat.
N_1 + ga	N_2 + o	(N_3 + ni/DIR)	*SETSUMEI SURU*	N_1 erläutert N_2 (N_3/Dativ)	i.	durat.
N_1 + ga	N_2 + o		*SHIMERU*	N_1 besetzt N_2	vok.	perf.
N_1 + ga	N_2 + o	(N_3 + ni/DIR)	*SHIMESU*	N_1 zeigt N_2 (N_3/Dativ)	kons.	durat.
N_1 + ga		(N_2 + ni/e)	*SHŪCHŪ SURU*	N_1 konzentriert sich (auf N_2)	i.	durat.
N_1 + ga		(N_2 + o/LOK)	*SOTSUGYŌ SURU*	N_1 macht Examen (an N_2)	i.	perf.
N_1 + ga		N_2 + ni/LOK	*SUMU*	N_1 wohnt in N_2	kons.	perf.
N_1 + ga		(N_2 + kara) N_3 + ni/e	*TSUKU*	N_1 kommt an (aus N_2) in N_3	kons.	perf.
N_1 + ga	N_2 + o	(N_3 + kara)	*TSUKURU*	N_1 macht N_2 (aus N_3)	kons.	durat.
N_1 + ga		N_2 + ni/e	*TSUTOMERU*	N_1 wird beschäftigt bei N_2	vok.	perf.
N_1 + ga	N_2 + o		*YOMU*	N_1 liest N_2	kons.	durat.
N_1 + ga	N_2 + o	(N_3 + kara)	*YUNYŪ.SURU*	N_1 importiert N_2 (aus N_3)	i.	durat.
N_1 + ga	N_2 + o	(N_3 + ni/e)	*YUSHUTSU SURU*	N_1 exportiert N_2 (nach N_3)	i.	durat.
N_1 + ga			*ZANGYŌ SURU*	N_1 macht Überstunden	i.	durat.

FOLJANTY, Detlef: Japanisch intensiv. Ein Lernbuch mit Lösungen. Teil I. *Laut- und Schriftsystem, grundlegende Formen der Grammatik des Hauptsatzes, Lösungen* 1979. XVI, 595 Seiten großenteils zweifarbig *ISBN 3-87118-339-3* Lnkt 48.-

---: Teil II und III. *Texte zunehmenden Schwierigkeitsgrades mit ausführlichen Erläuterungen und Übungen mit Lösungen* In Vorbereitung

---: Tonmaterial für die Übungsteile In Vorbereitung

BREITUNG, *P.* Eusebius: Deutsch-Japanisches Wörterbuch. Romaji-Dokuwa-jiten. In Zeichen und Umschreibung. 2., verbesserte und wesentlich vermehrte Auflage 194 Nachdruck 1977. 1277 Seiten *(Ausl. ENDERLE, Tokyo) ISBN 3-87118-302-4* Ln 54.-

MÜLLER, Brigitte: Kōyōbun. Ein Beitrag zur japanischen Sprachpolitik seit dem Zweiten Weltkrieg. 1975. X, 326 Seiten *ISBN 3-87118-196-x* Lnkt 42.-

OPITZ, Fritz: Die Lehensformen des Tokugawa Nariaki nach dem "Hitachi-Obi" des Fujita Tōko. Ein Beitrag zur Lehensgeschichte der Tokugawa-Zeit (Diss. München) 1965. IV, 69 Seiten *ISBN 3-87118-018-1* Kt 12.-

RICKMEYER, Jens: Kleines japanisches Valenzlexikon 1977. X, 305 Seiten *ISBN 3-87118-284-2* Lnkt 28.-

RICKMEYER, Jens: Die Komplementsätze im Modernen Japanischen. Versuch einer transformationellen Analyse (*Hamburger Phonetische Beiträge, Band 11)* 1973. IX, 163 Seiten *ISBN 3-87118-148-x* Kt 22.-

TAMAMUSHI, Sachio: Einführung in die japanische Gegenwartssprache. 3.A.1975. XX, 195 Seiten, 1 Falttafel *(Ausl. SANSYUSYA, Tokyo) ISBN 3-87118-202-8* Kt 32.-

THRÄNHARDT, Anna Maria: Schriftreform-Diskussion in Japan zwischen 1867 und 1890. Eine Untersuchung ihrer linguistischen und politisch-soziologischen Aspekte. 1978. XI, 249 Seiten *ISBN 3-87118-325-3* Ln 38.

Weitere Werke zur SINOLOGIE und ALLGEMEINEN SPRACHWISSENSCHAFT

BELDE, Klaus: Das Bild der Bundesrepublik Deutschland in der Pekinger "Volkszeitung" (1949-1973). 1978. XIV, 210 S.m.32 Abb. *ISBN 3-87118-339-3* Lnkt 14.

CHAO, Jung-lang/KUNIG, Philip/SABBAN, Annette: Chinesisch für Deutsche. Einführung in die chinesische Umgangssprache. 1976. 2., durchgesehene u.ergänzte A.1979. XIX, 228 S. *ISBN 3-87118-219-2* Lnkt 28.

---: Tonkassetten (3x C 60) Laufzeit ca. drei Stunden Zus. 96.
I (Lektion 1-28), II (Lektion 29-46), III (Lektion 47-62) je 36.

CHAO, Jung-lang: Chinesische für Deutsche. Phonetische Übungen In Vorbe

CHAO, Jung-lang: Chinesisch für Deutsche. Schriftzeichenübungen In Vorbe

CHENG, Ying: Sprichwörtliche Redensarten im modernen Chinesisch. Tetragramme-Grundform der chinesischen Redensarten- für die Unterrichtspraxis. 1976. VI, 109 Seiten *ISBN 3-87118-227-3* Lnkt 12

KUAN, Yu Chien: Die Grundregeln des modernen Hochchinesisch. 1973. 2., unveränderte A.1977. XIV, 182 Seiten *ISBN 3-87118-152-8* Lnkt 24

WU, Paulus J.T.: A Concordance to the Book of Poetry. Based upon a New Chinese Character-Coding-System. 1975. XII, 65 pp, 2 maps *ISBN 3-87118-186-2* Lnkt16

COLLINDER, Björn: Sprache und Sprachen. Einführung in die Sprachwissenschaft 1978. 293 Seiten mit zahlreichen Abbildungen *ISBN 3-87118-324-5* Lnkt 19

SCHMIDT, *P.* Wilhelm: Die Sprachfamilien und Sprachenkreise der Erde. Textband 1977. XVI, 595 Seiten (Nachdr.d.Ausg.1926) *ISBN 3-87118-277-x* Ln 84
---: Atlas mit 14 farbigen Karten. Großformat *ISBN 3-87118-278-8* Kt 64